Bible VISUELLE

Excel 2013

Paul McFedries

Bible visuelle Excel 2013

Publié par
John Wiley & Sons, Inc
10475 Crosspoint Boulevard
Indianapolis, IN 46256

www.wiley.com

Copyright © 2013 par John Wiley & Sons, Inc., Indianapolis, Indiana, États-Unis

Titre de l'édition originale : *Teach Yourself VISUALLY Complete Excel 2013*

Édition française publiée en accord avec John Wiley & Sons, Inc. par :

© Éditions First, un département d'Édi8, 2013
12, avenue d'Italie
75013 Paris – France
Tél. 01 44 16 09 00
Fax 01 44 16 09 01
E-mail : firstinfo@efirst.com
Web : www.editionsfirst.fr

ISBN : 978-2-7540-5604-5
Dépôt légal : novembre 2013
Imprimé en France par IME, 3 rue de l'Industrie, 25112 Baume-Les-Dames
Auteur : Paul McFedries
Traduction : Laurence Chabard
Mise en page : Pierre Brandeis

Tous droits réservés. Toute reproduction, même partielle, du contenu, de la couverture ou des icônes, par quelque procédé que ce soit (électronique, photocopie, bande magnétique ou autre) est interdite sans autorisation par écrit de John Wiley & Sons, Inc.

Limites de responsabilité et de garantie. L'auteur et l'éditeur de cet ouvrage ont consacré tous leurs efforts à préparer ce livre. John Wiley & Sons et l'auteur déclinent toute responsabilité concernant la fiabilité ou l'exhaustivité du contenu de cet ouvrage. Ils n'assument pas de responsabilités pour ses qualités d'adaptation à quelque objectif que ce soit, et ne pourront être en aucun cas tenus responsables pour quelque perte, profit ou autre dommage commercial que ce soit, notamment mais pas exclusivement particulier, accessoire, conséquent, ou autres.

Marques déposées. Toutes les informations connues ont été communiquées sur les marques déposées pour les produits, services et sociétés mentionnés dans cet ouvrage. John Wiley & Sons, Inc et les Éditions First déclinent toute responsabilité quant à l'exhaustivité et à l'interprétation des informations. Tous les autres noms de marques et de produits utilisés dans cet ouvrage sont des marques déposées ou des appellations commerciales de leur propriétaire respectif. John Wiley & Sons, Inc n'est lié à aucun produit ou vendeur mentionné dans ce livre. John Wiley & Sons, Inc, le logo et autres marques y afférent sont des marques déposées ou enregistrées de John Wiley and Sons, Inc. et/ou de ses partenaires aux États-Unis et/ou dans d'autres pays. Utilisation contrôlée avec autorisation.

Original English language edition Copyright © 2013 by John Wiley & Sons, Inc. All rights reserved including the right of reproduction in whole or in part in any form. This translation published by arrangement with John Wiley & Sons, Inc. Wiley, the John Wiley & Sons, Inc. logo and related trade dress are trademarks or registered trademarks of John Wiley and Sons, Inc. and/or its affiliates in the United States and/or other countries. Used by permission.

Table des matières

Chapitre 1 — Découvrez Excel

Découvrez Excel 4
Démarrez Excel 6
Explorez la fenêtre d'Excel 8
Exploitez le ruban d'Excel 9
Exploitez les galeries d'Excel 10
Personnalisez la barre d'accès rapide 12
Personnalisez le ruban 14
Changez le mode d'affichage 16
Configurez les options d'Excel 18
Ajoutez Excel à la barre des tâches de Windows 20
Quittez Excel 21

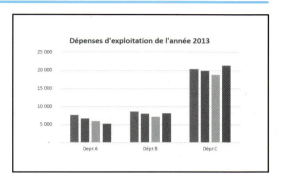

Chapitre 2 — Saisissez et modifiez des données Excel

Découvrez les feuilles de calcul 24
Découvrez les différents types de données 25
Saisissez du texte dans une cellule 26
Saisissez un nombre 28
Saisissez une date ou une heure 30
Insérez un symbole 32
Modifiez des données 34
Supprimez des données 36

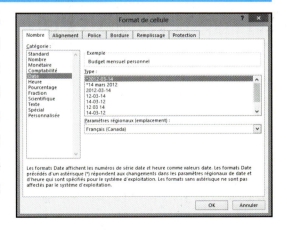

Table des matières

Chapitre 3	Manipulez les plages de données

Sélectionnez une plage 40
Remplissez une plage avec des données identiques 42
Complétez une série de données 44
Utilisez le remplissage instantané 46
Déplacez ou copiez une plage 48
Insérez une ligne ou une colonne 50
Insérez une cellule ou une plage 52
Effacez les données d'une plage 54
Supprimez une plage 56
Masquez une ligne ou une colonne 58
Figez des lignes ou des colonnes 60
Fusionnez plusieurs cellules 62
Transposez des lignes et des colonnes 64

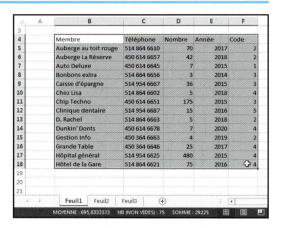

Chapitre 4	Exploitez les noms de plages

Introduction aux noms de plages 68
Attribuez un nom à une plage 70
Créez des noms de plages d'après les étiquettes 72
Naviguez dans un classeur à l'aide des noms de plages 74
Modifiez le nom d'une plage 76
Supprimez un nom de plage 78
Collez la liste des noms de plages 80

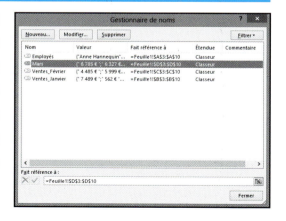

Chapitre 5 — Mettez les données en forme

Enrichissez les caractères 86
Modifiez la couleur du texte 88
Alignez le texte dans une cellule 90
Centrez du texte sur plusieurs colonnes 92
Faites pivoter le texte dans une cellule 94
Colorez l'arrière-plan d'une plage 96
Choisissez un format de nombre 98
Modifiez le nombre de décimales affichées 100
Appliquez une mise en forme automatique 102
Appliquez une mise en forme conditionnelle 104
Appliquez un style 106
Modifiez la largeur de colonne 108
Modifiez la hauteur de ligne 110
Renvoyez automatiquement le texte à la ligne 112
Ajoutez une bordure à une plage 114
Reproduisez la mise en forme 116

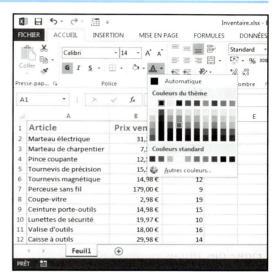

Chapitre 6 — Personnalisez vos documents Excel

Définissez un format de nombre personnalisé 120
Définissez un format de date ou d'heure personnalisé . 122
Définissez la largeur par défaut de toutes les colonnes 124
Créez une liste de recopie personnalisée 126
Dégagez l'espace de travail en masquant
 les composants de la fenêtre 128
Créez un style de cellule personnalisé 130

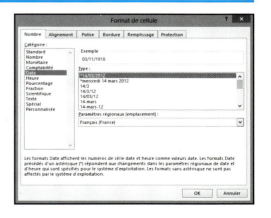

Table des matières

Définissez un style de tableau personnalisé 132
Définissez une combinaison de couleurs
   personnalisée 134
Définissez une combinaison de polices
   personnalisée 136
Enregistrez un thème personnalisé 138
Personnalisez la barre d'état d'Excel....................... 140
Réduisez le ruban 141

Chapitre 7   Renforcez la productivité d'Excel

Exportez dans un fichier les personnalisations
   du ruban 144
Configurez Excel pour zoomer avec la molette
   de la souris 146
Choisissez la direction de déplacement commandée
   par la touche Entrée 148
Insérez automatiquement la virgule décimale........... 150
Choisissez le seuil d'alerte des traitements longs 152
Accélérez le classeur en l'enregistrant
   au format binaire 154
Ouvrez une nouvelle fenêtre pour le classeur........... 156
Limitez les valeurs possibles dans une cellule........... 158
Appliquez du texte ou une mise en forme
   à plusieurs feuilles 160
Utilisez des contrôles de formulaire
   pour accélérer la saisie 162
Vérifiez les éventuels problèmes d'accessibilité......... 166

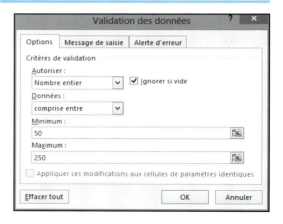

Chapitre 8 — Exploitez les formules et les fonctions

Découvrez les formules 170
Composez une formule... 172
Découvrez les fonctions 174
Utilisez une fonction dans une formule 176
Additionnez une ligne ou une colonne 178
Effectuez une somme automatique 180
Employez un nom de plage dans une formule 182
Utilisez une plage d'une autre feuille
    dans une formule 184
Déplacez ou copiez une formule 186
Exploitez des références absolues 188
Masquez la barre de formule ou réduisez le ruban 190

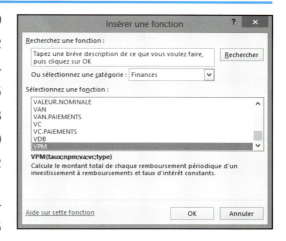

Chapitre 9 — Allez plus loin avec les formules

Collez le résultat d'une formule 194
Affichez les formules à la place de leur résultat 196
Surveillez la valeur d'une cellule dans la fenêtre espion 198
Créez une formule matricielle................................... 200
Combinez deux plages par une opération arithmétique 202
Ignorez les tableaux de données dans le calcul
    des classeurs 204
Activez le calcul par itération 206
Corrigez une formule en vérifiant chaque portion....... 208
Affichez du texte à la place des valeurs d'erreur 210
Cherchez les erreurs éventuelles dans les formules
    de la feuille 212
Analysez une formule pour identifier les erreurs 214

Table des matières

Chapitre 10 — Manipulez les feuilles de calcul

Parcourez une feuille de calcul..................218
Renommez une feuille de calcul 219
Insérez une nouvelle feuille de calcul 220
Déplacez une feuille de calcul....................222
Copiez une feuille de calcul 224
Supprimez une feuille de calcul..................226
Changez la couleur du quadrillage 228
Activez ou désactivez l'affichage du quadrillage 230
Activez ou désactivez l'affichage des en-têtes 231
Choisissez la couleur des onglets
   des feuilles de calcul 232
Définissez l'arrière-plan de la feuille 234
Grossissez ou réduisez l'affichage 236
Fractionnez une feuille en deux volets 238
Masquez ou réaffichez une feuille.............240

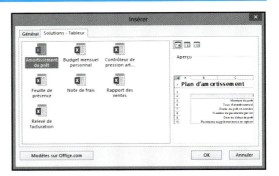

Chapitre 11 — Manipulez les classeurs

Créez un classeur vierge............................244
Créez un classeur à partir d'un modèle 246
Enregistrez un classeur 248
Ouvrez un classeur 249
Spécifiez les propriétés du classeur...........250
Recherchez du texte dans un classeur 252
Remplacez du texte dans un classeur 254
Vérifiez l'orthographe 256
Fermez un classeur...................................258

Chapitre 12 — Gérez les classeurs

Augmentez le nombre de documents récents 262
Ouvrez des classeurs automatiquement au démarrage . 264
Choisissez l'emplacement par défaut des fichiers 266
Définissez la police par défaut
  des nouveaux classeurs 268
Définissez le nombre de feuilles par défaut
  des nouveaux classeurs 270
Réparez un fichier de classeur endommagé 272
Convertissez un classeur en fichier PDF 274
Créez un modèle de classeur 276
Créez un nouveau classeur à partir
  d'un fichier existant 278
Comparez deux classeurs en côte à côte 280
Vérifiez les fonctions incompatibles avec les versions
  antérieures d'Excel 282

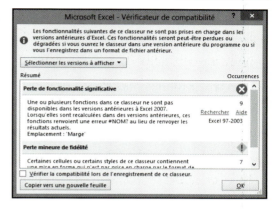

Chapitre 13 — Mettez les classeurs en forme

Changez les couleurs du classeur 286
Définissez les polices du classeur 288
Choisissez les effets du classeur 290
Appliquez un thème au classeur 292
Ajoutez un en-tête 294
Ajoutez un pied de page 296

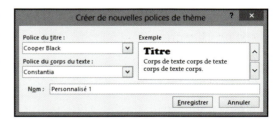

Table des matières

Chapitre 14 — Imprimez un classeur

Réglez les marges du classeur 300
Changez l'orientation des pages 302
Insérez un saut de page 303
Choisissez le format du papier 304
Définissez la zone d'impression 306
Configurez l'impression des titres sur chaque page 308
Affichez l'aperçu avant impression 310
Imprimez un classeur 312

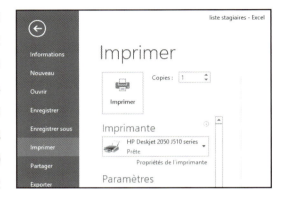

Chapitre 15 — Travaillez avec les tableaux

Découvrez les tableaux 316
Découvrez les outils de tableau 317
Convertissez une plage en tableau 319
Sélectionnez des données de tableau 320
Insérez une ligne dans un tableau 322
Insérez une colonne dans un tableau 323
Supprimez une ligne d'un tableau 324
Supprimez une colonne d'un tableau 325
Ajoutez un sous-total de colonne 326
Convertissez un tableau en plage 328
Appliquez un style de tableau 329
Redimensionnez un tableau 330
Renommez un tableau 331

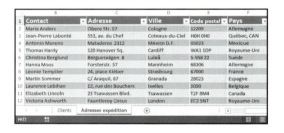

Chapitre 16 — Analysez les données

Triez une plage ou un tableau 334
Filtrez une plage ou un tableau 336
Calculez une somme conditionnelle 338
Calculez un compte conditionnel 339
Créez une table de données 340
Calculez des sous-totaux 342
Groupez des données 344
Recherchez une valeur cible 346
Analysez à l'aide d'un scénario 348
Supprimez les doublons 352
Faites ressortir les cellules qui répondent
   à certains critères 354
Faites ressortir les valeurs extrêmes d'une plage 356
Analysez des valeurs à l'aide de barres de données 358
Analysez des valeurs à l'aide de nuances de couleurs .. 360
Analysez des valeurs à l'aide de jeux d'icônes 362
Créez une règle de mise en forme conditionnelle
   personnalisée 364
Consolidez les données de plusieurs feuilles 366
Installez l'utilitaire d'analyse 370

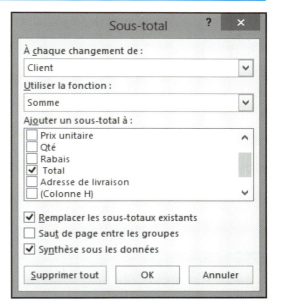

Table des matières

Chapitre 17 — Analysez les données avec des tableaux croisés dynamiques

Découvrez les tableaux croisés dynamiques 374

Explorez les fonctions des tableaux croisés
 dynamiques 375

Créez un tableau croisé dynamique à partir
 d'une plage ou d'un tableau Excel 376

Créez un tableau croisé dynamique à partir
 de données externes 378

Actualisez un tableau croisé dynamique 382

Ajoutez plusieurs champs à la zone Lignes ou Colonnes 384

Ajoutez plusieurs champs à la zone Données 386

Déplacez un champ vers une autre zone 388

Groupez les valeurs d'un tableau croisé dynamique 390

Appliquez un filtre de tableau croisé dynamique 392

Filtrez un tableau croisé dynamique avec un segment. 394

Appliquez un style de tableau croisé dynamique 396

Modifiez le calcul de synthèse
 du tableau croisé dynamique 398

Personnalisez le volet Champs
 de tableau croisé dynamique 400

Créez un graphique de rapport croisé dynamique 401

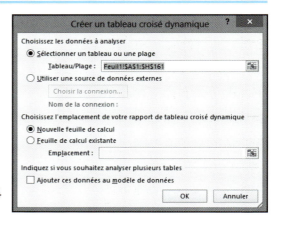

Chapitre 18 — Représentez les données par des graphiques

Découvrez les graphiques 404
Découvrez les types de graphiques 405
Créez un graphique 406
Créez un graphique recommandé 408
Ajoutez des titres 410
Ajoutez des étiquettes de données 411
Positionnez la légende 412
Affichez un quadrillage 413
Affichez la table de données 414
Modifiez le style et la disposition 415
Modifiez le type de graphique 416
Modifiez la source des données 418
Déplacez ou redimensionnez un graphique 420
Ajoutez un graphique sparkline à une cellule 422

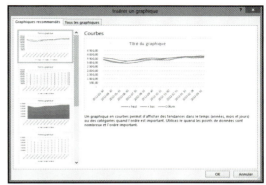

Chapitre 19 — Illustrez vos feuilles de calcul

Tracez une forme 426
Insérez une image clipart 428
Insérez une photo 430
Insérez un titre WordArt 432
Insérez un diagramme SmartArt 434
Déplacez ou redimensionnez un graphisme 436
Recadrez une photo 438
Appliquez un style et un effet 440

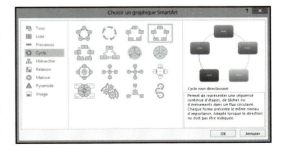

Table des matières

Chapitre 20 — Importez des données dans Excel

Découvrez le concept de données externes 444
Importez les données d'une source de données 446
Importez les données d'une table Access 448
Importez les données d'un tableau Word 450
Importez les données d'un fichier texte 452
Importez les données d'une page Web 456
Importez les données d'un fichier XML 459
Actualisez les données importées 460
Divisez les colonnes de texte 462

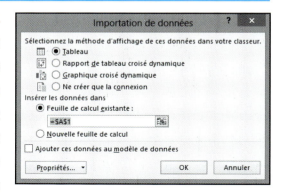

Chapitre 21 — Définissez des requêtes

Découvrez Microsoft Query 466
Définissez une source de données 468
Démarrez Microsoft Query 472
Explorez la fenêtre de Microsoft Query 473
Ajoutez une table à une requête 474
Ajoutez des champs à une requête 476
Filtrez les fiches d'après des critères de requête 478
Triez les fiches de la requête 480
Renvoyez les résultats de la requête 482

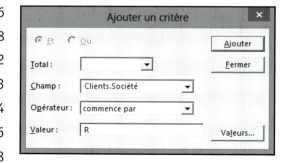

Chapitre 22 — Travaillez en collaboration

Ajoutez un commentaire à une cellule 486
Protégez les données d'une feuille de calcul 488
Protégez la structure d'un classeur 490
Partagez un classeur avec d'autres utilisateurs 492
Examinez les modifications du classeur 494
Acceptez ou refusez les modifications du classeur 496
Enregistrez un classeur dans votre espace SkyDrive 498
Envoyez un classeur en pièce jointe d'un message 500
Enregistrez des données Excel en tant que page Web .. 502
Rendez un classeur compatible avec les versions
   antérieures d'Excel 504
Annotez une feuille à la main 506
Collaborez sur un classeur en ligne 508

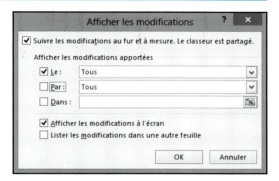

Chapitre 23 — Protégez les données Excel

Ouvrez un classeur en lecture seule 512
Marquez un classeur comme final pour empêcher
   toute modification accidentelle 514
Protégez un classeur en réduisant l'intervalle
   d'enregistrement automatique 516
Spécifiez les cellules modifiables par l'utilisateur 518
Masquez une formule 520
Protégez une plage avec un mot de passe 522
Protégez les données d'une feuille 524
Protégez la structure d'un classeur 526
Restaurez une version précédente d'un classeur 528

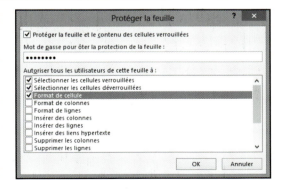

Table des matières

Chapitre 24 — Renforcez la sécurité

Ouvrez un classeur en mode protégé 532
Bloquez les types de fichiers à risque 534
Définissez le niveau de sécurité des macros 536
Signez numériquement vos macros Excel 538
Créez un emplacement approuvé pour l'ouverture
    de fichiers 540
Inspectez un classeur à la recherche
    d'informations privées 542
Attribuez un mot de passe à un classeur 544
Activez le contrôle parental d'Excel 546
Désactivez les connexions et liaisons externes 548
Appliquez une signature numérique à un classeur 550

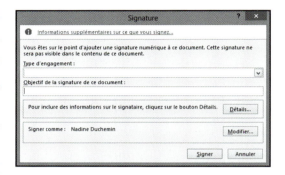

Chapitre 25 — Découvrez les macros VBA

Enregistrez une macro 554
Ouvrez l'Éditeur VBA 556
Découvrez le modèle d'objets Excel 558
Ajoutez une macro à un module 560
Exécutez une macro 562
Attribuez un raccourci clavier à une macro 564
Placez une macro dans la barre d'accès rapide 566
Placez une macro dans le ruban 568

Index 570

CHAPITRE 1

Découvrez Excel

Le tableur Excel sert à créer des *feuilles de calcul*. Ces feuilles spéciales sont des documents qui vous permettent de manipuler des chiffres et des formules pour créer rapidement des modèles mathématiques, financiers ou statistiques. Ce chapitre vous présente l'interface et les principales fonctions d'Excel. Vous verrez aussi comment personnaliser le logiciel sous certains aspects.

Découvrez Excel 4
Démarrez Excel. 6
Explorez la fenêtre d'Excel 8
Exploitez le ruban d'Excel. 9
Exploitez les galeries d'Excel 10
Personnalisez la barre d'accès rapide 12
Personnalisez le ruban 14
Changez le mode d'affichage 16
Configurez les options d'Excel 18
Ajoutez Excel à la barre des tâches de Windows 20
Quittez Excel. 21

Découvrez Excel

Le travail avec Excel comprend essentiellement deux tâches : la construction de feuilles de calcul et la gestion des données qu'elles contiennent. Construire une feuille de calcul consiste à y placer des données, tels des nombres ou du texte, créer des formules qui exécuteront des opérations, et ajouter des fonctions réalisant des tâches spécifiques. Gérer les données de feuille de calcul consiste à calculer des totaux, ajouter des séries de données, organiser les données en tableaux et les présenter sous forme graphique.

Cette section présente une vue d'ensemble de ces tâches que vous explorerez en détail dans le reste du livre.

Construisez une feuille de calcul

Placez des données

Vous pouvez insérer des nombres, du texte ou d'autres caractères dans n'importe quelle cellule de la feuille de calcul. Cliquez la cellule où vous voulez travailler, puis saisissez les données dans la *barre de formule*, qui est la grande zone de texte située au-dessus des en-têtes (lettres) de colonnes. Les caractères saisis apparaissent dans la cellule active. Lorsque vous avez terminé, appuyez sur `Entrée`. Pour modifier des données existantes, cliquez la cellule, puis modifiez les caractères dans la barre de formule.

Ajoutez des formules

Une *formule* est un ensemble de valeurs, d'adresses de cellules et d'opérateurs mathématiques qui exécutent une opération. Avec Excel, vous créez une formule dans une cellule en tapant le signe égale (=) suivi des caractères de la formule. Par exemple, la formule =B1-B2 soustrait la valeur de la cellule B2 de la valeur de la cellule B1.

Ajoutez des fonctions

Une *fonction* est une formule prédéfinie qui effectue une tâche précise. Par exemple, la fonction MOYENNE calcule la moyenne d'une série de nombres et la fonction VPM calcule le remboursement d'un emprunt. Vous pouvez utiliser une fonction seule précédée de = ou l'insérer dans une formule plus complexe. Cliquez **Insérer une fonction** (*fx*) pour obtenir la liste des fonctions disponibles.

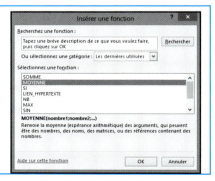

4

CHAPITRE 1

Découvrez Excel

Gérez les données

Calculez rapidement les totaux

Si vous n'avez besoin que de la somme d'une liste de nombres, cliquez une cellule située juste sous la liste, puis cliquez le bouton **Somme** (Σ) disponible dans l'onglet Accueil du ruban d'Excel. Vous pouvez aussi sélectionner les cellules à additionner et voir immédiatement leur somme dans la barre d'état.

Complétez une série de valeurs

Excel permet de gagner du temps en complétant automatiquement une série de valeurs. Par exemple, si vous avez besoin de l'ensemble des nombres de 1 à 100 dans des cellules adjacentes, entrez les premières valeurs, sélectionnez ces cellules, puis faites glisser la poignée de recopie, le petit carré noir dans l'angle inférieur droit de la sélection, afin de créer la suite de la série. Vous remplirez aussi de cette manière des séries de dates ou de noms de jours ou de mois.

Organisez en tableau

La disposition en lignes et colonnes d'une feuille de calcul prédestine Excel à gérer des bases de données simples, appelées *tables* ou *tableaux*. Chaque colonne devient un champ du tableau et chaque ligne, une fiche. Vous pouvez trier les fiches, filtrer le tableau en n'affichant que certaines fiches et ajouter des sous-totaux.

Ajoutez un graphique

Un *graphique* est une représentation visuelle des données de la feuille de calcul. Si une donnée change, le graphique s'actualise pour refléter la nouvelle valeur. Excel offre une grande variété de graphiques, comme les histogrammes, les graphiques linéaires et les diagrammes en secteurs.

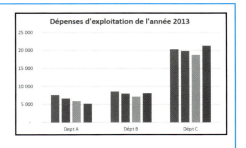

Démarrez Excel

Avant de pouvoir ajouter des données et composer des formules, vous devez démarrer Excel afin d'ouvrir la fenêtre du programme sur le Bureau. La méthode pour démarrer Excel dépend de la version de Windows que vous utilisez. Voici comment démarrer Excel 2013 avec Windows 8 et avec Windows 7.

Pour réaliser cette tâche et toutes les autres de ce livre, Excel 2013 doit être déjà installé sur votre ordinateur.

Démarrez Excel

Démarrez Excel avec Windows 8

1 Dans l'écran d'accueil de Windows 8, cliquez **Excel 2013**.

La fenêtre d'Excel s'ouvre.

Note. Cliquez **Nouveau classeur** pour ouvrir un nouveau fichier Excel.

Démarrez Excel avec Windows 7

1 Cliquez **Démarrer**.

Le menu Démarrer apparaît.

2 Cliquez **Tous les programmes**.

CHAPITRE 1

Découvrez Excel

Le menu des programmes apparaît.

3 Cliquez **Microsoft Office 2013**.

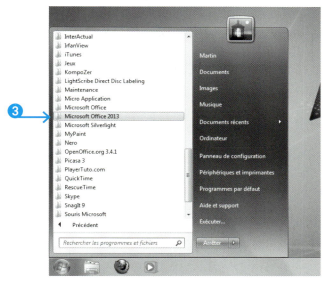

Le menu Microsoft Office apparaît.

4 Cliquez **Excel 2013**.

La fenêtre d'Excel s'ouvre sur le Bureau.

Note. Cliquez **Nouveau classeur** pour ouvrir un nouveau fichier Excel.

ASTUCE

Après quelques utilisations d'Excel avec Windows 7, ce programme apparaîtra dans la liste des programmes récents du menu Démarrer. Vous pouvez aussi cliquer le nom du programme avec le bouton droit et choisir **Épingler au menu Démarrer**. Si vous utilisez Windows 8, cliquez avec le bouton droit la tuile Excel 2013 dans l'écran d'accueil et cliquez **Épingler à la barre des tâches** pour ajouter l'icône Excel dans la barre des tâches du Bureau.

Explorez la fenêtre d'Excel

Pour maîtriser rapidement Excel, il est important de comprendre le rôle des différents éléments de sa fenêtre. On y trouve des composants de fenêtre habituels comme la barre de titre, les commandes de fenêtre et la barre d'état, des éléments spécifiques de la suite Office comme le ruban, la barre d'accès rapide et l'onglet Fichier, ainsi que des éléments propres à Excel comme la feuille de calcul.

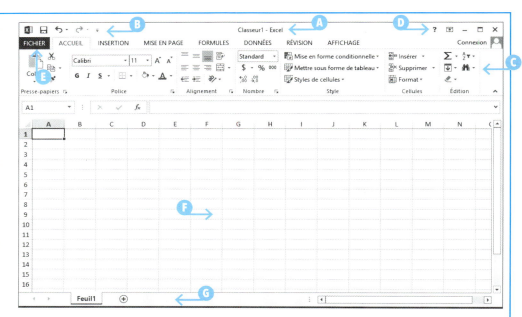

A Barre de titre
La barre de titre affiche le nom du classeur ouvert.

B Barre d'accès rapide
Cette zone permet d'accéder en un clic aux fonctions d'emploi fréquent. Pour apprendre à personnaliser cette barre, reportez-vous à la tâche « Personnalisez la barre d'accès rapide » plus loin dans ce chapitre.

C Ruban
Cette zone donne accès à toutes les commandes, options et fonctionnalités d'Excel. Son mode de fonctionnement est présenté dans la tâche « Exploitez le ruban d'Excel » page suivante.

D Commandes de la fenêtre d'Excel
Ces commandes permettent de réduire, d'agrandir, de restaurer et de fermer la fenêtre du classeur.

E Onglet Fichier
Cliquez cet onglet pour accéder aux options d'Excel et aux commandes concernant le fichier et le programme, telles Enregistrer et Ouvrir.

F Feuille de calcul
Cette zone affiche la feuille de calcul active. C'est l'emplacement où vous effectuerez la plus grande partie du travail avec Excel.

G Barre d'état
Cette barre affiche les messages indiquant l'état actuel d'Excel, le résultat de certaines opérations et d'autres informations utiles.

CHAPITRE 1

Exploitez le ruban d'Excel

Le ruban d'Excel sert à accéder à toutes les commandes et fonctions du programme. Il est organisé en onglets, comme Fichier, Accueil ou Insertion. Chaque onglet regroupe les commandes associées à une même activité, le plus souvent sous forme de boutons, de listes et de cases à cocher. Par exemple, l'onglet Fichier propose les commandes relatives au travail avec les fichiers : ouvrir, enregistrer, imprimer. De façon similaire, l'onglet Insertion donne accès aux commandes permettant d'insérer des objets dans une feuille de calcul.

Il n'y a plus de barre de menus dans Excel 2013 ; les menus déroulants ont été remplacés par les onglets du ruban.

Exploitez le ruban d'Excel

1 Cliquez l'onglet contenant l'outil d'Excel avec lequel vous voulez travailler.

Les commandes de l'onglet apparaissent.

A Chaque onglet est divisé en groupes de commandes de même nature et le nom du groupe s'affiche ici.

B Dans plusieurs groupes, le bouton de lancement de boîte de dialogue ( ) affiche la boîte de dialogue qui rassemble tous les paramètres de ce groupe.

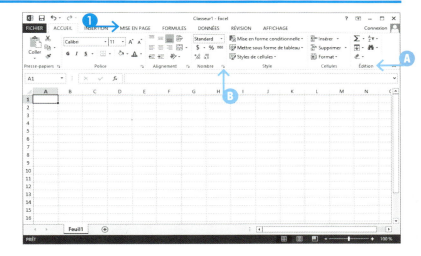

2 Cliquez la commande choisie.

C Si la commande affiche une liste d'options, cliquez celle à sélectionner.

Excel exécute la commande ou définit le paramètre.

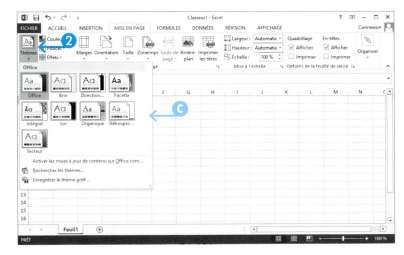

Exploitez les galeries d'Excel

Dans le ruban d'Excel, une *galerie* est un ensemble d'options prédéfinies applicables à l'objet sélectionné dans la feuille de calcul. Pour bien utiliser les galeries, découvrez leur mode d'emploi.

Certaines galeries sont accessibles à tout moment, mais dans la plupart des cas, un objet, comme une plage de cellules ou une image clipart, doit être sélectionné avant le travail dans la galerie.

Utilisez une galerie en liste

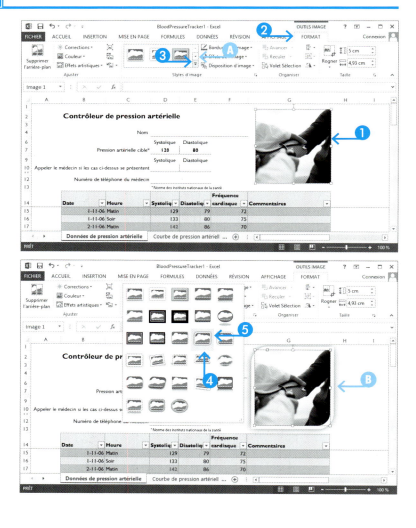

1. Au besoin, cliquez l'objet auquel vous voulez appliquer une option de la galerie.

2. Cliquez l'onglet contenant la galerie à utiliser.

3. Cliquez la flèche (▼) **Autres** de la galerie.

A. Vous pouvez aussi faire défiler la galerie à l'aide des flèches **Haut** (▼) et **Bas** (▲).

Excel affiche l'intégralité du contenu de la galerie.

4. Placez le pointeur de la souris ▷ sur une option.

B. Excel présente un aperçu de l'effet sur l'objet.

5. Cliquez l'option de galerie choisie.

Excel applique cette option à l'objet sélectionné.

CHAPITRE 1
Découvrez Excel

Utilisez une galerie déroulante

1 Au besoin, cliquez l'objet auquel vous voulez appliquer une option de la galerie.

2 Cliquez l'onglet contenant la galerie à utiliser.

3 Cliquez la flèche (⌄) de déroulement de la galerie.

Excel affiche la liste déroulante des options de la galerie.

4 Si la galerie propose des sous-menus, cliquez celui que vous voulez ouvrir.

Excel affiche la liste des options de la galerie secondaire.

C Si une galerie contient des commandes, celles-ci apparaissent au bas du menu de la galerie.

5 Placez le pointeur de la souris sur une option.

D Excel présente un aperçu de l'effet sur l'objet.

6 Cliquez l'option de galerie choisie.

Excel applique cette option à l'objet sélectionné.

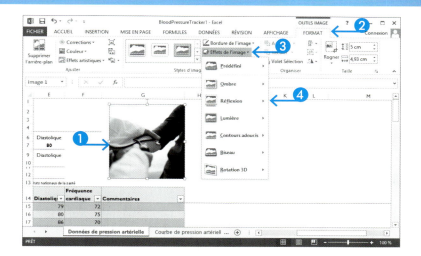

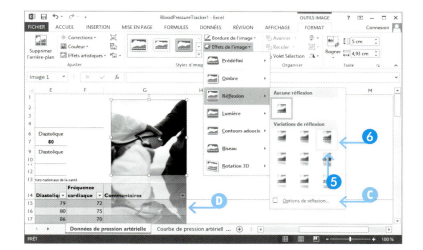

ASTUCE

L'aperçu instantané est souvent pratique puisque vous voyez exactement le résultat d'une option de la galerie avant de l'appliquer. Mais vous pourriez aussi être dérangé par cet affichage sans cesse différent.

Pour désactiver l'aperçu, cliquez l'onglet **Fichier**, puis **Options** et, dans l'onglet Général, cliquez **Afficher l'aperçu instantané** (de sorte que la case ☑ devienne ☐), puis validez par **OK**.

Personnalisez la barre d'accès rapide

Vous faciliterez l'emploi d'Excel en personnalisant sa barre d'accès rapide afin d'y mettre les commandes que vous utilisez le plus souvent. Les commandes disponibles dans la barre d'accès rapide se lancent d'un simple clic, ce qui vous épargne d'aller chercher ces commandes dans les onglets du ruban.

Au départ, la barre d'accès rapide présente trois boutons pour les commandes Enregistrer, Annuler et Rétablir. En quelques clics seulement, vous pourrez y ajouter des commandes usuelles comme Nouveau ou Ouvrir et toutes celles de votre choix parmi les centaines de commandes d'Excel.

Personnalisez la barre d'accès rapide

1 Cliquez le bouton **Personnaliser la barre d'outils Accès rapide** (▼).

2 Cliquez **Autres commandes**.

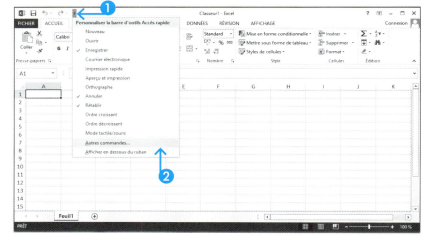

La boîte de dialogue Options Excel apparaît.

A Excel présente le volet Barre d'outils Accès rapide.

3 Cliquez la liste **Choisir les commandes dans les catégories suivantes**.

4 Cliquez la catégorie de commandes qui vous intéresse.

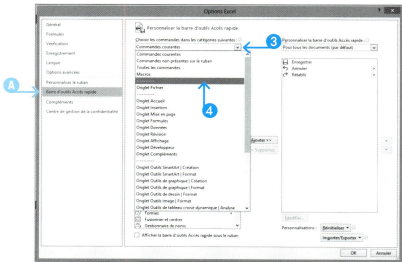

12

CHAPITRE 1
Découvrez Excel

5 Cliquez la commande à ajouter.

6 Cliquez **Ajouter**.

B Excel ajoute la commande.

C Si vous souhaitez retirer une commande de la barre d'accès rapide, sélectionnez-la et cliquez **Supprimer**.

7 Cliquez **OK**.

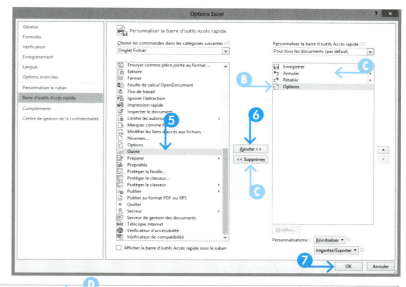

D Excel ajoute un bouton pour la commande dans la barre d'accès rapide.

Note. Il est également possible de retirer une commande en la cliquant du bouton droit dans la barre d'outils pour choisir **Supprimer de la barre d'outils Accès rapide**.

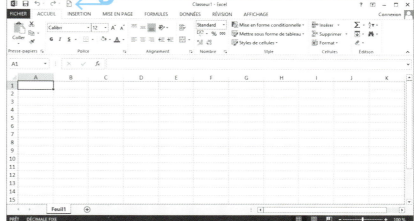

ASTUCE

Si vous avez besoin d'une barre d'accès rapide plus longue pour y mettre encore plus de boutons, déplacez-la sous le ruban. Ainsi, elle occupera toute la largeur de la fenêtre d'Excel. Pour ce faire, cliquez le bouton **Personnaliser la barre d'outils Accès rapide** (▼) et choisissez **Afficher en dessous du ruban**.

Il existe une méthode plus rapide pour ajouter un bouton à la barre d'accès rapide si la commande correspondante est disponible dans le ruban. Cliquez l'onglet du ruban qui contient la commande, cliquez celle-ci du bouton droit et choisissez **Ajouter à la barre d'outils Accès rapide**.

13

Personnalisez le ruban

Vous améliorerez votre productivité avec Excel en personnalisant le ruban pour y ajouter les commandes complémentaires que vous utilisez fréquemment. Le ruban est un outil très pratique du fait qu'il permet de lancer des commandes en deux ou trois clics seulement. Mais il ne contient pas toutes les commandes d'Excel. Si vous utilisez souvent des commandes absentes du ruban, vous pouvez les ajouter pour en faciliter l'accès.

Pour ajouter une commande au ruban, il faut commencer par créer un nouvel onglet ou un nouveau groupe dans un onglet existant, puis y ajouter la commande.

Affichez le volet

Personnalisez le ruban

1. Cliquez du bouton droit n'importe où dans le ruban.
2. Cliquez **Personnaliser le ruban**.

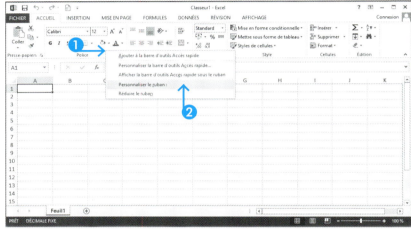

Ajoutez un onglet ou un groupe

La boîte de dialogue Options Excel apparaît.

A. Excel présente le volet Personnaliser le ruban.

1. Cliquez l'onglet à personnaliser.

B. Sinon, cliquez **Nouvel onglet** pour ajouter un onglet.

2. Cliquez **Nouveau groupe**.

C. Excel ajoute le nouveau groupe.

3. Cliquez **Renommer**.

4. Tapez un nom pour le groupe.

5. Cliquez **OK**.

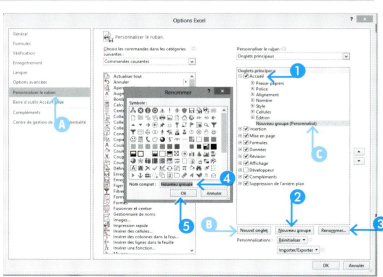

CHAPITRE 1

Découvrez Excel

Ajoutez une commande

1 Cliquez la liste **Choisir les commandes dans les catégories suivantes**.

2 Cliquez la catégorie de commandes voulue.

3 Cliquez la commande à ajouter.

4 Cliquez le groupe ou l'onglet personnalisé dans lequel vous voulez placer la commande.

5 Cliquez **Ajouter**.

D Excel ajoute la commande.

E Si vous désirez retirer une commande, sélectionnez-la et cliquez **Supprimer**.

6 Cliquez **OK**.

F Excel ajoute au ruban le nouveau groupe et la commande.

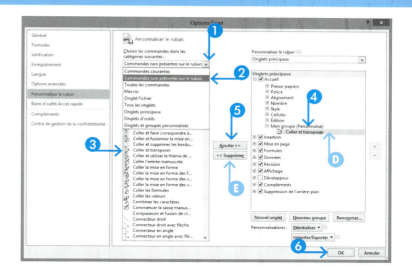

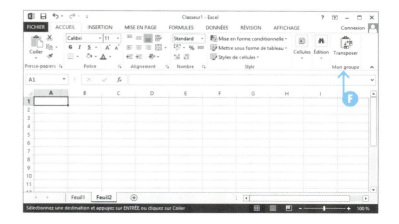

> **ASTUCE**
>
> Vous pouvez aussi personnaliser les onglets d'outils qui apparaissent lorsqu'un objet est sélectionné dans la feuille. Cliquez le ruban du bouton droit et choisissez **Personnaliser le ruban**. La boîte de dialogue Options Excel s'ouvre sur le volet Personnaliser le ruban. Cliquez la liste **Personnaliser le ruban** et cliquez **Onglets d'outils**. Cliquez l'onglet à modifier, puis suivez les instructions de cette tâche pour le personnaliser.
>
> Il est facile de restaurer la configuration par défaut du ruban. Cliquez le ruban du bouton droit et choisissez **Personnaliser le ruban** pour ouvrir la boîte de dialogue Options Excel sur l'onglet Personnaliser le ruban. Pour restaurer un onglet, sélectionnez l'onglet, cliquez **Réinitialiser** puis **Réinitialiser uniquement l'onglet du ruban sélectionné**. Pour rétablir tous les onglets, cliquez **Réinitialiser** puis **Réinitialiser toutes les personnalisations**.

Changez le mode d'affichage

Selon le type de travail en cours, vous pouvez modifier la présentation de votre feuille de calcul en changeant le mode d'affichage.

Excel offre trois modes d'affichage. Normal est le mode de construction et d'édition des feuilles de calcul. Le mode Mise en page présente la feuille telle qu'elle sera imprimée. Et le mode Aperçu des sauts de page affiche des lignes bleues qui représentent les sauts de page.

Changez le mode d'affichage

Passez au mode Mise en page

① Cliquez l'onglet **Affichage**.

② Cliquez **Mise en page**.

Ⓐ Vous disposez aussi du bouton **Mise en page** (▤).

Ⓑ Excel passe au mode Mise en page.

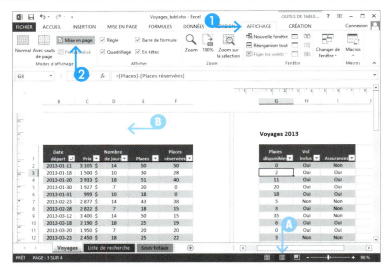

Passez au mode Aperçu des sauts de page

① Cliquez l'onglet **Affichage**.

② Cliquez **Avec sauts de page**.

Ⓒ Vous disposez aussi du bouton **Aperçu des sauts de page** (▤).

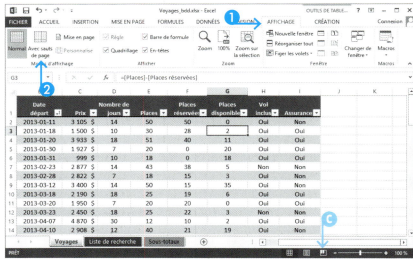

CHAPITRE 1
Découvrez Excel

D Excel passe au mode Aperçu des sauts de page.

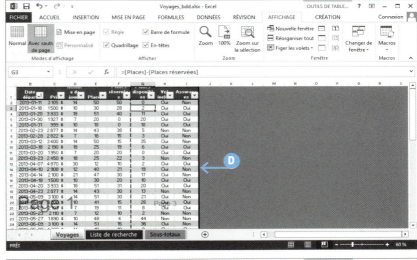

Passez au mode Normal

1. Cliquez l'onglet **Affichage**.
2. Cliquez **Normal**.

E Vous disposez aussi du bouton **Normal** (▦).

Excel passe au mode Normal.

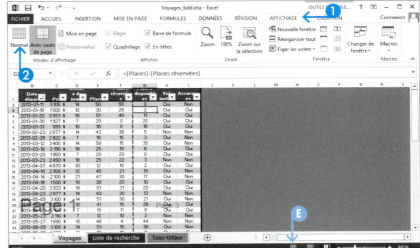

ASTUCE

Dans Excel, un saut de page représente l'endroit où la feuille de calcul va se diviser lors de l'impression. En mode d'affichage Aperçu des sauts de page, Excel symbolise les divisions par des lignes bleues. Si vous n'êtes pas satisfait des sauts de page proposés, vous pouvez les modifier avec la souris en faisant glisser les lignes bleues.

Il est possible d'afficher le classeur en plein écran en cliquant l'icône ⛶ dans l'angle supérieur droit de la fenêtre et en choisissant **Masquer automatiquement le ruban**. Ce mode masque tous les outils de la fenêtre, y compris le ruban et les barres d'accès rapide et d'état. Pour voir le ruban, cliquez le bord supérieur de l'écran. Tant que ce mode est activé, le ruban disparaît automatiquement dès que vous cliquez dans la feuille.

Configurez les Options Excel

Vous pouvez personnaliser le fonctionnement d'Excel pour l'adapter à votre méthode de travail en configurant ses options. Il s'agit de commandes, cases à cocher, boutons d'option et listes qui déterminent le comportement d'Excel dans différentes situations.

La personnalisation d'Excel s'effectue dans la boîte de dialogue Options Excel. La partie gauche de cette boîte de dialogue propose une série de catégories, comme Général, Formules, Enregistrement et Personnaliser le ruban, tandis que la partie droite présente les options disponibles dans la catégorie sélectionnée.

Configurez les Options Excel

1 Cliquez l'onglet **Fichier**.

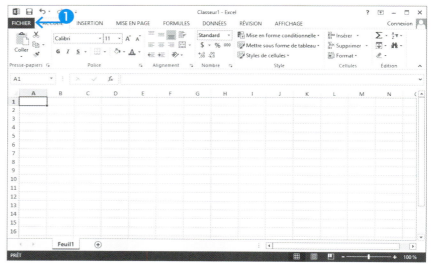

2 Cliquez **Options**.

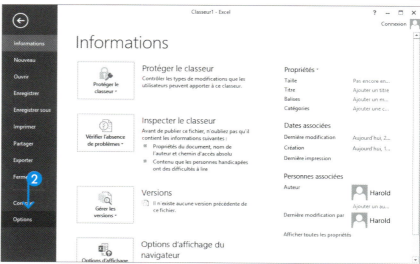

CHAPITRE 1
Découvrez Excel

La boîte de dialogue Options Excel apparaît.

3 Cliquez un onglet de la partie gauche de la boîte de dialogue pour sélectionner la catégorie d'options à modifier.

A Les commandes correspondant à la catégorie choisie apparaissent dans la partie droite.

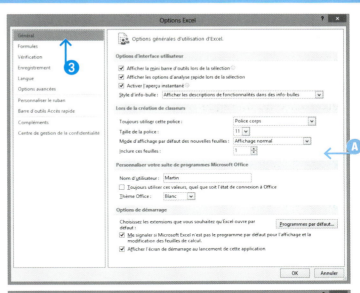

4 Utilisez les commandes du volet droit pour configurer les options à votre guise.

5 Cliquez **OK**.

Excel met en vigueur la nouvelle configuration des options.

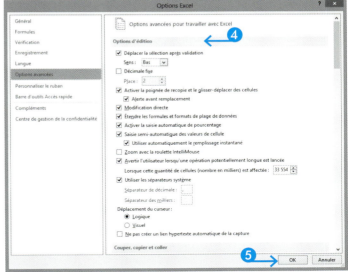

ASTUCE

Certaines fonctions de l'interface Excel proposent un accès direct à la boîte de dialogue Options Excel. Par exemple, cliquez le ruban du bouton droit et sélectionnez **Personnaliser le ruban** pour accéder directement à cette catégorie de la boîte de dialogue Options Excel.

Vous pouvez aussi ouvrir la boîte de dialogue Options Excel en appuyant sur **Alt** + **F**, puis **V**.

Excel fournit une brève description de certaines options, mais pas de toutes. La présence d'un petit *i* dans un cercle à droite du nom d'une option indique qu'une info-bulle est disponible. Survolez l'option un instant avec la souris pour afficher son info-bulle.

Ajoutez Excel à la barre des tâches

Si vous utilisez Excel fréquemment, il est pratique de pouvoir démarrer le programme d'un simple clic sur une icône de la barre des tâches. À l'installation d'Excel, une tuile pour Excel vient s'ajouter dans l'écran d'accueil de Windows 8, mais ce raccourci vous oblige à passer par l'écran d'accueil.

Si vous passez plus de temps dans la partie Bureau de Windows 8, vous préférerez un accès plus direct. Vous l'obtiendrez en épinglant l'icône d'Excel à la barre des tâches. Les instructions suivantes supposent que vous utilisez Excel avec Windows 8, mais il est possible d'épingler Excel aussi avec Windows 7.

Ajoutez Excel à la barre des tâches

1 Le logiciel Excel étant ouvert, cliquez avec le bouton droit l'icône **Excel** dans la barre des tâches.

2 Cliquez **Épingler ce programme à la barre des tâches**.

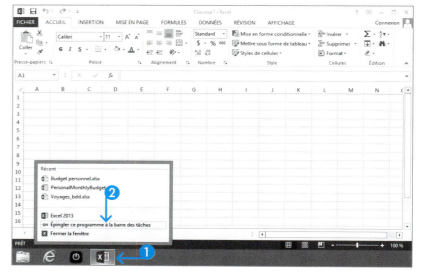

A Après fermeture d'Excel, son icône reste dans la barre des tâches, ce qui vous permet de démarrer rapidement le programme d'un simple clic au bas de l'écran.

Quittez Excel

CHAPITRE 1

Lorsque vous avez terminé votre travail dans Excel, il est conseillé de fermer le programme afin d'éviter d'encombrer le Bureau et la barre des tâches, et de libérer la mémoire vive et les ressources du système pour d'autres tâches.

Lorsque vous quittez Excel, le programme vérifie s'il existe des modifications à enregistrer dans un classeur ouvert. Cette étape très importante vous évite de perdre le travail effectué. Veillez donc bien à enregistrer les modifications lorsque Excel vous le propose.

Quittez Excel

1 Cliquez du bouton droit l'icône **Excel** dans la barre des tâches.

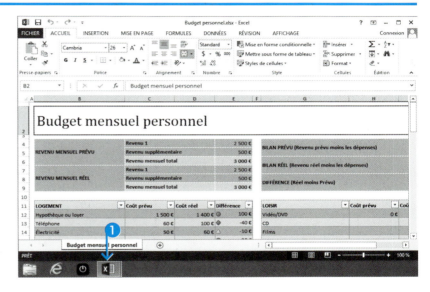

2 Cliquez **Fermer toutes les fenêtres**.

Note. Si un seul classeur est ouvert, cliquez **Fermer la fenêtre**.

Note. Si les dernières modifications d'un document ouvert n'ont pas été sauvegardées, Excel vous propose de les enregistrer.

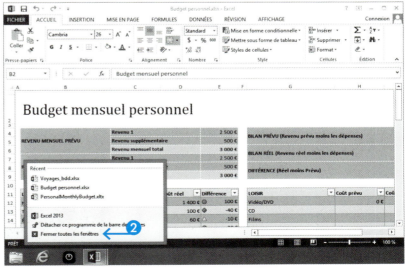

21

CHAPITRE 2

Saisissez et modifiez des données Excel

Êtes-vous prêt à construire une feuille de calcul ? Pour créer une feuille de calcul dans Excel, il faut savoir comment saisir différents types de données dans les cellules, comment modifier ces données en cas d'erreur de saisie et comment supprimer les données devenues inutiles.

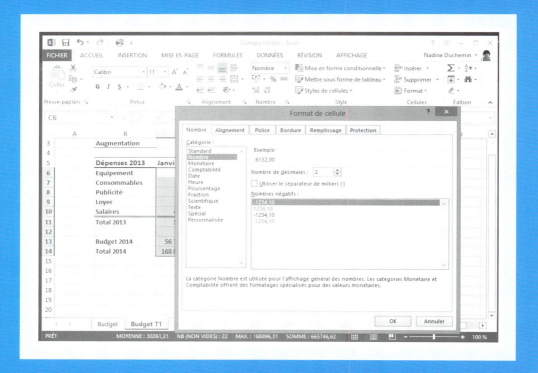

- Découvrez les feuilles de calcul. 24
- Découvrez les différents types de données 25
- Saisissez du texte dans une cellule 26
- Saisissez un nombre 28
- Saisissez une date ou une heure 30
- Insérez un symbole 32
- Modifiez des données 34
- Supprimez des données. 36

Découvrez les feuilles de calcul

Dans Excel, un fichier de travail s'appelle un *classeur* et chaque classeur Excel comprend une ou plusieurs *feuilles de calcul*. Ces feuilles de calcul sont les documents où vous saisissez les données et les formules, il est donc important d'en connaître les différents éléments.

Une feuille de calcul se compose de lignes et de colonnes dont les intersections forment des *cellules*. Chaque cellule est identifiée par une adresse. Une plage est un ensemble de cellules. Chaque feuille de calcul possède un onglet de feuille et vous travaillez dans une feuille au moyen de la souris.

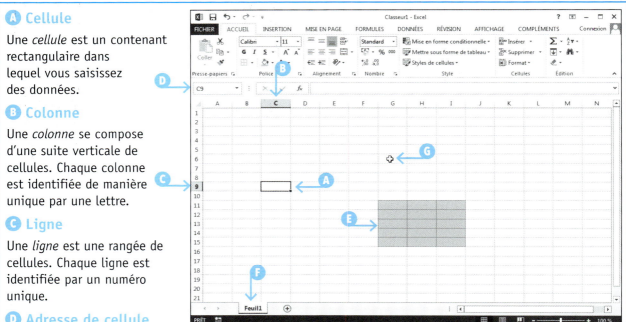

A Cellule
Une *cellule* est un contenant rectangulaire dans lequel vous saisissez des données.

B Colonne
Une *colonne* se compose d'une suite verticale de cellules. Chaque colonne est identifiée de manière unique par une lettre.

C Ligne
Une *ligne* est une rangée de cellules. Chaque ligne est identifiée par un numéro unique.

D Adresse de cellule
À chaque cellule est associée une *adresse* composée de la lettre de sa colonne et du numéro de sa ligne. Par exemple, la cellule située à l'intersection de la colonne C et de la ligne 10 possède l'adresse C10.

E Plage
Une *plage* est une zone rectangulaire de plusieurs cellules voisines. L'adresse d'une plage est composée de la réunion de l'adresse de la cellule du coin supérieur gauche et de celle du coin inférieur droit. Par exemple, H12:K16 est l'adresse d'une plage de cellules comprenant toutes les cellules entre la colonne H, ligne 12 et la colonne K, ligne 16.

F Onglet de feuille
L'onglet porte le nom de la feuille de calcul. Les classeurs comprennent souvent plusieurs feuilles de calcul et les onglets permettent de passer de l'une à l'autre.

G Pointeur
Utilisez le pointeur ✛ pour sélectionner des cellules.

Découvrez les différents types de données

CHAPITRE 2

Excel reconnaît bien sûr les données numériques, mais il ne se limite pas à celles-ci. Il est important de connaître les différences entre les types de données. Trois types principaux de données peuvent être saisis dans une cellule : du texte, des nombres et des dates et heures. Vous pouvez saisir des données dans n'importe quelle cellule d'une feuille.

Texte

Le texte saisi dans une cellule peut se composer de lettres, de symboles et de chiffres. Les cellules de texte servent le plus souvent à décrire le contenu de la feuille. Les nombres entremêlés dans une feuille de calcul n'étant guère utiles s'il n'y a aucun repère pour les identifier, vous taperez des étiquettes, comme *Ventes* ou *Villes*, pour faciliter la lecture et la compréhension d'une feuille. Le texte peut aussi être une combinaison de chiffres et de lettres, comme dans les références de produit ou les numéros de téléphone.

Nombres

Les nombres forment le type de données le plus fréquent. Les nombres saisis dans des cellules peuvent être des montants, des poids, des taux d'intérêt, des températures ou toute autre valeur numérique. Généralement, vous ne tapez qu'un nombre dans une cellule, mais vous pouvez le faire suivre d'un symbole (€ ou $) pour indiquer une valeur monétaire ou de % pour désigner un pourcentage.

Dates et heures

Des données peuvent être des dates, comme dans une facture ou un bon de commande. Vous pouvez saisir la date sous sa forme longue, 23 octobre 2013, ou avec un séparateur, la barre oblique (/) ou le tiret (-) : par exemple, 23/8/2010 ou 23-10-2010. L'ordre dans lequel les valeurs de date sont présentées dépend des paramètres régionaux du système et se modifie dans le Panneau de configuration de Windows. La version française d'Excel adopte par défaut le format jour/mois/année. Le signe deux-points sert de séparateur pour les heures : par exemple, 21:30 ou 9:30 PM.

Saisissez du texte dans une cellule

La première étape de l'élaboration d'une feuille de calcul est généralement la saisie du texte des étiquettes ou des titres. La plupart des étiquettes sont placées à côté ou au-dessus de l'emplacement où apparaîtront les données numériques, alors que les titres figurent habituellement au sommet d'une colonne ou à gauche d'une ligne de données.

Remarquez que le texte ne sert pas seulement aux étiquettes et aux titres. Des données peuvent exister sous forme de texte, comme les titres des œuvres dans une base de données de livres ou de films. Vous pouvez aussi ajouter dans une feuille, par exemple, de courtes notes d'explication ou des aide-mémoire à propos de données manquantes ou de tâches restant à accomplir.

Saisissez du texte dans une cellule

1 Cliquez la cellule où placer le texte.

A Excel entoure la cellule sélectionnée d'une bordure noire épaisse.

2 Commencez à taper le texte.

B Excel ouvre la cellule à l'édition et affiche les caractères au fur et à mesure de la frappe.

C La saisie apparaît aussi dans la barre de formule.

Note. Vous pouvez saisir le texte dans la barre de formule au lieu de le taper directement dans la cellule.

CHAPITRE 2
Saisissez et modifiez des données Excel

3 Appuyez sur **Entrée** après avoir terminé la saisie.

D Pour rester dans la même cellule active, cliquez **Entrer** (✓) ou appuyez sur **Ctrl** + **Entrée**.

E Excel quitte le mode d'édition de la cellule.

F Si vous avez appuyé sur **Entrée**, Excel déplace la sélection sur la cellule située en dessous.

ASTUCE

Après avoir saisi vos données dans une cellule, vous pouvez passer directement à la cellule voisine, à droite, en appuyant sur la touche →. Vous commandez ainsi à Excel de quitter le mode d'édition de la cellule active pour passer à la cellule suivante à droite. Si vous préférez activer la cellule voisine à gauche, appuyez sur ← ; pour atteindre la cellule supérieure, vous disposez de la touche ↑.

Lorsque vous commencez à saisir des données dans une cellule, il arrive qu'Excel affiche le texte présent dans une autre cellule quand les premières lettres sont communes. Ceci est dû à la fonction de saisie semi-automatique. Excel suppose que vous voulez répéter un texte déjà saisi.

Si vous voulez accepter cette proposition, cliquez ✓ ou appuyez sur **Entrée** ; sinon, continuez simplement à taper votre texte.

Saisissez un nombre

L'activité principale d'Excel est le travail sur les nombres, la plupart des feuilles de calcul contiennent donc des valeurs numériques. Même si les nombres sont eux-mêmes des éléments de tableau ou de base de données, ces valeurs numériques seront souvent utilisées comme arguments dans les formules que vous construirez (voir le chapitre 6).

Vous pouvez saisir des nombres entiers (comme 5 ou 1 024), des valeurs décimales (0,25 ou 3,14), des nombres négatifs (–10 ou –6,2), des pourcentages (5% ou 21,5%) et des valeurs monétaires (100 € ou 14,99 €). Pour bien exploiter Excel, vous devez connaître la technique de saisie de ces valeurs numériques.

Saisissez un nombre

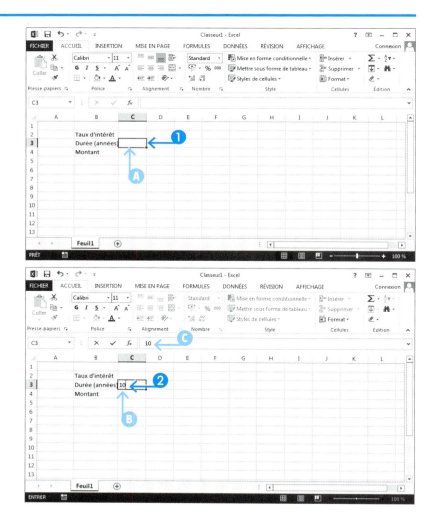

1 Cliquez la cellule où placer le nombre.

A Excel entoure la cellule sélectionnée d'une bordure verte épaisse.

2 Commencez à taper le nombre.

B Excel ouvre la cellule à l'édition et affiche le nombre au fur et à mesure de la frappe.

C La saisie apparaît aussi dans la barre de formule.

Note. Vous pouvez saisir le nombre dans la barre de formule au lieu de le taper directement dans la cellule.

CHAPITRE 2
Saisissez et modifiez des données Excel

③ Appuyez sur **Entrée** après avoir terminé la saisie.

Ⓓ Pour rester dans la même cellule active, cliquez **Entrer** (✓) ou appuyez sur **Ctrl** + **Entrée**.

Ⓔ Excel quitte le mode d'édition de la cellule.

Ⓕ Pour saisir un pourcentage, tapez le nombre suivi du signe « pour cent » (%).

Ⓖ Pour saisir une valeur monétaire, tapez le nombre suivi du symbole euro (€).

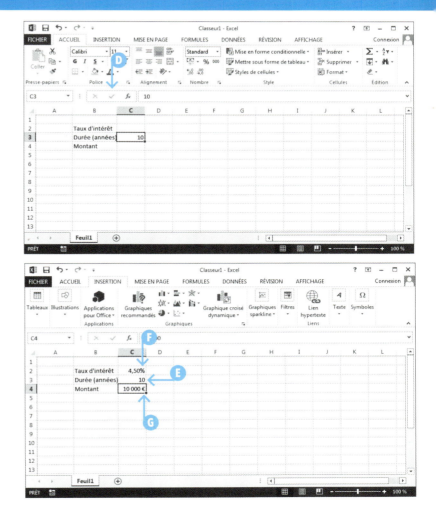

ASTUCES

Lorsque vous saisissez une valeur numérique, vous pouvez la taper avec ou sans espace comme séparateur de milliers. Si vous saisissez 1 024, Excel affichera la valeur comme vous l'avez saisie, mais l'interprétera comme la valeur 1024. Pour une valeur négative, tapez le signe moins (–) avant le nombre et, pour une valeur décimale, vous pouvez utiliser comme séparateur la virgule ou le point du pavé numérique.

Excel propose plusieurs méthodes pour les saisies répétitives. La solution la plus simple pour recopier un nombre consiste à activer la cellule située sous celle qui contient le nombre à répéter, puis à appuyer sur **Ctrl** + **'**. Excel insère la même valeur dans la cellule inférieure. Pour découvrir une autre méthode, reportez-vous à la tâche « Remplissez une plage avec des données identiques » au chapitre 3.

29

Saisissez une date ou une heure

Des dates et des heures peuvent faire partie des données d'une feuille et servir à effectuer des opérations, par exemple calculer le nombre de jours de retard d'un paiement ou le nombre d'heures de travail dans une semaine. Dans ce cas, vous devez savoir saisir des dates et des heures dans une cellule.

Le format de date utilisé dépend de votre pays de résidence. En règle générale, dans les pays francophones, la date s'écrit sous le format jour/mois/année ou jour-mois-année (par exemple, 14/09/2013). Le format de l'heure dépend aussi des réglages régionaux du système d'exploitation, mais le format de saisie de l'heure est par défaut heures:minutes:secondes avec un cycle de 24 heures.

Saisissez une date

1 Cliquez la cellule où saisir la date.

A Excel entoure la cellule sélectionnée d'une bordure noire épaisse.

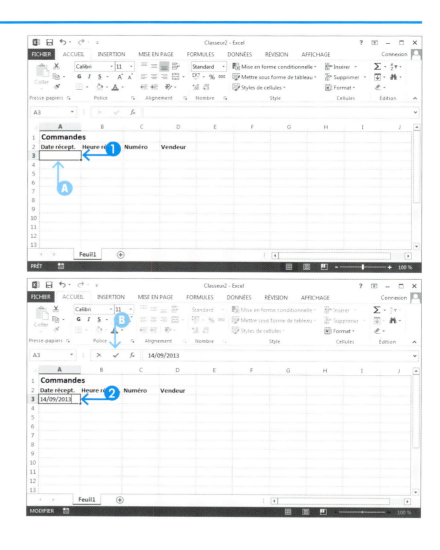

2 Tapez la date.

Note. Voyez l'astuce page suivante pour découvrir les formats de date disponibles dans votre version d'Excel.

3 Appuyez sur **Entrée** après avoir terminé la saisie.

B Pour rester dans la même cellule active, cliquez **Entrer** (✓) ou appuyez sur **Ctrl** + **Entrée**.

Excel quitte le mode d'édition de la cellule.

CHAPITRE 2

Saisissez et modifiez des données Excel

Saisissez une heure

1 Cliquez dans la cellule où saisir l'heure.

C Excel entoure la cellule sélectionnée d'une bordure noire épaisse.

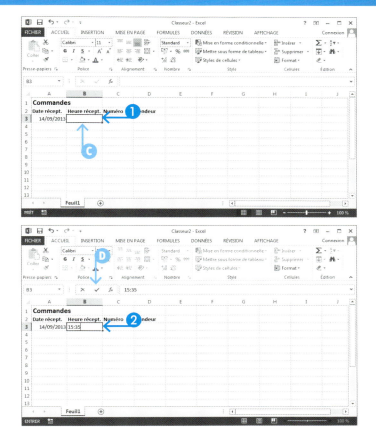

2 Tapez l'heure.

Note. Voyez l'astuce ci-dessous pour découvrir les formats d'heure disponibles dans votre version d'Excel.

3 Appuyez sur **Entrée** après avoir terminé la saisie.

D Pour rester dans la même cellule active, cliquez **Entrer** (✓) ou appuyez sur **Ctrl** + **Entrée**.

Excel quitte le mode d'édition de la cellule.

ASTUCE

Pour voir les formats de date et d'heure disponibles, cliquez une cellule avec le bouton droit et sélectionnez **Format de cellule**. Dans l'onglet **Nombre**, cliquez la catégorie **Date** ou **Heure** pour voir les formats disponibles avec Excel. Les formats de votre système d'exploitation sont repérés par un astérisque (*).

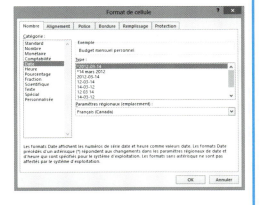

31

Insérez un symbole

Une feuille peut être rendue plus utile et plus lisible par l'insertion de certains caractères spéciaux absents du clavier standard.

Parmi les caractères spéciaux figurent des caractères de langue étrangère (° ou ∞), des symboles mathématiques (√ ou ≥), des symboles de devises (¢ ou ¥), des symboles commerciaux (© ou ®), entre autres.

Insérez un symbole

1. Cliquez la cellule concernée.
2. Saisissez si nécessaire le texte précédant le symbole.
3. Cliquez l'onglet **Insertion**.
4. Cliquez **Symbole**.
5. Cliquez **Symbole**.

   La boîte de dialogue Caractères spéciaux apparaît.

CHAPITRE 2
Saisissez et modifiez des données Excel

6 Au besoin, cliquez l'onglet **Symboles**.

7 Cliquez le caractère à insérer.

Note. Faites glisser le curseur de défilement vertical pour voir tous les symboles de la police actuelle. De nombreux autres caractères spéciaux sont disponibles dans d'autres polices de symboles. Pour les afficher, sélectionnez **Webdings** ou **Wingdings** dans la liste **Police**.

8 Cliquez **Insérer**.

A Excel insère le symbole.

9 Répétez les étapes **7** et **8** pour insérer d'autres caractères.

10 Cliquez **Fermer**.

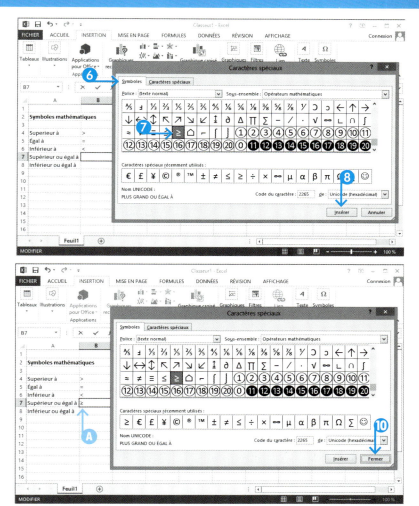

ASTUCE

Pour connaître le raccourci clavier d'un symbole, cliquez le symbole dans la boîte de dialogue Caractères spéciaux, sélectionnez **ASCII (décimal)** dans la liste **de :** et prenez note du contenu de la zone **Code du caractère**. Vous pourrez obtenir directement un symbole dans une cellule en maintenant appuyée la touche Alt et en tapant sur le pavé numérique le code du caractère précédé d'un 0. Par exemple, les touches Alt + 0 1 6 9 insèrent le symbole ©.

33

Modifiez des données

Les données que vous avez saisies dans une feuille de calcul ne sont pas figées une fois pour toutes. Qu'il s'agisse de texte, d'un nombre ou d'une date, si une donnée a changé ou est erronée, vous pouvez la modifier. Vous corrigerez le contenu d'une cellule directement dans la cellule ou dans la barre de formule.

Modifiez des données

1. Cliquez la cellule à corriger.
2. Appuyez sur F2.

   Vous pouvez aussi double-cliquer la cellule à modifier.

A. Excel ouvre la cellule à l'édition et place le pointeur à la fin du contenu de la cellule.

B. Excel affiche la mention Modifier dans la barre d'état.

C. Vous pouvez aussi cliquer dans la barre de formule et y modifier le contenu de la cellule.

3. Changez le contenu de la cellule.

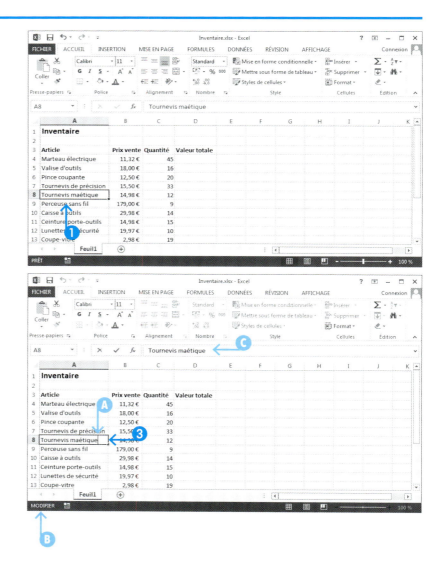

CHAPITRE 2
Saisissez et modifiez des données Excel

4 Appuyez sur **Entrée** après avoir terminé les modifications.

D Pour rester dans la même cellule active, cliquez **Entrer** (✓) ou appuyez sur **Ctrl** + **Entrée**.

E Excel quitte le mode d'édition de la cellule.

F Si vous avez appuyé sur **Entrée**, Excel active la cellule située en dessous.

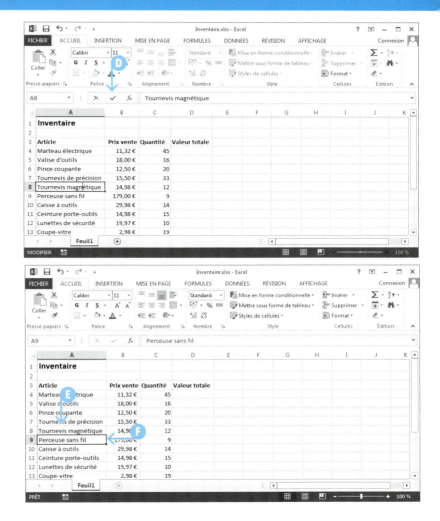

ASTUCES

Pour corriger plus rapidement une cellule, placez le pointeur ⇧ sur la cellule en le positionnant au-dessus du premier caractère à modifier, puis double-cliquez. Excel active la cellule en mode d'édition avec le point d'insertion à l'emplacement du double clic.

Si votre correction ne convient pas, vous n'êtes pas obligé de retaper le texte original. Il vous suffit d'annuler. Si cette correction est la dernière opération que vous venez d'effectuer dans Excel, appuyez sur **Ctrl** + **Z** ou cliquez le bouton **Annuler** (↶) dans la barre d'accès rapide. Si vous avez effectué d'autres opérations entre-temps, cliquez la flèche ▾ de la liste **Annuler** et sélectionnez une opération dans la liste qui apparaît. Sachez qu'en faisant cela, vous annulez toutes les opérations réalisées après cette correction.

35

Supprimez des données

Vous pouvez supprimer des données devenues inutiles. L'encombrement de la feuille et le risque d'erreur d'interprétation en seront réduits et la lecture des données, simplifiée.

Pour supprimer en une fois les données de plusieurs cellules, vous devez d'abord les sélectionner (voir « Sélectionnez une plage » au chapitre 3). Pour supprimer les cellules et non simplement leur contenu, voir « Supprimez une plage » au chapitre 3.

Supprimez des données

❶ Sélectionnez la cellule dont vous voulez supprimer le contenu.

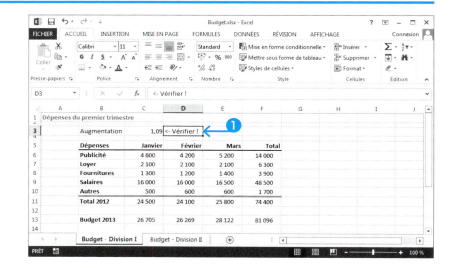

❷ Cliquez l'onglet **Accueil**.

❸ Cliquez **Effacer** ( ).

❹ Cliquez **Effacer le contenu**.

Note. Vous pouvez aussi effacer le contenu d'une cellule en appuyant sur la touche **Suppr**.

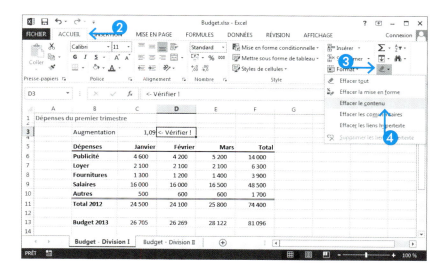

CHAPITRE 2
Saisissez et modifiez des données Excel

Ⓐ Excel efface le contenu de la cellule.

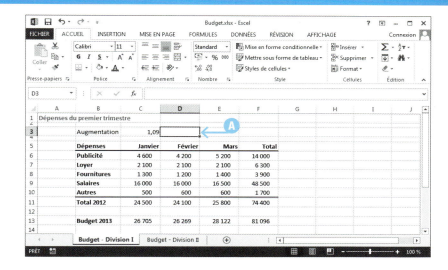

Annulez une suppression

❶ Déroulez la liste **Annuler** (▾).

❷ Cliquez **Effacer**.

Note. Si la suppression du contenu est la dernière action réalisée, vous pouvez l'annuler en appuyant sur **Ctrl** + **Z** ou en cliquant le bouton **Annuler** (↶).

Ⓑ Excel rétablit le contenu de la cellule.

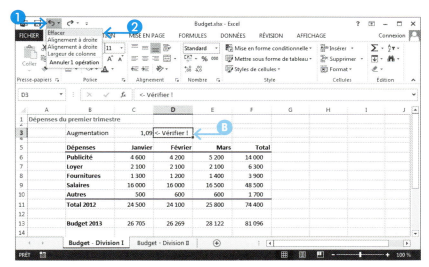

ASTUCES

Lorsque le contenu d'une cellule est supprimé, sa mise en forme reste appliquée à la cellule. Si vous choisissez l'option **Effacer tout** de la commande Effacer, Excel supprime les données et la mise en forme appliquée à la cellule.

L'option Effacer les formats de la commande Effacer a pour effet de supprimer la mise en forme seulement en laissant intact le contenu de la cellule. Pour l'appliquer, sélectionnez la cellule, cliquez **Accueil**, cliquez **Effacer** (⌫), puis cliquez **Effacer les formats**. Excel rétablit la mise en forme par défaut de la cellule.

37

CHAPITRE 3

Manipulez les plages de données

Dans Excel, on appelle *plage* un groupe d'au moins deux cellules qu'il est possible de manipuler ensemble. Vous pouvez par exemple remplir une plage avec des données, déplacer ou copier une plage, trier les données d'une plage ou insérer et supprimer des plages. Vous découvrirez toutes ces manipulations dans ce chapitre.

Sélectionnez une plage. 40
Remplissez une plage avec des données identiques 42
Complétez une série de données 44
Utilisez le remplissage instantané 46
Déplacez ou copiez une plage. 48
Insérez une ligne ou une colonne. 50
Insérez une cellule ou une plage 52
Effacez les données d'une plage 54
Supprimez une plage. 56
Masquez une ligne ou une colonne 58
Figez des lignes ou des colonnes 60
Fusionnez plusieurs cellules 62
Transposez des lignes et des colonnes. 64

Sélectionnez une plage

Pour travailler avec un groupe de cellules, appelé *plage* avec Excel, commencez par sélectionner les cellules qui formeront cette plage. Une fois la plage sélectionnée, vous pouvez y placer des données, la déplacer dans la feuille de calcul, mettre les cellules en forme ou appliquer toutes les techniques présentées dans ce chapitre.

Vous pouvez sélectionner une plage formée d'un groupe rectangulaire de cellules, d'un ensemble de cellules individuelles non adjacentes ou d'une ligne ou d'une colonne entière.

Sélectionnez une plage rectangulaire

1. Placez le pointeur ✥ sur la première cellule à inclure dans la plage.
2. Faites glisser le pointeur ✥ sur les cellules à ajouter à la plage.
- A Excel sélectionne les cellules.
3. Relâchez le bouton de la souris pour terminer la sélection.

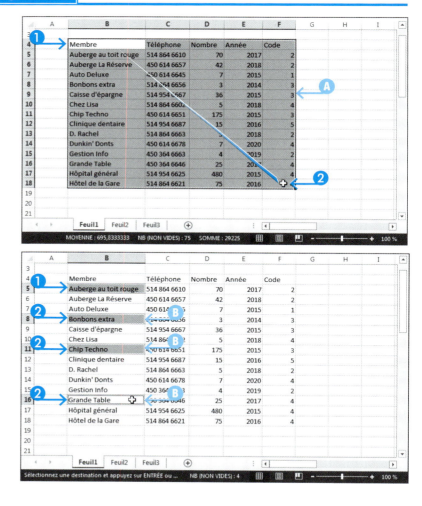

Sélectionnez une plage de cellules discontinues

1. Cliquez la première cellule à inclure dans la plage.
2. Maintenez enfoncée la touche `Ctrl` et cliquez chaque cellule à ajouter.
- B Excel ajoute à la plage chaque cellule sélectionnée.
3. Relâchez `Ctrl` pour terminer la sélection.

CHAPITRE 3

Manipulez les plages de données

Sélectionnez une ligne entière

1. Placez le pointeur ✥ sur l'en-tête de la ligne à sélectionner. Il se transforme en pointeur de sélection de ligne (→).

2. Cliquez l'en-tête de la ligne.

C. Excel sélectionne la ligne entière.

Pour sélectionner plusieurs lignes, faites glisser le pointeur sur les en-têtes à inclure ou maintenez Ctrl enfoncée en cliquant chaque en-tête.

Sélectionnez une colonne entière

1. Placez le pointeur ✥ sur l'en-tête de la colonne à sélectionner. Il se transforme en pointeur de sélection de colonne (↓).

2. Cliquez l'en-tête de la colonne.

D. Excel sélectionne la colonne entière.

Pour sélectionner plusieurs colonnes, faites glisser le pointeur sur les en-têtes à inclure ou maintenez Ctrl enfoncée en cliquant chaque en-tête.

ASTUCES

Il est possible de sélectionner une plage à partir du clavier. En vous servant des touches de direction, activez la première cellule de la plage, maintenez enfoncée Maj, puis utilisez les flèches ← ou → pour étendre la sélection. Pour sélectionner une ligne entière, activez une cellule de cette ligne et appuyez sur Maj + Barre d'espace.

Pour sélectionner une colonne entière, activez une cellule de cette colonne et appuyez sur Ctrl + Barre d'espace.

Pour sélectionner toutes les cellules de la feuille de calcul, appuyez sur Ctrl + A ou cliquez le bouton **Tout sélectionner** (◢) dans l'angle supérieur gauche de la feuille.

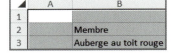

41

Remplissez une plage avec des données identiques

Si une plage doit contenir des données identiques, Excel vous fera gagner du temps en la remplissant pour vous. La poignée de recopie remplit très facilement une ligne ou une colonne avec des valeurs identiques, mais vous pouvez aussi remplir une plage complète en une fois. Cette méthode est beaucoup plus rapide que la saisie manuelle de la même donnée dans chaque cellule.

Reportez-vous à la tâche précédente, « Sélectionnez une plage », pour apprendre à sélectionner une plage de cellules.

Remplissez une plage verticale ou horizontale

1 Dans la première cellule de la plage à remplir, saisissez la donnée à reproduire.

2 Placez le pointeur ✥ sur le coin inférieur droit de la cellule, et il se transforme en pointeur de recopie (✚).

3 Faites glisser ✚ verticalement pour remplir une colonne ou horizontalement pour remplir une ligne.

4 Relâchez le bouton de la souris.

A Excel recopie la donnée initiale dans toutes les cellules de la plage sélectionnée.

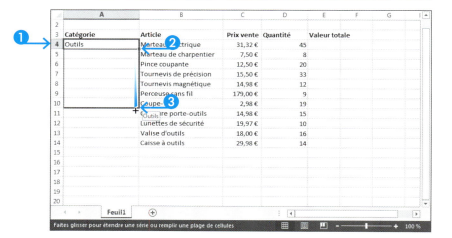

42

CHAPITRE 3
Manipulez les plages de données

Remplissez une plage sélectionnée

1 Sélectionnez la plage à remplir.

2 Saisissez la donnée, qu'il s'agisse d'un texte, d'un nombre ou d'une autre valeur.

3 Appuyez sur `Ctrl` + `Entrée`.

B Excel reproduit automatiquement cette valeur dans toute la plage.

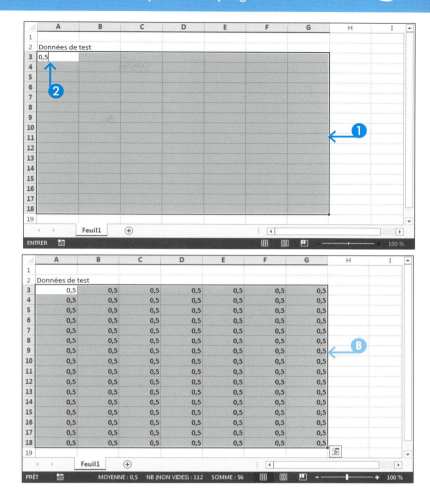

ASTUCE

Il est possible de remplir une ligne ou une colonne avec une même donnée sans reproduire la mise en forme de la cellule initiale. Après la recopie selon les instructions des étapes 1 à 4, cliquez le bouton d'options de recopie incrémentée ( ) et sélectionnez **Recopier les valeurs sans la mise en forme**. Excel efface la mise en forme des cellules remplies automatiquement.

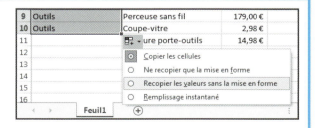

43

Complétez une série de données

Lorsqu'une plage doit contenir une série de données, Excel vous permet de gagner du temps en complétant automatiquement cette série. La poignée de recopie incrémentée reconnaît une série de valeurs numériques comme 5, 10, 15, 20, *etc.*, de dates comme 1 janvier 2014, 2 janvier 2014, *etc.*, ou une série de valeurs alphanumériques comme Chapitre 1, Chapitre 2, Chapitre 3, *etc.*

Vous pouvez aussi créer votre propre série avec une valeur de pas personnalisée qui déterminera la différence entre chaque élément de la série.

Complétez une série de valeurs numériques, alphanumériques ou de dates

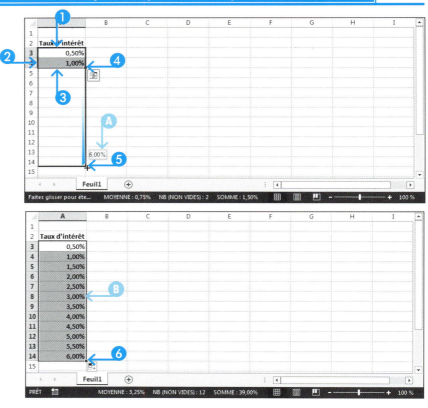

1. Cliquez la première cellule et saisissez la première valeur de la série.

2. Cliquez la cellule adjacente et saisissez la deuxième valeur de la série.

3. Sélectionnez les deux cellules.

4. Placez le pointeur ⇨ sur le coin inférieur droit de la sélection. ⇨ se transforme en pointeur ✚.

5. Faites glisser ✚ vers le bas pour remplir une plage verticale ou vers la droite pour remplir une plage horizontale.

Ⓐ À mesure du glissement, Excel affiche la valeur qui va remplir la cellule sélectionnée.

6. Relâchez le bouton de la souris.

Ⓑ Excel remplit la plage avec la série complétant le modèle donné par les deux cellules initiales.

CHAPITRE
3
Manipulez les plages de données

Complétez une série personnalisée de valeurs

① Cliquez la première cellule et saisissez la première valeur de la série.

② Sélectionnez la plage à remplir, y compris la valeur initiale.

③ Cliquez l'onglet **Accueil**.

④ Cliquez **Remplissage** (🔽).

⑤ Cliquez **Série**.

La boîte de dialogue Série de données apparaît.

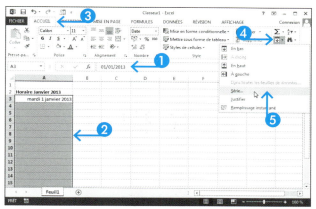

⑥ Dans le groupe **Type**, sélectionnez le type de série à compléter (○ devient ◉).

⑦ Si vous avez choisi **Chronologique** à l'étape ⑥, sélectionnez une option du groupe Unité de temps (○ devient ◉).

⑧ Dans la zone **Valeur du pas**, tapez la valeur à utiliser.

⑨ Cliquez **OK**.

Ⓒ Excel remplit la plage avec la série personnalisée.

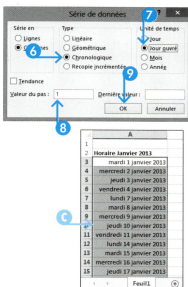

ASTUCE

Pour enregistrer une liste de remplissage personnalisée, ouvrez les Options Excel et cliquez la catégorie **Options avancées**. Dans le bas du panneau, cliquez le bouton **Modifier les listes personnalisées**. Dans la zone Entrées de la liste, tapez les éléments de votre liste en appuyant sur `Entrée` après chacun. Cliquez **Ajouter**, puis **OK**. Votre série personnalisée est désormais prête à l'emploi.

Utilisez le remplissage instantané

Pour gagner du temps, vous pouvez utiliser la fonction de remplissage instantané d'une plage de cellules à partir d'un modèle de votre choix.

Il existe plusieurs façons de procéder au remplissage instantané, mais les deux plus courantes consistent à extraire des données ou à les formater. Par exemple, si une colonne contient des noms et prénoms de personnes, vous pouvez en créer une deuxième qui reprenne juste le nom de famille à partir de cette colonne. Autre exemple, si une colonne contient des numéros de téléphone sous la forme 0234567890, vous pourrez les formater automatiquement sous la forme 02 34 56 78 90.

Remplissez instantanément une plage avec des données extraites

❶ Vérifiez que la colonne des données originales a un titre.

❷ Tapez un titre dans la colonne destinée aux données extraites.

❸ Tapez la première valeur voulue dans la nouvelle colonne.

❹ Commencez à taper la deuxième valeur.

Ⓐ Excel reconnaît la règle à suivre et affiche une liste de suggestions pour le reste de la colonne.

❺ Appuyez sur `Entrée`.

Ⓑ Excel remplit la colonne avec les données extraites.

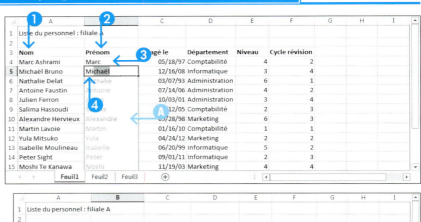

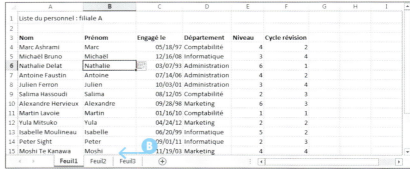

CHAPITRE 3

Manipulez les plages de données

Remplissez instantanément une plage avec des données formatées

① Vérifiez que la colonne des données originales a un titre.

② Tapez un titre dans la colonne destinée aux données formatées.

③ Tapez la première valeur avec son formatage dans la nouvelle colonne.

④ Commencez à taper la deuxième valeur.

Ⓐ Excel reconnaît la règle à suivre et affiche une liste de suggestions pour le reste de la colonne.

⑤ Appuyez sur Entrée.

Ⓑ Excel remplit la colonne avec les données formatées.

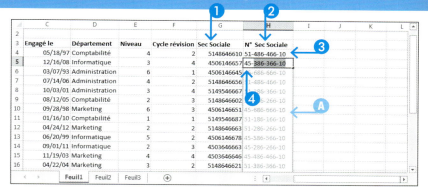

ASTUCES

Pour que le remplissage instantané fonctionne, chaque colonne doit comporter un titre, aussi bien la colonne originale que la nouvelle. Ces deux colonnes doivent être adjacentes et la deuxième valeur d'exemple doit suivre immédiatement la première. De plus, cette fonction s'applique uniquement au texte, pas aux valeurs numériques.

Si Excel n'affiche aucune suggestion de remplissage, sélectionnez la première valeur d'exemple et toute la plage à remplir, cliquez l'onglet **Données** puis **Remplissage instantané** ( ), ou utilisez le raccourci Ctrl + E, et Excel remplit la plage.

47

Déplacez ou copiez une plage

Une feuille de calcul peut être réorganisée ou restructurée par le déplacement d'une plage existante vers un autre emplacement.

Une plage peut aussi être copiée, technique utile lorsque la plage doit être reproduite ailleurs ou lorsque vous avez besoin d'une plage semblable à une plage existante. Dans ce dernier cas, après la copie, vous pouvez modifier à votre guise la plage copiée.

Déplacez une plage

① Sélectionnez la plage à déplacer.

② Placez le pointeur ✥ sur l'un des bords externes de la plage. Il se transforme en pointeur de déplacement.

③ Faites glisser la plage vers son nouvel emplacement. Le pointeur de déplacement redevient ▷.

Ⓐ Excel affiche le contour de la plage à déplacer.

Ⓑ Excel affiche l'adresse du nouvel emplacement.

④ Relâchez le bouton de la souris.

Ⓒ Excel déplace la plage.

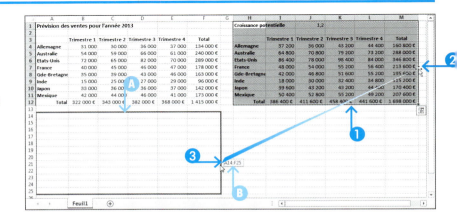

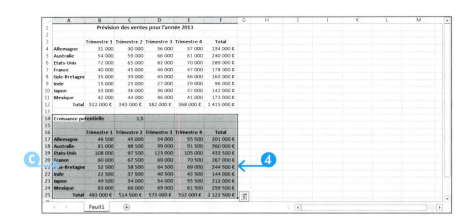

48

CHAPITRE 3
Manipulez les plages de données

Copiez une plage

① Sélectionnez la plage à copier.

② Maintenez enfoncée la touche `Ctrl`.

③ Placez le pointeur ✥ sur l'un des bords externes de la plage sélectionnée. Il se transforme en pointeur de copie.

④ Faites glisser la plage vers l'emplacement où vous voulez insérer la copie.

Ⓓ Excel affiche le contour de la plage.

Ⓔ Excel affiche l'adresse du nouvel emplacement.

⑤ Relâchez le bouton de la souris.

⑥ Relâchez `Ctrl`.

Ⓕ Excel crée une copie de la plage à l'emplacement choisi.

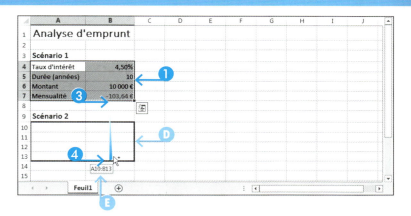

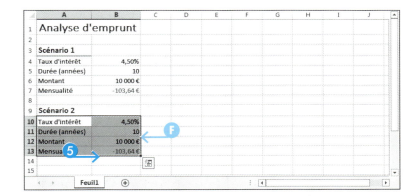

ASTUCES

Il est possible de copier une plage dans une autre feuille de calcul du classeur. Utilisez la technique décrite ci-dessus en appuyant simultanément sur les touches `Alt` et `Ctrl` pendant que vous faites glisser la plage sur l'onglet de la feuille choisie. Une fois dans la feuille de destination, vous pouvez relâcher la touche `Alt`, puis déposer la plage à l'emplacement voulu.

Vous pouvez aussi copier une plage dans un autre classeur. Si le classeur de destination est visible à l'écran, faites glisser la plage selon les instructions de cette page en appuyant sur `Ctrl` de manière à la déposer dans le deuxième classeur. Autrement, sélectionnez la plage, cliquez **Couper** (✂) ou **Copier** (📋) dans l'onglet Accueil. Puis, dans l'autre classeur, sélectionnez la cellule où placer la plage et cliquez **Coller** (📋) dans l'onglet Accueil.

Insérez une ligne ou une colonne

Vous pouvez insérer une ligne ou une colonne dans une feuille de calcul afin d'y placer des données supplémentaires. La manière la plus facile de saisir des données supplémentaires consiste à les ajouter à la droite ou au-dessous des données existantes. Toutefois, il arrive que la place la plus logique des nouvelles données se situe entre les données existantes plutôt qu'à la fin. Dans un tel cas, il est nécessaire d'insérer une ligne ou une colonne à l'emplacement voulu afin d'y saisir ensuite les nouvelles données.

Insérez une ligne

1. Cliquez une cellule de la ligne au-dessus de laquelle vous allez créer une nouvelle ligne.

2. Cliquez l'onglet **Accueil**.

3. Cliquez la flèche ⌄ du bouton **Insérer**.

4. Cliquez **Insérer des lignes dans la feuille**.

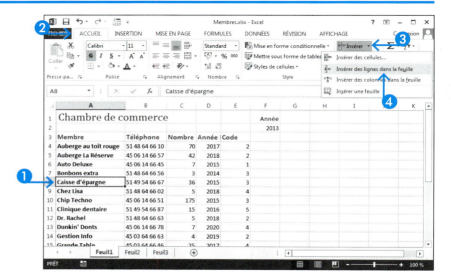

Ⓐ Excel insère une ligne.

Note. Vous pouvez également cliquer l'en-tête d'une ligne avec le bouton droit et choisir **Insertion**.

Ⓑ Les lignes situées sous la nouvelle ligne se décalent vers le bas.

5. Cliquez la balise active **Options d'insertion** (✦).

6. Sélectionnez une option de mise en forme (○ devient ⦿).

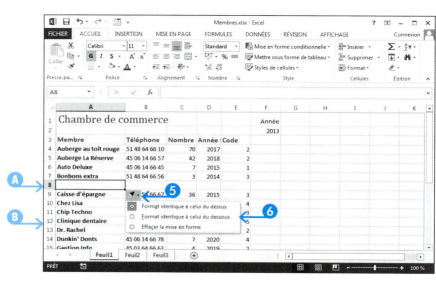

50

CHAPITRE
3
Manipulez les plages de données

Insérez une colonne

1. Cliquez une cellule de la colonne à la gauche de laquelle vous allez créer une nouvelle colonne.

2. Cliquez l'onglet **Accueil**.

3. Cliquez la flèche ⌄ du bouton **Insérer**.

4. Cliquez **Insérer des colonnes dans la feuille**.

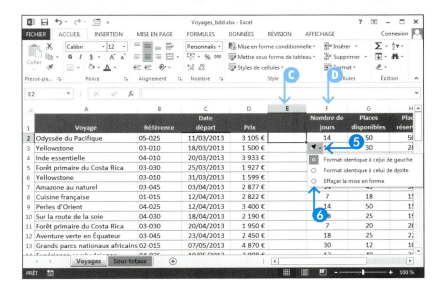

C Excel insère une colonne.

Note. Vous pouvez également cliquer l'en-tête d'une colonne avec le bouton droit et choisir **Insertion**.

D Les colonnes situées à droite de la nouvelle colonne se décalent vers la droite.

5. Cliquez la balise active **Options d'insertion** (✏).

6. Sélectionnez une option de mise en forme
(○ devient ⦿).

ASTUCE

Pour insérer plusieurs lignes ou colonnes simultanément, commencez par sélectionner autant de lignes ou de colonnes que vous voulez ajouter. Par exemple, pour insérer quatre lignes, sélectionnez quatre lignes au-dessous de l'emplacement des futures lignes. Appliquez ensuite la même technique que pour l'insertion d'une seule ligne en suivant les instructions des étapes **2** à **4**. Le même principe s'applique pour l'insertion de colonnes. Sélectionnez le nombre de colonnes nécessaire à droite de l'emplacement où les nouvelles colonnes vont s'insérer.

51

Insérez une cellule ou une plage

Vous pouvez insérer une seule cellule ou une plage de cellules dans une plage existante. Lorsque vous insérez une cellule ou une plage, Excel décale les données existantes pour laisser place aux nouvelles cellules.

Même s'il est souvent plus facile d'ajouter des données en insérant une ligne ou une colonne entière, comme l'explique la tâche précédente, cette méthode peut créer des problèmes dans certaines dispositions de feuille. L'insertion d'une seule cellule ou d'une plage permet alors d'éviter ces problèmes.

Insérez une cellule ou une plage

1 Sélectionnez la cellule ou la plage où vous voulez voir apparaître la nouvelle insertion.

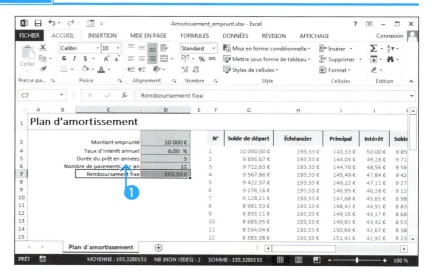

2 Cliquez l'onglet **Accueil**.

3 Cliquez la flèche ⌄ du bouton **Insérer**.

4 Cliquez **Insérer des cellules**.

Note. Vous pouvez aussi appuyer sur `Ctrl` + `Maj` + `=`.

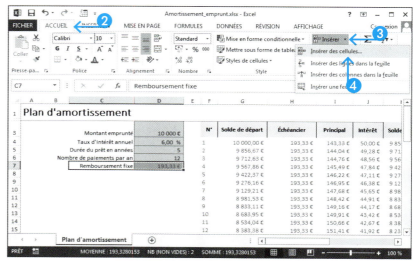

CHAPITRE 3

Manipulez les plages de données

La boîte de dialogue Insertion de cellules apparaît.

5 Sélectionnez l'option correspondant à la façon dont vous voulez qu'Excel décale les cellules existantes (○ devient ⦿).

Note. Dans la plupart des cas, vous choisirez l'option **Décaler les cellules vers le bas** si vous insérez une plage horizontale ou l'option **Décaler les cellules vers la droite** si vous insérez une plage verticale.

6 Cliquez **OK**.

A Excel insère la cellule ou la plage.

B Les données existantes sont décalées vers le bas (dans cet exemple) ou vers la droite.

7 Cliquez la balise active **Options d'insertion** (✦).

8 Sélectionnez une option de mise en forme (○ devient ⦿).

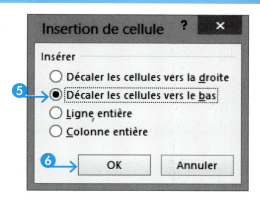

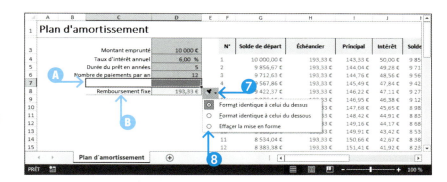

ASTUCES

Il est souvent préférable d'insérer une cellule ou une plage lorsque d'autres données sont présentes ailleurs dans la feuille de calcul.

Par exemple, si une autre plage se trouve à droite ou à gauche de la plage dans laquelle vous voulez ajouter des données, insérer une ligne entière créerait des cellules vides dans les autres données.

Il existe une solution simple pour insérer les nouvelles cellules au bon endroit : il suffit de sélectionner au départ la cellule ou la plage à l'emplacement où vous voulez voir les nouvelles cellules. Pour insérer des cellules en C7:D7, comme dans notre exemple, sélectionnez la plage C7:D7 avant de lancer la commande d'insertion. Excel va ensuite décaler cette plage (vers le bas dans cet exemple).

53

Effacez les données d'une plage

Si une plage d'une feuille contient des données dont vous n'avez plus besoin, vous pouvez effacer ces dernières. L'encombrement de la feuille et le risque d'erreur d'interprétation en seront réduits et la lecture des données, simplifiée.

Remarquez que l'effacement des données ne modifiera en rien la structure de la feuille. Après la suppression des données, les cellules concernées seront vides et toutes les autres données de la feuille resteront au même emplacement. Si vous voulez supprimer les cellules et non simplement leur contenu, consultez la tâche suivante, « Supprimez une plage ».

Supprimez des données

1. Sélectionnez la plage dont vous voulez effacer le contenu.

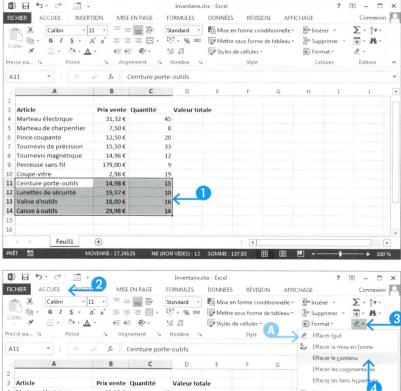

2. Cliquez l'onglet **Accueil**.
3. Cliquez **Effacer** ( ).
4. Cliquez **Effacer le contenu**.

A Si vous voulez effacer les données de la plage et leur mise en forme, cliquez **Effacer tout**.

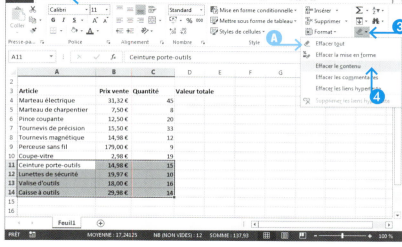

CHAPITRE 3
Manipulez les plages de données

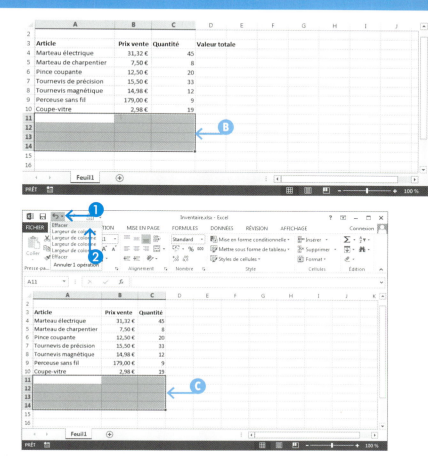

B Excel efface le contenu de la plage.

Annulez l'effacement des données

1 Déroulez la liste **Annuler** (⌄).

2 Cliquez **Effacer**.

Note. Si la suppression du contenu est la dernière action réalisée, vous pouvez l'annuler en appuyant sur `Ctrl` + `Z` ou en cliquant le bouton **Annuler** (↶).

C Excel rétablit le contenu de la plage.

ASTUCES

La méthode la plus rapide pour effacer les données d'une plage consiste à sélectionner la plage et à appuyer sur la touche `Suppr`. Autrement, sélectionnez la plage, cliquez-la du bouton droit et choisissez **Effacer le contenu**.

Il est possible aussi d'effacer la mise en forme seulement en laissant intact le contenu. Sélectionnez la plage et, dans l'onglet Accueil, cliquez **Effacer** (⌫), puis **Effacer la mise en forme**. Si vous préférez éliminer uniquement le formatage des nombres, dans l'onglet Accueil, déroulez la liste **Format de nombre** et choisissez **Standard**.

Supprimez une plage

Si votre feuille contient une plage devenue inutile, vous pouvez la supprimer. Remarquez qu'il ne s'agit pas ici d'effacer les données de la plage comme dans la tâche précédente. Lorsque vous supprimez une plage, Excel supprime aussi les cellules qui contiennent les données. Les cellules restantes sont alors décalées pour combler l'espace libéré par la plage supprimée. Excel affiche une boîte de dialogue vous permettant de choisir si les cellules doivent être décalées vers le haut ou vers la gauche.

Supprimez une plage

1 Sélectionnez la plage à supprimer.

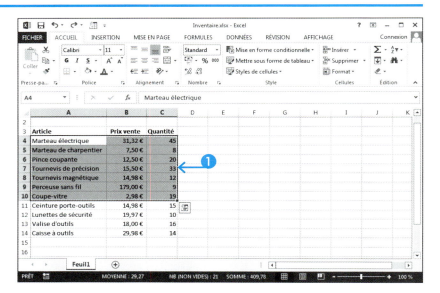

2 Cliquez l'onglet **Accueil**.

3 Cliquez la flèche du bouton **Supprimer**.

4 Cliquez **Supprimer des cellules**.

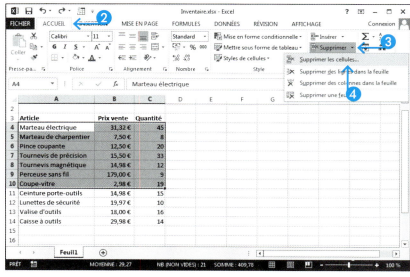

CHAPITRE 3
Manipulez les plages de données

La boîte de dialogue Supprimer apparaît.

5 Sélectionnez l'option correspondant au décalage souhaité (○ devient ⦿).

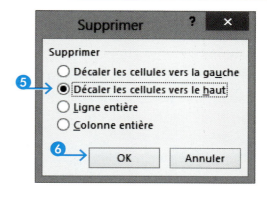

Note. Dans la plupart des cas, si des données se trouvent sous la plage sélectionnée, vous choisirez **Décaler les cellules vers le haut** ; si des données se trouvent à droite de la plage sélectionnée, vous choisirez **Décaler les cellules vers la gauche**.

6 Cliquez **OK**.

A Excel supprime la plage et décale les cellules restantes.

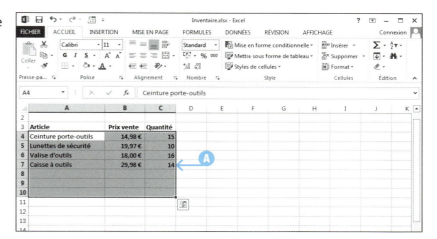

TIPS

La méthode la plus rapide pour supprimer une plage consiste à sélectionner la plage et à appuyer sur `Ctrl` + `-`. Autrement, sélectionnez la plage, cliquez-la du bouton droit et choisissez **Supprimer**. Dans les deux cas, la boîte de dialogue Supprimer apparaît.

Pour supprimer une ligne, sélectionnez une cellule de la ligne et, dans l'onglet Accueil, cliquez la flèche du bouton **Supprimer** (⌄), puis choisissez **Supprimer des lignes dans la feuille**. Pour supprimer une colonne, faites la même manœuvre en choisissant **Supprimer des colonnes dans la feuille**. Avec cette méthode, vous pouvez supprimer plusieurs rangées ou colonnes en sélectionnant au moins une cellule de chaque rangée ou colonne.

Masquez une ligne ou une colonne

Si une ligne ou une colonne est temporairement inutile, vous pouvez rendre la feuille plus lisible et plus facile à parcourir en masquant ces données. Masquer une ligne ou une colonne est nécessaire aussi lorsque vous présentez à d'autres personnes une feuille contenant des données que vous voulez garder confidentielles.

Masquer une ligne ou une colonne n'affecte pas les autres parties de la feuille de calcul. En particulier, les formules utilisant les données masquées continuent à afficher les mêmes résultats.

Masquez une ligne

1. Cliquez une cellule de la ligne à masquer.
2. Cliquez l'onglet **Accueil**.
3. Cliquez **Format**.
4. Cliquez **Masquer & afficher**.
5. Cliquez **Masquer les lignes**.

Note. Vous pouvez aussi masquer une ligne en appuyant sur `Ctrl` + `9`.

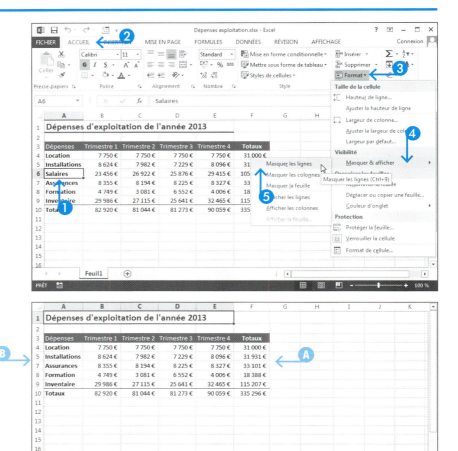

A Excel rend la ligne invisible.

B Excel affiche une bordure d'en-tête légèrement plus épaisse entre les lignes adjacentes afin d'indiquer la présence d'une ligne masquée.

Une autre technique pour masquer une ligne consiste à placer le pointeur ⇔ sur la bordure inférieure de l'en-tête de ligne (⇔ devient ╋), puis à faire glisser la ligne de séparation vers le haut jusqu'à atteindre une hauteur nulle.

CHAPITRE 3
Manipulez les plages de données

Masquez une colonne

1. Cliquez une cellule de la colonne à masquer.
2. Cliquez l'onglet **Accueil**.
3. Cliquez **Format** dans le groupe Cellules.
4. Cliquez **Masquer & afficher**.
5. Cliquez **Masquer les colonnes**.

Note. Vous pouvez aussi masquer une colonne en appuyant sur `Ctrl` + `0`.

- **C** Excel rend la colonne invisible.
- **D** Excel affiche une bordure d'en-tête légèrement plus épaisse entre les colonnes adjacentes afin d'indiquer la présence d'une colonne masquée.

Une autre technique pour masquer une colonne consiste à placer le pointeur ✣ sur le bord droit de l'en-tête de colonne (✣ devient ✥), puis à faire glisser la ligne de séparation vers la gauche jusqu'à atteindre une largeur nulle.

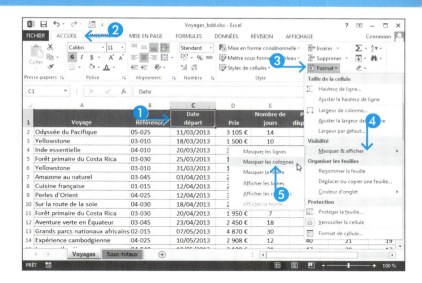

ASTUCE

Pour afficher une ligne masquée, sélectionnez les lignes entourant la partie masquée, cliquez **Accueil** → **Format** → **Masquer & afficher** → **Afficher les lignes**. Vous pouvez aussi placer le pointeur ✣ sur la ligne épaisse de l'en-tête signalant la présence d'une ligne masquée. Le pointeur ✣ se transforme alors en pointeur de redimensionnement ✥. Double-cliquez puis, pour rétablir l'affichage de la ligne 1, cliquez du bouton droit le bord supérieur de l'en-tête de la ligne 2 et cliquez **Afficher**.

Pour afficher une colonne masquée, sélectionnez les colonnes entourant la partie masquée, cliquez **Accueil** → **Format** → **Masquer & afficher** → **Afficher les colonnes**. Vous pouvez aussi placer le pointeur ✣ sur la ligne épaisse de l'en-tête signalant la présence d'une partie masquée. Le pointeur ✣ se transforme alors en pointeur de redimensionnement ✥. Double-cliquez puis, pour rétablir l'affichage de la colonne A, cliquez du bouton droit le bord gauche de l'en-tête de la colonne B et cliquez **Afficher**.

Figez des lignes ou des colonnes

Dans une feuille de calcul contenant de nombreuses lignes, vous garderez les titres visibles lors du défilement des données en figeant la ou les lignes qui les contiennent. La feuille est alors plus aisée à consulter et il est plus facile d'y ajouter des données.

De la même façon, vous pouvez figer une ou plusieurs colonnes lorsque vous faites défiler la feuille horizontalement.

Figez des lignes

1. Rendez visibles à l'écran les lignes à figer.

2. Sélectionnez la cellule de la colonne A située juste au-dessous de la dernière ligne à figer.

   Pour figer la ligne 1, par exemple, vous sélectionnerez la cellule A2.

3. Cliquez l'onglet **Affichage**.

4. Cliquez **Figer les volets**.

5. Cliquez **Figer les volets**.

   Excel fige les lignes.

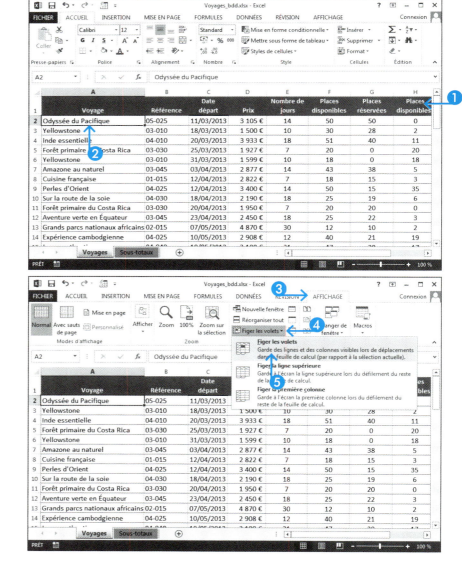

60

CHAPITRE 3

Manipulez les plages de données

Figez des colonnes

1. Rendez visibles à l'écran les colonnes à figer.

2. Sélectionnez la cellule de la ligne 1 située juste à droite de la dernière colonne à figer.

   Pour figer la colonne A, par exemple, vous sélectionnerez la cellule B1.

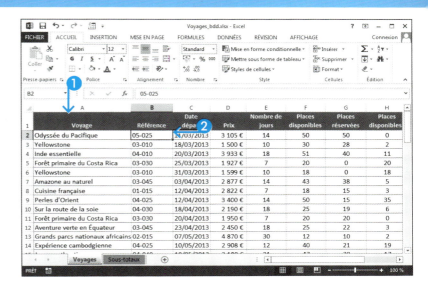

3. Cliquez l'onglet **Affichage**.

4. Cliquez **Figer les volets**.

5. Cliquez **Figer les volets**.

   Excel fige les colonnes.

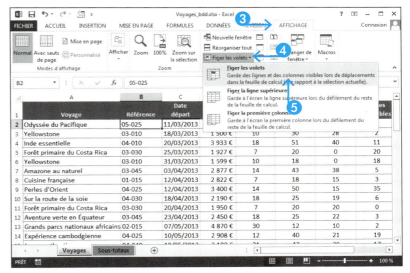

ASTUCES

Si vous voulez simplement figer la première ligne ou la première colonne, vous n'avez pas besoin de sélectionner une cellule particulière, car vous disposez de la commande **Figer les volets** → **Figer la ligne supérieure** ou **Figer la première colonne**.

Lorsque vous n'avez plus besoin de maintenir certaines lignes ou colonnes figées, cliquez à nouveau la commande **Figer les volets** dans l'onglet Affichage et sélectionnez **Libérer les volets**.

Fusionnez plusieurs cellules

Vous créez une seule grande cellule en fusionnant plusieurs cellules. Il est courant de fusionner plusieurs cellules de la ligne supérieure pour y placer le titre de la feuille.

Il est aussi fréquent de fusionner des cellules pour créer une étiquette s'appliquant à plusieurs colonnes. Par exemple, vous pourriez sélectionner et fusionner les trois cellules situées au-dessus des trois colonnes de données étiquetées *Janvier*, *Février* et *Mars*, pour placer l'étiquette *Premier trimestre*.

Fusionnez plusieurs cellules

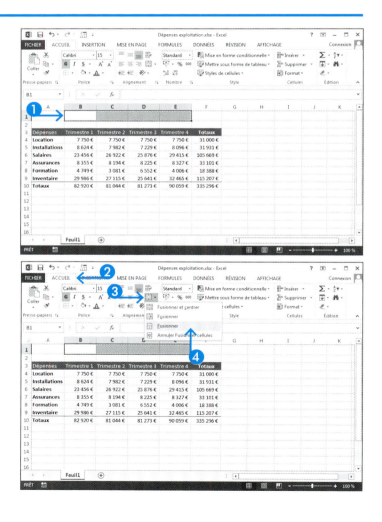

1. Sélectionnez les cellules à fusionner.

2. Cliquez l'onglet **Accueil**.

3. Cliquez la flèche ⌄ de **Fusionner et centrer**.

4. Cliquez **Fusionner**.

62

CHAPITRE 3
Manipulez les plages de données

A Excel fusionne les cellules sélectionnées en une seule.

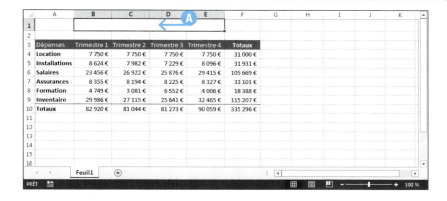

5 Tapez votre texte dans la cellule fusionnée.

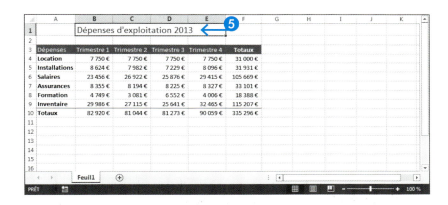

ASTUCE

Cette méthode est pratique pour centrer un titre sur l'ensemble des données ou centrer une étiquette sur plusieurs colonnes. Sélectionnez les cellules concernées selon les instructions des étapes **1** à **3** et fusionnez les cellules avec la commande **Fusionner et centrer**. Le texte placé dans cette cellule sera centré au-dessus des colonnes qu'il chapeaute.

Transposez des lignes et des colonnes

La fonction de transposition d'Excel permet de changer très facilement des données en lignes en données en colonnes et inversement. Vous aurez recours à la transposition quand vous recevrez une feuille de calcul dont la disposition des données ne vous convient pas.

Vous transposerez aussi en une seule commande un tableau rectangulaire de données en lignes et en colonnes, ce qui peut être très utile pour restructurer une feuille de calcul.

Transposez des lignes et des colonnes

❶ Sélectionnez la plage de données à transposer.

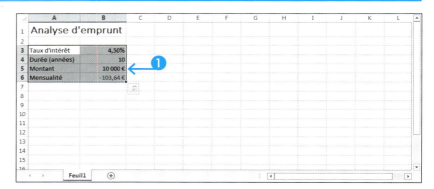

❷ Cliquez l'onglet **Accueil**.

❸ Cliquez **Copier** ( ).

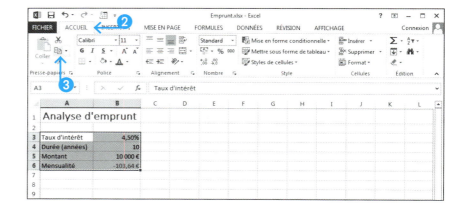

CHAPITRE 3
Manipulez les plages de données

4 Cliquez l'emplacement où doit apparaître la plage transposée.

5 Cliquez la flèche ⌄ du bouton **Coller**.

6 Cliquez **Transposer** ( ).

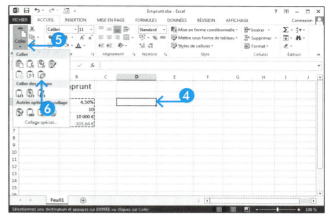

A Excel transpose les données et les colle dans la feuille.

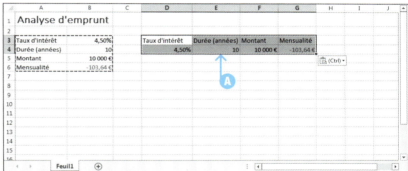

ASTUCES

La plage à sélectionner avant la copie dépend de ce que vous voulez transposer. Pour transposer une seule plage horizontale ou verticale, sélectionnez uniquement cette plage. Si vous voulez intervertir une plage horizontale avec une plage verticale, sélectionnez toutes les cellules de ces deux plages, comme dans notre exemple.

La commande Transposer fonctionne avec du texte, des nombres, des dates, des formules ou n'importe quel contenu de cellule. Si la plage à transposer contient des titres de lignes et de colonnes ainsi que des valeurs numériques, sélectionnez la plage entière pour intervertir toutes les données

CHAPITRE 4

Exploitez les noms de plages

Vos faciliterez les déplacements dans vos feuilles de calcul et la composition de formules en attribuant des noms à certaines plages de données. Ce chapitre décrit la définition et l'emploi de noms de plages.

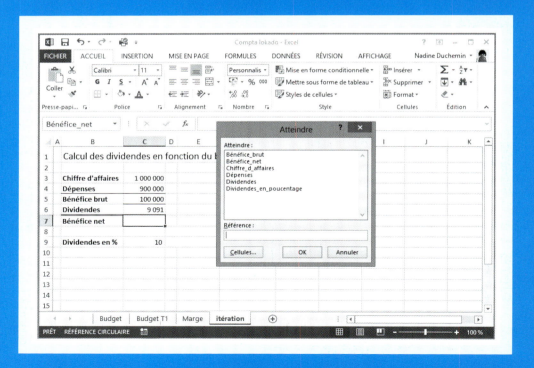

Introduction aux noms de plages 68

Attribuez un nom à une plage 70

Créez des noms de plages d'après les étiquettes 72

Naviguez dans un classeur à l'aide des noms de plages . . . 74

Modifiez le nom d'une plage 76

Supprimez un nom de plage 78

Collez la liste des noms de plages 80

Introduction aux noms de plages

Un *nom de plage* est une étiquette donnée à une cellule ou à un groupe de cellules. On peut ainsi utiliser le nom attribué à une plage au lieu de ses coordonnées. L'utilisation de noms de plages rend la compréhension d'une feuille plus intuitive et votre travail plus précis. De plus, il est plus facile de retenir un nom de plage qui ne change pas lorsque la plage est déplacée. L'emploi de noms de plages facilite aussi le déplacement dans les feuilles.

Plus intuitif

Dans une formule, un nom de plage est plus intuitif qu'une adresse de cellule. Par exemple, si la plage B2:B13 fait partie d'une formule, vous devrez regarder cet

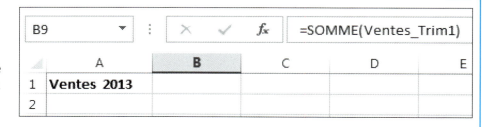

emplacement dans la feuille pour comprendre de quelles données il s'agit. Alors que le nom Ventes_2013 dans la même formule vous informe immédiatement de l'objet.

Plus précis

Un nom de plage est plus précis que ses coordonnées. Par exemple, l'adresse de plage A1:B3 est composée de quatre éléments d'information : la colonne (A) et la ligne

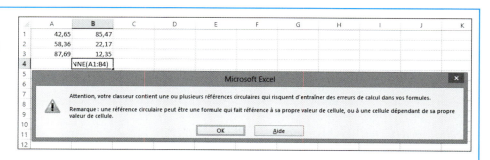

(1) de la cellule du coin supérieur gauche de la plage, et la colonne (B) et la ligne (3) de la cellule au coin inférieur droit. Si un de ces éléments est erroné dans une formule, des erreurs peuvent se propager dans toute la feuille. Il est plus sûr d'utiliser un nom pour représenter la plage.

CHAPITRE 4
Exploitez les noms de plages

Plus facile à se rappeler

Il est plus facile de se rappeler un nom que les coordonnées d'une plage. Par exemple, pour utiliser dans une formule une plage invisible à l'écran, vous devez faire défiler la fenêtre afin d'afficher la plage et de vérifier son adresse. Mais si vous avez déjà attribué à la plage un nom intuitif tel Dépenses_Projet, vous pouvez insérer directement ce nom sans devoir afficher la plage.

Les noms ne changent pas

Contrairement aux coordonnées, le nom d'une plage ne change pas si vous la déplacez. Par exemple, la plage A1:B5 déplacée de cinq colonnes vers la droite devient la plage F1:G5. Si une formule utilisait cette plage, Excel corrige la formule avec les nouvelles coordonnées, ce qui peut embrouiller celui qui consulte la feuille. En revanche, le nom d'une plage n'est pas modifié par une telle opération.

Navigation plus facile

Les noms facilitent les déplacements dans une feuille. Par exemple, quand vous sélectionnez un nom de plage dans la commande Atteindre, Excel affiche cette plage. Vous obtenez le même résultat en sélectionnant un nom de plage dans la liste de la zone Nom. La zone Nom et la boîte de dialogue Atteindre permettent aussi d'afficher une plage d'après ses coordonnées, mais la manœuvre est moins intuitive.

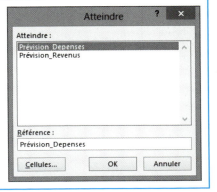

Attribuez un nom à une plage

Avant de placer un nom de plage dans une formule ou de l'utiliser pour naviguer, vous devez d'abord le définir. Vous pouvez créer autant de noms que vous voulez et même attribuer plusieurs noms à une même plage.

Vous pouvez définir vous-même chaque plage ou laisser Excel le faire automatiquement d'après les étiquettes adjacentes (consultez la tâche« Créez des noms de plages d'après les étiquettes »).

Attribuez un nom à une plage

1. Sélectionnez la plage à nommer.

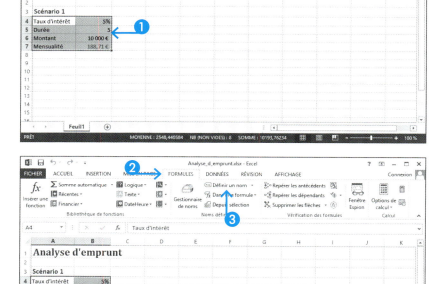

2. Cliquez l'onglet **Formules**.
3. Cliquez **Définir un nom**.

CHAPITRE 4
Exploitez les noms de plages

La boîte de dialogue Nouveau nom apparaît.

❹ Saisissez le nom de la plage dans le champ **Nom**.

Note. Le premier caractère du nom doit être une lettre ou le caractère de soulignement (_). Le nom ne doit pas comprendre d'espace ni de référence de cellule et ne doit pas dépasser 256 caractères.

Note. Dans un même classeur, tous les noms doivent être distincts.

❺ Cliquez **OK**.

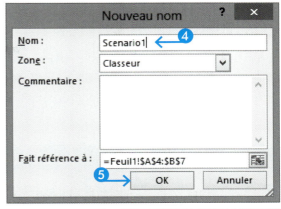

Excel attribue le nom à la plage.

Ⓐ Le nom de la plage apparaît dans la zone Nom lorsque la plage est sélectionnée.

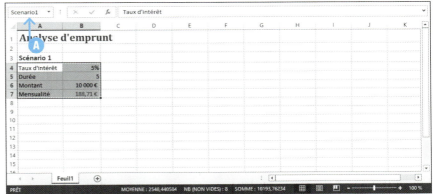

ASTUCE

Il existe une méthode plus rapide pour définir un nom de plage sans passer par la boîte de dialogue Nouveau nom. Il suffit de sélectionner la plage, de cliquer dans la zone **Nom**, d'y saisir le nom de la plage et d'appuyer sur Entrée.

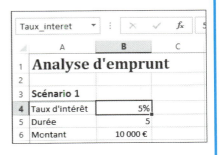

Créez des noms de plages d'après les étiquettes

Si vous avez plusieurs plages à nommer, vous pouvez commander à Excel de le faire automatiquement d'après le texte des étiquettes qui identifient les plages.

Le texte servant à la définition des noms doit se trouver dans la première ou dernière ligne/colonne de la plage. Par exemple, si une colonne porte le titre Marketing, en suivant les instructions de cette tâche, vous obtiendrez une plage nommée « Marketing ».

Créez des noms de plages d'après les étiquettes

① Sélectionnez la plage ou les plages à nommer.

Ⓐ Vérifiez que les titres des lignes ou colonnes sont sélectionnés.

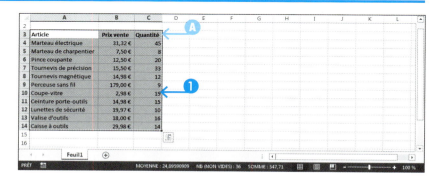

② Cliquez l'onglet **Formules**.

③ Cliquez **Depuis sélection**.

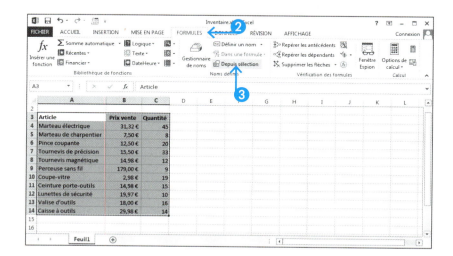

CHAPITRE 4
Exploitez les noms de plages

La boîte de dialogue Créer des noms à partir de la sélection apparaît.

4 Cliquez la case (les cases) correspondant à l'emplacement des étiquettes dans la plage sélectionnée (☐ devient ☑).

Si Excel propose un emplacement erroné, cliquez la case pour retirer la coche (☐ devient ☑).

5 Cliquez **OK**.

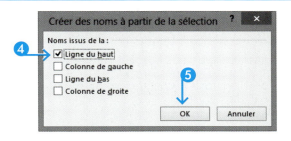

Excel utilise les étiquettes pour créer les noms des plages.

B Le nom de la plage apparaît dans la zone Nom lorsque vous la sélectionnez.

Note. Si l'étiquette comprend un caractère non autorisé, comme une espace par exemple, Excel le remplace par le caractère de soulignement (_).

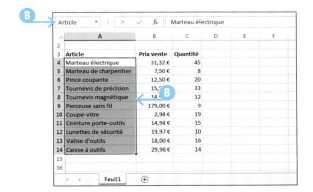

ASTUCES

Un raccourci clavier permet d'ouvrir directement la boîte de dialogue Créer des noms à partir de la sélection. Sélectionnez la plage à nommer, puis appuyez sur `Ctrl` + `Maj` + `F3`. Suivez ensuite les instructions des étapes 4 et 5 de cette page.

Il est possible d'attribuer automatiquement un seul nom à toute une plage qui contient des titres de lignes et de colonnes. Pour ce faire, tapez un titre dans l'angle supérieur gauche de la plage.

Quand vous lancez la commande Depuis sélection pour toute la plage, Excel lui attribue le texte tapé dans l'angle supérieur gauche, comme dans cet exemple.

Naviguez dans un classeur à l'aide des noms de plages

Un des grands avantages des noms de plages est la facilité apportée au déplacement dans un classeur. Quand vous choisissez un nom de plage dans une liste, Excel la sélectionne automatiquement même si la plage se trouve dans une autre feuille du même classeur.

Excel propose deux moyens de navigation à l'aide des noms de plages : la zone Nom et la boîte de dialogue Atteindre.

Déplacez-vous avec la zone Nom

1. Ouvrez le classeur contenant la plage à afficher.
2. Cliquez la flèche ⌄ de la zone Nom.
3. Cliquez le nom de la plage à sélectionner.

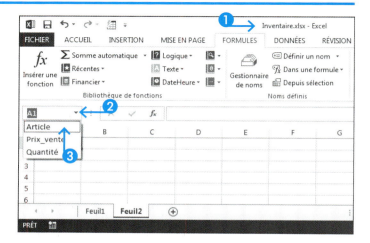

A. Excel sélectionne la plage.

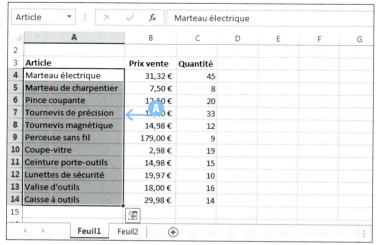

CHAPITRE 4

Exploitez les noms de plages

Déplacez-vous avec la commande Atteindre

1. Ouvrez le classeur contenant la plage à afficher.

2. Cliquez l'onglet **Accueil**.

3. Cliquez **Rechercher et sélectionner** (🔍).

4. Cliquez **Atteindre**.

Note. La touche F5 ouvre directement la boîte de dialogue Atteindre.

La boîte de dialogue Atteindre apparaît.

5. Cliquez le nom de la plage à sélectionner.

6. Cliquez **OK**.

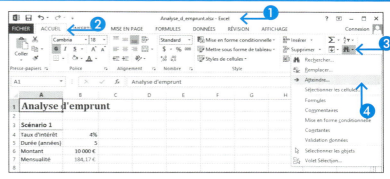

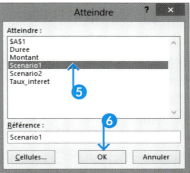

B. Excel sélectionne la plage.

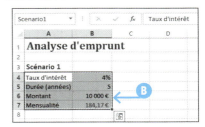

TIP

Il est possible, quoique plus complexe, d'atteindre une plage d'un autre classeur. Ouvrez la boîte de dialogue Atteindre selon les instructions des étapes 1 à 4. Dans le champ Référence, tapez '*[Classeur]Feuille*'!*Nom* en indiquant les noms du classeur, de la feuille et de la plage, puis cliquez **OK**.

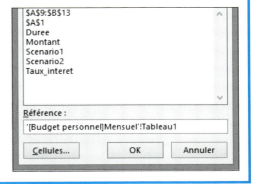

75

Modifiez un nom de plage

Vous pouvez remplacer le nom d'une plage par un autre plus précis ou plus évocateur. Vous changerez un nom qui ne vous satisfait plus ou qui ne reflète pas exactement le contenu de la plage. Ou encore un nom généré automatiquement par Excel qui ne vous convient pas.

Il est possible de changer les coordonnées d'une plage associée à un nom, ce qui revient à attribuer le nom à une autre plage de cellules. L'astuce page suivante décrit cette opération.

Modifiez un nom de plage

1. Ouvrez le classeur qui contient le nom de plage à modifier.
2. Cliquez l'onglet **Formules**.
3. Cliquez **Gestionnaire de noms**.

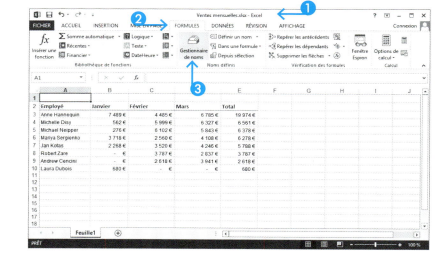

La boîte de dialogue Gestionnaire de noms apparaît.

4. Cliquez le nom à modifier.
5. Cliquez **Modifier**.

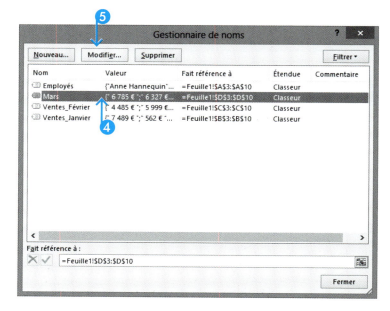

CHAPITRE 4
Exploitez les noms de plages

La boîte de dialogue Modifier le nom apparaît.

6 Changez le nom dans le champ **Nom**.

7 Cliquez **OK**.

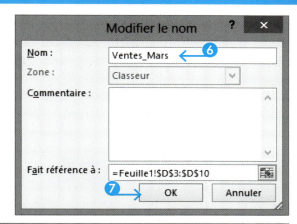

A Le nouveau nom figure dans la boîte de dialogue Gestionnaire de noms.

8 Répétez les étapes 4 à 7 si vous voulez renommer d'autres plages.

9 Cliquez **Fermer**.

Excel ferme la boîte de dialogue et affiche la feuille.

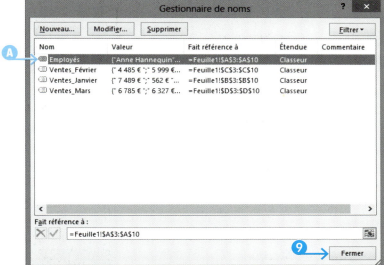

ASTUCES

Il existe un raccourci pour ouvrir directement la boîte de dialogue Gestionnaire de noms. Ouvrez le classeur qui contient la plage à renommer et appuyez sur **Ctrl** + **F3**.

Si vous pensez qu'un nom existant conviendrait mieux à une autre plage, vous pouvez modifier le nom pour faire référence à cette dernière.

Ouvrez la boîte de dialogue Modifier le nom en suivant les instructions des cinq premières étapes de cette tâche. Cliquez dans le champ **Fait référence à**, faites glisser le pointeur ✥ dans la feuille pour désigner la nouvelle plage et cliquez **OK**.

77

Supprimez un nom de plage

Vous pouvez supprimer un nom de plage devenu inutile pour alléger le contenu de la boîte de dialogue Gestionnaire de noms et raccourcir la liste de la zone Nom.

La suppression d'un nom de plage générera une erreur dans toute formule qui exploite ce nom parce qu'Excel ne remplace pas le nom de la plage par ses coordonnées lors de sa suppression. Avant de supprimer un nom de plage, vous devrez le remplacer manuellement par ses coordonnées dans toutes les formules qui l'utilisent.

Supprimez un nom de plage

1. Ouvrez le classeur qui contient le nom de plage à supprimer.
2. Cliquez l'onglet **Formules**.
3. Cliquez **Gestionnaire de noms**.

Note. Vous pouvez aussi ouvrir la boîte de dialogue Gestionnaire de noms en appuyant sur **Ctrl** + **F3**.

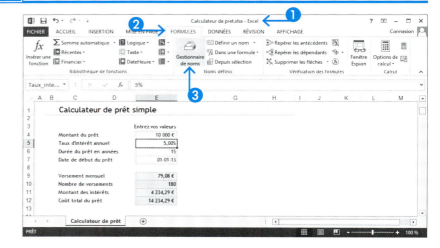

La boîte de dialogue Gestionnaire de noms apparaît.

4. Cliquez le nom à supprimer.
5. Cliquez **Supprimer**.

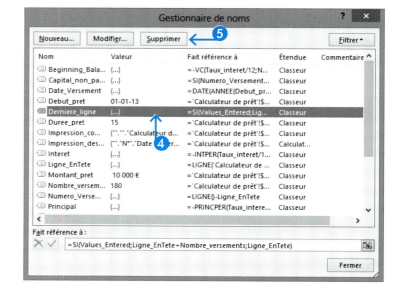

CHAPITRE 4

Exploitez les noms de plages

Excel vous demande de confirmer la suppression.

6 Cliquez **OK**.

A Excel supprime le nom.

7 Répétez les étapes **4** à **6** si vous voulez supprimer d'autres noms de plages.

8 Cliquez **Fermer**.

Excel ferme la boîte de dialogue et affiche la feuille.

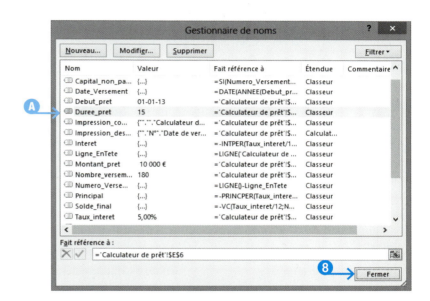

ASTUCE

Vous pouvez supprimer simultanément plusieurs noms de plages. Suivez les instructions des étapes **1** à **3** pour ouvrir la boîte de dialogue Gestionnaire de noms et sélectionnez les noms à supprimer. Pour sélectionner des noms contigus, cliquez le premier nom, maintenez enfoncée la touche **Maj**, puis cliquez le dernier. Pour réaliser une sélection discontinue, maintenez enfoncée la touche **Ctrl** et cliquez chacun des noms à effacer. La sélection effectuée, cliquez **Supprimer** puis cliquez **OK** pour confirmer la suppression. Fermez la boîte de dialogue en cliquant le bouton **Fermer**.

Collez la liste des noms de plages

Pour faciliter le travail dans votre feuille, surtout pour les collègues qui ne connaissent pas les noms que vous avez définis, vous pouvez présenter dans une feuille la liste des noms de plages définis dans le classeur. Cette liste sert aussi à vous rafraîchir la mémoire pour l'emploi d'un classeur que vous n'avez pas ouvert depuis longtemps.

La liste collée se compose de deux colonnes : les noms de plages et les coordonnées associées à chacune.

Collez la liste des noms de plages

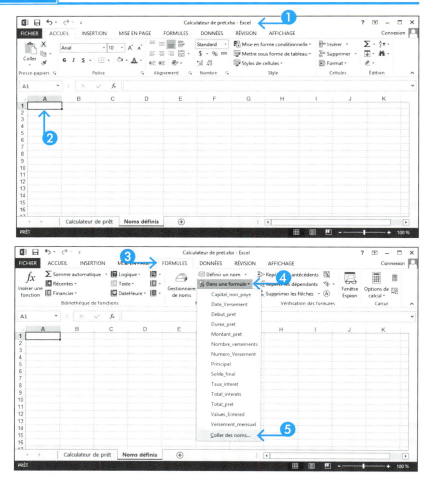

1 Ouvrez le classeur contenant les noms de plages.

2 Sélectionnez la cellule où débutera la liste de noms.

Note. La liste va venir remplacer les éventuelles données contenues dans les cellules. Prenez soin de sélectionner un espace libre et suffisamment grand ou un espace dont les données sont inutiles.

3 Cliquez l'onglet **Formules**.

4 Cliquez **Dans une formule**.

5 Cliquez **Coller des noms**.

CHAPITRE 4
Exploitez les noms de plages

La boîte de dialogue Coller un nom apparaît.

6 Cliquez **Coller une liste**.

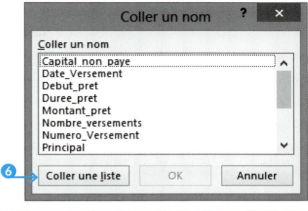

Excel ferme la boîte de dialogue Coller un nom.

A Excel colle la liste des noms du classeur à l'emplacement choisi.

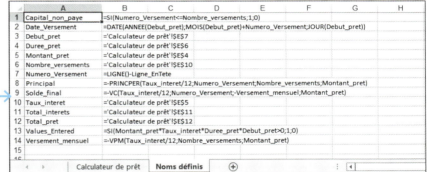

ASTUCE

Un raccourci clavier permet d'accélérer l'opération. Ouvrez le classeur, sélectionnez la cellule où débutera la liste, appuyez sur F3 pour ouvrir la boîte de dialogue Coller un nom, puis cliquez **Coller une liste**.

81

CHAPITRE 5

Mettez les données en forme

Excel 2013 propose un large assortiment de commandes et d'options pour la mise en forme des données : police, couleur du texte, alignement, couleur d'arrière-plan, format des nombres, largeur des colonnes, hauteur des lignes, *etc.*

Modifiez la police et le corps du texte 84
Enrichissez les caractères. 86
Modifiez la couleur du texte 88
Alignez le texte dans une cellule 90
Centrez du texte sur plusieurs colonnes. 92
Faites pivoter le texte dans une cellule 94
Colorez l'arrière-plan d'une plage 96
Choisissez un format de nombre 98
Modifiez le nombre de décimales affichées 100
Appliquez une mise en forme automatique 102
Appliquez une mise en forme conditionnelle 104
Appliquez un style. 106
Modifiez la largeur de colonne 108
Modifiez la hauteur de ligne 110
Renvoyez automatiquement le texte à la ligne. 112
Ajoutez une bordure à une plage 114
Reproduisez la mise en forme. 116

Modifiez la police et le corps du texte

Vous pouvez attirer l'attention sur une cellule ou une plage en modifiant la *police*, c'est-à-dire l'apparence générale du jeu de caractères. Office 2013 apporte un grand choix de polices ayant des styles très différents.

Les étiquettes et autres portions de texte pourront aussi être mises en valeur en modifiant la taille des caractères. La taille se mesure en *points*, une ancienne unité typographique dans laquelle 72 points valent un pouce (2,54 cm).

Changez la police

1. Sélectionnez la plage à mettre en forme.
2. Cliquez l'onglet **Accueil**.
3. Cliquez la flèche ⌄ de la liste **Police**.

A. Lorsque vous survolez le nom d'une police avec le pointeur de la souris ( ), le texte sélectionné est présenté temporairement dans la police choisie.

4. Cliquez le nom de la police à utiliser.

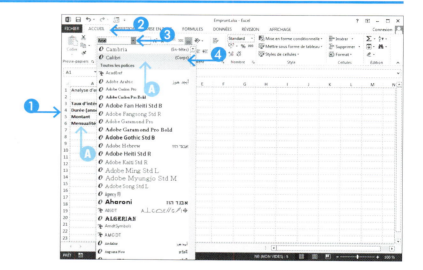

B. Excel applique la police choisie au contenu de la plage sélectionnée.

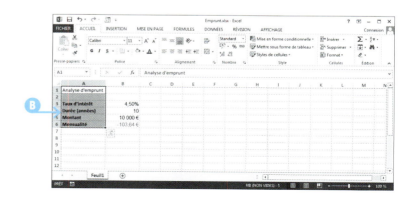

CHAPITRE 5

Mettez les données en forme

Changez la taille de police

1 Sélectionnez la plage à mettre en forme.

2 Cliquez l'onglet **Accueil**.

3 Cliquez la flèche ⌄ de la liste **Taille de police**.

C Lorsque vous survolez une taille de police avec le pointeur (▷), le texte sélectionné est présenté temporairement dans la taille choisie.

4 Cliquez la taille de police à utiliser.

D Vous pourriez aussi taper une taille dans le champ Taille.

E Excel applique la taille choisie au contenu de la plage sélectionnée.

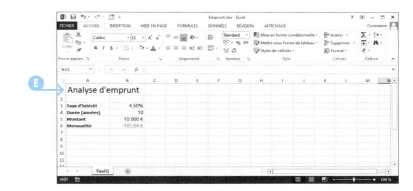

ASTUCES

À la création d'un classeur, Excel utilise un thème par défaut pour harmoniser la présentation des feuilles de calcul. Dans le haut de la liste des polices, vous trouvez les noms des polices utilisées pour les cellules courantes (Corps) et pour les cellules mises en forme en tant que titres (En-têtes).

Si vous souhaitez utiliser une autre police par défaut pour les nouveaux classeurs, cliquez l'onglet **Fichier** et cliquez **Options**. Dans l'onglet Général, déroulez la liste **Toujours utiliser cette police** pour y choisir votre nouvelle police par défaut. De même, choisissez la taille de texte par défaut dans la liste Taille de police. Cliquez **OK** pour quitter les options d'Excel.

Enrichissez les caractères

Vous améliorez l'apparence et l'impact du texte par l'enrichissement du contenu des cellules.

On appelle « enrichissement » des effets courants comme la mise en gras qui servent à faire ressortir les titres par rapport au reste du texte d'une feuille de calcul. L'effet *italique* sert à différencier certaines portions du texte et le soulignement s'emploie parfois dans les titres. Vous disposez également d'effets spéciaux comme les attributs ~~barré~~, exposant (x^2+y^2, par exemple,) ou indice (comme dans H_2O).

Enrichissez les caractères

① Sélectionnez la plage à mettre en forme.

② Cliquez l'onglet **Accueil**.

③ Pour mettre le texte en gras, cliquez le bouton **Gras** (**G**).

Ⓐ Excel met le contenu de la plage en caractères gras.

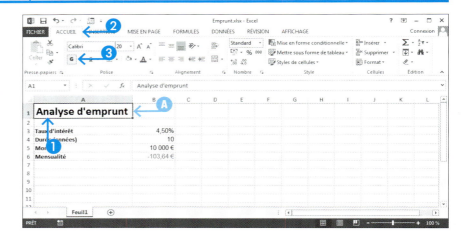

④ Pour mettre le texte en italique, cliquez le bouton **Italique** (*I*).

⑤ Pour souligner le texte, cliquez le bouton **Souligner** (**S**).

Ⓑ Excel applique la mise en forme.

⑥ Cliquez le lanceur de la boîte de dialogue **Police** ( ).

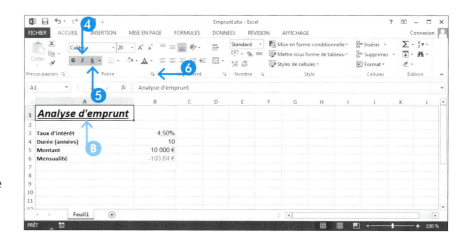

CHAPITRE
5
Mettez les données en forme

La boîte de dialogue Format de cellule s'ouvre sur l'onglet Police.

7 Pour barrer le texte, cochez l'option **Barré** (☐ devient ☑).

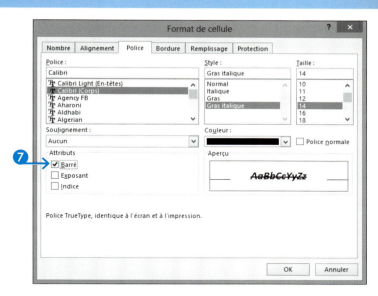

8 Pour mettre les caractères en exposant, cochez l'option **Exposant** (☐ devient ☑).

C Pour mettre les caractères en indice, cochez l'option **Indice** (☐ devient ☑).

9 Cliquez **OK**.

Excel applique la mise en forme.

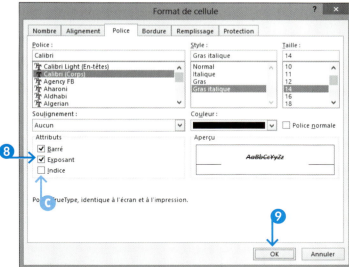

ASTUCE

Il existe des raccourcis clavier très utiles pour la mise en forme des caractères.

Utilisez	Pour	Utilisez	Pour
Ctrl + G	mettre en gras	Ctrl + 5	barrer le texte
Ctrl + I	mettre en italique	Ctrl + 1	afficher la boîte de dialogue Format de cellule
Ctrl + U	souligner les caractères		

87

Modifiez la couleur du texte

Vous accentuez l'impact visuel en modifiant la couleur du texte. L'intérêt d'une feuille de calcul est de présenter des données, mais elle peut le faire avec esthétisme. En ajoutant de la couleur, vous rendrez vos feuilles plus agréables et plus faciles à lire en différenciant les titres, les en-têtes et les étiquettes des informations de fond.

La couleur peut être sélectionnée dans le thème du classeur, dans la palette des couleurs standard d'Excel, ou vous pouvez définir une couleur personnalisée.

Sélectionnez une couleur du thème ou une couleur prédéfinie

1. Sélectionnez la plage à mettre en forme.
2. Cliquez l'onglet **Accueil**.
3. Cliquez la flèche de la liste **Couleur de police**.

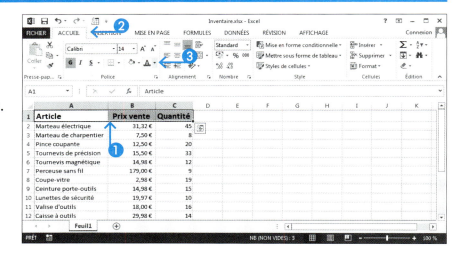

4. Sélectionnez une couleur du thème.

A. Vous pouvez aussi sélectionner une des couleurs standard d'Excel.

B. Excel applique la couleur au texte de la plage.

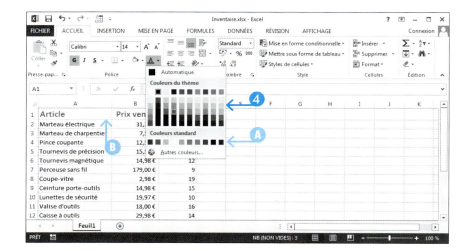

CHAPITRE 5
Mettez les données en forme

Sélectionnez une couleur personnalisée

1. Sélectionnez la plage à mettre en forme.

2. Cliquez l'onglet **Accueil**.

3. Cliquez la flèche ⬇ de la liste **Couleur de police** (▲).

4. Cliquez **Autres couleurs**.

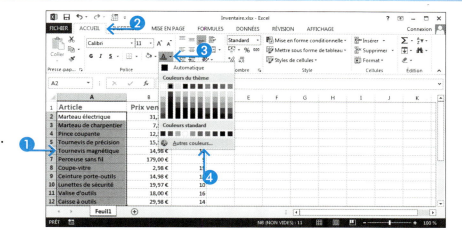

La boîte de dialogue Couleurs apparaît.

5. Sélectionnez une couleur.

C. Vous pouvez aussi ouvrir l'onglet **Personnalisées** pour définir une couleur ou saisir ses valeurs RVB.

6. Cliquez **OK**.

Excel applique la couleur au texte de la plage sélectionnée.

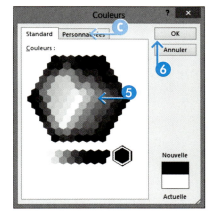

ASTUCE

Évitez de surcharger un document par la mise en forme. N'utilisez qu'une ou deux polices en évitant les polices fantaisie difficiles à déchiffrer. Seuls les titres, sous-titres et en-têtes peuvent être mis en gras ou dans une police plus grande. L'italique s'utilise uniquement pour distinguer des mots ou expressions et pour les titres de livres et magazines. Si vous changez les couleurs, veillez à conserver un contraste suffisant entre la couleur du texte et l'arrière-plan. La meilleure lisibilité s'obtient avec un texte sombre sur fond clair.

Alignez le texte dans une cellule

Vous pouvez modifier l'alignement par défaut d'Excel qui place les nombres à droite dans les cellules, et le texte à gauche. Vous pourriez choisir de centrer dans les cellules le texte ou les nombres.

Vous pouvez aussi modifier l'alignement vertical dans la cellule et choisir de placer le contenu au milieu de la cellule ou de l'aligner en haut. Par défaut, Excel aligne tout le contenu au bas de la cellule.

Alignez le texte horizontalement

① Sélectionnez la plage à mettre en forme.

② Cliquez l'onglet **Accueil**.

③ Dans le groupe Alignement, sélectionnez une des options suivantes :

Cliquez **Aligner à gauche** (≡) pour positionner le contenu à gauche dans chaque cellule.

Cliquez **Centrer** (≡) pour centrer le contenu dans chaque cellule.

Cliquez **Aligner à droite** (≡) pour positionner contenu à droite dans chaque cellule.

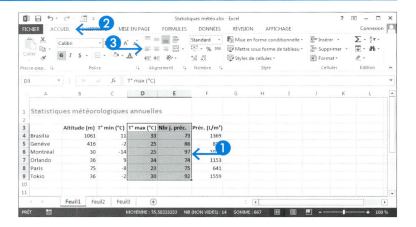

Excel aligne horizontalement le texte dans chaque cellule de la plage sélectionnée.

Ⓐ Dans cet exemple, les données sont centrées.

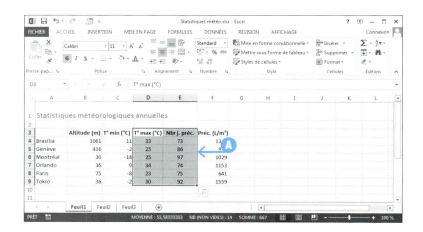

CHAPITRE 5

Mettez les données en forme

Alignez le texte verticalement

① Sélectionnez la plage à mettre en forme.

② Cliquez l'onglet **Accueil**.

③ Dans le groupe Alignement, sélectionnez une des options suivantes :

Cliquez **Aligner en haut** (≡) pour aligner sous le bord supérieur de chaque cellule.

Cliquez **Aligner au centre** (≡) pour centrer verticalement le texte dans chaque cellule.

Cliquez **Aligner en bas** (≡) pour placer le texte sur le bord inférieur de chaque cellule. Excel aligne verticalement le texte de chaque cellule de la plage sélectionnée.

Ⓑ Dans cet exemple, le texte est centré verticalement dans les cellules.

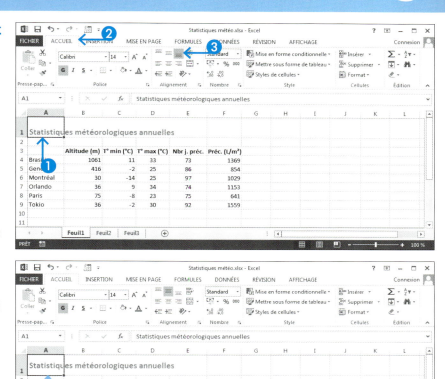

ASTUCES

Grâce à l'alignement Justifié, il est possible d'aligner le texte à la fois sur les bords gauche et droit de la cellule. Pour définir cet alignement, sélectionnez la plage concernée, et la boîte de dialogue Format de cellule s'ouvre sur l'onglet Alignement. Déroulez la liste **Horizontal** pour y choisir l'option **Justifié**. Cliquez **OK**.

Vous pouvez mettre le texte en retrait dans une cellule. Cliquez le lanceur (⌐) des paramètres d'alignement dans l'onglet Accueil. Dans l'onglet Alignement, déroulez la liste **Horizontal** pour y choisir l'option **Gauche (Retrait)**. Dans le champ **Retrait**, définissez la largeur du retrait, exprimée en nombre de caractères, puis cliquez **OK**. Vous disposez aussi des boutons du groupe Alignement de l'onglet Accueil pour **Augmenter le retrait** (≣) ou **Diminuer le retrait** (≣) du texte.

Centrez du texte sur plusieurs colonnes

L'emplacement du texte est important pour sa lisibilité. Lorsqu'un texte sert de titre à une plage, il est plus facile de voir que le titre s'applique à la plage s'il est centré sur toute la largeur ou hauteur de celle-ci.

Centrez du texte sur plusieurs colonnes

1. Sélectionnez une plage comprenant le texte à centrer et les cellules voisines dans lesquelles le texte sera centré.

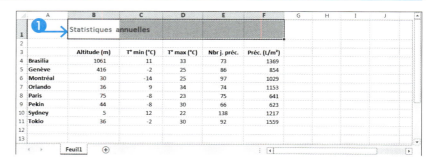

2. Cliquez l'onglet **Accueil**.
3. Dans le groupe Alignement, cliquez le lanceur de la boîte de dialogue ( ).

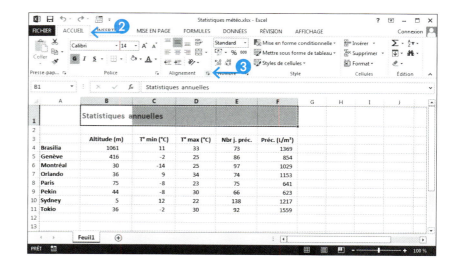

CHAPITRE 5
Mettez les données en forme

La boîte de dialogue Format de cellule s'ouvre sur l'onglet Alignement.

4 Cliquez la flèche ⌄ de la liste **Horizontal**, puis cliquez **Centré sur plusieurs colonnes**.

5 Cliquez **OK**.

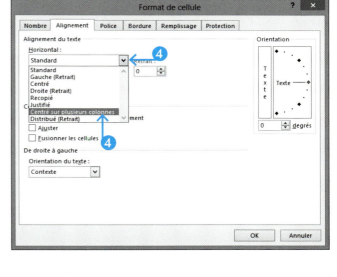

A Excel centre le texte dans les cellules sélectionnées.

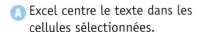

ASTUCE

Une autre technique consiste à centrer le texte par la fusion de plusieurs cellules en une seule au moyen du bouton **Fusionner et centrer** du groupe Alignement. (La fusion des cellules est expliquée au chapitre 3.)

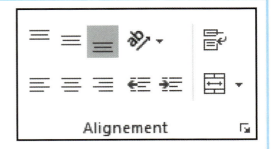

93

Faites pivoter le texte dans une cellule

Vous ajoutez un intérêt visuel au texte en le faisant pivoter dans la cellule. C'est aussi un bon moyen de réduire l'espace occupé horizontalement par les titres.

Il est possible de choisir un angle de rotation prédéfini ou de définir un angle précis en degrés.

Faites pivoter le texte dans une cellule

1 Sélectionnez la plage contenant le texte à faire pivoter.

2 Cliquez l'onglet **Accueil**.

3 Cliquez **Orientation** ( ).

A Vous pouvez sélectionner une des options prédéfinies et ignorer les étapes suivantes.

4 Cliquez **Format de cellule - Alignement**.

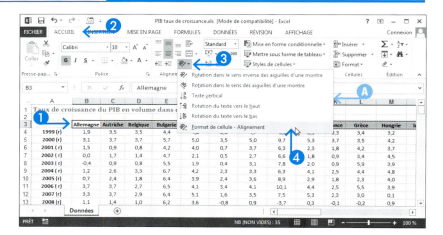

La boîte de dialogue Format de cellule s'ouvre sur l'onglet Alignement.

5 Cliquez un des repères d'orientation.

B Vous pouvez aussi taper un angle dans la zone Degrés ou le modifier avec les boutons fléchés (voir l'astuce page suivante).

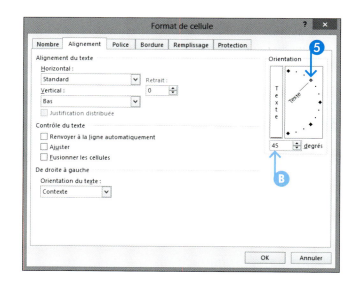

94

CHAPITRE 5
Mettez les données en forme

C Un clic dans cette zone transforme le texte horizontal en texte vertical.

6 Cliquez **OK**.

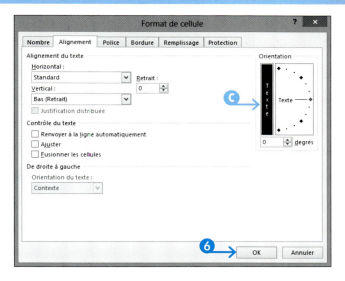

D Excel fait pivoter le texte dans les cellules sélectionnées.

E La hauteur de la ligne s'ajuste automatiquement pour faire tenir le texte en biais.

F Vous pouvez réduire la largeur des colonnes pour récupérer l'espace libéré.

ASTUCE

Le champ Degrés sert à définir l'angle d'orientation du texte. Avec une valeur positive, comme 25, le texte s'incline vers le haut ; avec un angle négatif, comme –40, il s'oriente vers le bas.

Vous pouvez spécifier une valeur entre 90 degrés (ce qui revient à cliquer le repère supérieur dans le diagramme d'orientation) et –90 degrés (équivalent au repère inférieur dans le diagramme).

Colorez l'arrière-plan d'une plage

Vous pouvez faire ressortir une plage de données en lui appliquant un fond coloré. Remarquez que si vous voulez varier la couleur d'arrière-plan en fonction des valeurs des cellules, par exemple, rouge aux valeurs négatives et vert aux valeurs positives, il faut alors appliquer une mise en forme conditionnelle, comme le présente la tâche « Appliquez une mise en forme conditionnelle », plus loin dans ce chapitre.

Vous pouvez définir une couleur personnalisée pour l'arrière-plan d'une plage ou choisir une couleur d'arrière-plan parmi les couleurs du thème ou les couleurs standard d'Excel.

Sélectionnez une couleur du thème ou une couleur standard

① Sélectionnez la plage à mettre en forme.

② Cliquez l'onglet **Accueil**.

③ Cliquez la flèche ⌄ de la liste **Couleur de remplissage** (🪣).

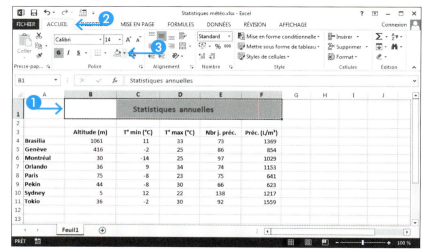

④ Sélectionnez une couleur du thème.

Ⓐ Vous pouvez aussi sélectionner une des couleurs standard d'Excel.

Ⓑ Excel applique la couleur à l'arrière-plan de la plage.

Ⓒ Pour supprimer la couleur d'arrière-plan, sélectionnez **Aucun remplissage**.

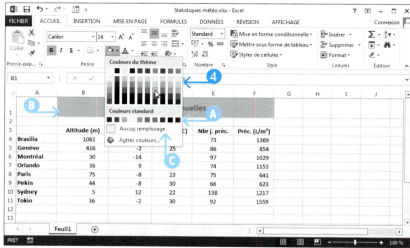

CHAPITRE 5

Mettez les données en forme

Sélectionnez une couleur personnalisée

1 Sélectionnez la plage à mettre en forme.

2 Cliquez l'onglet **Accueil**.

3 Cliquez la flèche ⌄ de la liste **Couleur de remplissage** (🎨).

4 Cliquez **Autres couleurs**.

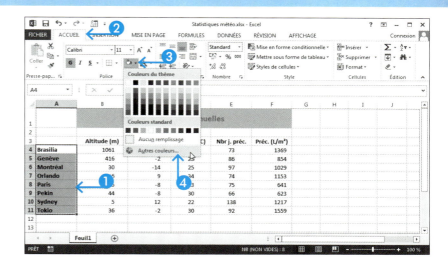

La boîte de dialogue Couleurs apparaît.

5 Sélectionnez une couleur.

D Vous pouvez aussi ouvrir l'onglet **Personnalisées** et définir une couleur ou saisir ses valeurs RVB.

6 Cliquez **OK**.

Excel applique un fond coloré à la plage.

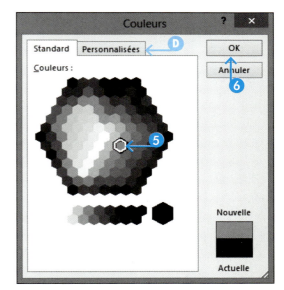

ASTUCES

Pour un meilleur contraste, utilisez un arrière-plan clair avec du texte sombre ou un arrière-plan sombre avec du texte clair.

Il est possible d'appliquer un dégradé en arrière-plan. Cliquez le lanceur de boîte de dialogue du groupe Police, ouvrez l'onglet **Remplissage** et cliquez **Motifs et textures**. Vous pouvez alors choisir les deux couleurs du dégradé en cliquant les listes **Couleur 1** et **Couleur 2**. Vous choisirez l'orientation du dégradé en sélectionnant une option de la zone **Type de dégradé**. Cliquez **OK**.

Choisissez un format de nombre

Les nombres sont plus faciles à lire quand ils sont correctement formatés. Pour la présentation de montants, par exemple, vous disposez des formats Nombre Comptabilité et Monétaire qui affichent les valeurs avec deux décimales et le symbole €.

Excel propose dix formats prédéfinis de nombre, des formats de date et d'heure et un format Texte.

Choisissez un format de nombre

1 Sélectionnez la plage à formater.

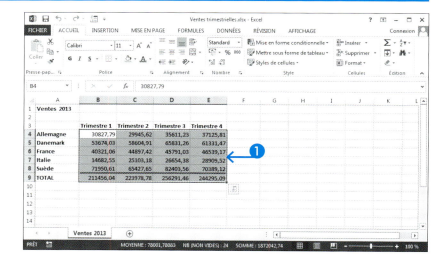

2 Cliquez l'onglet **Accueil**.

3 Cliquez la flèche ⌄ de la liste **Format de nombre**.

4 Sélectionnez le format à appliquer.

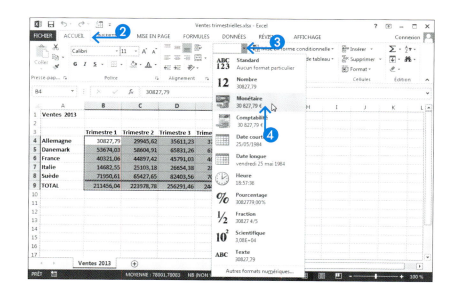

CHAPITRE 5
Mettez les données en forme

A Excel applique le format à la plage sélectionnée.

B Pour les montants en euros, cliquez **Format Nombre Comptabilité** ( ).

C Pour afficher un pourcentage, cliquez **Style de pourcentage** (%).

D Pour faciliter la lecture des grands nombres, cliquez **Séparateur de milliers** (000).

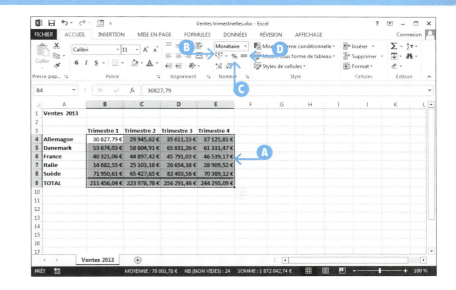

ASTUCE

Vous pouvez appliquer un formatage des nombres plus précis en utilisant la boîte de dialogue Format de cellule. Vous l'ouvrirez en cliquant le lanceur de boîte de dialogue du groupe Nombres ( ). Dans la liste Catégories, cliquez le format à utiliser. Les options qui apparaissent vous permettent de personnaliser le formatage de la catégorie sélectionnée. Vous pouvez définir le symbole de devise, la façon d'illustrer les valeurs négatives, le type de format de date et même définir complètement un format personnalisé.

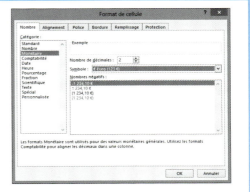

99

Modifiez le nombre de décimales affichées

Une valeur numérique est plus facile à lire lorsqu'elle adopte un format approprié. Par exemple, les valeurs monétaires sont souvent affichées avec deux décimales, mais lorsque toutes les valeurs sont entières, les décimales sont superflues. Il faut ajuster la précision des valeurs affichées en fonction du contexte et des personnes qui auront à lire les données : plus de décimales donne une meilleure précision mais rend la lecture plus fastidieuse.

Vous pouvez augmenter ou diminuer le nombre de décimales affichées par Excel.

Diminuez le nombre de décimales

1. Sélectionnez la plage à formater.
2. Cliquez l'onglet **Accueil**.
3. Cliquez le bouton **Réduire les décimales** ( ).

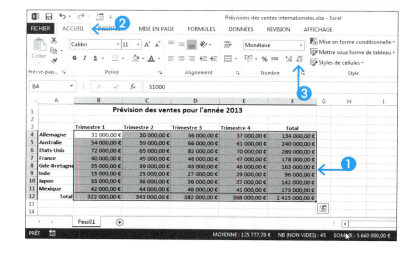

A. Excel ôte la dernière décimale.

4. Répétez l'étape 3 jusqu'à obtenir le nombre de décimales voulu.

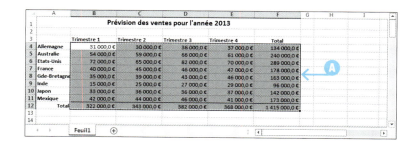

CHAPITRE 5
Mettez les données en forme

Augmentez le nombre de décimales

1. Sélectionnez la plage à formater.

2. Cliquez l'onglet **Accueil**.

3. Cliquez le bouton **Ajouter une décimale** (⭠.₀₀).

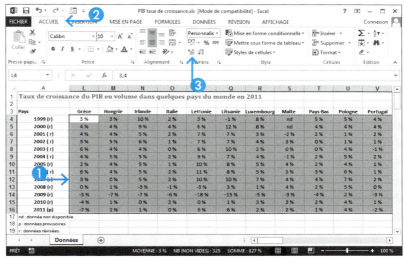

B. Excel augmente d'une unité le nombre de décimales.

4. Répétez l'étape 3 jusqu'à obtenir le nombre de décimales voulu.

ASTUCE

Si les données de la plage sélectionnée n'ont pas toutes le même nombre de décimales, Excel uniformisera le nombre de décimales pour toutes les valeurs en fonction de celle qui présente le plus de décimales. Par exemple, si la donnée la plus précise affiche quatre décimales, le bouton **Diminuer les décimales** .₀₀⭢ affichera toutes les valeurs avec trois décimales, et le bouton **Ajouter une décimale** ⭠.₀₀ les affichera avec cinq décimales.

Appliquez une mise en forme automatique

Une *mise en forme automatique* est une mise en forme prédéfinie que vous pouvez appliquer à une plage en une fois. La mise en forme comprend le format des nombres, la police, l'alignement des cellules, les bordures, les motifs d'arrière-plan, la hauteur de ligne et la largeur de colonne.

Les mises en forme automatiques sont conçues pour des données sous forme de tableaux, particulièrement ceux dont la première ligne et la colonne de gauche contiennent des titres, les cellules centrales, des données numériques, et la ligne du bas, le total de chaque colonne.

Appliquez une mise en forme automatique

1 Sélectionnez la plage à mettre en forme.

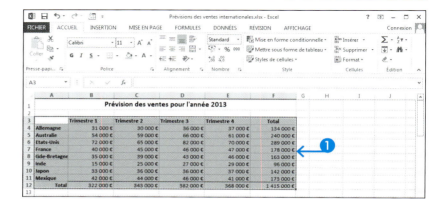

2 Cliquez **Mise en forme automatique** ( ).

Note. Reportez-vous au chapitre 1 pour apprendre à ajouter un bouton à la barre d'accès rapide. Dans ce cas précis, vous ajouterez le bouton Mise en forme automatique.

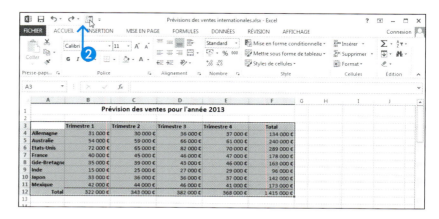

CHAPITRE 5

Mettez les données en forme

La boîte de dialogue Mise en forme automatique apparaît.

③ Cliquez la mise en forme de votre choix.

④ Cliquez **OK**.

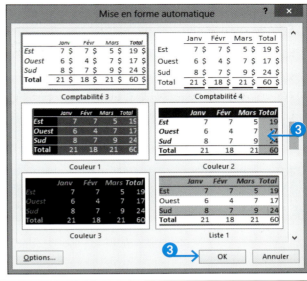

Ⓐ Excel applique la mise en forme automatique à la plage sélectionnée.

ASTUCES

Vous n'êtes pas obligé d'appliquer toutes les caractéristiques de la mise en forme automatique choisie. Vous activerez ou désactiverez certaines options parmi Nombre (format de nombre), Bordure, Police, Motifs (couleur de remplissage), Alignement et Largeur/Hauteur. Suivez les instructions des étapes 1 à 3 pour appliquer une mise en forme automatique. Cliquez le bouton **Options** pour afficher les options complémentaires et cochez les caractéristiques à appliquer.

Il est facile de supprimer une mise en forme automatique inutile ou qui ne vous plaît pas. Sélectionnez la plage concernée, ouvrez la boîte de dialogue Mise en forme automatique et choisissez la mise en forme **Aucun** au bas de la liste. Excel élimine la mise en forme de la plage sélectionnée.

103

Appliquez une mise en forme conditionnelle

Une *mise en forme conditionnelle* est une mise en forme appliquée uniquement aux cellules qui répondent à un critère que vous avez défini. Par exemple, vous pouvez indiquer à Excel d'appliquer une mise en forme seulement si la valeur d'une cellule est supérieure à une valeur donnée.

Lorsque vous définissez la mise en forme conditionnelle, vous choisissez la police, la bordure et l'arrière-plan de sorte que les cellules répondant aux critères se distinguent nettement des autres cellules.

Appliquez une mise en forme conditionnelle

1. Sélectionnez la plage à mettre en forme.
2. Cliquez l'onglet **Accueil**.
3. Cliquez **Mise en forme conditionnelle**.
4. Cliquez **Règles de mise en surbrillance des cellules**.
5. Sélectionnez l'opérateur à utiliser comme critère.

    La boîte de dialogue de l'opérateur apparaît, ici Supérieur à.

6. Tapez la valeur de la condition.

    A Vous pouvez aussi cliquer le bouton de réduction de la boîte de dialogue (🔳), puis cliquer une cellule dans la feuille de calcul.

    Certains opérateurs demandent deux valeurs.

7. Cliquez la liste **avec** et sélectionnez la mise en forme à appliquer.

    B Pour définir une mise en forme personnalisée, cliquez **Format personnalisé**.

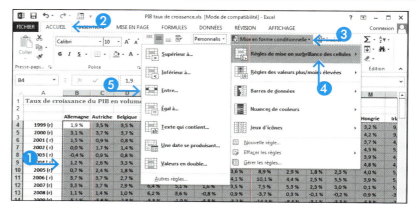

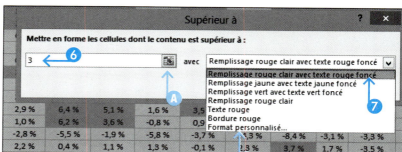

CHAPITRE 5
Mettez les données en forme

8 Cliquez **OK**.

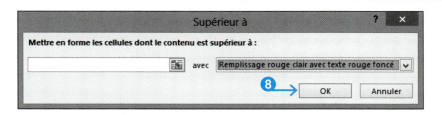

C Excel applique la mise en forme aux cellules qui répondent au critère.

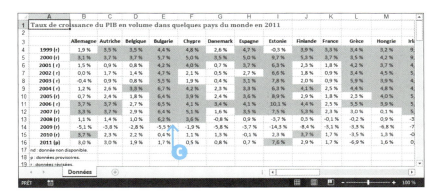

ASTUCES

Il est possible de définir plusieurs mises en forme conditionnelles pour la même plage de cellules. Par exemple, vous pourriez définir une couleur pour les cellules supérieures à une certaine valeur et une autre couleur pour les cellules inférieures à une autre valeur. Après avoir défini une première règle, suivez à nouveau les instructions des étapes **1** à **8** pour définir une deuxième règle.

Pour effacer une mise en forme conditionnelle sur une plage, il faut supprimer la règle qui la définit. Suivez les instructions des étapes **1** à **3** pour ouvrir le menu Mise en forme conditionnelle et cliquez **Gérer les règles**. Dans la boîte de dialogue Gestionnaire des règles de mise en forme conditionnelle, cliquez le menu **Afficher les règles de mise en forme pour** et choisissez **Cette feuille de calcul**. Cliquez la règle à éliminer, puis cliquez **Supprimer la règle**. Cliquez **OK** pour fermer le gestionnaire.

Appliquez un style

Vous travaillerez plus vite en appliquant un style prédéfini à une plage. Excel propose une vingtaine de styles prédéfinis pour les différents éléments comme les en-têtes, les données, les formules ainsi que pour les plages spéciales contenant un texte explicatif, des notes ou des avertissements. Excel propose aussi de nombreux styles assortis au thème actuel du document.

Chaque style comprend le format de nombre, l'alignement de la cellule, la police et sa taille, les bordures et la couleur de remplissage.

Appliquez un style

① Sélectionnez la plage à mettre en forme.

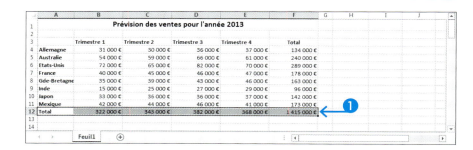

② Cliquez l'onglet **Accueil**.

③ Cliquez **Styles de cellules**.

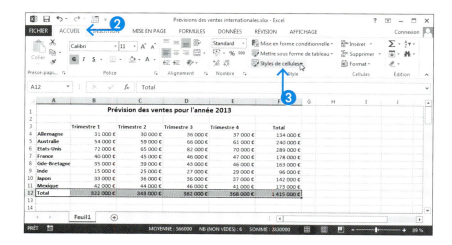

CHAPITRE 5
Mettez les données en forme

Excel affiche la galerie des styles.

4 Cliquez le style à appliquer.

Note. Pour personnaliser un style, cliquez-le du bouton droit dans la galerie, cliquez **Modifier**, puis cliquez le bouton **Format**.

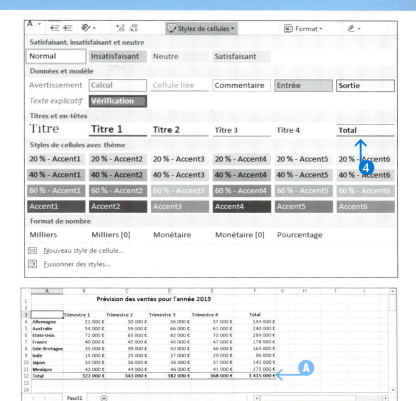

A Excel applique le style à la plage.

ASTUCES

Excel fournit aussi une galerie de styles spécialement conçus pour la mise en forme des tableaux. Ces styles incluent le plus souvent une mise en forme particulière pour la ligne qui contient les titres du tableau et une couleur différente une ligne sur deux pour faciliter la lecture des données. Sélectionnez la plage qui compose le tableau puis, dans l'onglet **Accueil**, cliquez **Mettre sous forme de tableau**. Dans la galerie qui apparaît, sélectionnez le format de tableau qui vous convient.

Il vous est aussi possible de créer vos styles personnalisés et de les enregistrer afin de pouvoir les réutiliser. Suivez les instructions des étapes **1** à **4** pour appliquer à une plage un style que vous personnaliserez. Sélectionnez au moins une cellule de cette plage, cliquez **Styles de cellules** dans l'onglet Accueil et choisissez **Nouveau style de cellule**. Dans la boîte de dialogue Style, tapez un nom pour votre style, puis cliquez **OK**.

Modifiez la largeur de colonne

Vos feuilles de calcul seront plus lisibles si vous ajustez la largeur des colonnes aux données qu'elles contiennent.

Si une cellule contient une grande valeur ou une longue ligne de texte, il se peut qu'Excel en tronque une partie pour afficher le contenu de la cellule adjacente. Pour corriger cela, vous pouvez élargir la colonne. Inversement, si une colonne ne contient que des données de quelques caractères, vous pouvez la rétrécir afin d'afficher plus de colonnes à l'écran.

Modifiez la largeur de colonne

❶ Cliquez une cellule de la colonne à redimensionner.

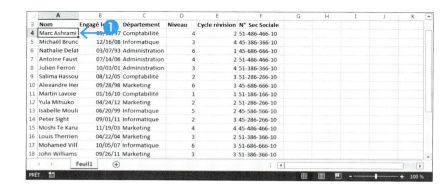

❷ Cliquez l'onglet **Accueil**.
❸ Cliquez **Format**.
❹ Cliquez **Largeur de colonne**.

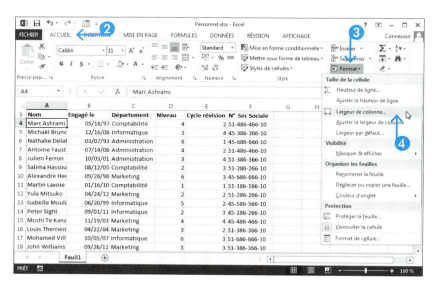

108

CHAPITRE 5

Mettez les données en forme

La boîte de dialogue Largeur de colonne apparaît.

5 Dans la zone Largeur de colonne, indiquez une largeur, exprimée en nombre de caractères.

6 Cliquez **OK**.

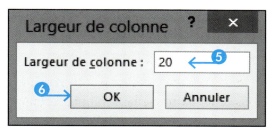

A Excel modifie la largeur de colonne.

B Vous pouvez aussi changer la largeur visuellement. Placez le pointeur sur le bord droit de l'en-tête de la colonne à redimensionner (devient) et faites glisser la bordure pour élargir ou rétrécir la colonne.

Excel propose une fonction qui ajuste automatiquement la largeur de colonne à l'élément le plus large.

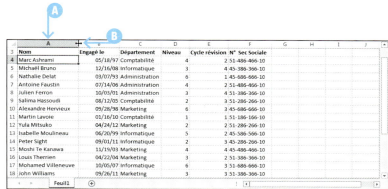

ASTUCES

Cliquez une cellule de la colonne à redimensionner, cliquez **Format** dans l'onglet Accueil et sélectionnez **Ajuster la largeur de colonne**. Autrement, placez le pointeur sur le bord droit de l'en-tête de colonne et, quand se transforme en , double-cliquez.

Pour modifier la largeur de toutes les colonnes d'un seul coup, cliquez pour sélectionner toute la feuille, puis suivez les étapes de cette tâche pour définir une largeur de colonne qui s'appliquera à la feuille entière.

Modifiez la hauteur de ligne

La feuille de calcul aura une présentation plus agréable si les lignes sont plus espacées, surtout si ses cellules sont remplies de texte. Modifier la hauteur de ligne est utile aussi lorsque la hauteur est trop petite et qu'une partie des caractères n'est pas visible.

Si vous souhaitez changer la hauteur de ligne pour afficher plusieurs lignes de texte dans une cellule, vous devez aussi activer la fonction Renvoyer automatiquement à la ligne comme l'explique la tâche suivante.

Modifiez la hauteur de ligne

① Sélectionnez une plage comprenant au moins une cellule de chaque ligne à redimensionner.

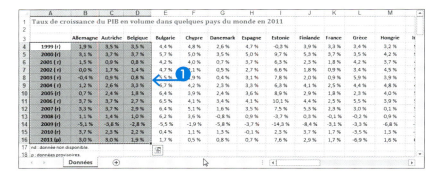

② Cliquez l'onglet **Accueil**.
③ Cliquez **Format**.
④ Cliquez **Hauteur de ligne**.

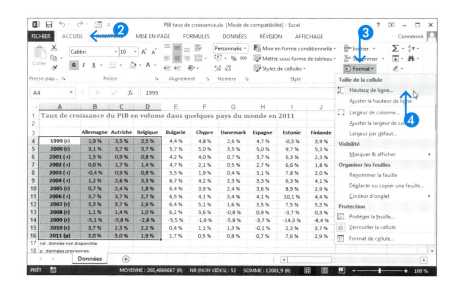

CHAPITRE
5
Mettez les données en forme

La boîte de dialogue Hauteur de ligne apparaît.

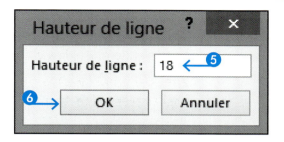

5 Dans la zone Hauteur de ligne, tapez une hauteur, exprimée en nombre de points.

6 Cliquez **OK**.

A Excel modifie la hauteur de ligne.

B Vous pouvez aussi changer la hauteur d'une ligne visuellement. Placez le pointeur ◢ sur le bord inférieur d'un en-tête de ligne et, lorsque le pointeur ◢ se transforme en ✢, faites glisser la bordure pour définir la hauteur de la ligne.

ASTUCES

Pour ajuster automatiquement la hauteur de ligne à l'élément le plus haut, cliquez une cellule de la ligne, cliquez **Format** dans l'onglet Accueil et sélectionnez **Ajuster la hauteur de ligne**. Autrement, placez le pointeur ◢ sur le bord inférieur de l'en-tête de ligne et double-cliquez quand le pointeur ◢ se transforme en ✢.

Pour modifier la hauteur de toutes les lignes en une fois, cliquez ◢ pour sélectionner toute la feuille et suivez les étapes de cette tâche. Vous pourriez aussi agir avec le pointeur en faisant glisser le bord inférieur d'un en-tête de ligne lorsque la feuille entière est sélectionnée.

111

Renvoyez automatiquement le texte à la ligne

Vous rendrez plus lisible une longue ligne de texte en mettant la cellule en forme pour que le texte retourne à la ligne, c'est-à-dire qu'il s'étale sur plusieurs lignes au lieu d'une seule.

Quand la longueur du texte saisi dans une cellule dépasse la largeur de la cellule, Excel affiche le contenu dans la cellule adjacente si elle est vide ou tronque le texte si elle contient des données. Pour éviter d'afficher de nombreuses cellules tronquées, vous pouvez définir le renvoi automatique du texte dans chaque cellule.

Renvoyez automatiquement le texte à la ligne

1 Sélectionnez la cellule à mettre en forme.

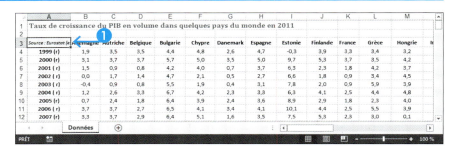

2 Cliquez l'onglet **Accueil**.

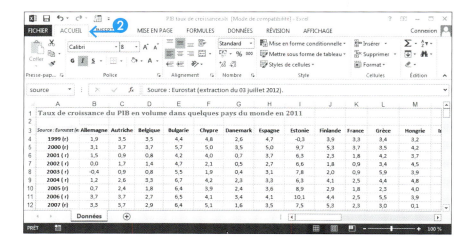

CHAPITRE 5

Mettez les données en forme

③ Cliquez **Renvoyer à la ligne automatiquement** ( ).

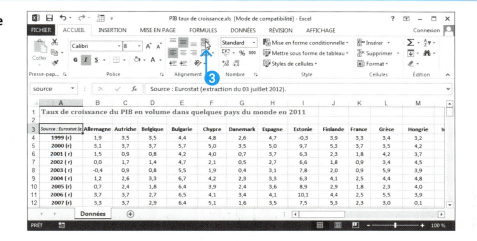

Excel active le renvoi automatique dans la cellule sélectionnée.

Ⓐ Si la cellule contient un texte trop long pour sa largeur, Excel étale le texte sur au moins deux lignes et augmente automatiquement la hauteur de la rangée.

ASTUCE

Si le texte est seulement légèrement plus long que la cellule, vous disposez de plusieurs solutions pour le voir en entier sans recours au renvoi à la ligne automatique. Vous pourriez modifier la largeur de colonne comme cela est expliqué précedemment dans ce chapitre

Une autre solution serait de réduire la taille de la police. Pour ce faire, choisissez une autre valeur dans la liste **Taille de police** du groupe Police de l'onglet Accueil. Autrement, cliquez le lanceur de boîte de dialogue ( ) du groupe Alignement de l'onglet Accueil pour ouvrir la boîte de dialogue Format de cellule sur l'onglet Alignement et y cocher l'option **Ajuster** (☐ devient ☑). Cette option réduit automatiquement la taille du texte de manière à le faire tenir dans la largeur de la cellule.

Ajoutez une bordure à une plage

Vous pouvez faire ressortir une plage en l'encadrant d'une bordure. Par exemple, si les données d'une plage contiennent les valeurs d'entrée d'une ou de plusieurs formules, vous pourriez les encadrer pour signaler qu'il existe un lien entre les cellules de cette plage.

Les bordures facilitent aussi la lecture d'une plage. Par exemple, une ligne double peut servir à séparer les données de la ligne des totaux.

Ajoutez une bordure à une plage

❶ Sélectionnez la plage à mettre en forme.

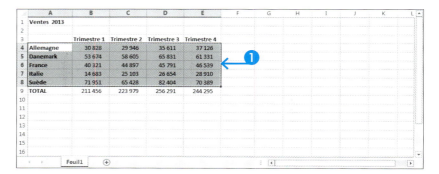

❷ Cliquez l'onglet **Accueil**.

❸ Cliquez la flèche du bouton **Bordures**.

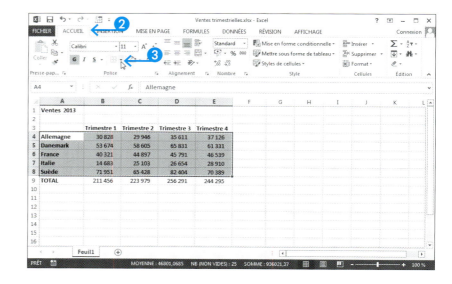

CHAPITRE 5

Mettez les données en forme

④ Sélectionnez le type de bordure à appliquer.

Ⓐ Excel applique la bordure à la plage.

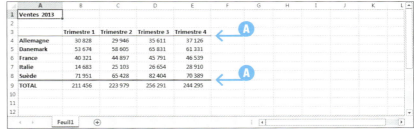

ASTUCES

Pour que vos bordures se distinguent plus nettement du quadrillage de la feuille, vous pouvez les épaissir ou choisir un autre style de trait de bordure. Cliquez la flèche du bouton Bordures et cliquez **Style de trait**, puis choisissez un autre style. Vous pourriez aussi choisir une autre couleur de bordure ou masquer le quadrillage de la feuille. Cliquez l'onglet **Affichage**, puis retirez la coche de l'option **Quadrillage** dans le groupe Afficher.

Vous pouvez créer des bordures personnalisées. Déroulez la liste du bouton **Bordures** dans l'onglet Accueil et choisissez **Tracer les bordures**. Les sous-menus **Couleur de ligne** et **Style de trait** vous serviront à définir l'apparence de la bordure. Faites glisser le pointeur sur une plage pour l'entourer de cette nouvelle bordure. Pour obtenir des bordures internes autour de chaque cellule de la plage, cliquez la commande **Tracer les bordures de grille**.

115

Reproduisez la mise en forme

Vous gagnerez beaucoup de temps en reproduisant une mise en forme existante dans d'autres zones de la feuille.

Il est facile d'appliquer une mise en forme, mais l'opération prend du temps lorsqu'il s'agit de définir plusieurs attributs comme la police, la couleur, l'alignement et le format de nombre. Au lieu de répéter toutes les étapes d'une mise en forme déjà définie dans la feuille, vous utiliserez l'outil Reproduire la mise en forme pour copier celle-ci dans d'autres cellules.

Reproduisez la mise en forme

1 Sélectionnez la cellule qui comprend la mise en forme à reproduire.

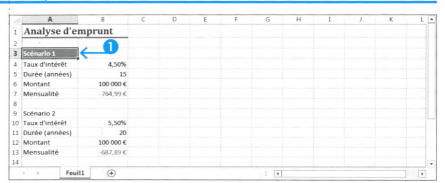

2 Cliquez l'onglet **Accueil**.

3 Cliquez **Reproduire la mise en forme** ( ).

Le pointeur se transforme en .

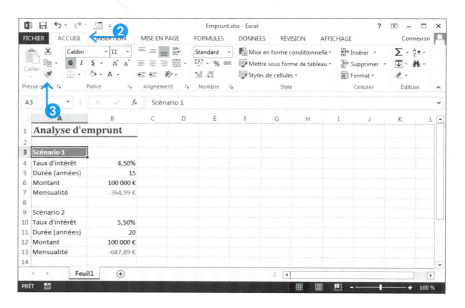

116

CHAPITRE
5
Mettez les données en forme

④ Cliquez la cellule dans laquelle vous voulez copier la mise en forme.

Note. Pour appliquer la mise en forme à plusieurs cellules, faites glisser le pointeur ⊕⌑ sur les cellules visées.

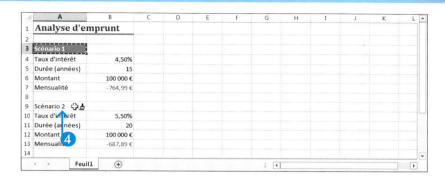

Ⓐ Excel reproduit la mise en forme dans la cellule.

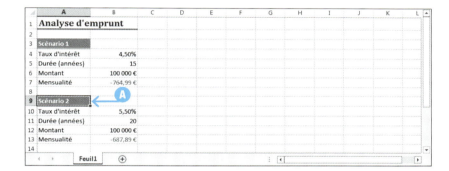

ASTUCE

La même mise en forme peut être reproduite en plusieurs endroits de la feuille. Pour copier une mise en forme sur des cellules non adjacentes, sélectionnez la cellule à reproduire, puis double-cliquez le bouton **Reproduire la mise en forme** (⌑) dans l'onglet Accueil. Ainsi, la fonction reste active pour appliquer plusieurs fois les attributs copiés. Cliquez ensuite chacune des cellules de destination ou faites glisser le pointeur sur une plage. Au final, double-cliquez ⌑ pour désactiver la fonction Reproduire la mise en forme.

CHAPITRE 6

Personnalisez vos documents Excel

Ce chapitre vous donne les clés pour une maîtrise plus précise des techniques de mise en forme dans Excel. Vous saurez ainsi comment produire des documents d'apparence originale en définissant des formats et des styles personnalisés pour les nombres, les dates et les heures. Vous verrez comment définir vos propres listes de remplissage et styles de cellules et de tableau en personnalisant les couleurs, les polices, les thèmes et les en-têtes et pieds de page.

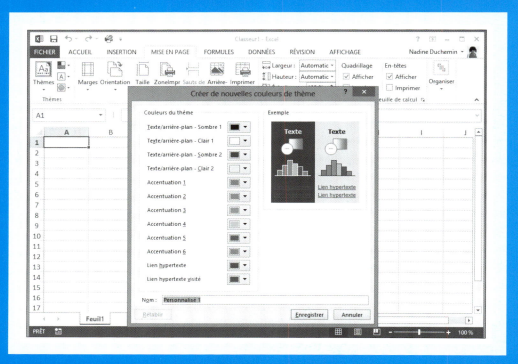

Définissez un format de nombre personnalisé 120

Définissez un format de date ou d'heure personnalisé . . 122

Définissez la largeur par défaut de toutes les colonnes . 124

Créez une liste de recopie personnalisée 126

Dégagez l'espace de travail en masquant les composants
de la fenêtre. 128

Créez un style de cellule personnalisé. 130

Définissez un style de tableau personnalisé 132

Définissez une combinaison de couleurs personnalisée. . 134

Définissez une combinaison de polices personnalisée . . 136

Enregistrez un thème personnalisé 138

Personnalisez la barre d'état d'Excel. 140

Réduisez le ruban 141

Définissez un format de nombre personnalisé

Vous pouvez créer sur mesure un format de cellule pour afficher les données exactement comme vous le souhaitez. La syntaxe et les symboles du formatage sont décrits dans l'astuce page suivante. Dans Excel, tous les formats de nombre, qu'ils soient prédéfinis ou personnalisés, possèdent la syntaxe suivante :

positif;négatif;zéro;texte

Ces quatre composantes, séparées par des points virgules, déterminent la présentation des nombres. Les deux premières définissent la manière d'afficher respectivement les nombres positifs et négatifs. La troisième définit la manière de représenter zéro et la quatrième détermine l'affichage du texte dans le format de nombre.

Définissez un format de nombre personnalisé

1. Sélectionnez la plage à formater.
2. Cliquez l'onglet **Accueil**.
3. Dans le groupe **Nombre**, cliquez la flèche du lanceur de boîte de dialogue ( ).

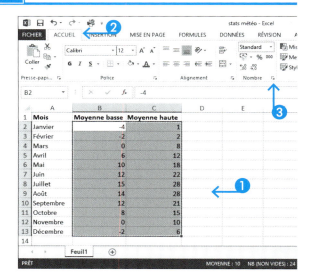

La boîte de dialogue Format de cellule s'ouvre sur l'onglet Nombre.

A. Si votre format personnalisé doit reprendre certaines caractéristiques d'un format existant, cliquez une catégorie puis cliquez le format en question.

4. Cliquez **Personnalisée**.

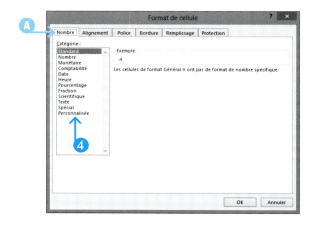

CHAPITRE 6
Personnalisez vos documents Excel

5 Tapez les symboles et le texte qui définissent votre format personnalisé.

6 Cliquez **OK**.

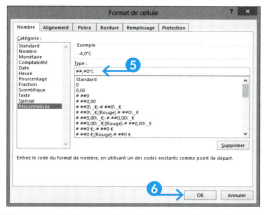

B Excel applique le format personnalisé.

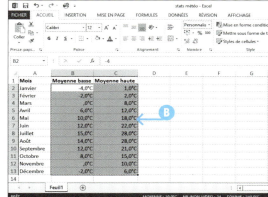

ASTUCE

Vous disposez des symboles suivants pour créer des formats de nombre personnalisés :
- **#** représente la place d'un chiffre qui s'affichera exactement comme il a été tapé. Si le nombre comprend moins de chiffres que défini par le format, Excel n'affiche rien à la place du chiffre manquant.
- **0** représente la place d'un chiffre qui s'affichera exactement comme il a été tapé. Si le nombre comprend moins de chiffres que défini par le format, Excel affiche 0 à la place du chiffre manquant.
- **?** représente la place d'un chiffre qui s'affichera exactement comme il a été tapé. Si le nombre comprend moins de chiffres que défini par le format, Excel affiche une espace à la place du chiffre manquant.
- **. (point)** définit la place de la virgule décimale.
- **/ (barre oblique)** définit la place du signe de fraction.
- **%** multiplie le nombre par 100 (pour l'affichage uniquement) et ajoute le signe de pourcentage (%).

Définissez un format de date ou d'heure personnalisé

Vous améliorerez la présentation des dates et des heures dans vos feuilles de calcul en créant un format personnalisé pour ces éléments.

Les formats prédéfinis de date et d'heure conviennent à la majorité des cas, mais vous pourriez avoir besoin de définir des formats sur mesure. Vous pourriez, par exemple, vouloir afficher uniquement le jour de la semaine, comme vendredi. Pour ce faire, vous pouvez définir des formats de date et d'heure personnalisés, soit en adaptant un format prédéfini, soit en créant un nouveau format sur mesure. La syntaxe et les symboles du formatage sont décrits dans l'astuce page suivante.

Définissez un format de date ou d'heure personnalisé

1. Sélectionnez la plage à formater.
2. Cliquez l'onglet **Accueil**.
3. Dans le groupe **Nombre**, cliquez la flèche du lanceur de boîte de dialogue ( ).

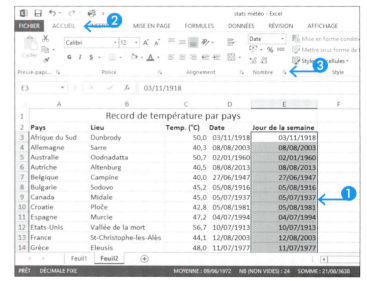

La boîte de dialogue Format de cellule s'ouvre sur l'onglet Nombre.

A. Si votre format personnalisé doit reprendre certaines caractéristiques d'un format existant, cliquez la catégorie **Date ou Heure**, puis cliquez le format en question.

4. Cliquez **Personnalisée**.

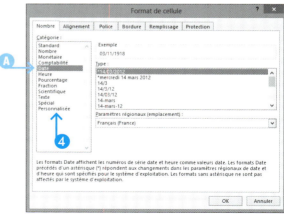

122

CHAPITRE 6
Personnalisez vos documents Excel

5 Tapez les symboles et le texte qui définissent votre format personnalisé.

6 Cliquez **OK**.

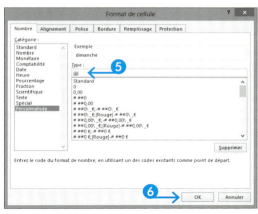

B Excel applique le format personnalisé.

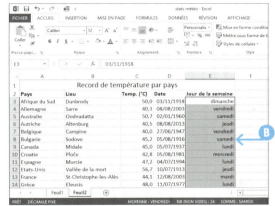

ASTUCE

Vous disposez des symboles suivants pour créer des formats de date et d'heure personnalisés :

- **j** affiche les jours sans zéro (1-31).
- **jj** affiche les jours avec zéro (01-31).
- **jjj** affiche les jours de la semaine abrégés (lun-dim).
- **jjjj** affiche les jours de la semaine entiers (lundi-dimanche).
- **m** affiche les mois sans zéro (1-12).
- **mm** affiche les mois avec zéro (01-12).
- **mmm** affiche les noms de mois abrégés (jan-déc).
- **mmmm** affiche les noms de mois entiers (janvier-décembre).
- **aa** affiche les années en deux chiffres (00-99).
- **aaaa** affiche les années en quatre chiffres (1900-2078).
- **h** affiche les heures sans zéro (0-24).
- **hh** affiche les heures avec zéro (00-24).
- **m** affiche les minutes sans zéro (0-59).
- **mm** affiche les minutes avec zéro (00-59).
- **s** affiche les secondes sans zéro (0-59).
- **ss** affiche les secondes avec zéro (00-59).
- **AM/PM, am/pm, A/P** présente l'heure dans le format américain sur 12 heures.

Définissez la largeur par défaut de toutes les colonnes

Si vous avez souvent besoin d'élargir ou de rétrécir les colonnes dans les feuilles de calcul, vous pouvez configurer Excel avec une autre largeur de colonne par défaut qui correspond mieux à vos besoins.

Excel propose plusieurs solutions pour modifier la largeur d'une colonne, comme vous l'avez vu au chapitre 5. Cette opération est très rapide, mais si vous avez souvent besoin d'insérer des colonnes puis de modifier leur largeur, vous avez intérêt à personnaliser la largeur par défaut des nouvelles colonnes dans la feuille de calcul.

Définissez la largeur par défaut de toutes les colonnes

❶ Cliquez l'onglet **Accueil**.

❷ Cliquez **Format**.

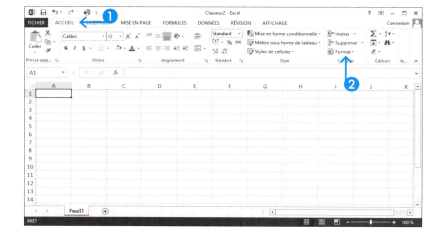

❸ Cliquez **Largeur par défaut**.

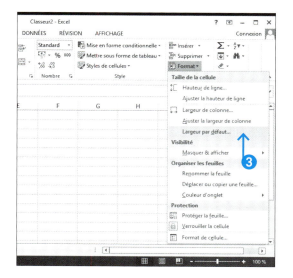

CHAPITRE 6

Personnalisez vos documents Excel

La boîte de dialogue Largeur standard apparaît.

④ Tapez la largeur désirée pour vos colonnes, exprimée en nombre de caractères.

⑤ Cliquez **OK**.

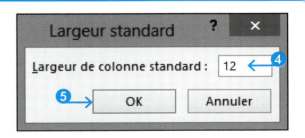

Ⓐ Excel formate toutes les colonnes avec la nouvelle largeur.

Note. Les nouvelles colonnes que vous insérerez dans la feuille auront par défaut la largeur que vous venez de définir.

ASTUCES

La largeur de colonne par défaut que vous avez définie s'applique uniquement à la feuille de calcul active. Elle ne s'applique pas aux autres feuilles du classeur ni à Excel dans son ensemble. Pour définir une largeur par défaut commune à plusieurs feuilles du classeur, maintenez enfoncée la touche **Ctrl** pendant que vous cliquez l'onglet de chacune des feuilles afin de les sélectionner ensemble avant de suivre les instructions de cette tâche. Ainsi, la configuration s'appliquera à toutes les feuilles sélectionnées.

Il n'existe pas de commande directe pour rétablir la valeur initiale de la largeur de colonne par défaut. Les colonnes d'un nouveau classeur Excel ont une largeur de 8,38 caractères. Pour retrouver cette largeur, suivez les instructions de cette tâche et tapez **8,38** à l'étape 4.

Créez une liste de recopie personnalisée

Vous avez vu au chapitre 3 qu'en tapant deux valeurs dans une feuille, en les sélectionnant puis en faisant glisser la poignée de recopie, vous obtenez une série logique de valeurs. Très pratique et d'une grande efficacité, cette fonction vous épargne des saisies fastidieuses. Mais Excel peut seulement créer ces séries logiques à partir de certains types de valeurs : nombres, dates, heures et valeurs alphanumériques se terminant par un nombre. Pour les autres séries que vous exploitez souvent, vous créerez des listes personnalisées.

Créez une liste de recopie personnalisée

❶ Cliquez l'onglet **Fichier**.

❷ Cliquez **Options**.

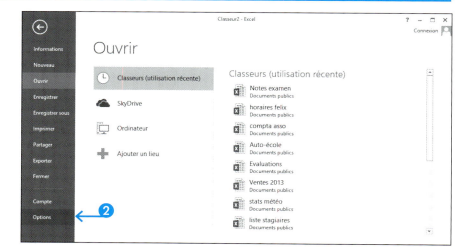

La boîte de dialogue Options Excel apparaît.

❸ Cliquez **Options avancées**.

❹ Sous Général, cliquez **Modifier les listes personnalisées**.

CHAPITRE 6
Personnalisez vos documents Excel

La boîte de dialogue Listes personnalisées apparaît.

5 Cliquez **Nouvelle liste**.

6 Tapez la première valeur de la liste personnalisée.

7 Appuyez sur Entrée.

8 Répétez les étapes **6** et **7** pour définir les autres valeurs de la liste.

9 Cliquez **Ajouter**.

A Excel ajoute votre liste.

10 Cliquez **OK**.

Vous revenez à la boîte de dialogue Options Excel.

11 Cliquez **OK**.

Vous pouvez désormais utiliser votre nouvelle liste de recopie.

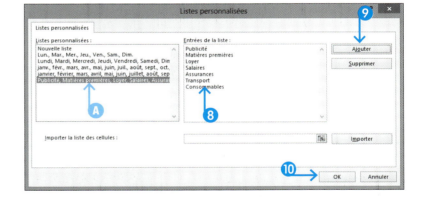

ASTUCES

Il existe une autre méthode pour définir une liste personnalisée. Tapez les valeurs de la liste dans une feuille de calcul. Après quoi, sélectionnez la plaque qui contient les valeurs de la liste, puis suivez les instructions des étapes **1** à **4** pour ouvrir la boîte de dialogue Listes personnalisées. Cliquez le bouton **Importer** pour ajouter votre liste et cliquez **OK**.

Si vous souhaitez supprimer une liste personnalisée, suivez les instructions des étapes **1** à **4** pour ouvrir la boîte de dialogue Listes personnalisées. Cliquez la liste devenue inutile, cliquez le bouton **Supprimer** et cliquez **OK** quand Excel demande confirmation de la suppression. Ensuite, cliquez **OK** dans la boîte de dialogue Listes personnalisées.

Dégagez l'espace de travail en masquant les composants de la fenêtre

Lorsque le tableau en construction ne tient plus dans l'espace de l'écran, vous êtes sans cesse obligé de défiler horizontalement et verticalement pour voir les autres portions du tableau. Si le fait d'agrandir la fenêtre d'Excel et le classeur ne suffit pas pour éviter cette contrainte, vous pourrez obtenir davantage d'espace pour l'affichage de la feuille de calcul en masquant certains éléments de la fenêtre d'Excel. Il est possible de masquer la barre de formule, les barres de défilement horizontal et vertical, ainsi que la rangée et la colonne d'en-tête. Voyez aussi la tâche « Réduisez le ruban » à la fin de ce chapitre.

Dégagez l'espace de travail en masquant les composants de la fenêtre

① Cliquez l'onglet **Fichier**.

② Cliquez **Options**.

La boîte de dialogue Options Excel apparaît.

③ Cliquez **Options avancées**.

④ Sous Afficher, cliquez l'option **Afficher la barre de formule** de manière à retirer la coche (☑ devient ☐).

⑤ Cliquez l'option **Afficher la barre de défilement horizontale** de manière à retirer la coche (☑ devient ☐).

⑥ Cliquez l'option **Afficher la barre de défilement verticale** de manière à retirer la coche (☑ devient ☐).

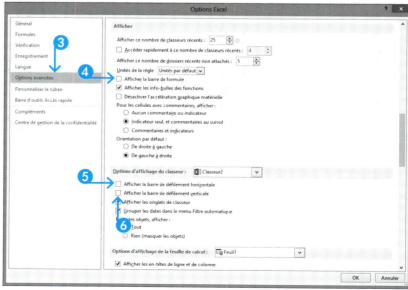

CHAPITRE 6
Personnalisez vos documents Excel

7 Cliquez l'option **Afficher les onglets de classeur** de manière à retirer la coche (☑ devient ☐).

8 Cliquez l'option **Afficher les en-têtes de ligne et de colonne** de manière à retirer la coche (☑ devient ☐).

9 Cliquez **OK**.

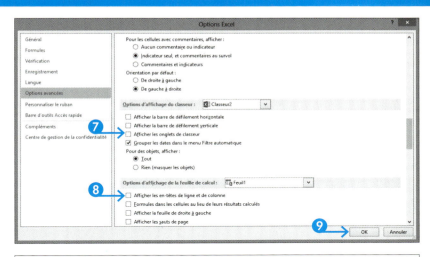

Excel masque les composants de la fenêtre que vous avez désactivés.

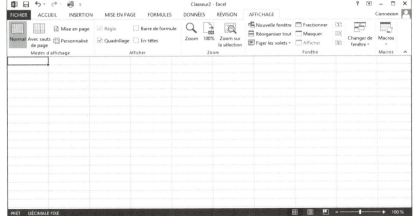

ASTUCES

Une autre technique permet de masquer la barre de formule sans passer par les options avancées d'Excel. Cliquez l'onglet **Affichage** et cliquez le bouton **Afficher** si le groupe Afficher n'apparaît pas. Cliquez les options **Barre de formule** et **En-têtes** pour les désactiver (☑ devient ☐). Vous pouvez aussi tout masquer sauf la barre de formule en cliquant l'icône ⌐ dans l'angle supérieur droit de la fenêtre et en choisissant **Masquer automatiquement le ruban**. Ce mode masque tous les outils de la fenêtre, y compris le ruban et les barres d'accès rapide et d'état.

Excel ne fournit pas d'option pour afficher et masquer la barre d'état. Mais vous pouvez le faire *via* la fenêtre de l'Éditeur VBA, qui s'ouvre par le raccourci **Alt** + **F11**. Dans l'Éditeur VBA, cliquez **Affichage** puis **Fenêtre Exécution** (ou appuyez sur **Ctrl** + **G**). Dans le volet Exécution, tapez `Application.DisplayStatusBar=False` et appuyez sur **Entrée**.

Créez un style de cellule personnalisé

Excel comprend des dizaines de styles de cellules prédéfinis, qui dépendent pour la plupart du thème du classeur. Il y a également des styles communs, indépendants du thème, pour les titres des feuilles et des colonnes, et des styles spéciaux pour les cellules de totaux, de calculs et de résultats des formules.

Si aucun des styles de cellules prédéfinis ne vous convient, vous passerez par la boîte de dialogue Format de cellule pour concocter une mise en forme personnelle. Si vous souhaitez réutiliser cette mise en forme dans d'autres classeurs, il faut enregistrer le jeu de paramètres en tant que style de cellule personnalisé.

Créez un style de cellule personnalisé

1 Cliquez l'onglet **Accueil**.

2 Cliquez **Styles de cellules**.

A La galerie Styles de cellules se déroule.

3 Cliquez **Nouveau style de cellule**.

La boîte de dialogue Style apparaît.

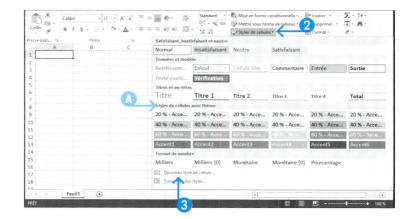

4 Tapez un nom pour le style.

5 Cliquez **Format**.

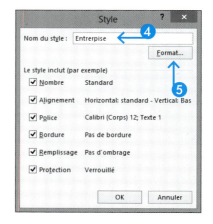

CHAPITRE 6

Personnalisez vos documents Excel

La boîte de dialogue Format de cellule apparaît.

6 Servez-vous des onglets pour sélectionner les options de mise en forme à définir pour le nouveau style.

7 Cliquez **OK**.

8 Cliquez **OK** dans la boîte de dialogue Style.

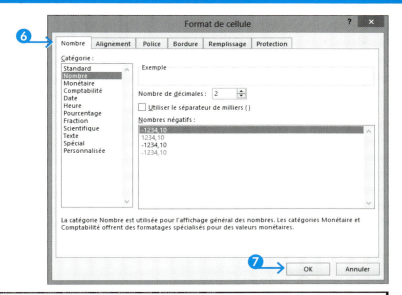

9 Cliquez **Styles de cellules**.

B Le style que vous venez de définir est désormais disponible dans la section Personnalisé de la galerie Styles de cellules.

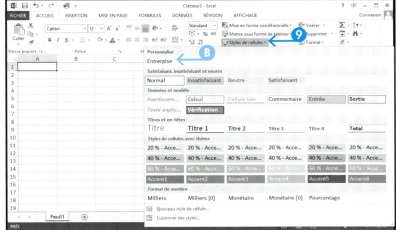

ASTUCES

Il existe une solution plus rapide pour enregistrer un nouveau style de cellules. Après avoir personnalisé la mise en forme d'une cellule, sélectionnez-la et suivez les instructions des étapes **1** à **3** pour ouvrir la boîte de dialogue Style. Attribuez un nom au style et cliquez **OK**. Vous retrouverez dans ce style tous les attributs de mise en forme définis dans la cellule.

Si l'un de vos styles personnalisés n'a plus de raison d'être, vous devriez le supprimer pour éviter d'encombrer la galerie Styles de cellules. Cliquez l'onglet **Accueil** puis **Styles de cellules** pour dérouler la galerie. Cliquez du bouton droit le style personnalisé et choisissez **Supprimer**. Excel retire le style de la galerie et efface sa mise en forme de toutes les cellules où vous l'aviez appliqué.

Créez un style de tableau personnalisé

Un style de tableau est la combinaison d'attributs de mise en forme qu'Excel applique aux treize éléments qui composent un tableau : première et dernière colonnes, rangée de titres, rangée de totaux, cellules de données, *etc*. Excel comprend des dizaines de styles de tableau prédéfinis qui dépendent tous du thème du classeur. Si aucun des styles de tableau prédéfinis ne vous convient, vous passerez par la boîte de dialogue Format de cellule pour définir une mise en forme personnelle sur les différents éléments du tableau. Si vous souhaitez réutiliser cette combinaison de mises en forme dans d'autres classeurs, il faut enregistrer le jeu de paramètres en tant que style de tableau personnalisé.

Créez un style de tableau personnalisé

1 Cliquez l'onglet **Accueil**.

2 Cliquez **Mettre sous forme de tableau**.

A La galerie de styles de tableau se déroule.

3 Cliquez **Nouveau style de tableau**.

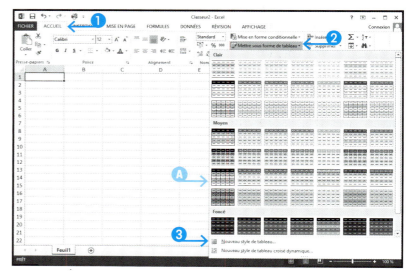

La boîte de dialogue Nouveau style de tableau apparaît.

4 Tapez un nom pour le style.

5 Cliquez l'élément de tableau que vous voulez mettre en forme.

6 Cliquez **Format**.

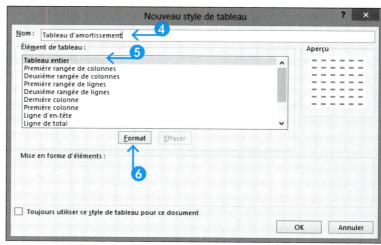

CHAPITRE 6
Personnalisez vos documents Excel

La boîte de dialogue Format de cellule apparaît.

7 Servez-vous des onglets pour sélectionner les options de mise en forme à définir pour cet élément.

Note. Les options disponibles dépendent de l'élément sélectionné à l'étape précédente.

8 Cliquez **OK**.

9 Répétez les étapes **5** à **8** pour définir la mise en forme des autres éléments de tableau.

10 Cliquez **OK** dans la boîte de dialogue Nouveau style de tableau.

11 Cliquez **Mettre sous forme de tableau**.

B Le style que vous venez de définir est désormais disponible dans la section Personnalisé de la galerie de styles de tableau.

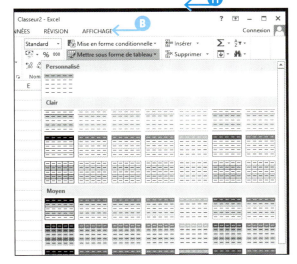

ASTUCES

Il existe une solution très simple pour appliquer votre style de tableau personnalisé à tous vos tableaux. Il suffit de définir ce style comme le style par défaut. Lors de la création d'un nouveau style de tableau, cochez l'option **Toujours utiliser ce style de tableau pour ce document** (☐ devient ☑). Dans le cas d'un style déjà défini, ouvrez la galerie de styles de tableau depuis l'onglet Accueil, cliquez le style du bouton droit et choisissez **Définir par défaut**.

Si l'un de vos styles personnalisés n'a plus de raison d'être, vous devriez le supprimer pour ne pas encombrer la galerie de styles de tableau. Cliquez l'onglet **Accueil** puis **Mettre sous forme de tableau** pour dérouler la galerie. Cliquez du bouton droit le style personnalisé et choisissez **Supprimer**. Excel retire le style de la galerie et les tableaux qui exploitaient ce style reprennent les mises en forme du style par défaut.

Définissez une combinaison de couleurs personnalisée

Vous personnaliserez davantage la présentation de vos classeurs en définissant une combinaison de couleurs personnelle.

Chaque thème d'Excel comprend une vingtaine de combinaisons de couleurs pour vous permettre d'appliquer facilement des couleurs coordonnées dans vos feuilles. Si vous ne trouvez pas les teintes qui vous plaisent parmi les combinaisons de couleurs, définissez votre propre combinaison. Chaque combinaison se compose de douze couleurs pour le texte, l'arrière-plan, les graphiques et les liens hypertexte. L'astuce page suivante explique à quoi correspondent ces douze couleurs.

Définissez une combinaison de couleurs personnalisée

1. Cliquez l'onglet **Mise en page**.
2. Cliquez **Couleurs**.
3. Cliquez **Personnaliser les couleurs**.

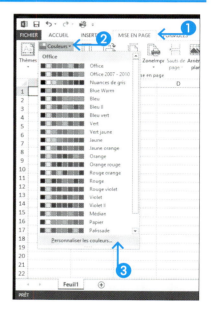

La boîte de dialogue Créer de nouvelles couleurs de thème apparaît.

4. Cliquez la flèche ⌄ de chaque couleur de thème et sélectionnez la nuance à utiliser pour cet élément.

A. La zone Exemple fournit un aperçu de la combinaison de couleurs.

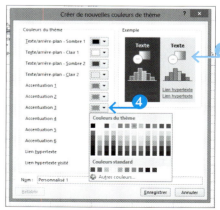

134

CHAPITRE 6
Personnalisez vos documents Excel

5 Tapez un nom pour votre combinaison de couleurs personnalisée.

6 Cliquez **Enregistrer**.

7 Cliquez **Couleurs** ( ).

B Votre combinaison de couleurs est désormais disponible dans la section Personnalisé de la galerie de couleurs de thème.

ASTUCE

Chaque combinaison se compose de douze couleurs qui servent aux éléments suivants :

- Texte/Arrière-plan – Sombre 1 : c'est la couleur de texte sombre qu'Excel utilise lorsque vous choisissez un arrière-plan clair.
- Texte/Arrière-plan – Clair 1 : c'est la couleur de texte claire qu'Excel utilise lorsque vous choisissez un arrière-plan sombre.
- Texte/Arrière-plan – Sombre 2 : c'est la couleur d'arrière-plan sombre qu'Excel utilise lorsque vous choisissez une couleur de texte claire.
- Texte/Arrière-plan – Clair 2 : c'est la couleur d'arrière-plan claire qu'Excel utilise lorsque vous choisissez une couleur de texte sombre.
- Les six couleurs notées Accentuation 1 à Accentuation 6 sont utilisées dans la composition des graphiques.
- Les deux dernières couleurs servent à représenter les liens hypertexte visités et non visités.

Définissez une combinaison de polices personnalisée

Chaque thème d'Excel comprend une vingtaine de combinaisons de polices pour faciliter la coordination des polices dans les feuilles de calcul. Chaque combinaison se compose de deux polices : la *police de titre*, de plus grande taille, et la *police du corps du texte*, plus petite. Il est courant de choisir la même police avec des tailles différentes pour les titres et le reste du texte, mais certaines combinaisons emploient deux polices différentes, comme Cambria pour les titres et Calibri pour le corps. Si aucune des combinaisons de polices ne vous convient, vous définirez la vôtre.

Définissez une combinaison de polices personnalisée

1 Cliquez l'onglet **Mise en page**.

2 Cliquez **Polices** ( ).

3 Cliquez **Personnaliser les polices**.

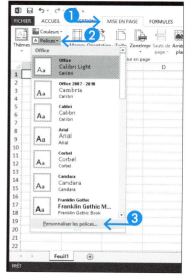

La boîte de dialogue Créer de nouvelles polices de thème apparaît.

4 Cliquez la flèche du menu **Police du titre** et sélectionnez la police à utiliser pour les titres.

5 Cliquez la flèche du menu **Police du corps du texte** et sélectionnez la police à utiliser pour le reste du texte.

A La zone Exemple fournit un aperçu des deux polices.

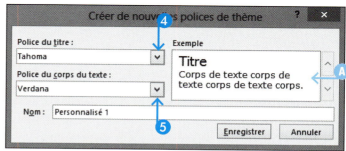

CHAPITRE 6
Personnalisez vos documents Excel

6 Tapez un nom pour votre combinaison de polices personnalisée.

7 Cliquez **Enregistrer**.

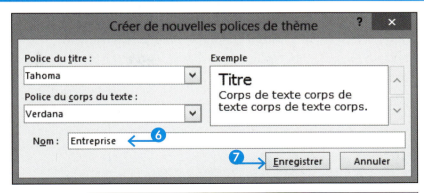

8 Cliquez **Polices**.

B Votre combinaison de polices est désormais disponible dans la section Personnalisé de la galerie de polices du thème.

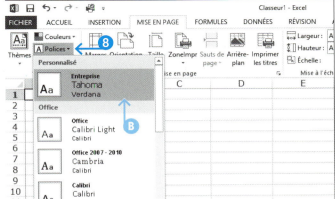

ASTUCES

Il existe une solution plus simple pour définir une nouvelle combinaison de polices. Si Excel propose une combinaison de polices proche de celle que vous voulez, vous l'utiliserez comme point de départ. Dans l'onglet Mise en page, cliquez **Polices** ([A]), puis cliquez la combinaison à utiliser. Cliquez de nouveau **Polices** ([A]) et cliquez **Personnaliser les polices**. La combinaison de polices sélectionnée plus tôt apparaît dans la boîte de dialogue Créer de nouvelles polices de thème.

Si l'une de vos combinaisons de polices n'a plus de raison d'être, vous devriez la supprimer pour éviter d'encombrer la galerie de polices du thème. Cliquez l'onglet **Mise en page** puis **Polices** ([A]) pour dérouler la galerie. Cliquez du bouton droit la combinaison de polices personnalisée, cliquez **Supprimer** puis **Oui** pour confirmer la suppression.

137

Définissez un thème personnalisé

Si aucun des thèmes prédéfinis d'Excel ne fournit les mises en forme dont vous avez besoin, vous pouvez modifier l'un des thèmes en choisissant une autre combinaison de couleurs, de polices ou d'effets. Vous pouvez même créer une combinaison de couleurs et de polices comme l'expliquent les deux précédentes tâches.

Si vous prenez la peine de personnaliser avec précision la mise en forme de votre classeur, vous aurez tout intérêt à enregistrer les attributs du thème pour pouvoir les réappliquer sans effort à partir d'un nouveau thème de classeur.

Définissez un thème personnalisé

① Cliquez l'onglet **Mise en page**.

② Cliquez **Couleurs** (), puis sélectionnez une combinaison de couleurs ou définissez-en une nouvelle.

Note. Pour une information plus détaillée, reportez-vous à la tâche « Définissez une combinaison de couleurs personnalisée ».

③ Cliquez **Polices** (), puis sélectionnez une combinaison de polices ou définissez-en une nouvelle.

Note. Pour une information plus détaillée, reportez-vous à la tâche « Définissez une combinaison de polices personnalisée ».

④ Cliquez **Effets** (), puis sélectionnez la combinaison d'effets à utiliser.

⑤ Cliquez **Thèmes**.

⑥ Cliquez **Enregistrer le thème actif**.

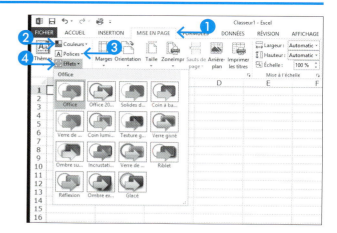

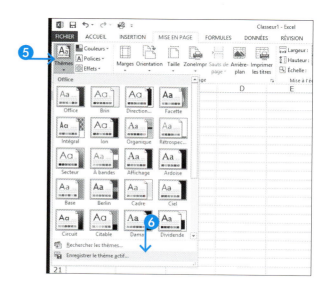

CHAPITRE 6
Personnalisez vos documents Excel

La boîte de dialogue Enregistrer le thème actif apparaît.

7 Tapez un nom pour le fichier du thème personnalisé.

8 Cliquez **Enregistrer**.

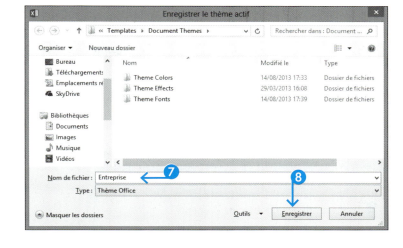

9 Cliquez **Thèmes**.

A Votre thème personnalisé est désormais disponible dans la section Personnalisé de la galerie de thèmes.

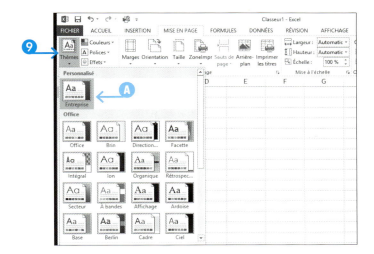

ASTUCES

Il existe une solution plus simple pour créer un nouveau thème personnalisé. S'il existe un thème de classeur approchant vos desiderata, vous gagnerez du temps en le prenant comme point de départ. Dans l'onglet Mise en page, cliquez le bouton **Thèmes** puis cliquez le thème à utiliser. Suivez les instructions des étapes 2 à 7 pour modifier ce thème, puis enregistrez le thème actif dans un fichier.

Si l'un de vos thèmes personnalisés n'a plus de raison d'être, vous devriez le supprimer pour éviter d'encombrer la galerie de thèmes. Cliquez l'onglet **Mise en page** puis le bouton **Thèmes** pour dérouler la galerie. Cliquez du bouton droit le thème personnalisé, cliquez **Supprimer** puis **Oui** pour confirmer la suppression.

Personnalisez la barre d'état d'Excel

Vous rendrez la barre d'état plus utile en la personnalisant de sorte qu'elle présente les informations qui vous sont nécessaires sous une forme plus lisible.

Par exemple, la barre d'état indique si l'arrêt défilement est activé, alors qu'elle n'affiche pas par défaut le verrouillage des majuscules et l'activation du pavé numérique, qui sont pourtant des fonctions plus utiles. De même, vous pourriez choisir d'afficher d'autres calculs dans la barre d'état, comme les valeurs maximale et minimale de la sélection. Et si vous n'utilisez pas le curseur de zoom, vous pouvez le masquer.

Personnalisez la barre d'état d'Excel

1 Cliquez la barre d'état du bouton droit.

A Excel affiche le menu Personnaliser la barre d'état.

B La coche (✓) signale les éléments actuellement configurés pour s'afficher dans la barre d'état.

C La mention présentée à droite indique l'état actuel de l'élément correspondant.

2 Cliquez un élément affiché pour le masquer.

3 Cliquez un élément masqué pour l'afficher.

D Excel retire de la barre d'état l'élément que vous avez choisi de masquer.

E Excel ajoute à la barre d'état l'élément que vous avez choisi d'afficher.

4 Répétez les instructions des étapes **2** et **3** pour continuer de personnaliser la barre d'état.

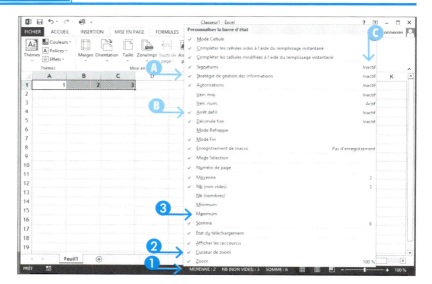

CHAPITRE 6
Réduisez le ruban

Le ruban occupe beaucoup d'espace dans la fenêtre d'Excel, de l'espace qui pourrait autrement servir à présenter les données de la feuille. De plus, le contenu du ruban varie en fonction de l'élément sélectionné dans la feuille (image, graphique ou tableau), ce qui risque de vous distraire.

Pour libérer l'espace de travail et simplifier l'interface, vous pouvez réduire le ruban de sorte qu'il n'affiche que le nom des onglets. Pour accéder aux options du ruban, il suffit de cliquer un onglet et, dès que vous avez sélectionné une commande ou une option, Excel referme automatiquement le ruban.

Réduisez le ruban

1 Cliquez **Réduire le ruban** (⌃).

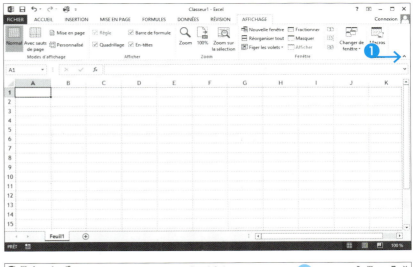

A Excel n'affiche que les onglets du ruban.

2 Pour retrouver le ruban, cliquez un onglet puis **Attacher le ruban** (⚲).

Note. Pour réduire ou attacher le ruban depuis le clavier, appuyez sur `Ctrl` + `F1` ou cliquez le ruban du bouton droit et cliquez **Réduire le ruban**.

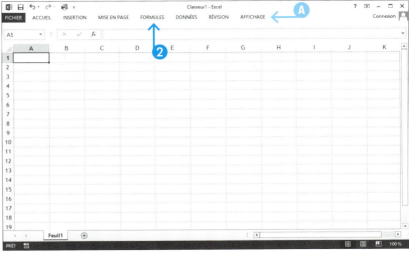

141

CHAPITRE 7

Renforcez la productivité d'Excel

Si vous passez l'essentiel de vos journées à travailler dans Excel, vous pouvez accélérer certaines tâches, ce qui revient à améliorer votre productivité, en rendant Excel plus performant.

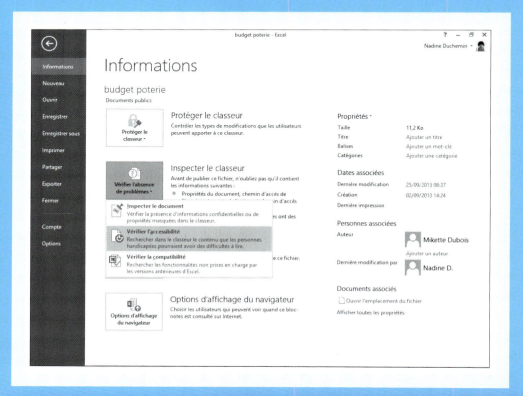

Exportez dans un fichier les personnalisations du ruban . 144
Configurez Excel pour zoomer avec la molette de la souris 146
Choisissez la direction de déplacement commandée par la touche Entrée 148
Insérez automatiquement la virgule décimale 150
Choisissez le seuil d'alerte des traitements longs 152
Accélérez le classeur en l'enregistrant au format binaire . 154
Ouvrez une nouvelle fenêtre pour le classeur 156
Limitez les valeurs possibles dans une cellule 158
Appliquez du texte ou une mise en forme à plusieurs feuilles 160
Utilisez des contrôles de formulaire pour accélérer la saisie. 162
Vérifiez les éventuels problèmes d'accessibilité 166

Exportez dans un fichier les personnalisations du ruban

Il est facile de personnaliser le ruban et la barre d'accès rapide, mais cela prend du temps si vous apportez de nombreux changements. Si vous utilisez Excel sur un autre ordinateur, vous aurez certainement envie d'y retrouver les mêmes personnalisations afin de travailler partout avec la même interface. Pour ce faire, vous pouvez exporter vos personnalisations dans un fichier. Il vous suffit ensuite d'importer le fichier sur l'autre ordinateur, et Excel applique automatiquement les personnalisations définies ailleurs.

Exportez dans un fichier les personnalisations du ruban

❶ Cliquez le ruban du bouton droit.

❷ Cliquez **Personnaliser le ruban**.

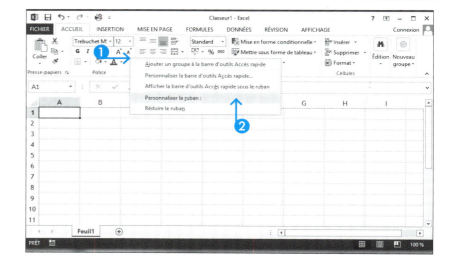

La boîte de dialogue Options Excel apparaît.

🅐 Excel affiche automatiquement le volet Personnaliser le ruban.

❸ Cliquez **Importer/Exporter**.

❹ Cliquez **Exporter toutes les personnalisations**.

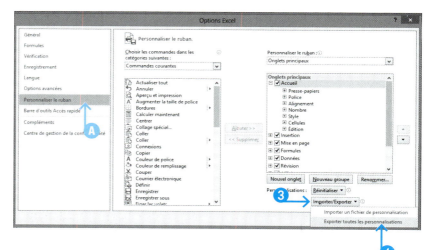

CHAPITRE 7
Renforcez la productivité d'Excel

La boîte de dialogue Enregistrer apparaît.

5 Choisissez un emplacement pour le fichier de personnalisation.

6 Tapez un nom pour le fichier.

7 Cliquez **Enregistrer**.

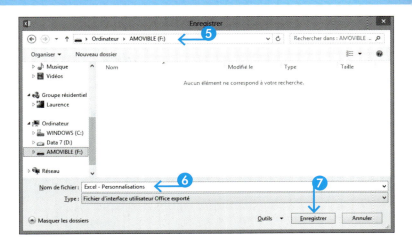

Excel enregistre vos personnalisations dans le fichier.

8 Cliquez **Barre d'outils Accès rapide.**

9 Répétez les instructions des étapes **3** à **7** pour exporter dans un fichier les personnalisations de la barre d'accès rapide.

10 Cliquez **OK**.

Vous pouvez maintenant importer vos personnalisations sur un autre ordinateur selon les instructions de l'astuce ci-dessous.

ASTUCE

Pour disposer des mêmes personnalisations du ruban et de la barre d'accès rapide sur un autre ordinateur, vous devez y importer les fichiers de personnalisations que vous venez de créer en suivant les instructions de cette tâche. Sachez toutefois que l'importation du fichier de personnalisation a pour effet de remplacer la configuration actuelle du ruban avec les éventuelles personnalisations que vous auriez déjà définies.

Sur l'ordinateur à personnaliser, cliquez du bouton droit n'importe où dans le ruban et choisissez **Personnaliser le ruban** pour ouvrir la boîte de dialogue Options Excel sur le volet Personnaliser le ruban. Cliquez **Importer/Exporter** puis **Importer un fichier de personnalisation**. Dans la boîte de dialogue Ouvrir, repérez le fichier de personnalisation et sélectionnez-le avant de cliquer **Ouvrir**. Quand Excel demande confirmation du remplacement de toutes les personnalisations existantes, cliquez **Oui**. Cliquez **Barre d'outils Accès rapide** et répétez ces instructions pour importer les personnalisations de la barre d'accès rapide.

Configurez Excel pour zoomer avec la molette de la souris

Il est souvent nécessaire de changer le grossissement dans une feuille de calcul. Vous pourriez effectuer un zoom arrière pour avoir une vue générale de la structure du document ou un zoom avant sur une portion précise pour y travailler.

Vous disposez de deux méthodes pour changer le facteur de zoom : au moyen des boutons du groupe Zoom dans l'onglet Affichage ou à l'aide du curseur de zoom dans la barre d'état. Ces techniques conviennent très bien si vous ne changez le zoom qu'occasionnellement, mais si vous y recourez souvent, vous aurez intérêt à configurer Excel pour zoomer avec la molette de la souris.

Configurez Excel pour zoomer avec la molette de la souris

① Cliquez l'onglet **Fichier**.

② Cliquez **Options**.

146

CHAPITRE 7
Renforcez la productivité d'Excel

La boîte de dialogue Options Excel apparaît.

❸ Cliquez **Options avancées**.

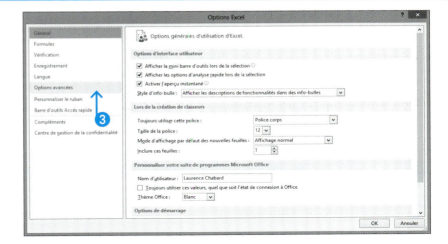

❹ Cochez la case de l'option **Zoom avec la roulette IntelliMouse** (☐ devient ☑).

Note. L'intitulé de l'option mentionne la souris IntelliMouse de Microsoft, mais la fonction marche avec toutes les souris dotées d'une molette centrale.

❺ Cliquez **OK**.

Vous pouvez maintenant grossir et réduire l'affichage du document en manipulant la molette de votre souris.

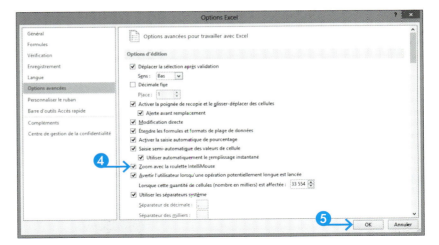

ASTUCES

Si l'option **Zoom avec la roulette IntelliMouse** est activée ((☑), vous grossissez l'affichage en poussant la molette vers l'avant et le réduisez en la faisant tourner vers l'arrière. Dans les deux sens, le facteur de zoom change par incrément de 15 % chaque fois que vous actionnez la molette.

Quand l'option **Zoom avec la roulette IntelliMouse** est désactivée (☐), la molette de la souris a pour effet de faire défiler le document vers le haut ou vers le bas. Cette technique reste disponible même quand le zoom avec la molette est activée à condition que vous appuyiez sur la touche `Ctrl` pendant que vous actionnez la molette pour faire défiler le document.

Choisissez la direction de déplacement commandée par la touche Entrée

Vous aurez parfois besoin de saisir un grand volume de données dans une rangée, en vous déplaçant de gauche à droite ou de droite à gauche, ou dans une colonne en procédant de haut en bas ou de bas en haut. Vous pouvez atteindre la cellule suivante à l'aide des touches de direction, mais la touche **Entrée** étant beaucoup plus grande, son emploi est plus rapide et plus sûr. Sachez qu'il est possible de configurer Excel pour déplacer la sélection dans la direction de votre choix lorsque vous appuyez sur **Entrée**.

Choisissez la direction de déplacement commandée par la touche Entrée

1 Cliquez l'onglet **Fichier**.

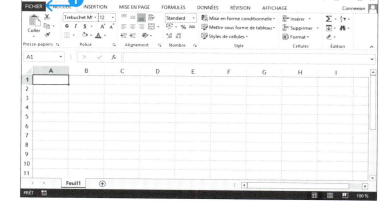

2 Cliquez **Options**.

CHAPITRE 7
Renforcez la productivité d'Excel

La boîte de dialogue Options Excel apparaît.

❸ Cliquez **Options avancées**.

❹ Vérifiez que l'option **Déplacer la sélection après validation** est bien cochée (☑).

❺ Cliquez le menu **Sens** et choisissez la direction dans laquelle déplacer la sélection lorsque vous appuyez sur Entrée.

❻ Cliquez **OK**.

Désormais, quand vous appuyez sur Entrée pour valider la saisie dans une cellule, Excel déplace la sélection dans la direction que vous avez choisie.

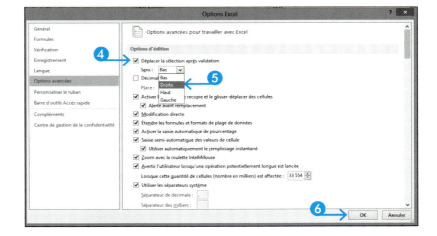

ASTUCE

Si vous n'avez qu'un faible volume de données à saisir, ne perdez pas votre temps à changer la configuration d'Excel pour choisir le sens de déplacement commandé par la touche Entrée. Servez-vous plutôt des touches de direction pour forcer l'activation de la cellule voisine dans la direction qui vous convient. Si vous entrez les données dans une rangée en procédant de gauche à droite, appuyez sur → après la saisie d'une cellule pour passer à la cellule de droite. De même, appuyez sur ← pour déplacer la sélection sur la cellule de gauche ou sur ↑ pour la déplacer d'une cellule vers le haut.

Insérez automatiquement la virgule décimale

Lors de la saisie de certains types de données, vous aurez constamment besoin de placer la virgule décimale au même endroit. C'est notamment le cas avec les nombres qui représentent des valeurs monétaires, car ils comprennent toujours deux chiffres après la virgule.

Pour accélérer la saisie en comptabilité, pensez à configurer Excel pour insérer la virgule décimale automatiquement. Ainsi, si vous commandez à Excel de formater les nombres avec deux chiffres derrière la virgule, quand vous tapez un nombre comme 123456, Excel affiche directement 1234,56 sans que vous n'ayez besoin de taper la virgule décimale.

Insérez automatiquement la virgule décimale

1 Cliquez l'onglet **Fichier**.

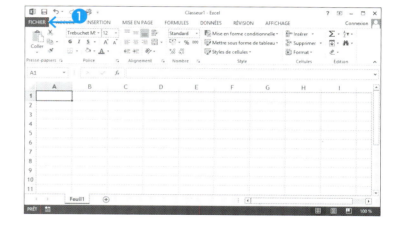

2 Cliquez **Options**.

150

CHAPITRE 7
Renforcez la productivité d'Excel

La boîte de dialogue Options Excel apparaît.

3 Cliquez **Options avancées**.

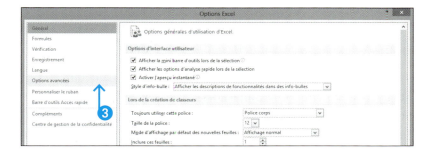

4 Cochez l'option **Décimale fixe** (☐ devient ☑).

5 Servez-vous du champ **Place** pour définir le nombre de chiffres après la virgule.

6 Cliquez **OK**.

Désormais, quand vous tapez des nombres, Excel insère automatiquement la virgule avec le nombre de décimales spécifié.

Note. Quand cette option est activée, la barre d'état affiche la mention DÉCIMALE FIXE pour vous signaler que la virgule décimale sera automatiquement insérée.

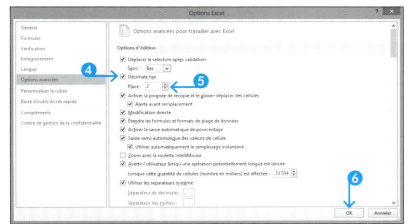

ASTUCES

Vous remarquerez que, même avec l'option Décimale fixe, Excel continue d'éliminer les zéros à la fin des nombres saisis. Par exemple, si vous avez défini la décimale fixe avec deux décimales et tapez 12340 dans une cellule, Excel affiche 123,4 dans la cellule. Si vous voulez toujours voir deux décimales, soit 123,40 dans cet exemple, vous devez formater la cellule avec un format adéquat comme Nombre ou Monétaire.

Pour qu'Excel affiche toujours plus de deux décimales quand vous choisissez un nombre de décimales supérieur à 2 pour l'option Décimale fixe, il faut formater les cellules avec un format de nombre personnalisé, comme cela est décrit au chapitre 6. À titre d'exemple, le format 0,000 affiche toujours trois chiffres après la virgule.

Choisissez le seuil d'alerte des traitements longs

Pour éviter de perdre du temps à attendre la fin d'une longue opération de recalcul du classeur, vous pouvez configurer Excel de manière qu'il émette une alerte avant l'exécution d'un traitement qui risque de s'éterniser.

Dans une feuille de calcul très volumineuse qui contient de nombreuses formules dépendantes les unes des autres, le nombre d'opérations impliquées dans le recalcul de la feuille est parfois phénoménal. Lorsque le nombre de cellules impliquées dans le calcul est supérieur à 33 554 000, Excel vous avertit que le traitement risque de prendre du temps. Vous pouvez configurer cette alerte pour définir un seuil plus bas ou plus élevé.

Choisissez le seuil d'alerte des traitements longs

1 Cliquez l'onglet **Fichier**.

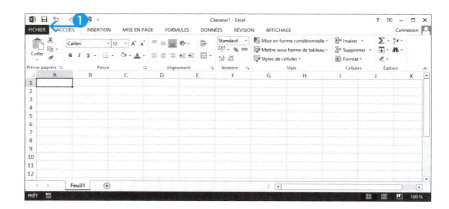

2 Cliquez **Options**.

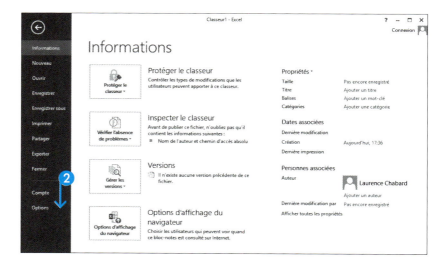

CHAPITRE 7
Renforcez la productivité d'Excel

La boîte de dialogue Options Excel apparaît.

3 Cliquez **Options avancées**.

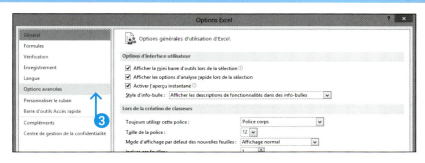

4 Vérifiez que l'option **Avertir l'utilisateur lorsqu'une opération potentiellement longue est lancée** est cochée (☑).

5 Servez-vous du champ **Lorsque cette quantité de cellules (nombre en milliers) est affectée** pour définir le seuil d'alerte de traitement long.

6 Cliquez **OK**.

Désormais, vous recevrez un message d'alerte lorsque le nombre de cellules impliquées dans le recalcul sera égal ou supérieur au nombre que vous avez spécifié.

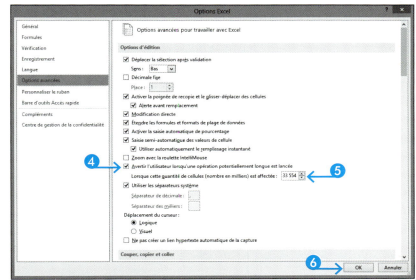

ASTUCES

Vous pouvez définir le seuil d'alerte à 1 000 cellules en spécifiant la valeur 1, mais il est déconseillé de définir un seuil aussi bas car vous seriez fréquemment submergé d'alertes. À moins d'avoir un vieil ordinateur très lent, vous choisirez au minimum un seuil de dix millions d'opérations (avec la valeur 10 000). La valeur maximale que vous pouvez spécifier pour cette option est 999 999 999.

Si vous avez un ordinateur rapide avec beaucoup de mémoire, Excel devrait pouvoir traiter presque tous les calculs courants sans avoir besoin d'émettre d'alerte. Dans ce cas, vous pouvez désactiver l'émission d'alerte en suivant les instructions des étapes 1 à 3 puis en retirant la coche de l'option **Avertir l'utilisateur lorsqu'une opération potentiellement longue est lancée** (☑ devient ☐).

153

Accélérez le classeur en l'enregistrant au format binaire

Si vous avez un classeur Excel très volumineux ou très complexe, vous pourrez l'ouvrir et l'enregistrer plus vite si vous le convertissez au format de fichier binaire.

Dans le cas d'un classeur de structure complexe ou qui contient des milliers de lignes ou des centaines de colonnes, le format de fichier standard d'Excel produit un fichier long à ouvrir et à enregistrer. Pour améliorer les performances d'un tel fichier, vous pouvez le convertir au format Classeur Excel binaire, qui exploite un code spécial qu'Excel peut interpréter et enregistrer plus rapidement.

Accélérez le classeur en l'enregistrant au format binaire

① Ouvrez le classeur à convertir.

② Cliquez l'onglet **Fichier**.

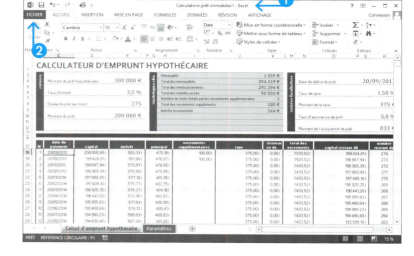

③ Cliquez **Enregistrer sous**.

④ Cliquez **Ordinateur**.

⑤ Cliquez **Parcourir**.

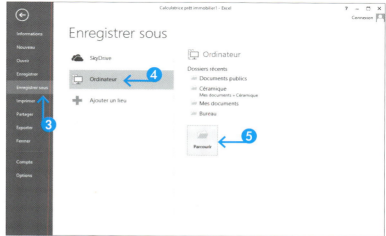

154

CHAPITRE 7
Renforcez la productivité d'Excel

La boîte de dialogue Enregistrer sous apparaît.

6 Choisissez le dossier où placer le classeur converti.

7 Tapez un nom pour le fichier du classeur converti.

Note. Comme le classeur converti portera une autre extension (.xlsb), il n'est pas nécessaire de changer son nom si vous le laissez dans le même dossier que l'original.

8 Cliquez le menu **Type**.

9 Cliquez **Classeur Excel binaire**.

10 Cliquez **Enregistrer**.

Excel enregistre un nouveau fichier dans le format Classeur Excel binaire.

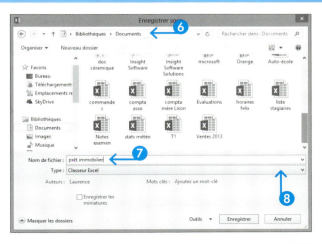

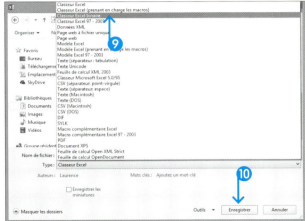

ASTUCES

Le format Classeur Excel binaire est compatible uniquement avec les versions Excel 2013, 2010 et 2007, vous ne pouvez donc pas ouvrir les fichiers de ce format dans une version antérieure d'Excel. Pour accélérer les performances du fichier tout en maintenant la compatibilité avec d'anciennes versions d'Excel, enregistrez-le au format Classeur 97-2003. Ce format binaire est compatible avec Excel 97 et les versions ultérieures.

Vous ne pouvez pas enregistrer le classeur au format binaire s'il contient des macros (voir chapitre 25). Auquel cas, vous choisirez le format Classeur Excel (prenant en charge les macros). Mis à part le traitement plus rapide lors de l'ouverture et de l'enregistrement, il n'y a pas de différence entre le format spécial macro et le format binaire. Les deux formats prennent en charge les mêmes fonctions, produisent des fichiers de tailles équivalentes et se comportent de façon identique une fois les fichiers chargés dans Excel.

Ouvrez une nouvelle fenêtre pour le classeur

Pendant la construction d'une feuille de calcul, vous avez souvent besoin de vous référer à des données déjà saisies. Par exemple, quand vous composez une formule, vous devez faire référence à des cellules précises. Dans le cas d'une feuille très volumineuse qui ne s'affiche pas entièrement à l'écran, les données auxquelles faire référence ne sont pas forcément visibles, ce qui vous oblige à défiler dans la feuille. Une autre solution consiste à ouvrir une deuxième fenêtre pour le classeur et juxtaposer les deux fenêtres à l'écran (verticalement ou horizontalement). Ainsi, vous affichez d'un côté la portion sur laquelle vous travaillez et de l'autre côté la portion dans laquelle vous vérifiez les références.

Ouvrez le classeur dans une deuxième fenêtre

1. Ouvrez le classeur dans lequel vous allez travailler.
2. Cliquez l'onglet **Affichage**.
3. Cliquez **Nouvelle fenêtre** ( ).

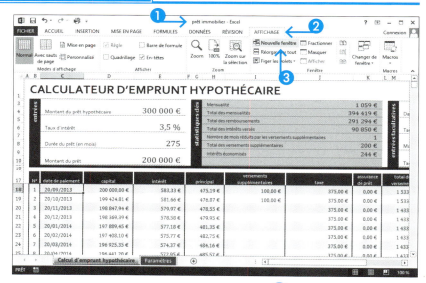

Juxtaposez les fenêtres du classeur

A. Excel ouvre une deuxième fenêtre pour le classeur et ajoute le numéro 2 à son titre.

B. Le numéro 1 s'ajoute aussi au titre de la première fenêtre.

4. Cliquez l'onglet **Affichage**.
5. Cliquez **Réorganiser tout** ( ).

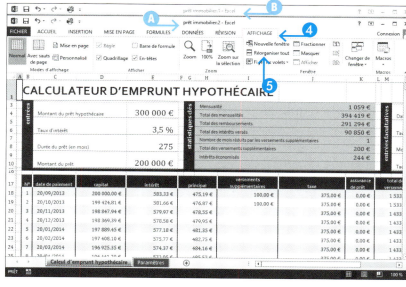

CHAPITRE 7
Renforcez la productivité d'Excel

La boîte de dialogue Réorganiser apparaît.

6 Cliquez l'option **Horizontal** pour l'activer (○ devient ⦿).

C Si la feuille comprend peu de colonnes, préférez la juxtaposition verticale en activant l'option **Vertical** (○ devient ⦿).

7 Cochez l'option **Fenêtre du classeur actif** (☐ devient ☑).

8 Cliquez **OK**.

Excel juxtapose les fenêtres.

9 Lorsque vous n'avez plus besoin de la deuxième fenêtre, cliquez **Fermer** (✕) pour garder à l'écran une seule fenêtre du classeur.

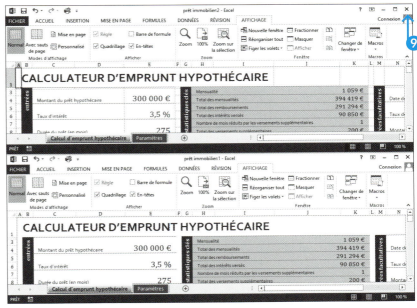

ASTUCES

Si les cellules à vérifier se trouvent dans les premières lignes ou premières colonnes, il est plus simple de diviser la feuille en deux volets au lieu de juxtaposer deux fenêtres du classeur. Voyez le chapitre 10 pour apprendre à diviser le document en deux volets.

Si vous utilisez une deuxième fenêtre pour vérifier le contenu d'une cellule particulière dans une autre portion de la feuille, il existe une autre méthode avec la fonction de fenêtre espion. La fenêtre espion sert à vérifier la valeur actuelle d'une ou plusieurs cellules. Vous en saurez plus au chapitre 9.

Limitez les valeurs possibles dans une cellule

Vous constaterez que certaines cellules acceptent seulement un type de données dans une plage de valeurs déterminée. Par exemple, la cellule où figure le nombre de mensualités d'un prêt immobilier pourrait prendre comme valeur un nombre entier compris entre 50 et 250.

Pour éviter les erreurs de saisie, vous pouvez définir un critère de validation qui spécifie la valeur ou plage de valeurs autorisée dans une cellule. La validation peut porter sur des nombres, des dates, des heures et même une longueur de texte. Il est possible de spécifier un critère égale à une valeur précise ou compris entre deux valeurs, par exemple. Vous pourriez également indiquer à l'utilisateur le type de données attendu en ajoutant un message qui apparaît lorsque la cellule est activée.

Limitez les valeurs possibles dans une cellule

1 Cliquez la cellule à limiter.

2 Cliquez l'onglet **Données**.

3 Cliquez **Validation des données** ( ).

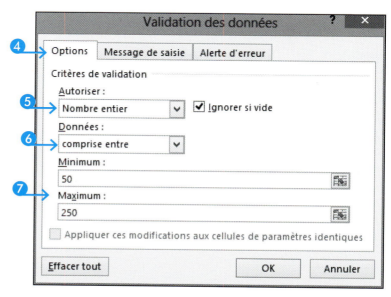

La boîte de dialogue Validation des données apparaît.

4 Cliquez l'onglet **Options**.

5 Cliquez le menu **Autoriser** et sélectionnez le type de données à autoriser dans la cellule.

6 Cliquez le menu **Données** et sélectionnez l'opérateur qui sert à définir le critère de validation.

7 Spécifiez le critère de validation, comme les valeurs Minimum et Maximum dans cet exemple.

Note. Les critères à définir dépendent de l'opérateur sélectionné à l'étape 6.

158

CHAPITRE 7

Renforcez la productivité d'Excel

⑧ Cliquez l'onglet **Message de saisie**.

⑨ Vérifiez que l'option **Quand la cellule est activée** est cochée (☑).

⑩ Tapez le titre du message.

⑪ Tapez le texte du message à afficher.

⑫ Cliquez **OK**.

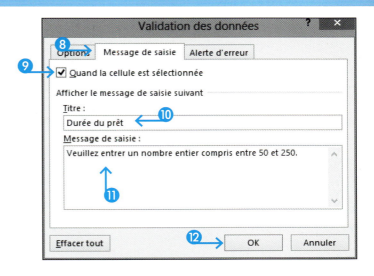

Ⓐ Quand la cellule est sélectionnée, le message de saisie apparaît.

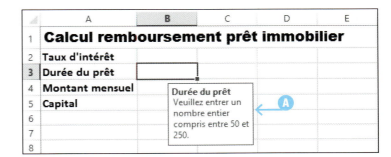

ASTUCES

Il est possible d'afficher un message d'erreur lorsque l'utilisateur tente de saisir une valeur non permise dans une cellule. Suivez les instructions des étapes **1** à **3** pour ouvrir la boîte de dialogue Validation des données et cliquez l'onglet **Alerte d'erreur**. Assurez-vous que l'option **Quand des données non valides sont tapées** est cochée (☑), puis spécifiez les options **Style**, **Titre** et **Message d'erreur**.

Si la validation d'une cellule devient inutile, vous devriez l'éliminer. Suivez les instructions des étapes **1** à **3** pour ouvrir la boîte de dialogue Validation des données, puis cliquez le bouton **Effacer tout**. Excel efface tous les critères de validation, ainsi que le message de saisie et le message d'alerte. Cliquez **OK**.

Appliquez du texte ou une mise en forme à plusieurs feuilles

Pour obtenir une deuxième feuille avec le même texte et la même mise en forme, vous pouvez remplir la première feuille, copier la plage à recopier et la coller dans l'autre feuille. Pour copier une plage dans plusieurs feuilles, il existe une solution plus rapide. Vous pouvez rassembler toutes les feuilles en un *groupe* qu'Excel va traiter comme s'il s'agissait d'une seule feuille.
Ainsi, tout ce que vous saisissez dans une feuille est automatiquement inséré au même endroit dans toutes les autres feuilles du groupe. Il en est de même pour les attributs de mise en forme : ils s'appliquent au groupe entier.

Appliquez du texte ou une mise en forme à plusieurs feuilles

1 Cliquez l'onglet de la première feuille à inclure au groupe.

2 Maintenez enfoncée la touche **Ctrl**.

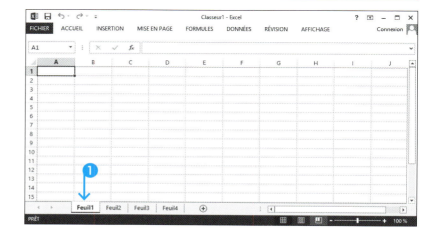

3 Cliquez l'onglet de la deuxième feuille à inclure au groupe.

A Excel affiche la mention [Groupe de travail] dans la barre de titre pour signaler que les feuilles sont associées en un groupe.

Note. Si vous sélectionnez une feuille par erreur, cliquez de nouveau son onglet pour la retirer du groupe.

4 Répétez l'étape 3 pour chaque feuille à inclure au groupe.

5 Relâchez la touche **Ctrl**.

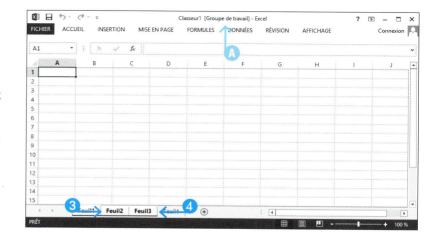

CHAPITRE 7
Renforcez la productivité d'Excel

6 Tapez le texte et les autres données que vous voulez afficher dans les feuilles du groupe.

7 Définissez la mise en forme que vous voulez appliquer aux feuilles du groupe.

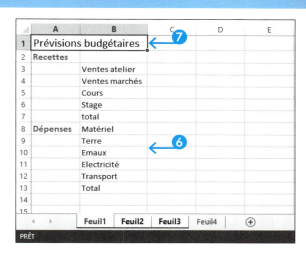

8 Cliquez l'onglet de l'une des feuilles du groupe.

B Les données et la mise en forme que vous avez ajoutées dans la feuille apparaissent également dans les autres feuilles du groupe.

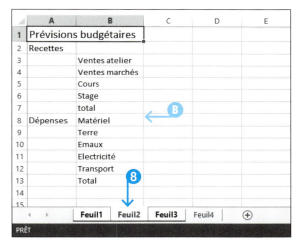

ASTUCES

Si vous avez un grand nombre de feuilles à grouper, au lieu de cliquer les onglets un à un, la sélection sera plus rapide si vous cliquez du bouton droit l'une des feuilles et choisissez **Sélectionner toutes les feuilles**. Autrement, cliquez le premier onglet du groupe à former, maintenez enfoncée la touche Maj et cliquez l'onglet de la dernière feuille à inclure.

Pour retirer une feuille du groupe, cliquez son onglet en appuyant sur Ctrl. Pour défaire le groupe, cliquez l'onglet d'une feuille qui ne fait pas partie du groupe ou cliquez du bouton droit l'un des onglets du groupe et choisissez **Dissocier les feuilles**.

Utilisez des contrôles de formulaire pour accélérer la saisie

L'ajout de contrôles de formulaire permet d'accélérer la saisie et de limiter les erreurs de saisie. Ces contrôles sont des cases à cocher et des listes de sélection, comme dans les boîtes de dialogue.

L'emploi des contrôles de formulaires réduit l'ampleur de la saisie. Par exemple, au lieu de taper Oui ou Non dans une cellule, l'opérateur de saisie se contente de cocher ou décocher une case. De même, la présence d'une liste de valeurs possibles permet de sélectionner une valeur au lieu de mémoriser les entrées possibles dans la cellule.

Insérez un contrôle de formulaire dans une feuille

1 Cliquez l'onglet **Développeur**.

Note. Voyez l'astuce page suivante pour voir comment afficher l'onglet Développeur.

2 Cliquez **Insérer**.

3 Cliquez le contrôle à insérer.

A Choisissez un contrôle de la section Contrôles de formulaire de la galerie Insérer.

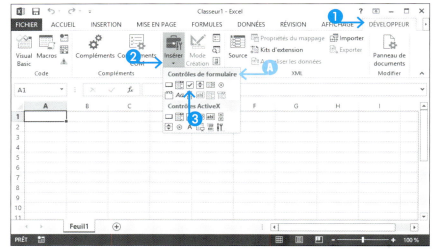

4 Faites glisser le pointeur dans la feuille à l'emplacement où le contrôle doit apparaître.

Le pointeur ✛ se transforme en +.

B Excel affiche le contour du contrôle pendant que vous faites glisser le pointeur.

5 Relâchez la souris quand la taille et la forme du contrôle vous conviennent.

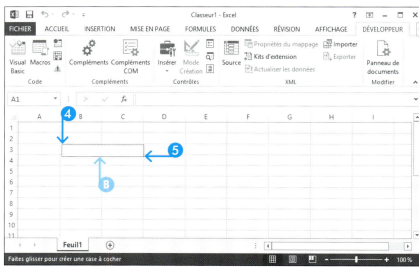

162

CHAPITRE 7
Renforcez la productivité d'Excel

C Excel ajoute le contrôle dans la feuille.

6 Si le contrôle porte un libellé, cliquez le libellé du bouton droit.

7 Cliquez **Modifier le texte**.

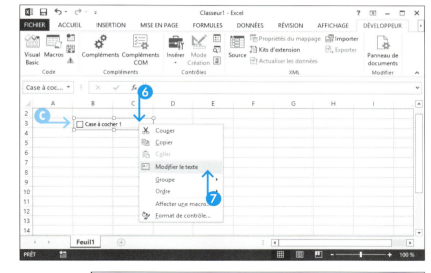

Excel place le point d'insertion au début du texte du libellé pour autoriser sa modification.

8 Tapez un nom pour le contrôle.

9 Cliquez en dehors du contrôle.

Les poignées de sélection du contrôle disparaissent.

Note. Pour activer les poignées de sélection ultérieurement, appuyez sur Ctrl pendant que vous cliquez le contrôle dans la feuille.

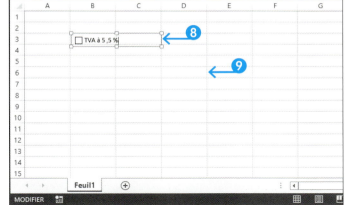

ASTUCES

Pour insérer des contrôles de formulaire dans une feuille, vous devez d'abord ajouter l'onglet Développeur au ruban. Cliquez le ruban du bouton droit et choisissez **Personnaliser le ruban**. La boîte de dialogue Options Excel s'ouvre sur le volet Personnaliser le ruban. Dans la liste Onglets principaux, cochez la case **Développeur** (☐ devient ☑). Cliquez **OK**.

Excel propose plusieurs techniques pour vous aider à positionner précisément les contrôles de formulaire. Pendant que vous faites glisser le pointeur pour insérer un contrôle, son contour s'aligne sur le bord des cellules si vous appuyez sur Alt. Vous obtiendrez un contrôle de forme carrée si vous appuyez sur Maj pendant l'insertion. Pour centrer le contrôle sur le point où vous commencez à faire glisser le pointeur, appuyez sur Ctrl pendant le mouvement.

suite ▶

Utilisez des contrôles de formulaire pour accélérer la saisie (suite)

Pour rendre un contrôle de formulaire fonctionnel, vous devez le lier à une cellule de la feuille de calcul. Lorsque l'utilisateur modifie l'état ou la valeur du contrôle, le changement se répercute dans la cellule liée.

La valeur visible dans la cellule liée dépend du type de contrôle. Une case à cocher insère la valeur VRAI lorsqu'elle est cochée et la valeur FAUX quand l'utilisateur retire la coche. Les boutons d'options retournent le nombre associé à l'option sélectionnée : le premier bouton renvoie 1, le deuxième 2, et ainsi de suite. Les barres de défilement et les toupies retournent une plage de valeurs que vous spécifiez.

Liez un contrôle à une cellule de la feuille

1 Cliquez le contrôle du bouton droit.

2 Cliquez **Format de contrôle**.

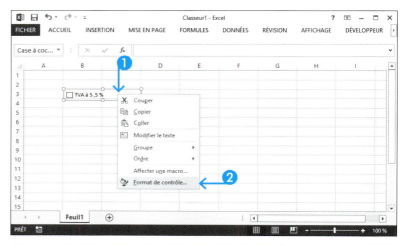

La boîte de dialogue Format de contrôle s'ouvre sur l'onglet Contrôle.

3 Cliquez dans le champ **Cellule liée**.

4 Cliquez la cellule qui servira à héberger la valeur du contrôle.

A Excel insère l'adresse de la cellule dans le champ Cellule liée.

5 Cliquez **OK**.

Quand l'utilisateur change la valeur du contrôle, la nouvelle valeur apparaît dans la cellule liée.

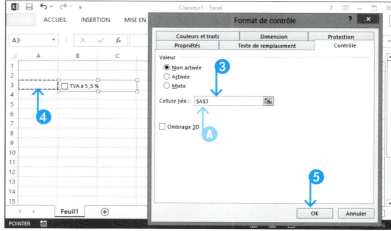

CHAPITRE 7
Renforcez la productivité d'Excel

Spécifiez les valeurs d'une liste

1. Insérez les éléments de la liste déroulante dans la feuille.

2. Insérez un contrôle de zone de liste ou zone de liste déroulante et cliquez-le du bouton droit.

3. Cliquez **Format de contrôle**.

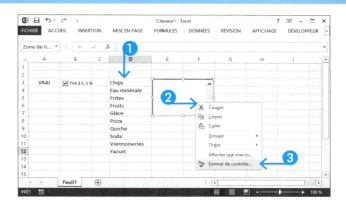

La boîte de dialogue Format de contrôle apparaît.

4. Cliquez dans le champ **Plage d'entrée**.

5. Sélectionnez les valeurs de la liste dans la feuille.

B. Excel insère l'adresse de la plage.

6. Cliquez **OK**.

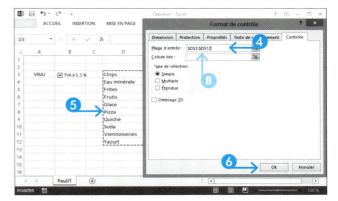

C. La liste présente les valeurs de la plage d'entrée.

ASTUCES

Pour spécifier la plage de valeurs d'un contrôle de type barre de défilement ou toupie, cliquez le contrôle du bouton droit et choisissez **Format de contrôle**. Dans l'onglet **Contrôle** de la boîte de dialogue Format de contrôle, utilisez les champs **Valeur minimale** et **Valeur maximale** pour spécifier la plage. Le champ **Changement de pas** sert à définir l'incrément commandé par un clic sur les flèches de défilement ou de la toupie.

Quand vous cliquez un élément d'une zone de liste, c'est la position de l'élément dans la liste qui apparaît dans la cellule liée. Pour afficher l'intitulé de l'élément au lieu de son numéro, vous devez ajouter à la cellule la formule suivante :

= INDEX(*plage_entrée, cellule_liée*)

Remplacez *plage_entrée* par l'adresse de la plage qui contient les valeurs de la liste et *cellule_liée* par l'adresse de la cellule liée au contrôle.

165

Vérifiez les éventuels problèmes d'accessibilité

Les classeurs qui paraissent ordinaires à la plupart des gens peuvent poser problème aux personnes présentant certaines déficiences. Par exemple, une personne malvoyante aura du mal à voir les images, graphiques et autres éléments de nature non textuelle. De même, une personne avec une déficience physique pourrait avoir du mal à se déplacer dans le classeur.

Si votre classeur a des chances d'être utilisé par des personnes déficientes, vous devrez vérifier qu'il ne présente pas de problèmes d'accessibilité qui le rendraient difficile à lire et à parcourir. Pour ce faire, vous disposez du volet Vérificateur d'accessibilité.

Vérifiez les éventuels problèmes d'accessibilité

❶ Ouvrez le classeur à vérifier.

❷ Cliquez l'onglet **Fichier**.

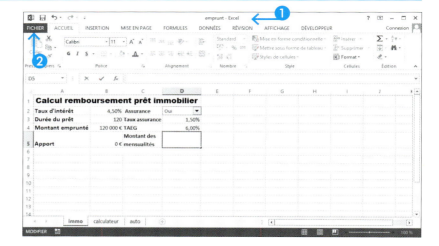

❸ Cliquez **Informations**.

❹ Cliquez **Vérifier l'absence de problèmes**.

❺ Cliquez **Vérifier l'accessibilité**.

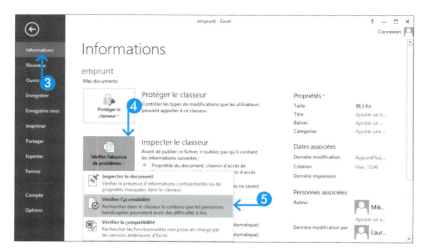

CHAPITRE 7

Renforcez la productivité d'Excel

A Excel affiche le volet **Vérificateur d'accessibilité**.

6 Cliquez un élément de la liste **Résultats de l'inspection**.

B La section **Informations complémentaires** explique pourquoi le problème détecté devrait être corrigé et vous indique comment procéder.

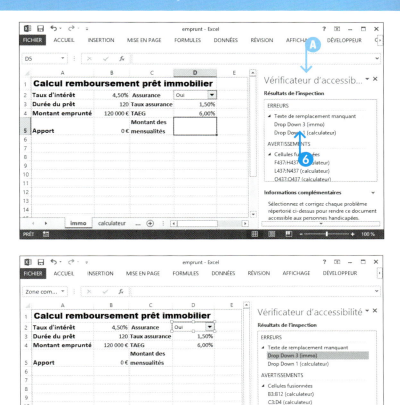

ASTUCE

Ces quelques recommandations vous aideront à composer des feuilles de calcul plus faciles d'accès pour les personnes déficientes :

- Insérez le plus de titres possible pour annoter la feuille et faciliter ainsi la compréhension de sa structure. Il importe que chaque colonne et chaque rangée soit dotée d'un titre descriptif.
- Évitez d'insérer des rangées ou des colonnes vides. L'espace vide permet d'aérer la présentation du document, mais les personnes déficientes navigueront plus facilement dans une feuille sans espace vide ou avec très peu de vide.
- Définissez le maximum de noms de plages pour faciliter les déplacements dans la feuille avec la commande Atteindre.

CHAPITRE 8

Exploitez les formules et les fonctions

En composant vos propres formules, vous pourrez créer des feuilles de calcul capables d'effectuer des opérations sophistiquées. Ce chapitre consacré aux formules vous apprend à composer des formules et y intégrer des fonctions.

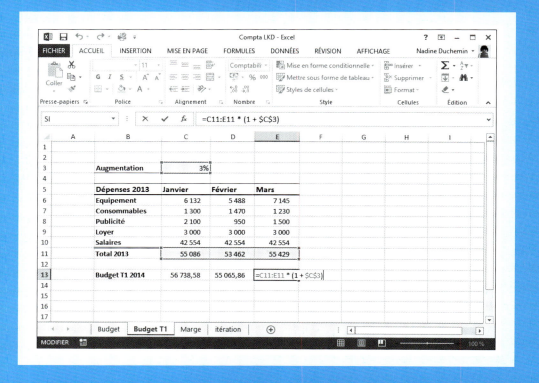

Découvrez les formules. 170
Composez une formule 172
Découvrez les fonctions 174
Utilisez une fonction dans une formule 176
Additionnez une ligne ou une colonne 178
Effectuez une somme automatique 180
Employez un nom de plage dans une formule 182
Utilisez une plage d'une autre feuille dans une formule . 184
Déplacez ou copiez une formule 186
Exploitez des références absolues. 188
Masquez la barre de formule ou réduisez le ruban 190

Découvrez les formules

Un classeur sert à contenir du texte, des nombres, des dates et d'autres données, mais aussi à analyser des données et à effectuer des calculs. Aussi, pour exploiter Excel de manière optimale, vous devez savoir employer des formules.

Pour créer des formules fonctionnelles qui fournissent le bon résultat, vous devez connaître ses composantes : opérateurs et opérandes. Vous devez aussi comprendre les formules arithmétiques et les formules de comparaison, et connaître l'ordre dans lequel Excel interprète les opérateurs d'une formule.

Formules

Une *formule* est un ensemble de symboles et de valeurs qui effectuent un calcul afin de fournir un résultat. Toutes les formules dans Excel ont la même structure générale : un signe égale (=) suivi d'un ou de plusieurs opérandes et opérateurs. Le signe égale indique à Excel d'interpréter le reste du contenu de la cellule comme une formule. Par exemple, quand vous tapez **=5+8** dans une cellule, Excel interprète les caractères 5+8 comme une formule et affiche le résultat (13) dans la cellule.

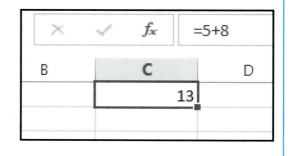

Opérandes

Dans Excel, toute formule comprend au moins un *opérande*, qui est la donnée utilisée par Excel dans le calcul. Le type d'opérande le plus simple est une constante, généralement un nombre. Toutefois, la plupart des formules dans Excel utilisent des références aux données de la feuille de calcul, qui peuvent être une adresse de cellule comme B1, une adresse de plage comme B1:B5 ou un nom de plage. Une fonction Excel peut aussi servir d'opérande.

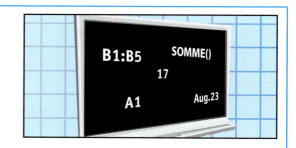

Opérateurs

Dans une formule contenant plusieurs opérandes, chacun d'eux est séparé des autres par un *opérateur* qui est un symbole indiquant la manière, généralement mathématique, de combiner les opérandes. Un opérateur peut être, par exemple, le symbole de multiplication (*) ou le signe plus (+), comme dans la formule =B1+B2 qui additionne les valeurs des cellules B1 et B2.

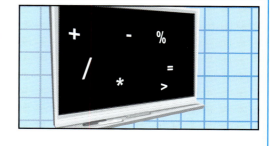

CHAPITRE 8

Exploitez les formules et les fonctions

Formules arithmétiques

Une formule arithmétique combine des opérandes numériques – constantes numériques, fonctions renvoyant un résultat numérique et champs ou éléments contenant des valeurs numériques – et des opérateurs mathématiques pour effectuer un calcul. Comme les feuilles de calcul Excel sont surtout utilisées avec des données numériques, les formules arithmétiques sont de loin les formules les plus courantes. Le tableau ci-après présente les sept opérateurs arithmétiques servant à construire des formules arithmétiques.

Opérateur	Nom	Exemple	Résultat
+	Addition	=10+5	15
–	Soustraction	=10–5	5
–	Négation	=–10	–10
*	Multiplication	=10*5	50
/	Division	=10/5	2
%	Pourcentage	=10%	0,1
^	Puissance	=10^5	100 000

Formules de comparaison

Une *formule de comparaison* combine des opérandes numériques – constantes numériques, fonctions renvoyant un résultat numérique et champs ou éléments contenant des valeurs numériques – avec des opérateurs spéciaux afin de comparer des opérandes. Une formule de comparaison renvoie toujours un résultat logique, c'est-à-dire que si le résultat est vrai, la formule renvoie 1, l'équivalent de la valeur logique VRAI, et si la comparaison est fausse, la formule renvoie la valeur 0, l'équivalent de la valeur logique FAUX. Le tableau ci-après présente les six opérateurs permettant de construire des formules de comparaison.

Opérateur	Nom	Exemple	Résultat
=	Égal à	=10=5	0
<	Inférieur à	=10<5	0
<=	Inférieur ou égal à	=10<= 5	0
>	Supérieur à	=10>5	1
>=	Supérieur ou égal à	=10>=5	1
< >	Différent de	=10< >5	1

Préséance des opérateurs

Les formules comprennent généralement plusieurs opérandes et opérateurs. Dans la plupart des cas, l'ordre dans lequel Excel exécute les opérations est capital. Examinez, par exemple, la formule =3+5^2. Si vous calculez de gauche à droite, vous obtenez 64 (3+5 égale 8 et 8^2 égale 64). Mais si vous exécutez la puissance avant l'addition, le résultat est 28 (5^2 égale 25 et 3+25 égale 28). Le résultat d'une formule peut donc varier selon l'ordre dans lequel les opérations sont exécutées. Pour résoudre ce problème, Excel évalue une formule d'après l'ordre de priorité des opérateurs, appelé *ordre de préséance*.

Opérateur	Opération	Priorité
( )	Parenthèses	1er
–	Négation	2e
%	Pourcentage	3e
^	Puissance	4e
* et /	Multiplication et division	5e
+ et –	Addition et soustraction	6e
=, <, <=, >, >=, <>	Comparaison	7e

Composez une formule

Vous placez une formule dans une cellule de la même façon que vous y placez une donnée. Afin qu'Excel traite les caractères comme une formule, vous devez commencer par taper le signe égale (=), suivi de vos opérandes et opérateurs.

Lorsqu'une cellule contient une formule, Excel affiche dans cette cellule le résultat de la formule et non la formule elle-même. Par exemple, si vous écrivez la formule =C3+C4, la cellule affiche la somme des valeurs des cellules C3 et C4. Pour voir la formule, cliquez la cellule et regardez la barre de formule.

Composez une formule

1 Cliquez la cellule où créer la formule.

2 Tapez =.

A Les caractères tapés apparaissent aussi dans la barre de formule.

Note. Vous pouvez aussi taper la formule dans la barre de formule.

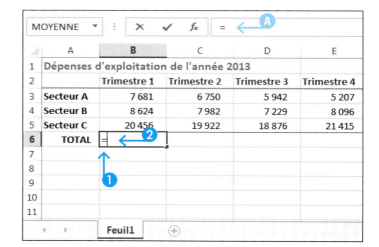

3 Tapez ou cliquez un opérande. Par exemple, pour placer l'adresse d'une cellule dans la formule, cliquez cette cellule.

B Excel insère l'adresse de la cellule cliquée dans la formule.

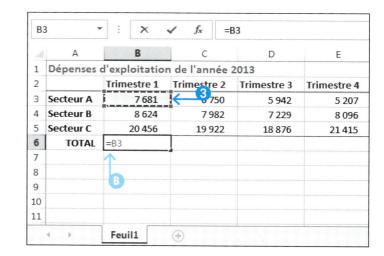

CHAPITRE 8

Exploitez les formules et les fonctions

④ Tapez un opérateur.

⑤ Répétez les étapes ③ et ④ pour ajouter d'autres opérandes et opérateurs à la formule.

⑥ Cliquez ✓ ou appuyez sur Entrée.

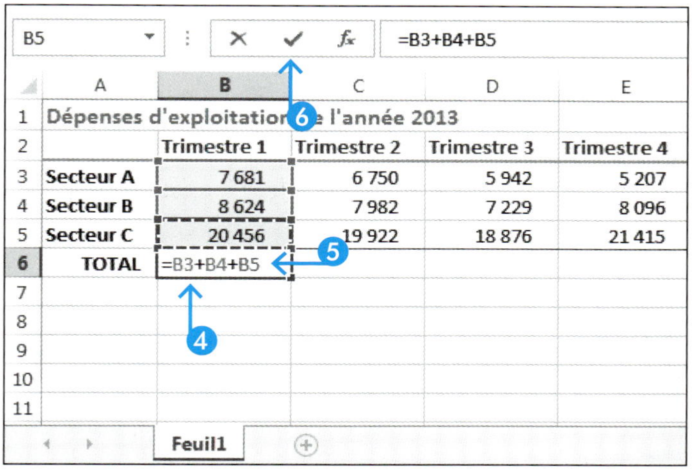

Ⓒ Excel affiche le résultat de la formule dans la cellule.

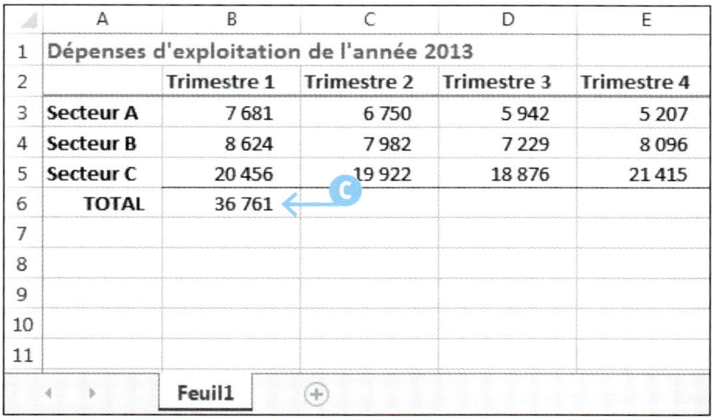

ASTUCE

Excel n'affiche que le résultat de la formule dans la cellule où vous avez saisi la formule, mais sa composition reste en mémoire. Elle apparaît dans la barre de formule lorsque vous activez la cellule. Pour modifier une formule existante, vous pouvez cliquer la cellule et modifier la formule dans la barre de formule ou double-cliquer la cellule afin d'afficher la formule dans la cellule. Dans les deux cas, cliquez ✓ ou appuyez sur Entrée après avoir modifié la formule.

173

Découvrez les fonctions

Pour créer des formules puissantes et efficaces, vous devrez souvent utiliser une ou plusieurs fonctions comme opérandes. Comme les fonctions intégrées d'Excel présentent de sérieux avantages, pour bien les utiliser, il importe de comprendre leur structure de base et les différents types disponibles.

Fonctions

Une *fonction* est une formule prédéfinie qui accomplit une tâche spécifique. Par exemple, la fonction SOMME additionne une liste de nombres et la fonction VPM calcule les mensualités de remboursement d'un prêt. Vous pouvez utiliser une fonction seule précédée de = ou l'intégrer dans une formule complexe contenant d'autres opérandes et opérateurs.

Avantages des fonctions

Les fonctions sont conçues pour aller plus loin que les simples formules arithmétiques et de comparaison en apportant deux avantages primordiaux. Tout d'abord, une fonction facilite l'usage de formules classiques mais encombrantes, comme la fonction VPM. Les fonctions permettent aussi de placer dans les feuilles des expressions mathématiques complexes qui seraient difficiles, voire impossibles à construire à l'aide d'opérateurs arithmétiques simples.

Structure des fonctions

Toutes les fonctions ont la même structure de base :
NOM(argument1;argument2;...). La partie NOM identifie la fonction de manière unique. Dans les formules de feuille de calcul et de tableau croisé dynamique, un nom de fonction apparaît toujours en majuscules : VPM, SOMME, MOYENNE, *etc*. Les éléments placés entre parenthèses sont les *arguments de la fonction*, c'est-à-dire les données que la fonction utilise pour effectuer l'opération. Par exemple, la fonction SOMME(B3;B4;B5) additionne les valeurs des cellules B3, B4 et B5.

Fonctions mathématiques courantes

Fonction	Description
ALEA.ENTRE.BORNES(nombre1;nombre2)	Renvoie un nombre au hasard entre les deux nombres.
ALEA()	Renvoie un nombre aléatoire compris entre 0 et 1.
ARRONDI(nombre;décimales)	Arrondit un nombre au nombre de décimales indiqué.
MOD(nombre;diviseur)	Renvoie le reste de la division du nombre par le diviseur.
PI( )	Renvoie la valeur de Pi.
PRODUIT(nombre1;nombre2;...)	Multiplie les nombres spécifiés par les arguments.
RACINE(nombre)	Renvoie la racine carrée positive du nombre.
SOMME(nombre1;nombre2;...)	Additionne les arguments.

CHAPITRE 8
Exploitez les formules et les fonctions

Fonctions statistiques courantes

Fonction	Description
ECARTYPE(nombre1;nombre2;…)	Renvoie l'écart-type basé sur un échantillon.
ECARTYPEP(nombre1;nombre2;…)	Renvoie l'écart-type basé sur la population entière.
MOYENNE(nombre1;nombre2;…)	Renvoie la moyenne des arguments.
MAX(nombre1;nombre2;…)	Renvoie la valeur maximale parmi les arguments.
MEDIANE(nombre1;nombre2;…)	Renvoie la valeur médiane des arguments.
MIN(nombre1;nombre2;…)	Renvoie la valeur minimale parmi les arguments.
MODE(nombre1;nombre2;…)	Renvoie la valeur la plus fréquente dans les arguments.
NB(nombre1;nombre2;…)	Renvoie le nombre d'arguments.

Fonctions financières

La plupart des fonctions financières d'Excel utilisent les arguments suivants.

Argument	Description
npm	Nombre total de périodes de remboursement.
taux	Taux fixe d'intérêt sur la durée de l'investissement.
type	Type de remboursement : 0 (par défaut) signifie paiement à la fin de la période, 1 signifie paiement au début de la période.
va	Valeur actuelle, c'est-à-dire la valeur présente du total des remboursements.
vc	Valeur future ou capitalisée de l'investissement. Par défaut, vc=0.
vpm	Montant constant du remboursement périodique.

Ce tableau présente quelques fonctions financières courantes.

Fonction	Description
INTPER(taux;pér;npm;va;vc;type)	Renvoie, pour une période donnée, le montant des intérêts dus.
NPM(taux;vpm;va;vc;type)	Renvoie le nombre de versements nécessaire pour rembourser l'investissement.
PRINCPER(taux;pér;npm;va;vc;type)	Renvoie, pour une période donnée, la part de remboursement du principal.
TAUX(npm;vpm;va;vc;type;estimation)	Renvoie le taux d'intérêt par périodes.
VA(taux;npm;vpm;vc;type)	Renvoie la valeur actuelle de l'investissement.
VC(taux;npm;vpm;va;type)	Renvoie la valeur capitalisée de l'investissement.
VPM(taux;npm;va;vc;type)	Calcule le remboursement périodique.

Utilisez une fonction dans une formule

Pour utiliser une fonction, elle doit faire partie d'une formule. Elle peut être le seul opérande de la formule ou n'être qu'une composante d'une formule plus complexe.

Pour faciliter le choix d'une fonction et de ses arguments, Excel propose l'outil Insérer une fonction. Une boîte de dialogue permet de sélectionner une des fonctions classées par catégories. Vous accédez ensuite à la boîte de dialogue Arguments de la fonction qui facilite la saisie des arguments nécessaires.

Utilisez une fonction dans une formule

1 Cliquez la cellule où vous voulez composer la formule.

2 Tapez =.

3 Tapez les opérandes et opérateurs nécessaires avant l'écriture de la fonction.

4 Cliquez le bouton **Insérer une fonction** (f_x).

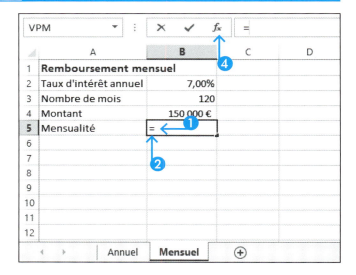

La boîte de dialogue Insérer une fonction apparaît.

5 Déroulez la liste pour choisir la catégorie qui contient la fonction à utiliser.

6 Cliquez la fonction.

7 Cliquez **OK**.

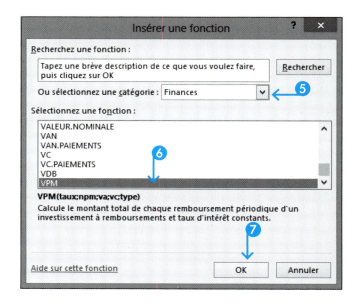

CHAPITRE 8
Exploitez les formules et les fonctions

La boîte de dialogue Arguments de la fonction apparaît.

8 Cliquez dans un champ d'argument.

9 Cliquez la cellule qui contient la valeur de l'argument.

Vous pouvez aussi taper la valeur dans le champ.

10 Répétez les étapes 8 et 9 pour définir tous les arguments nécessaires.

A Le résultat de la fonction apparaît ici.

11 Cliquez **OK**.

B Excel ajoute la fonction à la formule.

C Excel affiche le résultat de la formule.

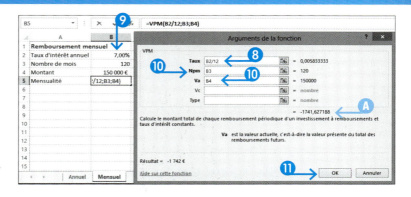

Note. Dans cet exemple, le résultat apparaît en couleur rouge pour indiquer une valeur négative. Dans les calculs d'emprunt, le montant déboursé est toujours une valeur négative.

Note. Si votre formule demande d'autres opérandes et opérateurs, appuyez sur F2, puis tapez le reste de la formule.

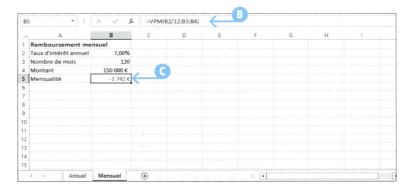

ASTUCES

Certains arguments sont obligatoires et d'autres, facultatifs. Dans la fonction VPM, par exemple, les arguments vc et type sont optionnels. Si vous ne les saisissez pas, Excel utilise des valeurs par défaut. Si la boîte de dialogue Arguments de la fonction affiche un résultat, c'est preuve que vous avez défini tous les arguments obligatoires.

Dans les fonctions financières, il faut veiller à conserver les mêmes unités. Par exemple, dans un remboursement d'emprunt, il est courant de connaître le taux d'intérêt annuel et la durée en années alors que le remboursement est demandé par mois. Dans ce cas, il faut convertir en valeurs mensuelles le taux annuel (en le divisant par 12) et le nombre d'années (en le multipliant par 12).

Additionnez une ligne ou une colonne

Vous additionnerez rapidement des valeurs d'une feuille de calcul en construisant une formule avec la fonction SOMME. Dans cette fonction, les arguments peuvent être des cellules. Par exemple, SOMME(A1;B2;C3) additionne le contenu des cellules A1, B2 et C3.

La fonction SOMME peut ne comprendre qu'un seul argument, une plage qui fait référence à une colonne ou à une ligne de nombres. Par exemple, SOMME(C3:C21) additionne les valeurs des cellules de la plage C3 à C21.

Additionnez une ligne ou une colonne

1 Cliquez la cellule où vous voulez obtenir la somme.

2 Tapez *=Somme(*.

A Lorsque vous commencez une fonction, Excel affiche une zone d'aide qui présente les arguments de cette fonction.

Note. Dans la zone d'aide, l'argument en gras est le prochain à introduire et les arguments entre crochets sont facultatifs.

3 Faites glisser le pointeur dans la feuille pour désigner la ligne ou la colonne de nombres à additionner.

B Excel ajoute la référence à cette plage dans la formule.

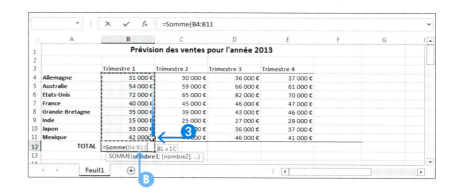

CHAPITRE 8
Exploitez les formules et les fonctions

4 Tapez).

5 Cliquez ✓ ou appuyez sur Entrée.

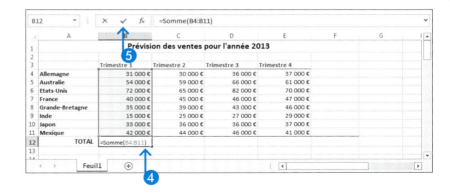

C Excel valide la formule.

D Excel affiche la somme dans la cellule.

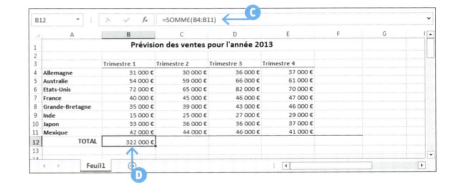

ASTUCES

La fonction SOMME permet d'additionner des plages rectangulaires, ce qui permet d'additionner les valeurs de cellules se trouvant dans plusieurs colonnes et plusieurs lignes. Après avoir tapé =SOMME(, faites glisser le pointeur ✥ pour sélectionner la plage.

Pour inclure des cellules non adjacentes comme arguments, sélectionnez-les avec la souris en maintenant enfoncée la touche Ctrl durant la sélection ou faites glisser le pointeur pour sélectionner plusieurs plages.

Effectuez une somme automatique

Vous réduirez le temps de construction d'une feuille de calcul ainsi que le risque d'erreur en utilisant l'outil Somme automatique. Cet outil insère une fonction SOMME dans une cellule en définissant ses arguments en fonction de la structure des données de la feuille. Par exemple, si une colonne de nombres se trouve au-dessus de la cellule devant contenir la fonction SOMME, la somme automatique utilisera cette colonne de nombres comme argument de la fonction SOMME.

Effectuez une somme automatique

❶ Cliquez la cellule où vous voulez obtenir la somme.

Note. Pour que la somme automatique fonctionne, la cellule sélectionnée doit être sous la plage à additionner ou à sa droite.

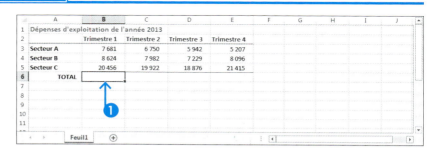

❷ Cliquez l'onglet **Accueil**.

❸ Cliquez le bouton **Somme** (Σ).

Ⓐ Si vous voulez utiliser une fonction automatique autre que SOMME, cliquez la flèche ⌄ du bouton Somme, puis cliquez l'opération à utiliser : Moyenne, NB, Max ou Min.

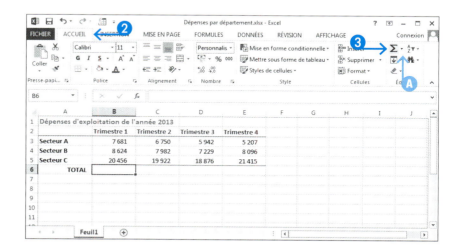

CHAPITRE 8
Exploitez les formules et les fonctions

B Excel insère dans la cellule une formule avec la fonction SOMME.

Note. Vous pouvez aussi appuyer sur **Alt** + **=** au lieu de cliquer le bouton **Somme** (Σ).

C Excel suppose que la plage située au-dessus (ou à gauche) de la cellule est celle à additionner.

Si la tentative d'Excel est erronée, sélectionnez la plage correcte.

4 Cliquez ✓ ou appuyez sur **Entrée**.

D Excel affiche la formule.

E Excel affiche la somme dans la cellule.

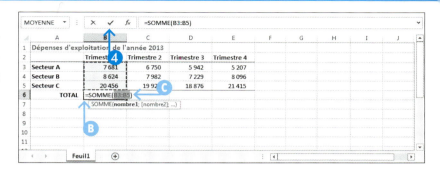

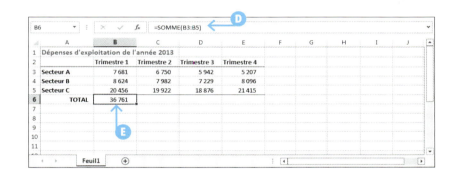

ASTUCES

Vous pouvez connaître le total d'une plage sans créer de formule. Sélectionnez une plage, et Excel affiche dans la barre d'état la somme des valeurs de la plage. Vous y voyez aussi le nombre de cellules non vides et la moyenne des valeurs sélectionnées. Si vous souhaitez voir le résultat d'autres opérations, vous les activerez dans le menu Personnaliser la barre d'état. Cliquez la barre d'état avec le bouton droit pour y ajouter le compte de nombres, le minimum ou le maximum.

Une méthode encore plus rapide pour réaliser une somme automatique consiste à sélectionner la plage à additionner et la cellule vide suivante (au-dessous ou à droite) et à cliquer le bouton Somme (Σ) ou à appuyer sur **Alt** + **=**. Excel remplit la cellule vide avec une formule SOMME qui additionne les valeurs de la plage sélectionnée.

181

Employez un nom de plage dans une formule

Vos formules seront plus faciles à construire, plus précises et plus faciles à déchiffrer si vous utilisez des noms comme opérandes au lieu d'adresses de plages ou de cellules. Par exemple, vous vous demandez ce que représente la formule =SOMME(B2:B10), surtout si vous ne voyez pas le contenu de cette plage. En revanche, le calcul effectué par la formule =SOMME(Dépenses) est évident.

La méthode de définition des noms de plages est expliquée au chapitre 4.

Employez un nom de plage dans une formule

① Cliquez la cellule devant contenir la formule, tapez = suivi des opérandes et opérateurs nécessaires avant l'ajout de la référence de plage.

② Cliquez l'onglet **Formules**.

③ Cliquez **Dans une formule**.

Ⓐ Excel affiche la liste des noms définis dans le classeur.

④ Cliquez le nom de la plage à utiliser.

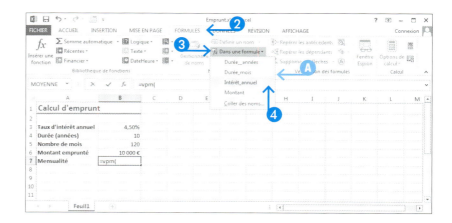

CHAPITRE 8
Exploitez les formules et les fonctions

B Excel insère le nom de la plage dans la formule.

5 Complétez la formule avec les opérandes et opérateurs nécessaires.

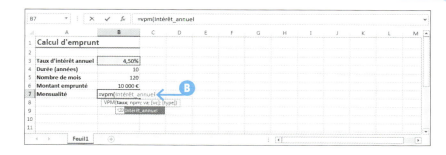

C Si nécessaire, répétez les étapes **2** à **5** pour ajouter d'autres noms à la formule.

6 Cliquez ✓ ou appuyez sur Entrée.

Excel calcule le résultat de la formule.

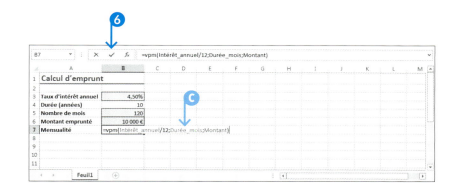

ASTUCES

Si vous avez utilisé les coordonnées d'une plage dans différentes formules d'un classeur et ensuite donné un nom à cette plage, vous pouvez remplacer les coordonnées de la plage par son nom dans les formules. Cliquez l'onglet **Formules**, puis la flèche ⌄ de la commande **Définir un nom** et, enfin, **Appliquer les noms**. Dans la boîte de dialogue **Affecter un nom**, cliquez le nom de la plage, puis cliquez **OK**.

Vous n'êtes pas obligé de sélectionner un nom dans la liste de noms définis. Vous pouvez aussi saisir directement un nom de plage connu, cliquer une cellule ou sélectionner dans la feuille une plage dotée d'un nom. Excel insère dans la formule le nom de la plage au lieu de ses coordonnées. Pour voir la liste des noms de plages disponibles, cliquez une zone vierge de la feuille, cliquez **Formules** → **Dans une formule** → **Coller des noms** → **Coller une liste**.

À mesure que vous tapez le nom, Excel affiche une liste des fonctions et des noms définis. Lorsque le nom voulu est sélectionné dans la liste, appuyez sur Tab pour compléter la saisie du nom.

Utilisez une plage d'une autre feuille dans une formule

L'utilisation d'une plage dans une formule ne se limite pas au contenu de la feuille actuelle. En référençant une plage d'une autre feuille, vous tirez parti du travail réalisé dans une autre feuille sans devoir le répéter dans la feuille en cours.

La référence à une plage d'une autre feuille permet d'utiliser des données constamment à jour. Si les données de la plage de l'autre feuille sont modifiées, le résultat de la formule s'ajuste automatiquement.

Utilisez une plage d'une autre feuille dans une formule

1 Cliquez la cellule devant contenir la formule, tapez = suivi des opérandes et opérateurs nécessaires avant l'ajout de la référence de plage.

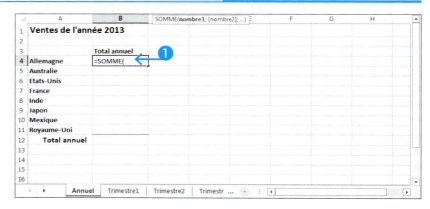

2 Appuyez sur Ctrl + PgSv jusqu'à l'apparition de la feuille désirée.

CHAPITRE 8

Exploitez les formules et les fonctions

3 Sélectionnez la plage à utiliser.

4 Appuyez sur `Ctrl` + `PgPr` jusqu'à revenir à la feuille contenant la formule.

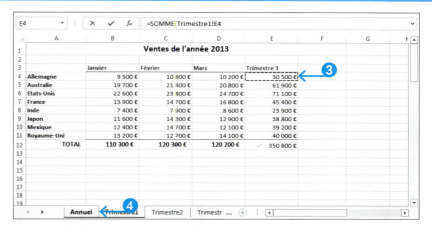

A Une référence à la plage de l'autre feuille apparaît dans la formule.

5 Tapez les opérandes et opérateurs nécessaires pour compléter la formule.

6 Cliquez ✓ ou appuyez sur `Entrée`.

Excel calcule le résultat de la formule.

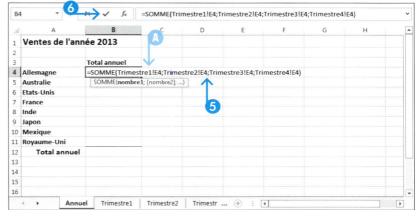

ASTUCES

Au lieu de sélectionner une plage avec la souris, vous pouvez saisir sa référence dans la cellule. Tapez le nom de la feuille, entre apostrophes (') si le nom comprend une espace, suivi d'un point d'exclamation (!) et de l'adresse de la cellule ou de la plage. Par exemple :
='Dépenses 2013'!B2:B10.

Vous pouvez aussi utiliser une plage d'un autre classeur s'il est ouvert. Au moment d'inclure la référence dans la formule, cliquez l'icône **Excel** (🔲) dans la barre des tâches Windows, puis cliquez le nom de l'autre classeur pour l'amener au premier plan. Cliquez la feuille contenant la référence et sélectionnez la plage. Cliquez 🔲 puis cliquez le nom du premier classeur pour y revenir et complétez la formule.

Déplacez ou copiez une formule

Vous pouvez modifier la disposition d'une feuille en déplaçant une formule. Excel conserve les références des formules lors des déplacements.

Excel permet aussi la copie de formule, ce qui est utile si un double est nécessaire ailleurs dans la feuille ou si vous avez besoin d'une formule semblable. Lors d'une copie, Excel ajuste les références en fonction du nouvel emplacement.

Déplacez une formule

1 Cliquez la cellule contenant la formule à déplacer.

2 Placez le pointeur ✥ sur le bord de la cellule. Il se transforme en pointeur.

3 Faites glisser la cellule vers le nouvel emplacement. Le pointeur devient.

A Excel affiche le contour de la cellule.

B Excel affiche l'adresse du nouvel emplacement.

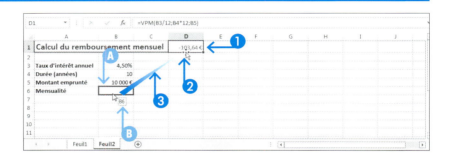

4 Relâchez le bouton de la souris.

C Excel déplace la formule au nouvel emplacement.

D Excel ne modifie pas les références de plages dans la formule.

CHAPITRE 8
Exploitez les formules et les fonctions

Copiez une formule

1. Cliquez la cellule contenant la formule à copier.

2. Appuyez sur la touche **Ctrl** et maintenez-la enfoncée.

3. Placez le pointeur sur le bord de la cellule. Il se transforme en pointeur de copie.

4. Faites glisser la cellule vers l'emplacement où vous voulez insérer la copie.

E. Excel affiche le contour de la cellule.

F. Excel affiche l'adresse du nouvel emplacement.

5. Relâchez le bouton de la souris.

6. Relâchez **Ctrl**.

G. Excel crée une copie de la formule au nouvel emplacement.

H. Excel ajuste les références de la plage.

Note. Vous pouvez copier plusieurs exemplaires de la formule en faisant glisser la poignée de recopie du coin inférieur droit de sa cellule. Excel remplit les cellules sélectionnées avec des copies de la formule (voyez un exemple dans la tâche suivante).

ASTUCE

Lorsque vous copiez une formule, Excel suppose que vous voulez remplacer l'adresse d'un argument par celle d'un argument occupant la même position par rapport à la copie de la formule, en se fondant sur le nombre de colonnes ou de lignes de décalage.

Par exemple, si la formule fait référence à la cellule A1 et que vous la copiiez dans la cellule située à sa droite, la nouvelle formule fera référence à la cellule B1. Consultez la tâche suivante pour en savoir plus sur les références absolues et relatives.

Exploitez des références absolues

Certaines formules seront plus aisées à copier si elles sont exprimées en références absolues. Si, dans une formule, vous utilisez une adresse comme D2 qui est une référence relative, Excel ajustera cette référence lorsque vous copierez la formule ailleurs.

Pour empêcher cet ajustement, vous devez changer la référence en un format de référence absolue : D2. La formule copiée continuera alors à utiliser la valeur de la cellule D2 quel que soit son nouvel emplacement.

Exploitez des références absolues

1 Double-cliquez la cellule contenant la formule à modifier.

2 Sélectionnez la référence de cellule à modifier.

3 Appuyez sur F4.

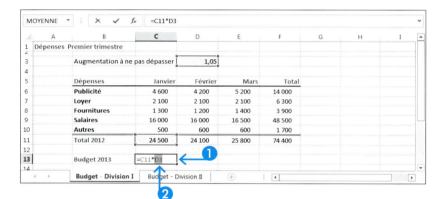

A Excel convertit l'adresse en référence absolue.

4 Répétez les étapes 2 et 3 pour convertir d'autres adresses de cellules en références absolues.

5 Cliquez ✓ ou appuyez sur Entrée.

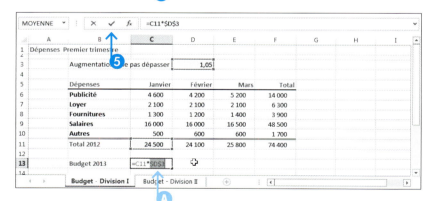

CHAPITRE 8
Exploitez les formules et les fonctions

B Excel adapte la formule.

6 Copiez la formule.

Note. La tâche précédente explique comment copier une formule.

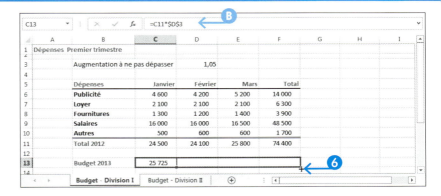

C Excel conserve les références absolues dans les formules copiées.

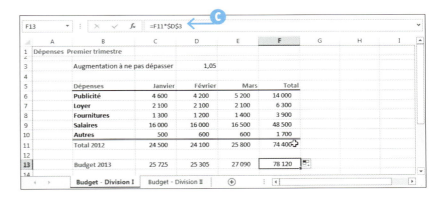

ASTUCES

Lorsque vous utilisez une référence de cellule dans une formule, Excel la considère comme relative par rapport à la cellule de la formule. Par exemple, si la formule de la cellule B5 contient une référence à la cellule A1, Excel traite A1 comme la cellule située quatre lignes plus haut et une colonne à gauche. Si vous copiez la formule dans la cellule D10, la cellule située quatre lignes plus haut et une colonne à gauche aura l'adresse C6 : Excel remplacera A1 par C6 dans la formule copiée. Si la formule originelle utilise la référence absolue A1, la formule copiée dans la cellule D10 continuera de faire référence à A1.

La touche **F4** permet de basculer une référence entre quatre modes. Appuyez une première fois sur **F4** pour passer d'une référence relative à une référence absolue, de A1 à A1. Appuyez sur **F4** une deuxième fois pour en faire une référence mixte avec une colonne relative et une ligne absolue, comme A$1. Appuyez sur **F4** une fois de plus pour la transformer en référence mixte avec une colonne absolue et une ligne relative ($A1). Appuyez sur **F4** une quatrième fois pour revenir à une référence relative (A1).

Masquez la barre de formule ou réduisez le ruban

Vous gagnerez de l'espace dans la fenêtre Excel en masquant la barre de formule ou en réduisant le ruban. C'est une bonne idée de masquer la barre de formule si vous n'y modifiez jamais le contenu des cellules et n'utilisez pas la zone Nom ni les boutons Entrer ou Annuler. Si vous changez d'avis plus tard, il sera facile de rétablir l'affichage de la barre de formule.

Encore plus d'espace est récupéré en réduisant le ruban qui n'affiche plus alors que le nom des onglets. Les commandes sont toujours accessibles.

Masquez la barre de formule

1 Cliquez l'onglet Affichage.

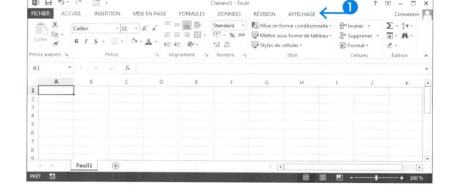

2 Cliquez **Barre de formule**
(☑ devient ☐).

A Excel masque la barre de formule.

Note. Pour afficher à nouveau la barre de formule, répétez ces deux étapes (☐ devient ☑).

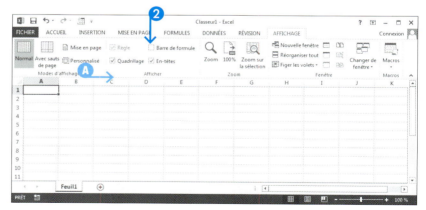

CHAPITRE 8
Exploitez les formules et les fonctions

Réduisez le ruban

① Cliquez Réduire le ruban (︿).

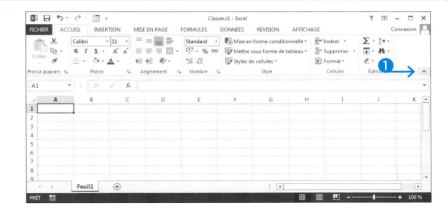

Ⓑ Excel réduit le ruban.

Ⓒ Les onglets demeurent visibles.

Note. Pour restaurer le ruban, cliquez un des onglets, puis **Attacher le ruban** (⊸).

Note. Vous pouvez réduire et rétablir alternativement le ruban en appuyant sur `Ctrl` + `F1`.

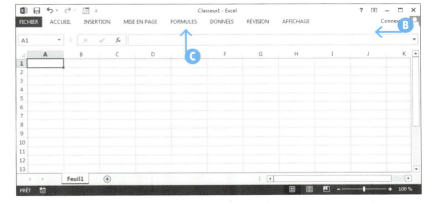

ASTUCE

Si vous ne pouvez pas voir en entier dans la barre de formule le contenu d'une cellule, cliquez le **bouton d'expansion** (⌄) ou appuyez sur `Ctrl` + `Maj` + `U` pour agrandir la hauteur de la barre de formule. Si l'espace n'est toujours pas suffisant, agrandissez sa hauteur davantage en faisant glisser le bord inférieur de la barre de formule ou utilisez les flèches ⌄ et ︿ pour faire défiler son contenu. Pour revenir à la taille par défaut, cliquez le bouton de réduction (︿) ou appuyez sur `Ctrl` + `Maj` + `U`.

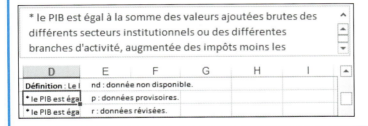

CHAPITRE 9

Allez plus loin avec les formules

Si votre feuille de calcul contient des formules, vous disposez d'outils et de techniques qui vous aideront à tirer le meilleur parti de ces formules. Vous pouvez entre autres afficher alternativement les formules et leurs résultats, surveiller le résultat d'une formule et résoudre les erreurs dans les formules.

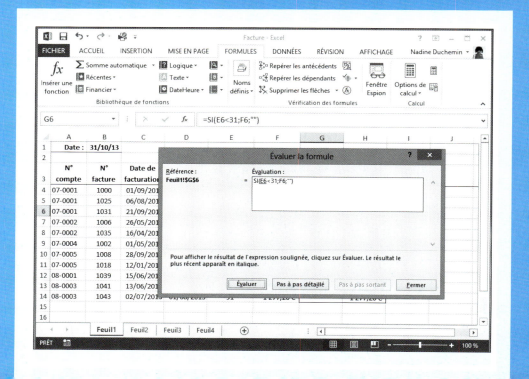

Collez le résultat d'une formule. 194
Affichez les formules à la place de leur résultat 196
Surveillez la valeur d'une cellule dans la fenêtre espion . 198
Créez une formule matricielle. 200
Combinez deux plages par une opération arithmétique. . 202
Ignorez les tableaux de données dans le calcul
   des classeurs 204
Activez le calcul par itération. 206
Corrigez une formule en vérifiant chaque portion 208
Affichez du texte à la place des valeurs d'erreur 210
Cherchez les erreurs éventuelles dans les formules
   de la feuille. 212
Analysez une formule pour identifier les erreurs. 214

Collez le résultat d'une formule

Vous pouvez choisir ce qu'affiche une formule copiée en collant le résultat de la formule au lieu de la formule elle-même.

Quand vous copiez et collez une formule qui contient des références relatives, Excel adapte automatiquement les références des cellules. De ce fait, le résultat de la formule copiée varie toujours en fonction de sa position dans la feuille. Une solution pour éviter cela consiste à définir des références absolues comme l'explique le chapitre 8. Autrement, si vous voulez uniquement le résultat de la formule copiée, vous la collerez en tant que valeur.

Collez le résultat d'une formule

❶ Sélectionnez la cellule qui contient la formule à copier.

Note. Nos instructions démontrent la technique sur une seule cellule, mais celle-ci s'applique aussi à une plage de cellules.

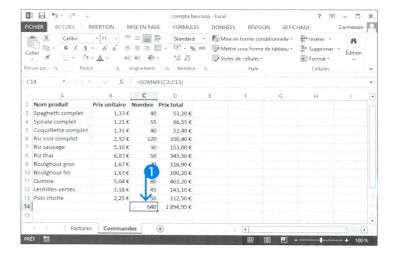

❷ Cliquez l'onglet **Accueil**.

❸ Cliquez **Copier** ( ).

Note. Vous pourriez aussi copier les cellules sélectionnées en appuyant sur Ctrl + C.

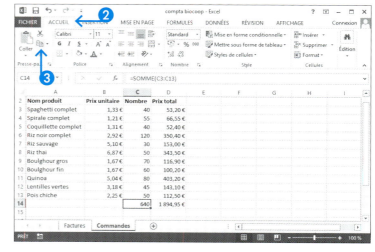

CHAPITRE 9
Allez plus loin avec les formules

4 Cliquez la cellule où vous voulez coller la valeur de la formule.

5 Cliquez la flèche du bouton **Coller**.

6 Cliquez **Valeurs** sous Coller des valeurs.

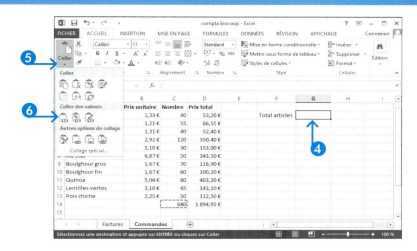

A Excel insère le résultat de la formule au lieu de son code.

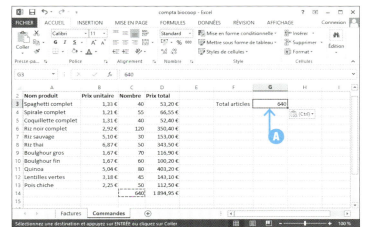

ASTUCES

Vous pouvez coller le résultat de la formule avec un formatage de nombre. Dans le menu du bouton Coller, cliquez **Mise en forme des valeurs et nombres**. Si vous préférez conserver le formatage original de la cellule, dans le menu du bouton Coller, cliquez **Mise en forme des valeurs et de la source**.

Si, par la suite, vous modifiez la formule ou les valeurs de ses opérandes, le résultat collé ailleurs sera incorrect. Pour garantir qu'une cellule particulière affiche toujours le résultat actuel de la formule copiée, appuyez sur =, cliquez la cellule originale et appuyez sur Entrée. Cette simple technique commande à Excel d'afficher toujours la valeur de la formule copiée.

Affichez les formules à la place de leur résultat

Pour vérifier la composition d'une formule, il est inutile de regarder la cellule parce que celle-ci affiche le résultat de la formule et non pas son code. Vous êtes obligé de cliquer la cellule pour voir le code de la formule dans la barre de formule. Cette solution convient pour une seule cellule, mais comment faire si vous voulez vérifier ou comparer le code de plusieurs formules ? Il suffit de changer l'affichage de la feuille pour qu'elle présente le code des formules dans les cellules à la place des résultats.

Affichez les formules à la place de leur résultat

① Affichez la feuille qui contient les formules à vérifier.

② Cliquez l'onglet **Fichier**.

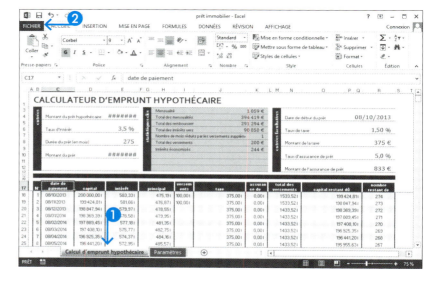

③ Cliquez **Options**.

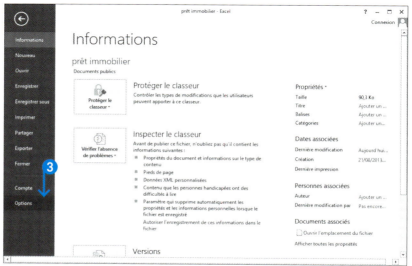

196

CHAPITRE 9
Allez plus loin avec les formules

La boîte de dialogue Options Excel apparaît.

4 Cliquez **Options avancées**.

5 Cochez l'option **Formules dans les cellules au lieu de leurs résultats calculés** (☐ devient ☑).

6 Cliquez **OK**.

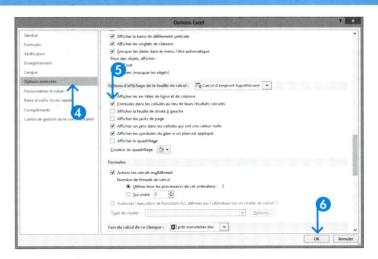

A Excel affiche le code des formules au lieu de leur résultat.

Note. Vous pouvez basculer entre l'affichage du code et celui du résultat des formules en appuyant sur `Ctrl` + `` ` ``.

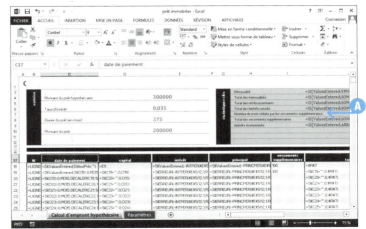

ASTUCE

La technique décrite ici s'applique uniquement à la feuille active. Pour activer l'affichage du code des formules dans toutes les feuilles du classeur, lancez la macro suivante :

```
Sub ToggleFormulasAndResults()
    Dim win As Window
    Dim wv As WorksheetView
    For Each win In ActiveWorkbook.Windows
        For Each wv In win.SheetViews
            wv.DisplayFormulas = Not wv.DisplayFormulas
        Next 'wv
    Next 'win
End Sub
```

Reportez-vous au chapitre 25 pour apprendre à définir et exécuter une macro VBA dans Excel.

Surveillez la valeur d'une cellule dans la fenêtre espion

Lors de la construction d'une feuille de calcul, vous pourriez avoir besoin d'observer la valeur d'une cellule. Par exemple, si une cellule calcule la moyenne des valeurs d'une plage, vous pourriez avoir envie de surveiller l'évolution de la moyenne à mesure que les données changent pour voir si elle atteint une valeur donnée.

Il n'est pas évident de surveiller une cellule si elle se trouve dans une autre feuille ou dans une portion hors écran de la feuille en cours. Au lieu de faire des allers-retours pour observer la valeur de la cellule, servez-vous de la fenêtre espion pour garder la cellule à l'écran. Ainsi, quelle que soit votre position dans Excel, vous aurez toujours sous les yeux la valeur de la cellule.

Surveillez la valeur d'une cellule dans la fenêtre espion

1 Sélectionnez la cellule à surveiller.

2 Cliquez l'onglet **Formules**.

3 Cliquez **Fenêtre Espion**.

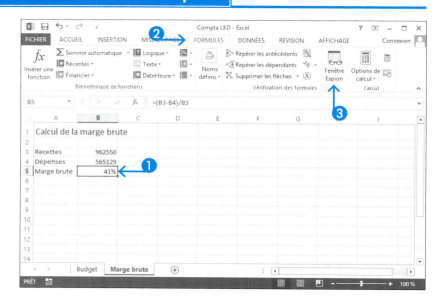

La fenêtre espion apparaît.

3 Cliquez **Ajouter un espion**.

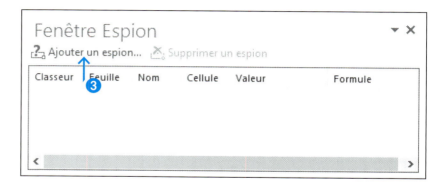

CHAPITRE 9
Allez plus loin avec les formules

La boîte de dialogue Ajouter un espion apparaît.

A La cellule sélectionnée apparaît dans le champ de référence.

B Si ce n'est pas la bonne cellule, cliquez la cellule à surveiller.

4 Cliquez **Ajouter**.

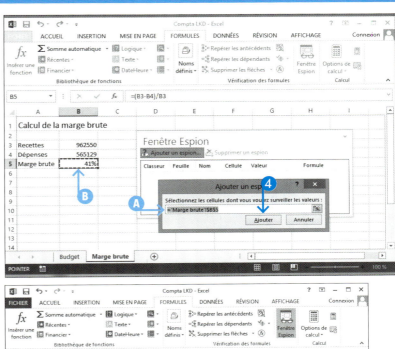

C Excel ajoute la cellule dans la fenêtre espion.

D La valeur de la cellule apparaît ici.

Quand vous travaillez dans Excel, la fenêtre espion reste au premier plan, au-dessus des autres fenêtres, pour présenter la valeur de la cellule surveillée.

E Si la fenêtre espion vous dérange, vous pouvez la masquer en cliquant son bouton **Fermer** (×) ou le bouton **Fenêtre Espion** dans l'onglet Formules.

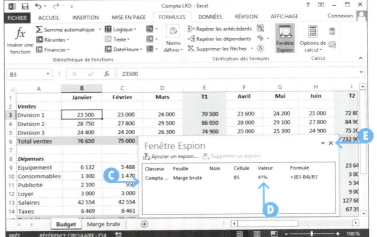

ASTUCES

La fenêtre espion vous permet de surveiller plusieurs cellules. Libre à vous d'ajouter autant d'espions que nécessaire dans la fenêtre espion. Sachez que cette fenêtre vous permet aussi d'atteindre directement l'une des cellules surveillées. Il suffit de double-cliquer un élément de la fenêtre espion, et Excel sélectionne automatiquement la cellule correspondante dans le classeur.

Lorsqu'un espion est devenu inutile, il est conseillé de le supprimer pour éviter d'encombrer la fenêtre espion. Cliquez l'onglet **Formules** puis **Fenêtre Espion** pour ouvrir la fenêtre espion. Cliquez l'espion à éliminer puis cliquez **Supprimer un espion**.

Créez une formule matricielle

Si vous répétez la même formule sur toute une plage, vous auriez intérêt à définir une formule matricielle. Les formules matricielles sont des formules spéciales qui génèrent plusieurs résultats. Si la feuille présente les totaux des dépenses dans les cellules C11, D11 et E11 et le taux d'augmentation du budget dans la cellule C3, vous calculerez les nouvelles valeurs du budget avec les formules suivantes :

=C11 * (1 + C3)   =D11 * (1 + C3)   =E11 * (1 + C3)

Au lieu de taper ces formules séparément, vous pouvez vous contenter de taper une seule formule matricielle :

{=C11:E11 * (1 + C3)}

Créez une formule matricielle sur plusieurs cellules

1. Sélectionnez la plage où apparaîtront les résultats de la formule.
2. Tapez la formule matricielle.
3. Appuyez sur Ctrl + Maj + Entrée.

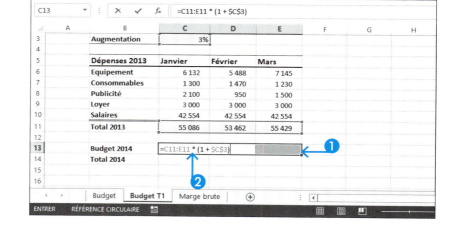

A. Excel reconnaît qu'il s'agit d'une formule matricielle et l'encadre automatiquement d'accolades.

B. Excel affiche les résultats dans les cellules de la plage sélectionnée.

CHAPITRE 9
Allez plus loin avec les formules

Créez une formule matricielle sur une seule cellule

1. Sélectionnez la cellule où apparaîtra le résultat de la formule.
2. Tapez la formule matricielle.
3. Appuyez sur `Ctrl` + `Maj` + `Entrée`.

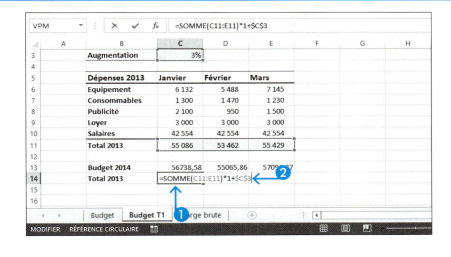

A. Excel reconnaît qu'il s'agit d'une formule matricielle et l'encadre automatiquement d'accolades.

B. Excel affiche le résultat dans la cellule sélectionnée.

ASTUCES

Retenez qu'Excel traite les formules matricielles sur plusieurs cellules comme des unités indissociables. De ce fait, vous ne pouvez pas modifier, déplacer ou supprimer une cellule ou un groupe de cellules appartenant à une matrice. Pour agir sur une matrice, il faut sélectionner la matrice entière. Pour sélectionner rapidement une matrice, il suffit d'activer l'une de ses cellules et d'appuyer sur `Ctrl` + `/`.

Il est possible de réduire une formule matricielle sur plusieurs cellules. Commencez par sélectionner la matrice, cliquez dans la barre de formule, puis appuyez sur `Ctrl` + `Entrée` pour convertir la formule matricielle en une formule ordinaire. Vous pouvez ensuite sélectionner une plage plus petite et y réentrer la formule matricielle.

Combinez deux plages par une opération arithmétique

Pendant la construction d'une feuille de calcul, vous pourriez constater que les données utilisées ne conviennent pas ou ne produisent pas les réponses attendues. Il se pourrait, par exemple, que les nombres d'une plage aient besoin d'être doublés ou qu'ils fonctionnent mieux si vous ajoutiez 10 à toutes les valeurs de la plage.

Vous résoudrez ce type de problème en ajoutant une plage qui contient le facteur qui va servir à modifier la première plage, puis en combinant les deux au moyen d'une opération arithmétique.

Combinez deux plages par une opération arithmétique

① Ajoutez une plage contenant le facteur qui va servir à modifier la première plage.

Note. La nouvelle plage doit être de la même taille et de la même forme que la première plage.

② Sélectionnez la première plage.

③ Cliquez l'onglet **Accueil**.

④ Cliquez **Copier** (📋).

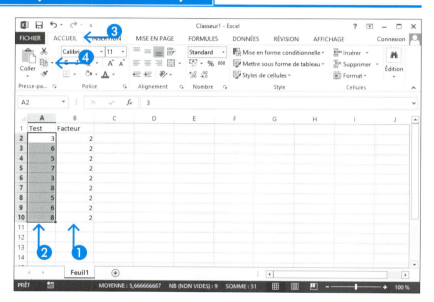

⑤ Sélectionnez la plage qui contient le facteur.

⑥ Cliquez la flèche ⌄ du bouton **Coller**.

⑦ Cliquez **Collage spécial**.

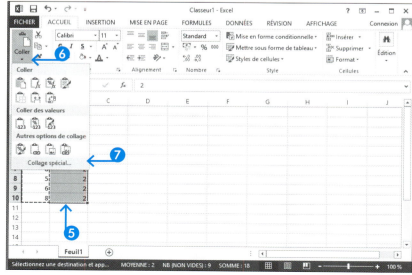

CHAPITRE 9
Allez plus loin avec les formules

La boîte de dialogue Collage spécial apparaît.

8 Sélectionnez l'opération arithmétique à utiliser (○ devient ⦿).

9 Cliquez **OK**.

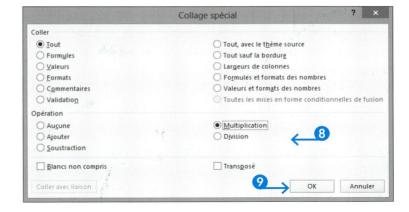

A Excel combine les deux plages au moyen de l'opération arithmétique choisie.

ASTUCES

Si les données à combiner sont dans une colonne alors que la plage de facteurs se trouve dans une ligne, vous pouvez quand même les combiner. Suivez les instructions des étapes **1** à **7** pour ouvrir la boîte de dialogue Collage spécial, sélectionnez l'opération à effectuer et cochez l'option **Transposé** (☐ devient ☑) avant de cliquer **OK**.

La plage de facteurs n'est pas obligée de contenir des constantes. Il peut s'agir de toutes valeurs dont vous avez besoin.

Ignorez les tableaux de données dans le calcul des classeurs

Comme un tableau de données est une matrice (voir chapitre 16), Excel le traite comme une unité et le recalcule en entier chaque fois que la feuille est recalculée. Cela ne pose pas de problème pour un petit tableau qui contient quelques dizaines de formules. Mais dans le cas d'un énorme tableau avec des centaines ou milliers de formules, le calcul du tableau ralentit considérablement le recalcul de la feuille. Pour éviter cet inconvénient, vous pouvez configurer Excel de sorte qu'il ignore les tableaux de données dans le recalcul des feuilles.

Ignorez les tableaux de données dans le calcul des classeurs

1 Cliquez l'onglet **Fichier**.

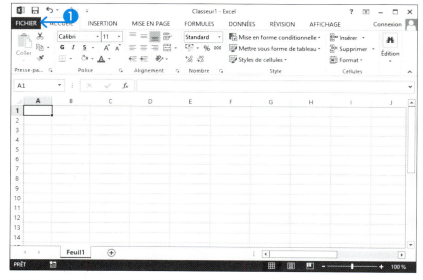

2 Cliquez **Options**.

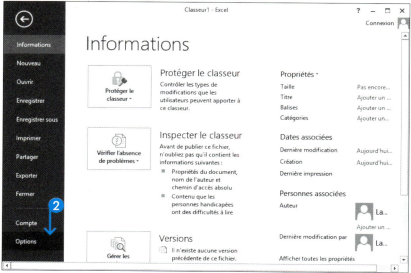

204

CHAPITRE 9
Allez plus loin avec les formules

La boîte de dialogue Options Excel apparaît.

3 Cliquez **Formules**.

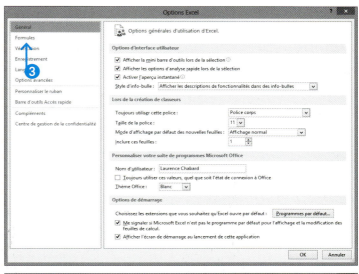

4 Cliquez l'option **Automatique excepté dans les tableaux de données** (○ devient ◉).

5 Cliquez **OK**.

La prochaine fois que vous lancerez le recalcul du classeur, Excel ignorera les tableaux de données dans le calcul.

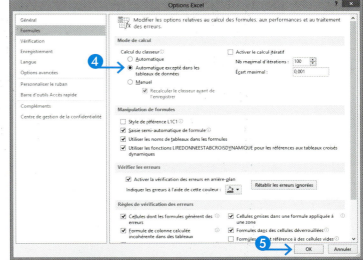

ASTUCES

Pour recalculer un tableau de données, suivez les instructions des étapes **1** à **3** et sélectionnez l'option **Automatique** pour Calcul du classeur. Cliquez **OK**, puis recalculez le classeur. Si vous préférez conserver l'option **Automatique excepté dans les tableaux de données**, vous commanderez manuellement le calcul du tableau. Sélectionnez l'une des cellules du tableau et appuyez sur F9 pour lancer l'actualisation des données.

Si vous avez souvent besoin d'inclure et d'exclure les tableaux de données dans le recalcul, passez par l'onglet Formules du ruban. Cliquez l'onglet **Formules**, cliquez **Options de calcul** et cliquez **Automatique excepté dans les tableaux de données**.

205

Activez le calcul par itération

Certains calculs dans Excel ne peuvent pas fournir la réponse directement. Dans ce cas, vous devez effectuer un premier calcul, soumettre la réponse à la formule pour obtenir un nouveau résultat, soumettre ce résultat à la formule et ainsi de suite. Chaque résultat s'approche de la réponse à fournir. On appelle ce procédé *itération*.

Prenons l'exemple d'une formule qui calcule un bénéfice net en soustrayant les dividendes du bénéfice brut. Le calcul est forcément indirect puisque le montant des dividendes dépend du bénéfice net. La solution consiste à composer la formule et à laisser Excel calculer le résultat par itération.

Activez le calcul par itération

❶ Composez une formule qui nécessite un calcul itératif.

Ⓐ Des flèches de références croisées s'affichent dans la cellule.

Ⓑ Dans l'onglet **Formules**, le bouton **Supprimer les flèches** ( ) vous permet de masquer les flèches de références croisées.

❷ Cliquez l'onglet **Fichier**.

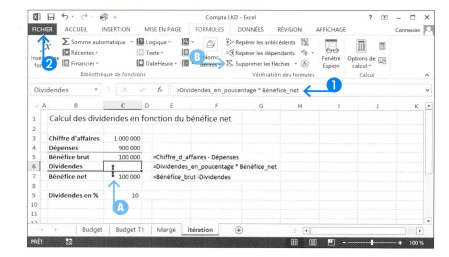

❸ Cliquez **Options**.

CHAPITRE 9
Allez plus loin avec les formules

La boîte de dialogue Options Excel apparaît.

4 Cliquez **Formules**.

5 Cochez l'option **Activer le calcul itératif** (☐ devient ☑).

C Si Excel ne parvient pas à converger vers la solution, essayez en spécifiant une valeur plus élevée dans le champ **Nb maximal d'itérations**.

D Pour obtenir une solution plus précise, essayez en spécifiant une valeur plus faible dans le champ **Écart maximal**.

6 Cliquez **OK**.

Excel effectue le calcul.

E Le résultat obtenu par itération apparaît dans la cellule de la formule.

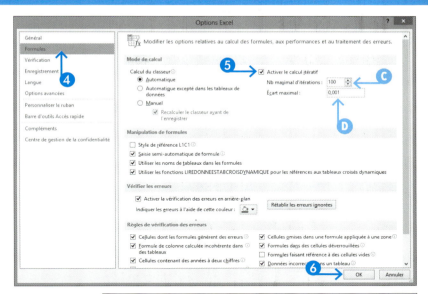

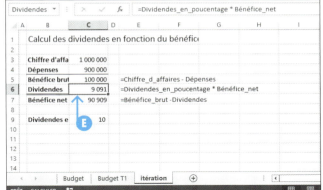

ASTUCES

Les flèches de références croisées dans une formule avec calcul itératif vous signalent que des termes à gauche et à droite du signe égale dépendent l'un de l'autre. Dans notre exemple, la formule en C7 fait référence à la cellule Dividendes (C6) alors que cette même cellule fait référence à Bénéfice net qui est C7. Les références sont donc croisées.

L'option **Écart maximal** définit la précision exigée pour le résultat. Plus l'écart est faible, plus précis sera le résultat, mais cela implique davantage d'itérations.

207

Corrigez une formule en vérifiant chaque portion

Si l'une de vos formules ne renvoie pas le bon résultat, vous pouvez la corriger en examinant chaque portion une à une.

Les formules sont parfois d'une grande complexité avec des fonctions emboîtées dans d'autres fonctions, une succession de parenthèses imbriquées, différents opérateurs, des références à une multitude de plages, *etc*. La commande Évaluer la formule vous servira à diagnostiquer les formules complexes. Elle vous permet d'examiner une à une chaque portion de la formule en affichant le résultat intermédiaire de cette portion. L'examen des résultats intermédiaires devrait vous permettre de repérer la portion fautive.

Corrigez une formule en vérifiant chaque portion

❶ Sélectionnez la cellule qui contient la formule à corriger.

❷ Cliquez l'onglet **Formules**.

❸ Cliquez **Évaluer la formule** ( ).

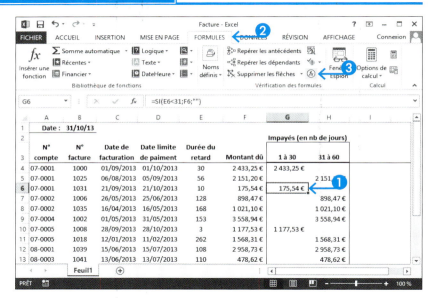

La boîte de dialogue Évaluer la formule apparaît.

Ⓐ Excel souligne la première expression à évaluer.

❹ Cliquez **Évaluer**.

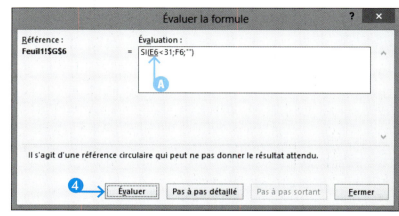

CHAPITRE 9
Allez plus loin avec les formules

B Excel évalue la portion soulignée et affiche son résultat en italique.

C Excel souligne la prochaine expression à évaluer.

5 Cliquez **Évaluer**.

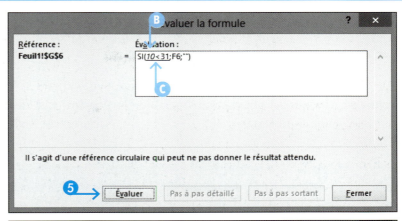

6 Répétez l'étape 5 pour continuer d'évaluer les expressions de la formule.

Note. Poursuivez l'évaluation jusqu'à détecter l'erreur ou terminer l'évaluation.

D Si vous évaluez toutes les expressions de la formule, Excel affiche son résultat.

7 Cliquez **Fermer**.

Note. Si vous ne parvenez pas à repérer l'erreur, voyez la tâche « Analysez une formule pour identifier les erreurs » à la fin de ce chapitre.

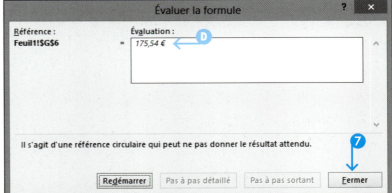

ASTUCES

Il est possible que l'erreur provienne de l'une des cellules référencées dans la formule. Pour le vérifier, lorsque Excel souligne la référence d'une cellule qui contient elle aussi une formule, cliquez **Pas à pas détaillé** au bas de la boîte de dialogue Évaluer la formule. Vous obtenez l'affichage de la formule de cette cellule dans la boîte de dialogue Évaluer la formule. Vous pouvez alors examiner cette autre formule à la recherche d'une éventuelle erreur. Pour revenir à la formule principale, cliquez **Pas à pas sortant**.

Il existe une solution plus directe pour vérifier une expression dans une formule. Activez la cellule de la formule en mode d'édition, puis sélectionnez la portion à évaluer. Cliquez le bouton **Calculer maintenant** dans le groupe Calcul de l'onglet Formules ou appuyez sur F9. Excel évalue l'expression sélectionnée. Appuyez sur Esc lorsque vous avez terminé.

Affichez du texte à la place des valeurs d'erreur

Quand Excel rencontre une erreur dans le calcul d'une formule, il affiche en général une valeur d'erreur à la place du résultat. Par exemple, si la formule divise par zéro, Excel signale l'erreur en affichant la valeur #DIV/0 dans la cellule.

Au lieu d'afficher une valeur d'erreur, vous pouvez utiliser la fonction SIERREUR pour détecter une erreur et afficher un résultat plus utile le cas échéant. SIERREUR prend deux arguments : `valeur` est la formule à vérifier et `valeur_si_erreur` est le texte à afficher si la formule génère une erreur.

Affichez du texte à la place des valeurs d'erreur

① Sélectionnez la plage qui contient les formules à modifier.

② Appuyez sur F2.

Ⓐ Excel active la première cellule en mode d'édition.

③ Après le signe égale de la formule (=), tapez **sierreur(**.

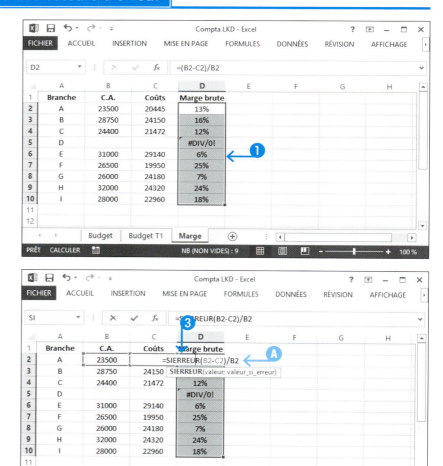

CHAPITRE 9
Allez plus loin avec les formules

❹ À la fin de la formule, tapez une virgule suivie du texte, encadré par des guillemets, qu'Excel doit afficher à la place de sa valeur d'erreur, puis fermez la parenthèse.

❺ Appuyez sur `Ctrl` + `Entrée`.

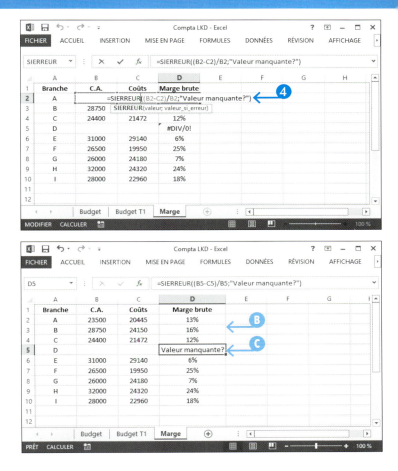

Ⓑ Excel affiche le résultat de la formule dans les cellules dépourvues d'erreur.

Ⓒ Excel affiche le message dans les cellules qui génèrent une erreur.

ASTUCE

- **#DIV/0!** La formule effectue une division par 0. Vérifiez si le diviseur renvoie à des cellules vides ou dont la valeur est égale à 0.
- **#N/A** La formule ne peut renvoyer un résultat, car une valeur n'est pas disponible. Vérifiez les arguments de chaque fonction.
- **#NOM?** La formule utilise un nom qu'Excel n'a pas reconnu. Vérifiez les noms de plages et de fonctions.
- **#NOMBRE!** La formule contient une valeur numérique non valide. Vérifiez les arguments des fonctions mathématiques.
- **#REF!** Une référence de cellule n'est pas valide. Cette erreur provient souvent de la suppression d'une cellule référencée par une formule. Vérifiez les références de cellules.
- **#VALEUR!** La formule utilise une valeur inappropriée dans un argument de fonction, comme une chaîne de texte à la place d'un nombre. Vérifiez le type de données des arguments de fonctions.

Cherchez les erreurs éventuelles dans les formules de la feuille

Le vérificateur d'erreurs d'Excel vous aidera à détecter les erreurs dans les formules de la feuille.

À l'instar du vérificateur orthographique de Word, le vérificateur d'erreurs d'Excel agit en arrière-plan pour surveiller vos formules en les soumettant à un jeu de règles qui servent à déterminer le bon respect de la syntaxe. Si une anomalie est détectée, Excel affiche un triangle vert, *indicateur d'erreur*, dans l'angle supérieur gauche de la cellule, qui contient la formule fautive. La balise dynamique associée à l'indicateur d'erreur fournit une description du problème. Armé de cette information, vous choisirez de corriger ou d'ignorer le problème détecté.

Cherchez les erreurs éventuelles dans les formules de la feuille

❶ Examinez la feuille à la recherche d'une cellule signalée par l'indicateur d'erreur (▸).

❷ Cliquez la cellule.

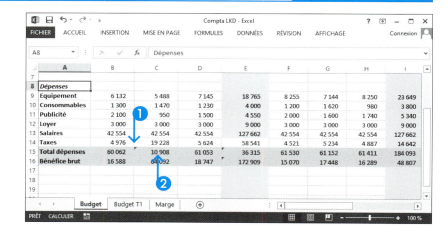

Ⓐ La balise d'erreur apparaît.

❸ Placez le pointeur ▷ sur la balise.

Ⓑ Excel affiche une description de l'erreur.

❹ Cliquez la balise.

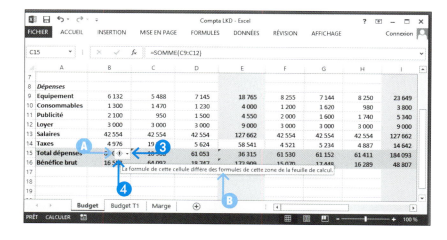

212

CHAPITRE 9
Allez plus loin avec les formules

C Excel affiche les options de la balise dynamique.

5 Cliquez la commande qui va corriger la formule.

Note. Le nom de la commande dépend de l'erreur détectée. Cette commande est disponible uniquement si Excel est capable de corriger l'erreur.

D Si la formule est correcte, vous pouvez cliquer **Ignorer l'erreur**.

E Excel corrige la formule.

F L'indicateur d'erreur disparaît de la cellule rectifiée.

6 Répétez les étapes 1 à 5 pour vérifier toutes les erreurs de formules détectées par Excel.

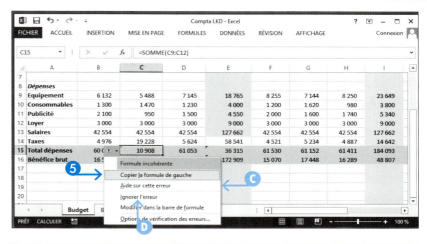

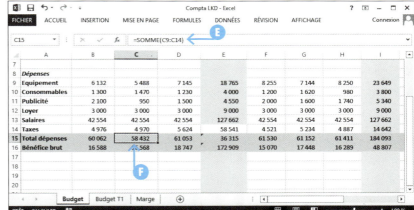

ASTUCES

Vous pouvez personnaliser le vérificateur d'erreurs pour choisir les règles à appliquer. (Autrement, cliquez une balise d'erreur et choisissez **Options de vérification des erreurs**.) Sous Règles de vérification des erreurs, cochez (☑) la case des règles à vérifier et retirez la coche (☐) devant les règles à ne pas vérifier. Cliquez **OK**.

Si le texte ou l'arrière-plan des cellules contient du vert, vous aurez intérêt à changer la couleur de signalement des erreurs. Cliquez **Fichier → Options → Formules** pour afficher le volet Formules de la boîte de dialogue Options Excel. Sous Vérifier les erreurs, cliquez le bouton **Indiquer les erreurs à l'aide de cette couleur** et choisissez une autre nuance dans la palette. Cliquez **OK**.

Analysez une formule pour identifier les erreurs

Si vous pensez qu'une erreur dans une formule provient d'une anomalie dans une autre cellule, les fonctions d'analyse d'Excel vous aideront à visualiser les relations entre cellules pour détecter l'origine des erreurs. L'analyse des cellules affiche des repères qui pointent vers les cellules impliquées dans une formule. Les repèrent signalent trois types de cellules : les *antécédents* (cellules qui sont directement ou indirectement référencées dans la formule), les *dépendants* (cellules qui sont directement ou indirectement référencées dans une autre formule) et les *erreurs* (cellules qui contiennent une valeur d'erreur et sont directement ou indirectement référencées dans une formule).

Repérez les antécédents

1 Cliquez la cellule qui contient la formule dont vous cherchez les antécédents.

2 Cliquez l'onglet **Formules**.

3 Cliquez **Repérer les antécédents** ( ).

A Excel affiche une flèche vers chaque antécédent direct.

4 Répétez l'étape **3** jusqu'à ce que vous ayez repéré tous les antécédents indirects de la formule.

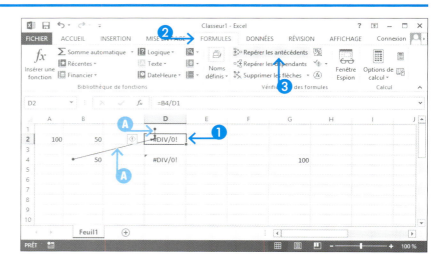

Repérez les dépendants

1 Cliquez la cellule qui contient la formule dont vous cherchez les dépendants.

2 Cliquez l'onglet **Formules**.

3 Cliquez **Repérer les dépendants** ( ).

B Excel affiche une flèche vers chaque dépendant direct.

4 Répétez l'étape **3** jusqu'à ce que vous ayez repéré tous les dépendants indirects de la formule.

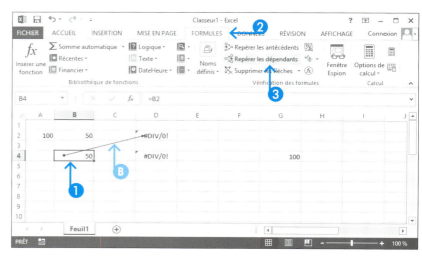

CHAPITRE
9
Allez plus loin avec les formules

Repérez l'origine d'une erreur

① Cliquez la cellule qui contient l'erreur.

② Cliquez l'onglet **Formules**.

③ Cliquez **Supprimer les flèches** ( ).

④ Cliquez la flèche de la commande **Vérification des erreurs**.

⑤ Cliquez **Repérer une erreur**.

Ⓒ Excel sélectionne la cellule qui contient l'erreur initiale.

Ⓓ Excel affiche des flèches qui relient les antécédents et les dépendants de la cellule sélectionnée.

Ⓔ Une flèche rouge signale une erreur.

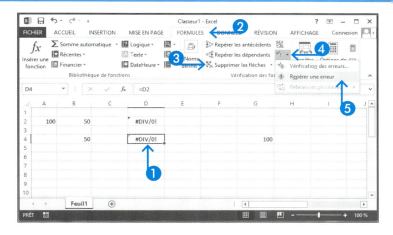

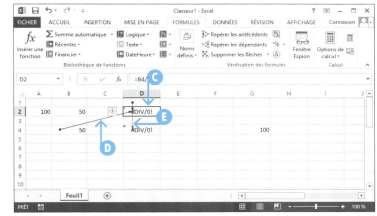

ASTUCE

Vous disposez aussi de la boîte de dialogue Vérifier les erreurs pour analyser les formules d'une feuille de calcul. Cliquez **Vérification des erreurs** ( ) dans l'onglet **Formules**. Elle affiche automatiquement la première erreur détectée et offre les solutions suivantes :

- Repérer une erreur : ce bouton est disponible lorsque l'erreur découle d'une erreur dans une autre cellule. Cliquez ce bouton pour afficher les flèches d'ascendance et de dépendance.

- Afficher les étapes du calcul : vous verrez ce bouton lorsque l'erreur provient de la formule de la cellule examinée. Cliquez ce bouton pour ouvrir la boîte de dialogue Évaluer la formule, décrite dans la tâche « Corrigez une formule en vérifiant chaque portion ».

- Ignorer l'erreur : cliquez ce bouton pour continuer la vérification sans tenir compte de cette erreur.

Cliquez les boutons **Précédent** et **Suivant** pour atteindre les autres erreurs détectées.

CHAPITRE 10

Manipulez les feuilles de calcul

C'est dans une feuille de calcul Excel que vous tapez les titres et les données et composez vos formules. Puisque vous passez l'essentiel de votre temps avec Excel à travailler dans les feuilles de calcul, il importe que vous sachiez vous y déplacer et effectuer des tâches comme renommer, déplacer, copier et supprimer des feuilles.

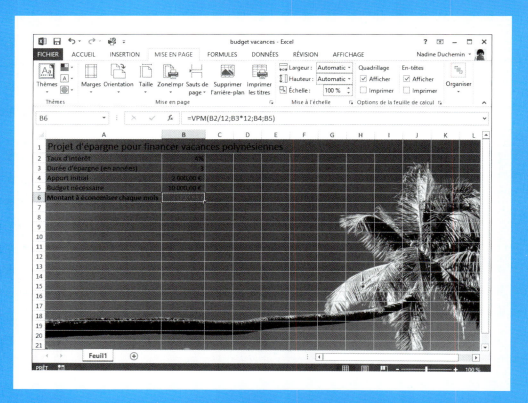

Parcourez une feuille de calcul 218

Renommez une feuille de calcul 219

Insérez une nouvelle feuille de calcul. 220

Déplacez une feuille de calcul 222

Copiez une feuille de calcul 224

Supprimez une feuille de calcul. 226

Changez la couleur du quadrillage. 228

Activez ou désactivez l'affichage du quadrillage 230

Activez ou désactivez l'affichage des en-têtes 231

Choisissez la couleur des onglets des feuilles de calcul . 232

Définissez l'arrière-plan de la feuille 234

Grossissez ou réduisez l'affichage. 236

Fractionnez une feuille en deux volets 238

Masquez ou réaffichez une feuille. 240

Parcourez une feuille de calcul

L'emploi du clavier facilite le déplacement parmi les données saisies dans une feuille.

Il est plus intuitif d'utiliser la souris ou l'écran tactile pour atteindre la prochaine cellule à remplir. En revanche, pour se déplacer pendant la saisie de données, il est souvent plus rapide d'utiliser le clavier puisque vos mains n'ont ainsi pas besoin de quitter le clavier.

Techniques de navigation dans une feuille de calcul	
Appuyez sur	**pour atteindre**
←	la cellule à gauche
→	la cellule à droite
↑	la cellule au-dessus
↓	la cellule au-dessous
Home	le début de la ligne actuelle
PgSv	un écran plus bas
PgPr	un écran plus haut
Alt + PgSv	un écran à droite
Alt + PgPr	un écran à gauche
Ctrl + Orig	le début de la feuille de calcul
Ctrl + Fin	le coin inférieur droit de la partie utilisée de la feuille de calcul
Ctrl + flèche de direction	dans la direction de la flèche, la cellule suivante non vide si la cellule actuelle est vide ou la dernière cellule non vide si la cellule actuelle n'est pas vide

CHAPITRE 10
Renommez une feuille de calcul

La structure d'un classeur sera plus facile à comprendre et à parcourir si chaque feuille porte un nom évocateur de son contenu.

Par défaut, les feuilles sont nommées Feuil1, Feuil2..., mais vous pouvez leur donner un nom descriptif tel que Ventes 2013, Emprunt ou Budget. Un nom de feuille peut se composer de toutes combinaisons de lettres, nombres, symboles et espaces, mais ne doit pas dépasser 31 caractères.

Renommez une feuille de calcul

1. Affichez la feuille à renommer.
2. Cliquez l'onglet **Accueil**.
3. Cliquez **Format**.
4. Cliquez **Renommer la feuille**.

A. Vous pourriez aussi double-cliquer l'onglet.

B. Le nom de la feuille est sélectionné, prêt à être remplacé.

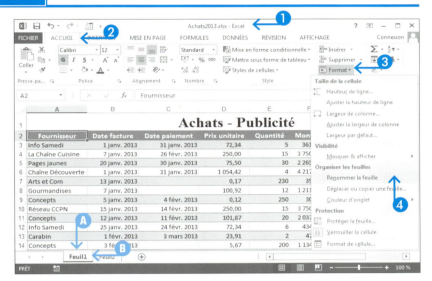

5. Pour modifier le nom actuel, appuyez sur ← ou → afin d'annuler la sélection.
6. Tapez le nouveau nom.
7. Appuyez sur **Entrée**.

La feuille porte désormais son nouveau nom.

219

Insérez une nouvelle feuille de calcul

À sa création, un nouveau classeur comprend une seule feuille de calcul. Si vous avez à compléter un nouveau jeu de données apparentées aux données de la première feuille, vous ajouterez une nouvelle feuille dans ce classeur. Un classeur Excel peut contenir de nombreuses feuilles et vous pouvez ajouter autant de feuilles que nécessaire à votre projet.

Dans la plupart des cas, vous ajouterez une feuille vierge, mais Excel fournit aussi des modèles prédéfinis prêts à l'emploi.

Insérez une feuille vierge

1 Ouvrez le classeur dans lequel vous voulez ajouter une feuille.

2 Cliquez l'onglet **Accueil**.

3 Cliquez la flèche ⌵ du bouton **Insérer**.

4 Cliquez **Insérer une feuille**.

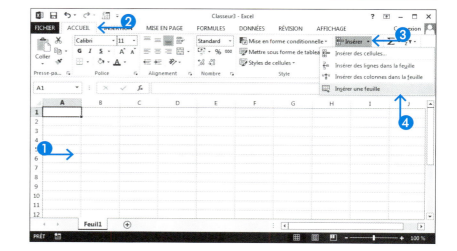

A Excel insère une nouvelle feuille.

Note. Vous pouvez aussi insérer une feuille vierge par le raccourci clavier **Maj** + **F11**.

B Vous disposez aussi du bouton **Nouvelle feuille** (⊕) pour ajouter une feuille vierge.

CHAPITRE 10
Manipulez les feuilles de calcul

Insérez une feuille à partir d'un modèle

1. Ouvrez le classeur dans lequel vous voulez ajouter une feuille.

2. Cliquez un onglet avec le bouton droit.

3. Cliquez **Insérer**.

   La boîte de dialogue Insérer apparaît.

4. Cliquez l'onglet **Solutions - Tableur**.

5. Cliquez le type de feuille à ajouter.

- Vous pouvez aussi cliquer **Modèles sur Office.com** pour télécharger d'autres modèles depuis le Web.

6. Cliquez **OK**.

- Excel insère la nouvelle feuille.

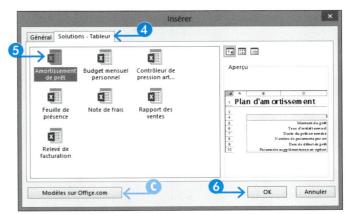

ASTUCE

Pour passer d'une feuille à une autre, il suffit de cliquer l'onglet de la feuille voulue. Vous disposez aussi des deux pointes de flèches à gauche de la rangée d'onglets. Ces boutons offrent les fonctions suivantes :

Commande	Action
◄	Affiche la feuille suivante.
►	Affiche la feuille précédente.
Ctrl + ◄	Affiche la première feuille.
Ctrl + ►	Affiche la dernière feuille.

Déplacez une feuille de calcul

Vous faciliterez la navigation dans un classeur en modifiant l'ordre des feuilles de calcul. Il est possible aussi de déplacer une feuille de calcul vers un autre classeur.

Lorsque vous ajoutez une nouvelle feuille à un classeur, Excel la place à gauche des feuilles existantes. Mais les feuilles seront rarement placées dans l'ordre idéal du premier coup: vous devrez donc en déplacer certaines pour les réorganiser.

Déplacez une feuille de calcul

① Si vous voulez déplacer une feuille d'un classeur vers un autre, ouvrez ce deuxième classeur et revenez au premier.

② Cliquez l'onglet de la feuille à déplacer.

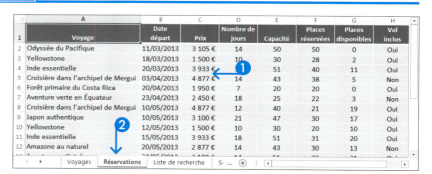

③ Cliquez l'onglet **Accueil**.

④ Cliquez **Format**.

⑤ Cliquez **Déplacer ou copier une feuille**.

Ⓐ Vous pouvez aussi cliquer l'onglet avec le bouton droit et sélectionner **Déplacer ou copier**.

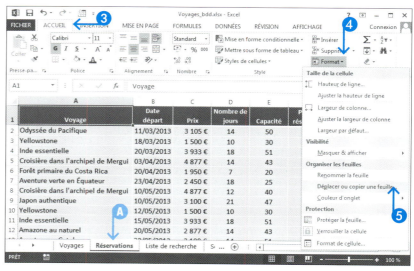

CHAPITRE 10
Manipulez les feuilles de calcul

La boîte de dialogue Déplacer ou copier apparaît.

6 Pour déplacer la feuille dans un autre classeur, cliquez la liste **Dans le classeur**, puis sélectionnez le classeur.

7 Choisissez la position de la feuille déplacée en sélectionnant une feuille dans la liste **Avant la feuille**.

La feuille sera déplacée à gauche de la feuille sélectionnée à l'étape **7**.

8 Cliquez **OK**.

B Excel déplace la feuille.

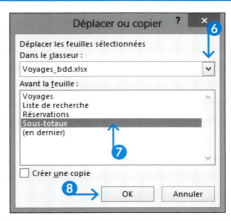

ASTUCE

Vous pouvez aussi déplacer une feuille dans le classeur en faisant glisser son onglet. Une flèche noire ( ) indique à quel emplacement sera placée la feuille lorsque vous relâcherez le bouton de la souris.

223

Copiez une feuille de calcul

Excel vous permet de dupliquer une feuille de calcul dans le même classeur ou dans un autre.

Un des secrets de l'efficacité avec Excel consiste à ne pas refaire un travail déjà fait. Par exemple, si vous avez besoin d'une feuille très semblable à une feuille existante, copiez cette feuille et modifiez-la au lieu de recommencer de zéro.

Copiez une feuille de calcul

1 Si vous voulez copier une feuille d'un classeur dans un autre, ouvrez ce deuxième classeur et revenez au premier.

2 Cliquez l'onglet de la feuille à copier.

3 Cliquez l'onglet **Accueil**.

4 Cliquez **Format**.

5 Cliquez **Déplacer ou copier une feuille**.

A Vous pourriez aussi cliquer l'onglet de la feuille avec le bouton droit et sélectionner **Déplacer ou copier**.

La boîte de dialogue Déplacer ou copier apparaît.

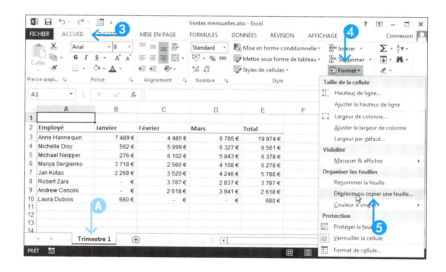

224

CHAPITRE 10
Manipulez les feuilles de calcul

6 Pour copier la feuille dans un autre classeur, cliquez la liste **Dans le classeur**, puis sélectionnez le classeur.

7 Choisissez la position de la feuille dupliquée en sélectionnant une feuille dans la liste **Avant la feuille**.

La feuille sera copiée à gauche de la feuille sélectionnée à l'étape 7.

8 Cochez **Créer une copie** (☐ devient ☑).

9 Cliquez **OK**.

B Excel copie la feuille.

C La copie porte le nom de l'original auquel a été ajouté (2).

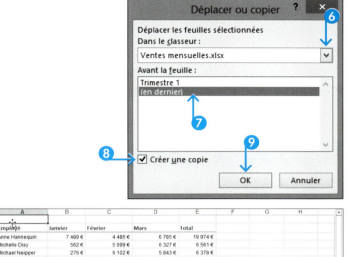

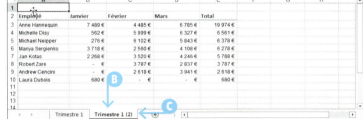

ASTUCE

Vous pouvez aussi copier une feuille en maintenant enfoncée la touche **Ctrl** pendant que vous faites glisser son onglet. Une flèche noire ( ) indique à quel emplacement sera placée la copie lorsque vous relâcherez le bouton de la souris.

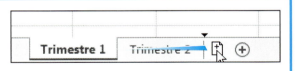

Supprimez une feuille de calcul

Vous pouvez supprimer une feuille devenue inutile. La taille du classeur sera diminuée d'autant et le déplacement dans le classeur s'en trouvera simplifié.

Comme il est impossible d'annuler la suppression d'une feuille, il est important de bien vérifier que vous n'aurez plus besoin de ce contenu avant de supprimer. Par précaution, vous pouvez enregistrer le classeur avant de supprimer une feuille. Si vous commettez une erreur en supprimant la feuille, vous fermerez le classeur sans enregistrer les modifications pour retrouver la feuille.

Supprimez une feuille de calcul

1. Cliquez l'onglet de la feuille à supprimer.

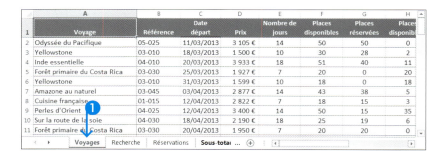

2. Cliquez l'onglet **Accueil**.
3. Cliquez la flèche du bouton **Supprimer**.
4. Cliquez **Supprimer une feuille**.

A. Vous pourriez aussi cliquer l'onglet avec le bouton droit et sélectionner **Supprimer**.

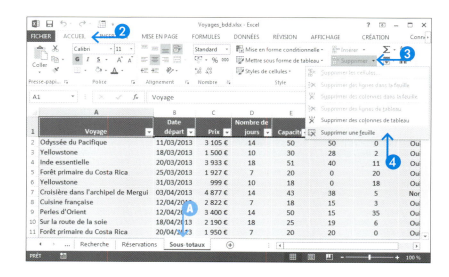

CHAPITRE 10

Manipulez les feuilles de calcul

Si la feuille contient des données, Excel vous demande confirmation.

5 Cliquez **Supprimer**.

B Excel supprime la feuille.

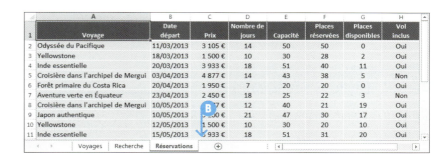

ASTUCE

Si vous voulez supprimer plusieurs feuilles, cliquez successivement leurs onglets en maintenant enfoncée la touche Ctrl pour les sélectionner avant de lancer la commande de suppression.

Pour sélectionner la quasi-totalité des onglets du classeur, cliquez l'un des onglets avec le bouton droit et choisissez **Sélectionner toutes les feuilles**. Ensuite, maintenez enfoncée la touche Ctrl pendant que vous cliquez l'onglet des feuilles à retirer de la sélection. Une fois les feuilles sélectionnées, suivez les instructions des étapes 3 à 5 pour les supprimer.

Changez la couleur du quadrillage

Vous donnerez plus d'impact à votre feuille en modifiant la couleur originale du quadrillage, qui est un gris moyen. Excel offre le choix parmi une palette de 56 couleurs.

Modifier la couleur du quadrillage permet aussi de marquer la différence entre le quadrillage et les bordures que vous ajoutez à une plage ou à un tableau. Consultez le chapitre 5 pour apprendre à ajouter des bordures à une plage.

Changez la couleur du quadrillage

❶ Cliquez l'onglet de la feuille à personnaliser.

❷ Cliquez l'onglet **Fichier**.

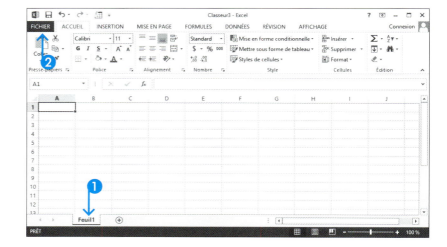

❸ Cliquez **Options**.

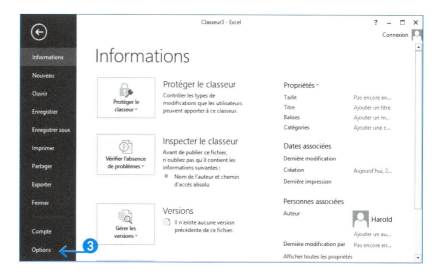

CHAPITRE 10
Manipulez les feuilles de calcul

La boîte de dialogue Options Excel apparaît.

4 Cliquez **Options avancées**.

5 Faites défiler les options jusqu'à la section **Options d'affichage de la feuille de calcul**.

6 Cliquez **Couleur du quadrillage**.

7 Cliquez la couleur de votre choix.

8 Cliquez **OK**.

A Excel affiche le quadrillage avec la couleur choisie.

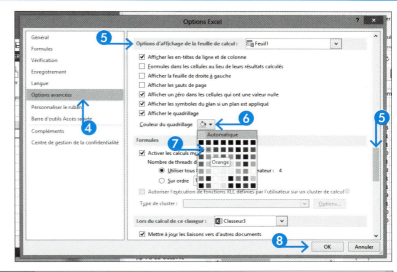

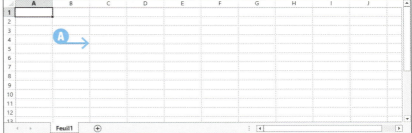

ASTUCE

Si vous souhaitez changer la couleur du quadrillage de toutes les feuilles du classeur, cliquez avec le bouton droit l'un des onglets de feuilles et cliquez **Sélectionner toutes les feuilles**.

Suivez ensuite les instructions des étapes 2 à 8 de cette tâche pour appliquer la couleur de quadrillage à toutes les feuilles sélectionnées, puis cliquez de nouveau un onglet avec le bouton droit et choisissez **Dissocier les feuilles**.

Activez ou désactivez l'affichage du quadrillage

La feuille aura un aspect plus net et le texte des cellules sera plus lisible si vous désactivez l'affichage du quadrillage. Dans ce cas, Excel affiche la feuille sur un fond blanc uni, sans la distraction des lignes du quadrillage. Le masquage du quadrillage est particulièrement utile dans le cas d'une feuille qui contient de nombreuses plages encadrées de bordures.

Si ensuite vous avez du mal à sélectionner des plages sans la présence du quadrillage, il est très facile de réactiver son affichage.

Désactivez l'affichage du quadrillage

❶ Cliquez l'onglet de la feuille dans laquelle vous voulez travailler.

❷ Cliquez l'onglet **Affichage**.

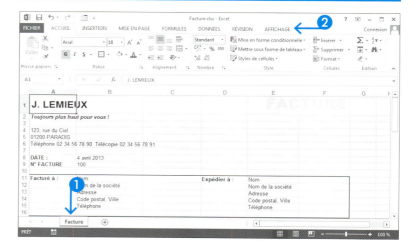

❸ Cliquez l'option **Quadrillage** de manière à retirer la coche (☑ devient ☐).

Ⓐ Excel désactive l'affichage du quadrillage.

Activez l'affichage du quadrillage

Ⓑ Pour réactiver l'affichage du quadrillage, cochez l'option **Quadrillage** (☐ devient ☑).

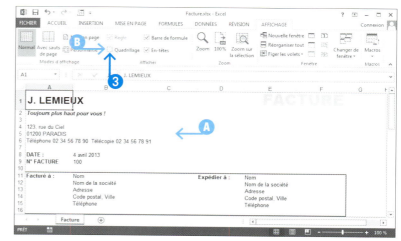

CHAPITRE 10
Activez ou désactivez l'affichage des en-têtes

Vous obtiendrez un peu plus d'espace de travail en désactivant les en-têtes de lignes, c'est-à-dire les nombres 1, 2, 3, *etc.*, à la gauche de la feuille, et les en-têtes de colonnes, c'est-à-dire les lettres A, B, C, *etc.*, placés au sommet de la feuille.

Si vous trouvez que la lecture des données ou l'écriture des formules devient difficile sans les en-têtes, vous les réactiverez très facilement.

Désactivez l'affichage des en-têtes

1 Cliquez l'onglet de la feuille dans laquelle vous voulez travailler.

2 Cliquez l'onglet **Affichage**.

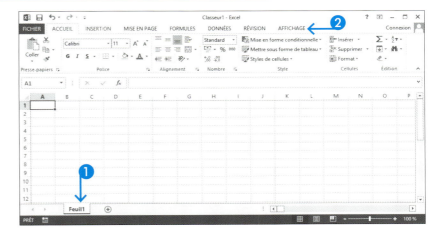

3 Cliquez l'option **En-têtes** de manière à retirer la coche (☑ devient ☐).

A Excel désactive l'affichage des en-têtes.

Activez l'affichage des en-têtes

B Pour réactiver l'affichage des en-têtes, cochez l'option **En-têtes** (☐ devient ☑).

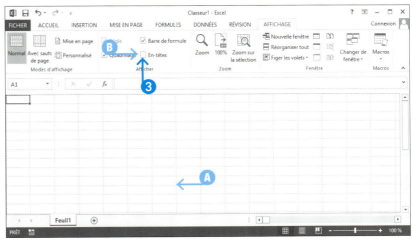

231

Choisissez la couleur des onglets des feuilles de calcul

Vous faciliterez l'emploi du classeur en définissant un code de couleurs pour les onglets des feuilles. Par exemple, si les feuilles du classeur concernent plusieurs projets, vous pourriez définir une couleur d'onglet différente pour chaque projet. Vous pourriez également avoir une couleur pour les feuilles terminées et une autre couleur pour les feuilles en cours de construction.

Excel fournit dix couleurs standard et soixante couleurs appartenant au thème du classeur. Vous pouvez aussi définir une couleur particulière si celles proposées ne vous conviennent pas.

Choisissez la couleur des onglets des feuilles de calcul

❶ Sélectionnez l'onglet à colorer.

❷ Cliquez l'onglet **Accueil**.
❸ Cliquez **Format**.
❹ Cliquez **Couleur d'onglet**.

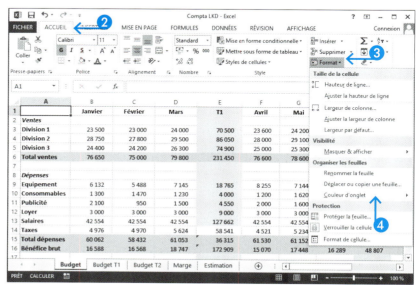

CHAPITRE 10
Manipulez les feuilles de calcul

Excel affiche une palette de couleurs.

5 Cliquez la couleur à utiliser pour l'onglet actif.

A Pour choisir une couleur personnalisée, cliquez **Autres couleurs**, puis servez-vous de la boîte de dialogue Couleurs pour sélectionner ou définir une couleur.

B L'onglet prend la couleur que vous venez de choisir.

Note. Vous pourriez aussi cliquer l'onglet avec le bouton droit et choisir **Couleur d'onglet** pour ouvrir la palette de couleurs et y sélectionner une couleur.

Note. La couleur de l'onglet est presque transparente lorsqu'il est sélectionné et nettement plus vive lorsqu'il n'y est pas.

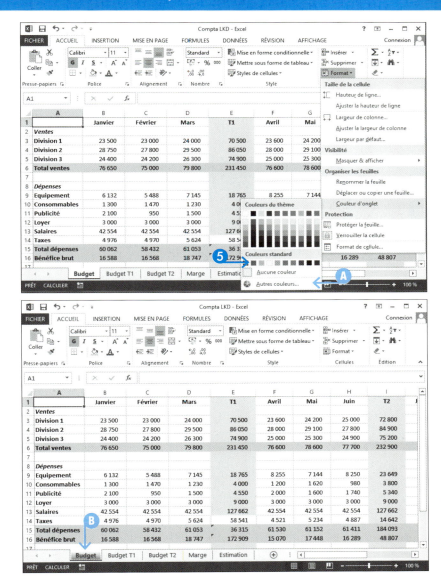

ASTUCES

Si vous voulez attribuer la même couleur à plusieurs onglets, sélectionnez toutes les feuilles concernées avant d'appliquer la couleur. Pour sélectionner plusieurs feuilles, cliquez les onglets un à un en appuyant sur Ctrl. Une fois les feuilles sélectionnées, suivez les instructions des étapes 2 à 5 pour attribuer la même couleur à tous les onglets sélectionnés.

Si vous voulez éliminer la couleur d'un onglet, suivez les instructions des étapes 1 à 4 pour sélectionner l'onglet et afficher la palette de couleurs, puis choisissez **Aucune couleur**. Excel efface la couleur de l'onglet.

Définissez l'arrière-plan de la feuille

Vous apporterez de l'originalité à une feuille en remplaçant le fond blanc uni par une image, une photo ou un dessin. Dans le cas d'une feuille qui établit le budget de votre prochain voyage, vous pourriez décorer l'arrière-plan avec une photo de votre destination.

Prenez soin de choisir une image qui ne va pas nuire à la lisibilité de la feuille. Si le texte est de couleur sombre, vous choisirez une image avec des couleurs claires.

Définissez l'arrière-plan de la feuille

❶ Sélectionnez l'onglet de la feuille à personnaliser.

❷ Cliquez l'onglet **Mise en page**.

❸ Cliquez **Arrière-plan**.

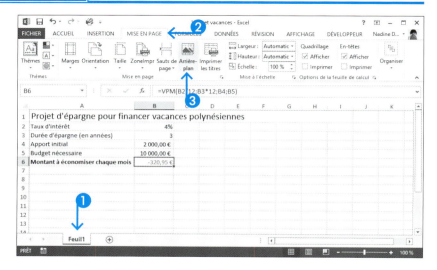

La boîte de dialogue Insérer des images apparaît.

❹ Cliquez **À partir d'un fichier**.

CHAPITRE 10
Manipulez les feuilles de calcul

La boîte de dialogue Feuille d'arrière-plan apparaît.

5 Sélectionnez le dossier où se trouve l'image à utiliser.

6 Cliquez l'image.

7 Cliquez **Insérer**.

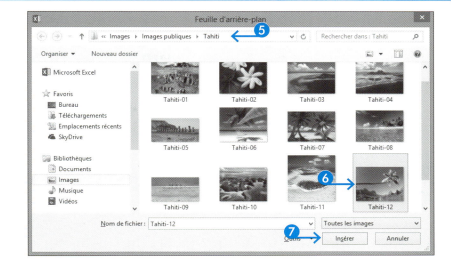

A Excel habille l'arrière-plan de la feuille avec l'image choisie.

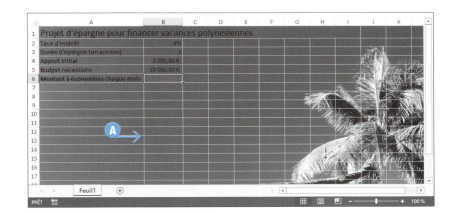

ASTUCES

Excel ne propose pas de fonction pour changer la couleur de l'arrière-plan de la feuille, mais il existe une solution. Sélectionnez toutes les cellules de la feuille en cliquant **Tout sélectionner** (◢). Cliquez l'onglet **Accueil**, cliquez la flèche ▼ du bouton **Couleur de remplissage**, puis sélectionnez une couleur dans la palette. Excel applique la couleur à l'arrière-plan de toutes les cellules.

Si vous constatez que l'image d'arrière-plan nuit à la lisibilité du texte, vous devriez la supprimer. Cliquez l'onglet de la feuille, cliquez **Mise en page** puis **Supprimer l'arrière-plan** (▦). Excel rétablit le fond blanc.

Grossissez ou réduisez l'affichage

Vous agrandirez l'affichage en augmentant le facteur de zoom pour mieux examiner une plage de la feuille. Cette fonction est particulièrement utile quand la police de caractères est de petite taille.

Inversement, en effectuant un zoom arrière, c'est-à-dire en diminuant le facteur de zoom, vous obtiendrez une vue d'ensemble de la structure de la feuille.

Grossissez ou réduisez l'affichage

1 Sélectionnez l'onglet de la feuille à grossir.

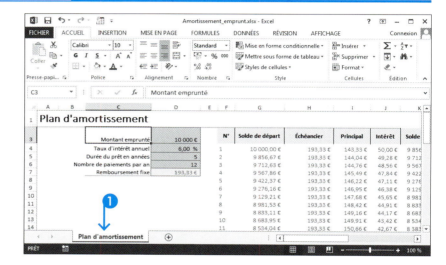

2 Cliquez l'onglet **Affichage**.

3 Cliquez **Zoom** (🔍).

A Vous obtiendrez le même résultat en cliquant le pourcentage de zoom dans la barre d'état.

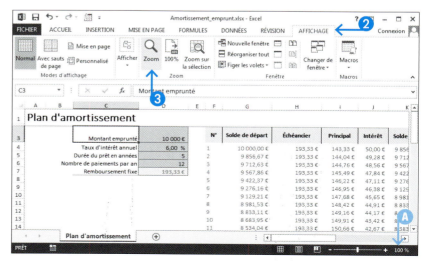

CHAPITRE 10
Manipulez les feuilles de calcul

La boîte de dialogue Zoom apparaît.

4 Sélectionnez un facteur de grossissement (○ devient ●).

B Vous pouvez aussi activer l'option **Personnalisé** (○ devient ●) et taper un facteur dans le champ **%**.

Note. Un facteur supérieur à 100 % grossit l'affichage normal, tandis qu'un facteur inférieur à 100 % le réduit.

5 Cliquez **OK**.

Excel applique le facteur de zoom et actualise l'affichage.

C Un clic sur **100 %** (🔍) rétablit l'affichage normal.

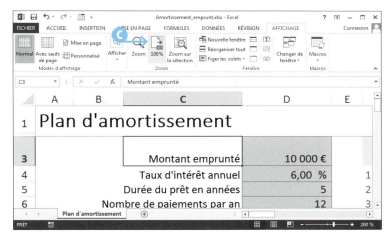

ASTUCES

La fonction Zoom sur la sélection permet de zoomer directement sur la plage sélectionnée qui remplit alors toute la fenêtre. Il suffit de sélectionner une plage et de cliquer **Zoom sur la sélection** (🔍) dans l'onglet Affichage.

Le curseur de zoom (🔘) à l'extrémité droite de la barre d'état offre la méthode la plus simple pour changer le grossissement. Déplacez le curseur vers la droite pour augmenter le facteur de zoom et vers la gauche pour le réduire. Vous pourriez aussi cliquer les boutons **Zoom avant** (➕) et **Zoom arrière** (➖) pour modifier le facteur de grossissement.

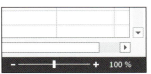

237

Fractionnez une feuille en deux volets

Certaines feuilles comprennent dans leur partie supérieure une série de cellules qu'il est intéressant de garder toujours affichées, même lorsque vous faites défiler les autres données. Dans ce cas, il est possible de fractionner la feuille en deux volets que vous pouvez faire défiler séparément.

Fractionner une feuille est aussi utile pour garder des données ou des résultats de formule en vue durant le défilement des données.

Fractionnez une feuille en deux volets

1. Cliquez l'onglet de la feuille à fractionner.

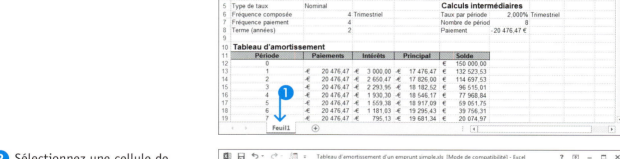

2. Sélectionnez une cellule de la colonne A située sous le point où vous voulez fractionner la feuille.

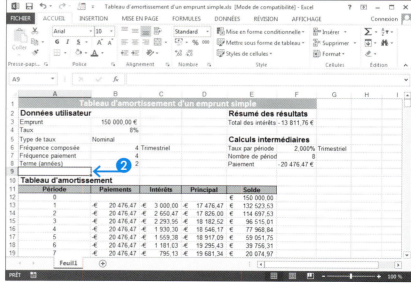

CHAPITRE 10
Manipulez les feuilles de calcul

③ Cliquez l'onglet **Affichage**.

④ Cliquez **Fractionner** (▭).

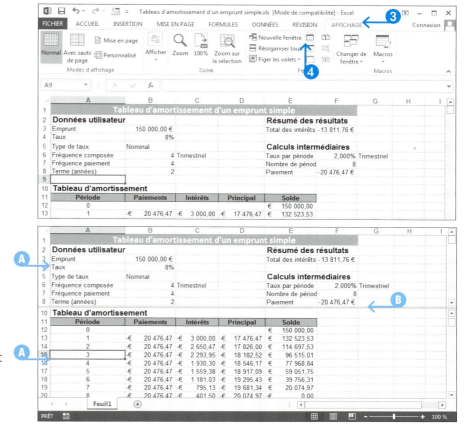

Ⓐ Excel fractionne la feuille en deux volets horizontaux au niveau de la cellule sélectionnée.

Ⓑ Vous pouvez ajuster la taille des volets en faisant glisser la barre de fractionnement vers le haut ou le bas.

Pour supprimer le fractionnement, cliquez de nouveau **Fractionner** (▭) ou double-cliquez la barre de fractionnement.

ASTUCES

Vous fractionnerez la feuille en deux volets verticaux de la même manière en sélectionnant une cellule dans la première ligne, située à droite de l'emplacement où vous voulez fractionner. Par exemple, pour présenter seulement la colonne A dans le volet gauche, sélectionnez la cellule B1.

Vous pouvez fractionner en quatre volets de manière à voir simultanément quatre portions de la feuille. Pour fractionner la feuille en quatre volets, sélectionnez une cellule où les barres de fractionnement vont se croiser. Cette cellule ne doit pas se trouver dans la ligne 1 ni dans la colonne A. La cellule sélectionnée avant le fractionnement deviendra la cellule supérieure gauche du volet inférieur droit dans le fractionnement.

Masquez ou réaffichez une feuille

Vous pouvez masquer une feuille pour qu'elle ne soit plus visible dans le classeur. Cette fonction est utile quand vous avez besoin de montrer le classeur à d'autres personnes alors que l'une de ses feuilles contient des données confidentielles. Vous pourriez aussi masquer une feuille parce qu'elle n'est pas terminée, pas encore prête à être montrée.

Pour apprendre à protéger un classeur de sorte que les utilisateurs ne puissent pas annuler le masquage d'une feuille, reportez-vous au chapitre 23.

Masquez une feuille

1. Cliquez l'onglet de la feuille à masquer.
2. Cliquez l'onglet **Accueil**.
3. Cliquez **Format**.
4. Cliquez **Masquer & afficher**.
5. Cliquez **Masquer la feuille**.

A. Vous pourriez aussi cliquer l'onglet du bouton droit et choisir **Masquer**.

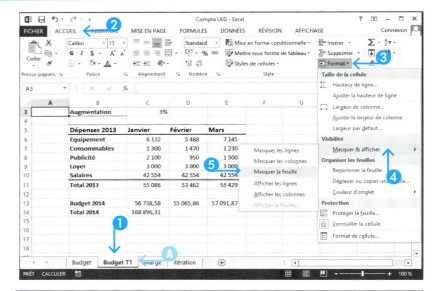

B. Excel supprime provisoirement la feuille du classeur.

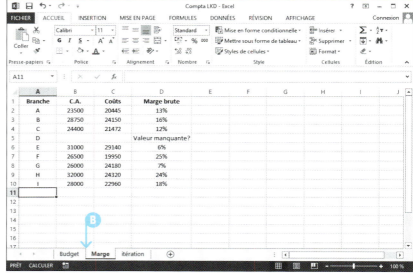

240

CHAPITRE 10
Manipulez les feuilles de calcul

Réaffichez une feuille

1. Cliquez l'onglet **Accueil**.
2. Cliquez **Format**.
3. Cliquez **Masquer & afficher**.
4. Cliquez **Afficher la feuille**.

C. Vous pourriez aussi cliquer n'importe quel onglet du bouton droit et choisir **Afficher**.

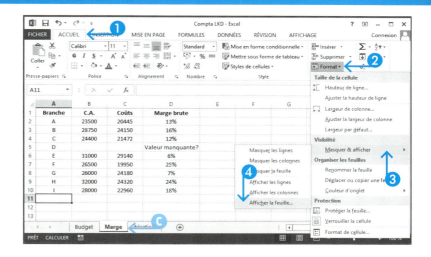

La boîte de dialogue Afficher apparaît.

5. Cliquez la feuille à réafficher.
6. Cliquez **OK**.

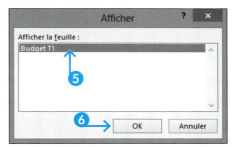

D. Excel remet à sa place la feuille précédemment masquée.

ASTUCE

Si vous voulez masquer plusieurs feuilles, sélectionnez-les avant de lancer la commande **Masquer**. Pour sélectionner plusieurs feuilles, cliquez les onglets un à un en appuyant sur `Ctrl`.

Si vous voulez masquer la quasi-totalité des feuilles, cliquez du bouton droit n'importe quel onglet et choisissez **Sélectionner toutes les feuilles**. Ensuite, maintenez enfoncée la touche `Ctrl` pendant que vous cliquez les onglets à retirer de la sélection. Les feuilles à masquer étant sélectionnées, lancez la commande **Masquer** selon les instructions des étapes 3 à 5.

241

CHAPITRE 11

Manipulez les classeurs

Tout ce que vous faites dans Excel se déroule dans un fichier Excel qu'on nomme *classeur*. Ce chapitre consacré aux classeurs vous montre comment créer de nouveaux fichiers, enregistrer, ouvrir et fermer des fichiers, exploiter le vérificateur orthographique, et bien d'autres fonctions.

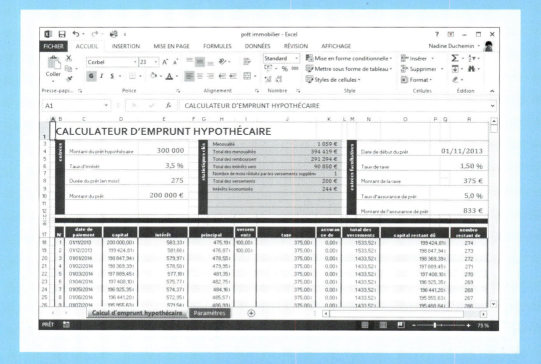

Créez un classeur vierge 244
Créez un classeur à partir d'un modèle 246
Enregistrez un classeur. 248
Ouvrez un classeur 249
Spécifiez les propriétés du classeur. 250
Recherchez du texte dans un classeur 252
Remplacez du texte dans un classeur 254
Vérifiez l'orthographe 256
Fermez un classeur. 258

Créez un classeur vierge

Pour entamer un nouveau projet dans Excel, vous partirez d'un nouveau classeur vierge. Au démarrage, Excel propose automatiquement la création d'un classeur ; cliquez **Nouveau classeur** pour obtenir un classeur vide composé d'une seule feuille. Ensuite, une fois Excel ouvert, vous devrez passer par l'onglet Fichier pour créer d'autres classeurs.

Si vous préférez créer un classeur d'après l'un des modèles d'Excel, voyez la tâche suivante.

Créez un classeur vierge

❶ Cliquez l'onglet **Fichier**.

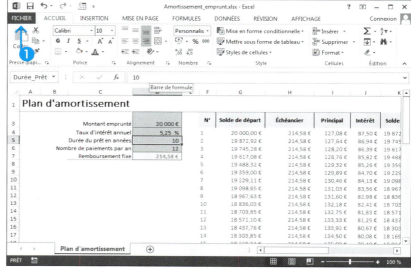

❷ Cliquez **Nouveau**.

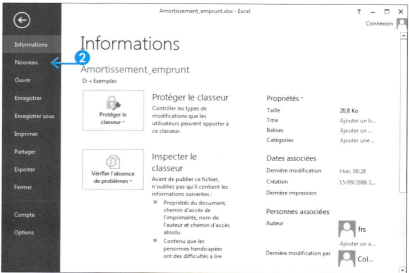

CHAPITRE 11
Manipulez les classeurs

3 Cliquez **Nouveau classeur**.

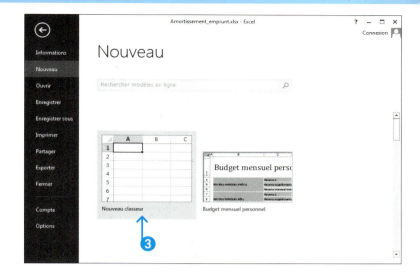

A Excel crée un nouveau classeur vide et l'affiche dans une fenêtre.

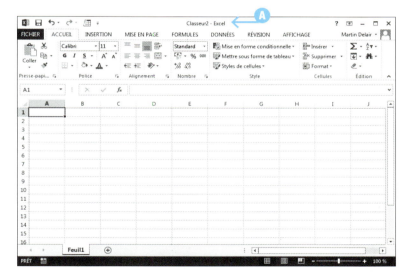

ASTUCES

Le raccourci clavier **Ctrl** + **N** crée directement un nouveau classeur.

Excel crée un document vierge à chaque démarrage, mais si vous ouvrez ensuite un classeur existant, Excel supprime automatiquement le classeur vierge en supposant que vous n'en avez pas besoin. Pour empêcher cela, apportez une modification quelconque au classeur vierge avant d'ouvrir un autre fichier.

Créez un classeur à partir d'un modèle

Vous économiserez temps et efforts en créant un classeur à partir d'un fichier de modèle Excel. Chaque modèle présente une feuille de calcul comprenant des formules et des titres prédéfinis, ainsi qu'une mise en page définissant des couleurs, des polices, des styles, *etc*. Souvent, vous utiliserez le nouveau classeur tel quel en y plaçant simplement vos données.

Excel 2013 propose plus de 25 modèles et de nombreux autres sont disponibles sur Office Online.

Créez un classeur à partir d'un modèle

1 Cliquez l'onglet **Fichier**.

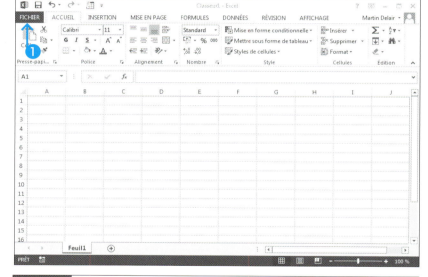

2 Cliquez **Nouveau**.

A Pour utiliser un modèle d'Office Online, saisissez dans la zone de texte Rechercher modèles en ligne un mot ou deux décrivant ce que vous recherchez.

3 Cliquez le modèle que vous voulez utiliser.

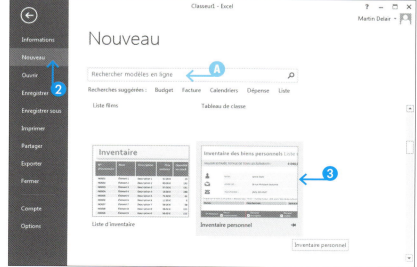

CHAPITRE 11
Manipulez les classeurs

B Un aperçu du modèle apparaît ici.

4 Cliquez **Créer**.

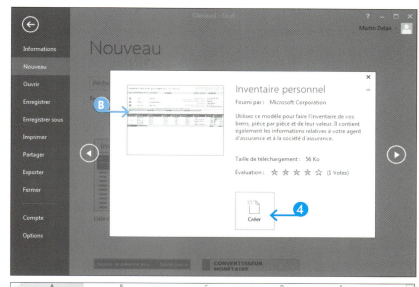

C Excel crée le nouveau classeur et l'affiche dans sa fenêtre.

ASTUCE

Vous pouvez enregistrer en tant que modèle un classeur que vous avez créé et construit pour répondre à vos besoins. Cliquez **Fichier**, puis **Enregistrer sous**. Cliquez **Ordinateur**, puis **Parcourir**, et sélectionnez **Modèle Excel** dans la liste Type. Attribuez un nom à votre modèle dans la zone Nom de fichier, puis cliquez **Enregistrer**.

Pour utiliser votre modèle, cliquez **Fichier** puis **Ouvrir**. Cliquez **Ordinateur** puis **Parcourir**, et cliquez le nom de votre modèle.

Enregistrez un classeur

Après avoir créé un classeur dans lequel vous avez commencé à construire votre projet, enregistrez le document pour conserver votre travail. Lorsque vous travaillez dans un classeur, Excel conserve les modifications dans la mémoire vive de l'ordinateur, qui s'efface chaque fois que l'ordinateur s'éteint. Enregistrer le document conserve la dernière version du classeur sur le disque dur de l'ordinateur. Enregistrez votre travail de temps à autre pour ne pas tout perdre si l'ordinateur s'arrête ou si Excel plante.

Enregistrez un classeur

1 Cliquez **Enregistrer** (🖫).

Vous pouvez aussi appuyer sur `Ctrl` + `S`.

Si ce document a déjà été enregistré, vos dernières modifications sont maintenant sauvegardées et vous pouvez ignorer les étapes suivantes de cette tâche.

Le volet Enregistrer sous de l'onglet Fichier apparaît.

2 Cliquez **Ordinateur**.

3 Cliquez **Parcourir**.

La boîte de dialogue Enregistrer sous apparaît.

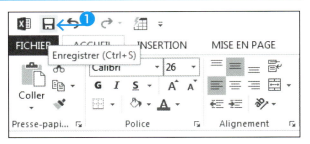

4 Sélectionnez le dossier où placer ce document.

5 Cliquez la zone **Nom de fichier** et tapez le nom à donner au document.

6 Cliquez **Enregistrer**.

Excel enregistre le fichier.

Note. Pour apprendre à enregistrer le classeur dans un ancien format d'Excel, reportez-vous au chapitre 22.

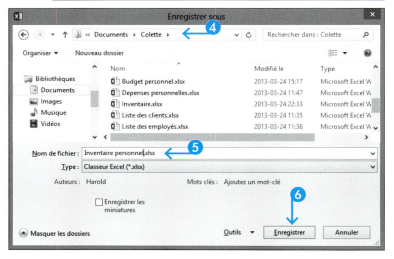

Ouvrez un classeur

CHAPITRE 11

Pour afficher ou modifier un classeur Excel existant, vous l'ouvrirez avec Excel. Pour ouvrir le classeur, vous devrez commencer par localiser le dossier où vous avez enregistré le fichier.

Si vous avez travaillé récemment avec ce classeur, vous gagnerez du temps en l'ouvrant à partir de la liste Classeurs (utilisation récente) qui affiche les 25 derniers classeurs utilisés.

Ouvrez un classeur

1 Cliquez l'onglet **Fichier**.

2 Cliquez **Ouvrir**.

Le volet Ouvrir apparaît.

A L'option **Classeurs (utilisation récente)** affiche la liste des classeurs utilisés dernièrement. Si le fichier cherché s'y trouve, cliquez son nom et ne tenez pas compte des étapes restantes.

3 Cliquez **Ordinateur**.

4 Cliquez **Parcourir**.

Vous pourriez aussi appuyer sur Ctrl + O.

La boîte de dialogue Ouvrir apparaît.

5 Sélectionnez le dossier contenant le classeur à ouvrir.

6 Cliquez le fichier.

7 Cliquez **Ouvrir**.

Le classeur apparaît dans une fenêtre.

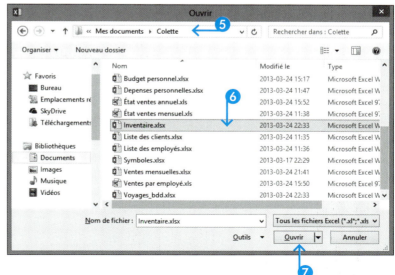

249

Spécifiez les propriétés du classeur

Les propriétés sont des données qui décrivent ou catégorisent un classeur. Par exemple, le nom de la personne qui a créé un classeur est une propriété de son fichier. Certaines propriétés, comme la date de dernière modification, sont définies automatiquement par Excel, mais vous pouvez changer les autres propriétés. Vous pouvez ainsi ajouter un titre et des commentaires sur un classeur et y définir des mots clés qui décrivent son contenu.

Comme Windows tient compte de ces propriétés pour indexer les fichiers et répondre à vos recherches, vous retrouverez vos classeurs plus facilement en définissant correctement leurs propriétés.

Spécifiez les propriétés de base

❶ Ouvrez le classeur à modifier.

❷ Cliquez l'onglet **Fichier**.

❸ Cliquez **Informations**.

❹ Cliquez une propriété et tapez la valeur que vous voulez lui attribuer.

❺ Répétez l'instruction de l'étape 4 pour chacune des propriétés que vous voulez définir.

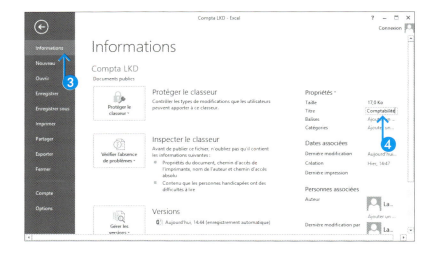

CHAPITRE 11
Manipulez les classeurs

Spécifiez les propriétés avancées

1 Cliquez **Propriétés**.

2 Cliquez **Propriétés avancées**.

Excel ouvre la boîte de dialogue Propriétés du classeur sur l'onglet Général.

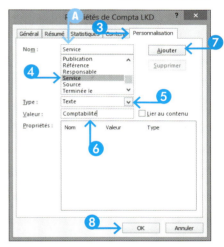

3 Cliquez l'onglet **Personnalisation**.

4 Cliquez la propriété à ajouter.

A Pour ajouter une propriété qui ne figure pas dans la liste, créez-la en tapant son nom dans le champ **Nom**.

5 Cliquez la liste **Type** et sélectionnez un type de données pour la propriété.

6 Tapez la valeur de la propriété.

7 Cliquez **Ajouter**.

8 Répétez les instructions des étapes 4 à 7 pour chaque propriété à ajouter, puis cliquez **OK**.

Excel ajoute au classeur les propriétés personnalisées.

ASTUCES

Il existe une méthode plus simple pour définir les propriétés de base d'un classeur. Vous pouvez voir des propriétés comme Commentaires, Auteur et Mots clés dans le volet Documents qui s'affiche au-dessus de la feuille. Dans le volet Informations, cliquez **Propriétés** puis **Afficher le panneau de documents**. Excel vous ramène au classeur et ouvre le volet Documents.

Les propriétés des classeurs sont accessibles en dehors d'Excel. Dans l'Explorateur de fichiers, cliquez du bouton droit un fichier Excel et choisissez **Propriétés** pour ouvrir la boîte de dialogue Propriétés. Cliquez l'onglet **Détails** pour voir la liste complète des propriétés du classeur. Vous pouvez compléter ou modifier directement la valeur des propriétés personnalisables.

Recherchez du texte dans un classeur

La plupart des modèles de classeur n'occupent qu'un écran ou deux dans une seule feuille et il est donc facile d'y trouver un texte. La recherche est plus longue et plus difficile si le classeur contient beaucoup de données réparties sur une ou plusieurs feuilles. L'outil de recherche d'Excel parcourt en un clin d'œil la totalité d'un classeur.

Recherchez du texte dans un classeur

1 Cliquez l'onglet **Accueil**.

2 Cliquez **Rechercher et sélectionner**.

3 Cliquez **Rechercher**.

Note. Le raccourci clavier **Ctrl** + **F** donne accès à la commande Rechercher.

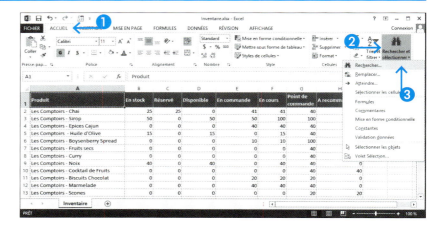

La boîte de dialogue Rechercher et remplacer apparaît.

4 Cliquez dans le champ **Rechercher** et saisissez le texte à rechercher.

5 Cliquez **Suivant**.

252

CHAPITRE 11
Manipulez les classeurs

A Excel sélectionne la première cellule contenant le texte recherché.

Note. Si le texte est introuvable, une boîte de dialogue vous en informe.

6 Si l'occurrence trouvée n'est pas celle que vous recherchez, cliquez **Suivant** jusqu'à ce qu'Excel trouve la bonne.

7 Fermez la boîte de dialogue en cliquant **Fermer**.

B La cellule reste sélectionnée.

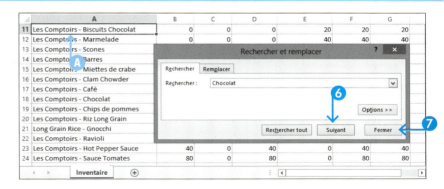

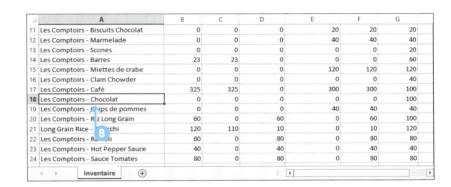

ASTUCES

Par défaut, la recherche se fait dans la feuille active. Pour rechercher dans toutes les feuilles du classeur, cliquez **Options**, cliquez la liste **Dans** et sélectionnez **Classeur**.

Les options permettent de filtrer la recherche avec un format, de respecter la casse du texte à trouver ou d'atteindre les cellules qui contiennent uniquement le texte recherché. Cliquez **Options** pour masquer les options.

Remplacez du texte dans un classeur

Si vous devez remplacer un mot ou le modifier en un ou deux endroits de la feuille, vous pouvez le faire rapidement et facilement en changeant le contenu des cellules. Plus le nombre de remplacements augmente, plus la tâche est longue et fastidieuse et plus le risque d'erreur s'accroît. Vous gagnerez du temps en laissant la commande Remplacer d'Excel s'occuper de cette tâche délicate.

Remplacez du texte dans un classeur

① Cliquez l'onglet **Accueil**.

② Cliquez **Rechercher et sélectionner**.

③ Cliquez **Remplacer**.

Note. Le raccourci clavier **Ctrl** + **H** donne accès à la commande Remplacer.

La boîte de dialogue Rechercher et remplacer apparaît.

④ Cliquez dans le champ **Rechercher** et saisissez le texte à remplacer.

⑤ Cliquez dans le champ **Remplacer par** et saisissez le texte de remplacement.

⑥ Cliquez **Suivant**.

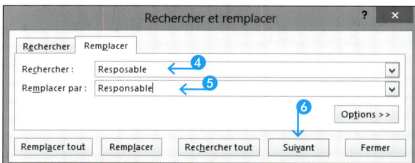

254

CHAPITRE 11
Manipulez les classeurs

A Excel sélectionne la première cellule contenant le texte.

Note. Si le texte est introuvable, une boîte de dialogue vous en informe.

7 Si l'occurrence trouvée n'est pas celle que vous voulez remplacer, cliquez **Suivant** jusqu'à ce qu'Excel trouve la bonne.

8 Cliquez **Remplacer**.

B Excel remplace le texte sélectionné par le texte de remplacement.

C Excel sélectionne l'occurrence suivante du texte.

9 Répétez les étapes **7** et **8** jusqu'à ce que toutes les occurrences soient remplacées.

10 Fermez la boîte de dialogue en cliquant **Fermer**.

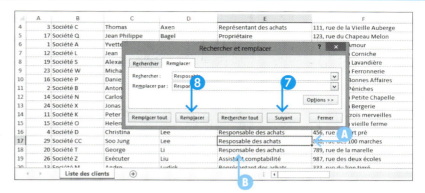

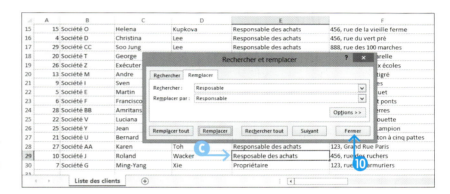

ASTUCE

Il est possible de remplacer rapidement toutes les occurrences du texte cherché par le texte de remplacement. Vérifiez en cliquant **Suivant** que le texte recherché permet de trouver correctement les occurrences et ne risque pas d'effectuer des remplacements indésirables. Vous pouvez alors cliquer **Remplacer tout**.

Dans le cas d'un remplacement général, pensez aussi à cocher **Respecter la casse** dans les options de la boîte de dialogue Rechercher et remplacer. Pour y accéder, cliquez le bouton **Options**.

Vérifiez l'orthographe

Un classeur contient principalement des nombres, des formules et des données. Toutefois, une faute de frappe ou un mot mal orthographié peut sauter aux yeux du lecteur et semer le doute sur le sérieux de la feuille et de son auteur. Pour éviter les fautes de frappe et les erreurs grossières, laissez Excel vérifier l'orthographe et suggérer des corrections.

Lorsqu'un mot est identifié comme une erreur possible, vous pouvez le corriger, l'ignorer ou l'ajouter au dictionnaire.

Vérifiez l'orthographe

1 Cliquez l'onglet **Révision**.

2 Cliquez **Orthographe** ( ).

Note. Vous pouvez aussi appuyer sur F7.

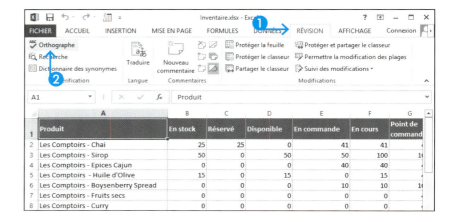

A La boîte de dialogue Orthographe apparaît et sélectionne la cellule contenant la première erreur détectée.

3 Cliquez la correction à appliquer.

4 Cliquez **Remplacer**.

B Cliquez **Remplacer tout** pour corriger cette erreur partout dans la feuille.

CHAPITRE 11
Manipulez les classeurs

C Excel affiche l'erreur suivante.

5 Répétez l'étape 4 si vous voulez corriger l'erreur.

D Si vous ne voulez pas corriger, optez pour l'une de ces solutions :

Cliquez **Ignorer** pour ne rien faire et passer à l'occurence suivante.

Cliquez **Ignorer tout** pour ignorer toutes les occurrences de cette erreur.

Cliquez **Ajouter au dictionnaire** pour ajouter le mot au dictionnaire du vérificateur d'orthographe.

6 Cliquez **OK** lorsque la vérification est terminée.

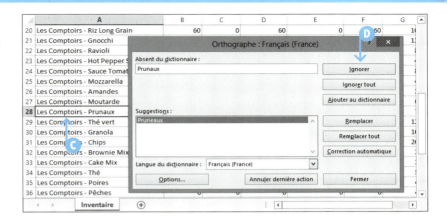

ASTUCE

Pour supprimer un mot ajouté au dictionnaire, ouvrez la boîte de dialogue Options Excel par l'onglet **Fichier**, cliquez **Vérification** et cliquez **Dictionnaires personnels**. Cliquez le dictionnaire par défaut et cliquez **Modifier la liste de mots**. Sélectionnez le mot à supprimer dans la liste et cliquez **Supprimer**. Cliquez **OK** à trois reprises pour fermer les boîtes de dialogue.

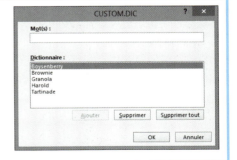

Fermez un classeur

Lorsque vous avez terminé le travail dans un classeur, il est conseillé de le fermer afin de désencombrer le Bureau. De plus, si le classeur contient de nombreuses données ou des images, sa fermeture libérera de la mémoire interne et allégera considérablement l'utilisation des ressources du système.

Lorsque vous fermez un classeur, Excel vérifie si des modifications ont été apportées depuis le dernier enregistrement. Si c'est le cas, Excel vous propose d'enregistrer le fichier. Procédez à l'enregistrement pour ne pas perdre votre travail.

Fermez un classeur

1. Affichez le classeur à fermer.

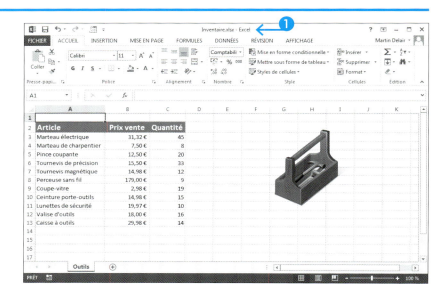

2. Cliquez l'onglet **Fichier**.

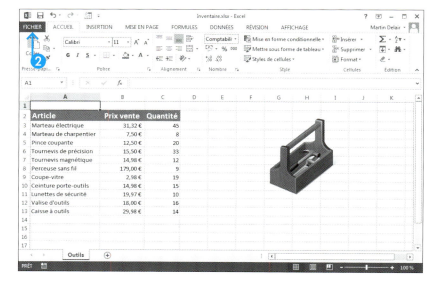

CHAPITRE 11
Manipulez les classeurs

3 Cliquez **Fermer**.

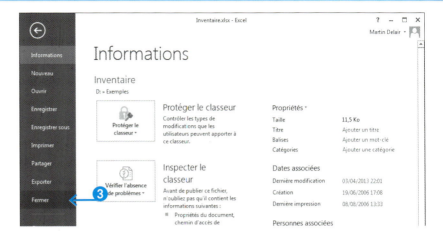

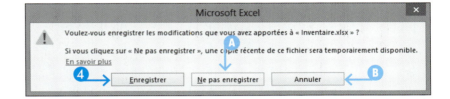

Si les dernières modifications du classeur n'ont pas été sauvegardées, Excel vous demande si vous voulez les enregistrer.

4 Cliquez **Enregistrer**.

A Si vous ne désirez pas conserver les dernières modifications, cliquez **Ne pas enregistrer**.

B Si vous décidez de garder le document ouvert, cliquez **Annuler**.

Le programme enregistre votre travail, puis ferme le document.

ASTUCE

Vous pouvez aussi fermer un document à l'aide du raccourci `Ctrl` + `W`, ou cliquer le bouton **Fermer** (×) du coin supérieur droit de la fenêtre de document.

CHAPITRE 12

Gérez les classeurs

Pour tirer le meilleur parti d'Excel, vous devez gérer vos fichiers de classeurs. Ce chapitre vous enseigne les meilleures techniques de gestion des classeurs. Vous y verrez, par exemple, la manière d'augmenter le nombre de classeurs récents que présente Excel et comment ouvrir automatiquement un ou plusieurs classeurs au démarrage.

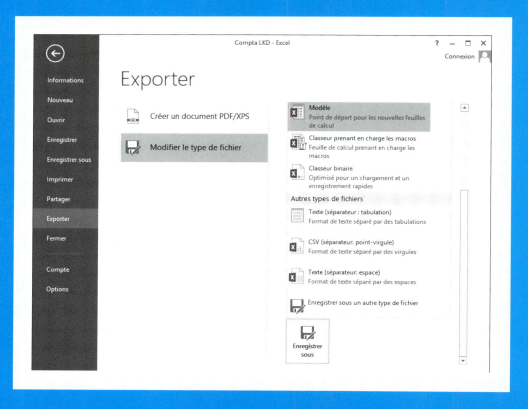

Augmentez le nombre de documents récents 262
Ouvrez des classeurs automatiquement au démarrage . . 264
Choisissez l'emplacement par défaut des fichiers 266
Définissez la police par défaut des nouveaux classeurs. . 268
Définissez le nombre de feuilles par défaut
   des nouveaux classeurs. 270
Réparez un fichier de classeur endommagé 272
Convertissez un classeur en fichier PDF 274
Créez un modèle de classeur 276
Créez un nouveau classeur à partir d'un fichier existant . 278
Comparez deux classeurs en côte à côte 280
Vérifiez les fonctions incompatibles avec les versions
   antérieures d'Excel. 282

Augmentez le nombre de documents récents

Quand vous cliquez l'onglet Fichier puis Ouvrir, Excel affiche la liste des derniers classeurs que vous avez ouverts, ce qui vous permet d'accéder à un classeur récent d'un simple clic dans cette liste. Cette solution est aussi pratique que rapide, à condition que le classeur à ouvrir se trouve dans cette liste.

Pour accroître la probabilité qu'un classeur figure dans la liste des classeurs récents, vous pouvez augmenter le nombre de fichiers affichés par cette liste. Par défaut, elle présente 25 fichiers, mais vous pouvez choisir d'en afficher jusqu'à 50.

Augmentez le nombre de documents récents

1 Cliquez l'onglet **Fichier**.

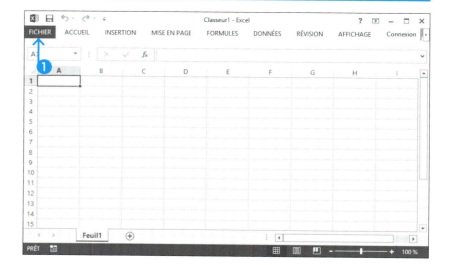

2 Cliquez **Options**.

CHAPITRE 12
Gérez les classeurs

La boîte de dialogue Options Excel apparaît.

3 Cliquez **Options avancées**.

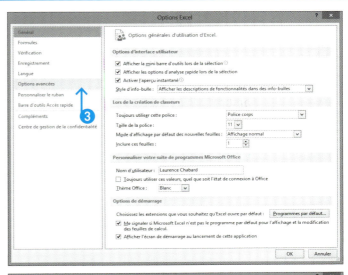

4 Dans la section Afficher, changez la valeur de l'option **Afficher ce nombre de classeurs récents** pour indiquer le nombre de fichiers à présenter dans la liste.

5 Cliquez **OK**.

Désormais, quand vous cliquez **Fichier** puis **Ouvrir**, la liste Classeurs (utilisation récente) présente au maximum le nombre de fichiers que vous venez de définir.

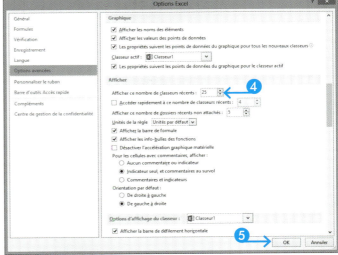

ASTUCES

Vous pouvez agir sur la liste des classeurs récents en éliminant le nom d'un classeur ou en commandant l'affichage permanent d'un autre. Cliquez le nom d'un classeur dans cette liste et choisissez **Supprimer de la liste** pour le retirer. Pour conserver un classeur dans la liste même
s'il ne sert pas pendant un certain temps, placez le pointeur sur son nom puis cliquez l'icône **Ajouter cet élément à la liste** ( ).

Il existe d'autres solutions pour accéder aux classeurs récents, grâce aux listes de raccourcis de Windows 7 ou 8. Épinglez l'icône d'Excel à la barre des tâches de Windows selon les instructions du chapitre 1, puis cliquez cette icône du bouton droit pour ouvrir la liste des fichiers récemment ouverts avec Excel. Vous pouvez également épingler un classeur à cette liste pour qu'il y reste quoi qu'il arrive : placez le pointeur sur son nom puis cliquez l'icône **Épingler à la liste** ( ).

Ouvrez des classeurs automatiquement au démarrage

Si vous ouvrez toujours les mêmes classeurs au démarrage d'Excel, la liste des classeurs récents vous aide à les trouver rapidement, mais il existe une solution encore plus directe. Il suffit de configurer Excel pour ouvrir les classeurs à chaque démarrage. Pour ce faire, vous placez les classeurs dans un dossier qui ne contient rien d'autre, puis vous configurez Excel pour ouvrir automatiquement tous les fichiers du dossier au démarrage.

Pour réaliser cette tâche, vous devez au préalable créer un dossier vide et y mettre les fichiers de classeurs qu'Excel doit ouvrir automatiquement.

Ouvrez des classeurs automatiquement au démarrage

1 Cliquez l'onglet **Fichier**.

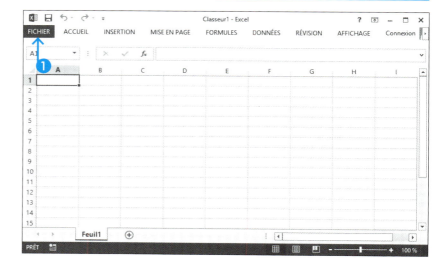

2 Cliquez **Options**.

264

CHAPITRE 12
Gérez les classeurs

La boîte de dialogue Options Excel apparaît.

3 Cliquez **Options avancées**.

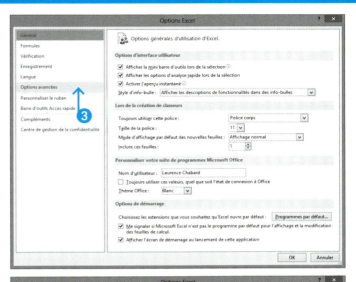

4 Dans la section Général, indiquez le chemin d'accès à un dossier dans le champ de l'option **Au démarrage, ouvrir tous les fichiers du dossier**.

5 Cliquez **OK**.

Désormais, chaque fois que vous lancez Excel, il ouvre tous les classeurs qui se trouvent dans le dossier que vous venez de spécifier.

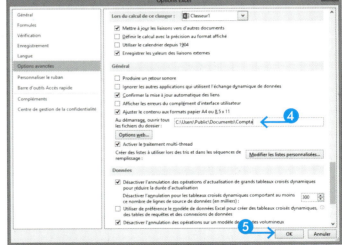

ASTUCE

Si vous craignez de faire une erreur en tapant le chemin d'accès au dossier, vous pouvez le copier depuis la fenêtre du dossier. Dans l'Explorateur de fichiers de Windows, ouvrez le dossier qui contient les classeurs Excel. Cliquez du bouton droit dans le champ d'adresse et choisissez **Copier l'adresse**. Dans Windows XP, il faut sélectionner le contenu du champ d'adresse et appuyer sur `Ctrl` + `C` pour copier le chemin d'accès. Suivez ensuite les instructions des étapes 1 à 3, cliquez le champ **Au démarrage, ouvrir tous les fichiers du dossier** et collez l'adresse en appuyant sur `Ctrl` + `V`.

Choisissez l'emplacement par défaut des fichiers

Par défaut, lorsque vous enregistrez un nouveau classeur, la boîte de dialogue Enregistrer sous propose de placer le fichier dans votre bibliothèque Documents. De même, quand vous lancez la commande Ouvrir, la boîte de dialogue Ouvrir présente par défaut votre bibliothèque Documents.

Le dossier Mes documents de votre bibliothèque est le *dossier local par défaut* d'Excel. Si vous conservez vos fichiers Excel à un autre emplacement, vous pouvez définir cet emplacement comme le dossier par défaut de manière à l'atteindre plus facilement lors de l'ouverture et de l'enregistrement des fichiers.

Choisissez l'emplacement par défaut des fichiers

1. Cliquez l'onglet **Fichier**.

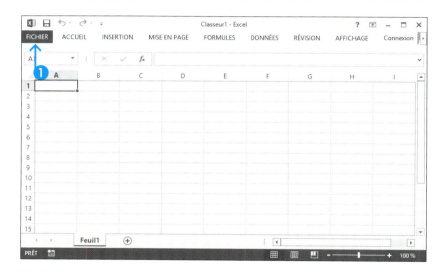

2. Cliquez **Options**.

CHAPITRE 12
Gérez les classeurs

La boîte de dialogue Options Excel apparaît.

3 Cliquez **Enregistrement**.

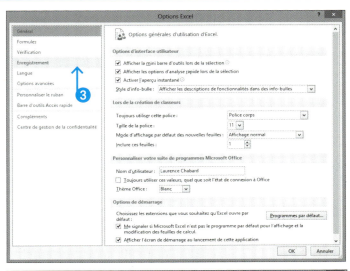

4 Indiquez le chemin d'accès à un dossier dans le champ **Dossier local par défaut**.

5 Cliquez **OK**.

6 Quittez et relancez Excel.

Désormais, les boîtes de dialogue Enregistrer sous et Ouvrir présentent ce dossier par défaut.

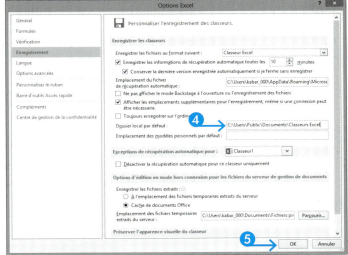

ASTUCES

Comme la boîte de dialogue Options Excel ne fournit pas de bouton Parcourir pour sélectionner un dossier dans l'arborescence de l'ordinateur, vous risquez de faire une erreur en tapant le chemin d'accès au dossier local par défaut. Pour plus de sûreté, il est conseillé de copier et coller l'adresse du dossier. Reportez-vous à l'astuce de la tâche « Ouvrez des classeurs automatiquement au démarrage » qui décrit en détail cette manipulation.

Le dossier par défaut d'Excel peut se trouver dans un emplacement réseau, mais il doit s'agir d'un dossier partagé pour lequel vous avez l'autorisation d'enregistrer et de modifier les fichiers. Dans le champ **Dossier local par défaut**, tapez l'adresse réseau sous la forme \\SERVEUR\Dossier où SERVEUR représente le nom de l'ordinateur sur le réseau et Dossier, le nom du dossier partagé.

Définissez la police par défaut des nouveaux classeurs

Lors de la création d'un nouveau classeur, Excel lui applique certaines options de mise en forme, comme la police et la taille de police. La valeur par défaut pour la police est Police corps, ce qui correspond à la police définie par le thème pour le texte des cellules de données. Si vous préférez voir la même police dans tous les classeurs indépendamment du thème, vous devrez la configurer comme police par défaut.

Vous pouvez aussi définir la taille de texte des nouveaux classeurs. La taille par défaut est 11 points, mais vous pouvez choisir une taille inférieure ou supérieure.

Définissez la police par défaut des nouveaux classeurs

❶ Cliquez l'onglet **Fichier**.

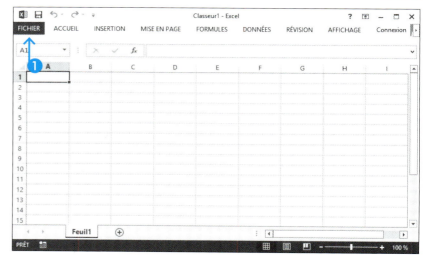

❷ Cliquez **Options**.

CHAPITRE 12
Gérez les classeurs

La boîte de dialogue Options Excel s'ouvre sur l'onglet Général.

3 Cliquez la flèche ⌄ de l'option **Toujours utiliser cette police** et sélectionnez dans la liste la nouvelle police par défaut.

4 Cliquez la flèche ⌄ de l'option **Taille de la police** et sélectionnez une autre taille dans la liste.

5 Cliquez **OK**.

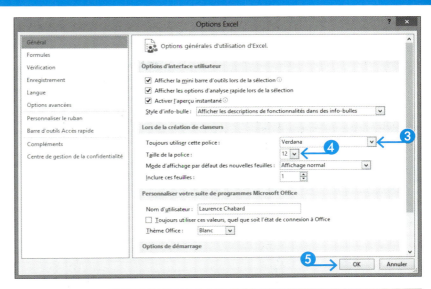

Excel vous signale qu'il faut fermer et redémarrer Excel pour que cette nouvelle configuration entre en vigueur.

6 Cliquez **OK**, puis quittez et relancez Excel.

Tous vos prochains classeurs utiliseront la police et la taille de police que vous venez de définir.

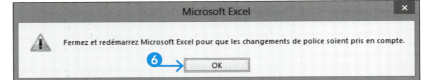

ASTUCES

Pour utiliser une police particulière dans certaines feuilles seulement, cliquez **Tout sélectionner** (◢) dans l'angle supérieur gauche de la feuille pour sélectionner toutes les cellules, puis servez-vous de la liste Police pour définir une police dans toute la feuille. Si vous préférez une police différente pour les titres et les cellules de données, définissez une combinaison de polices comme le décrit le chapitre 6.

Si vous voulez rétablir les valeurs d'origine pour la police et la taille de police par défaut, suivez les instructions des étapes 1 et 2 pour afficher l'onglet Général des Options Excel. Déroulez la liste **Toujours utiliser cette police** pour choisir **Police corps** et définissez la valeur **11** dans la liste **Taille de police**. Cliquez **OK** pour appliquer les changements.

Définissez le nombre de feuilles par défaut des nouveaux classeurs

Si vous devez ajouter régulièrement des feuilles dans vos nouveaux classeurs, vous gagnerez du temps en configurant Excel pour inclure dès le départ le nombre de feuilles nécessaire.

Par défaut, les nouveaux classeurs se composent d'une seule feuille de calcul. Si vous constatez que vous créez le plus souvent des classeurs composés de trois ou quatre feuilles, vous pouvez obtenir des classeurs qui contiennent déjà le nombre de feuilles voulu dès la création. Cela vous épargnera d'ajouter des feuilles.

Définissez le nombre de feuilles par défaut des nouveaux classeurs

1 Cliquez l'onglet **Fichier**.

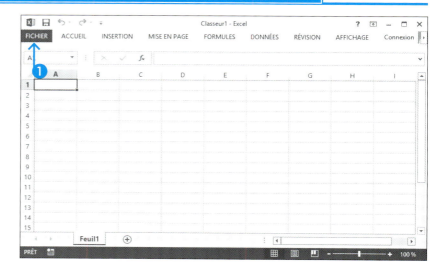

2 Cliquez **Options**.

CHAPITRE 12
Gérez les classeurs

La boîte de dialogue Options Excel s'ouvre sur l'onglet Général.

3 Changez la valeur de l'option **Inclure ces feuilles** pour définir le nombre de feuilles que vous voulez dans les nouveaux classeurs.

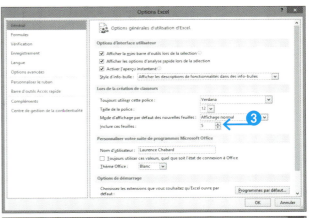

4 Cliquez **OK**.

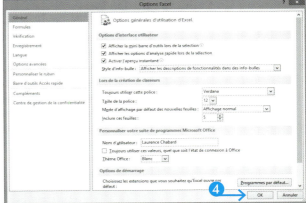

ASTUCE

Excel ne prévoit rien pour vous permettre de choisir au cas par cas le nombre de feuilles du nouveau classeur que vous créez. Mais la macro suivante vous offre cette possibilité :

```
Sub NewWorkbookWithCustomSheets()
      Dim currentSheets As Integer
      With Application
            currentSheets = .SheetsInNewWorkbook
            .SheetsInNewWorkbook = InputBox( _
                  "Combien de feuilles voulez-vous " & _
                  "dans le nouveau classeur ?", , 3)
            Workbooks.Add
            .SheetsInNewWorkbook = currentSheets
      End With
End Sub
```
Pour vous documenter sur l'ajout de macros dans Excel, reportez-vous au chapitre 25.

Réparez un fichier de classeur endommagé

Les problèmes avec les fichiers Excel sont rares : ils s'ouvrent généralement sans souci. Mais il peut arriver qu'une erreur de mémoire ou du disque dur endommage un fichier. Si cela se produit, lorsque vous tentez d'ouvrir le classeur, un message signale qu'Excel ne reconnaît pas le format de fichier ou que le fichier est endommagé.

Pour vous éviter de perdre vos données dans un tel cas, Excel propose une commande Ouvrir et réparer qui tente d'abord de réparer le fichier endommagé avant d'essayer de l'ouvrir.

Réparez un fichier de classeur endommagé

❶ Cliquez l'onglet **Fichier**.

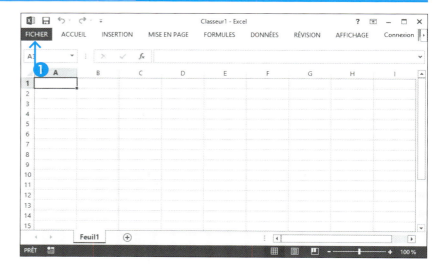

❷ Cliquez **Ouvrir**.
❸ Cliquez **Ordinateur**.
❹ Cliquez **Parcourir**.

CHAPITRE 12
Gérez les classeurs

La boîte de dialogue Ouvrir apparaît.

5 Cliquez le fichier du classeur à réparer.

6 Cliquez la flèche ⌄ du bouton **Ouvrir**.

7 Cliquez **Ouvrir et réparer**.

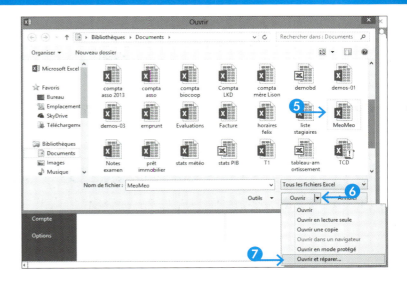

8 Dans la boîte de dialogue qui apparaît, cliquez **Réparer**.

Excel répare les erreurs du fichier avant de l'ouvrir.

ASTUCE

Tout n'est pas perdu si Excel ne parvient pas à réparer le fichier endommagé. Suivez les instructions des étapes **1** à **7** pour lancer la commande Ouvrir et réparer. Dans la boîte de dialogue qui apparaît, cliquez **Extraire des données**. Dans la seconde boîte de dialogue qui s'affiche, cliquez **Récupérer les formules** si vous voulez qu'Excel tente de récupérer les formules du classeur. Si l'opération échoue, relancez la commande Ouvrir et réparer selon les instructions des étapes **1** à **7**, cliquez **Extraire des données** puis **Convertir en valeurs** pour commander à Excel d'extraire le résultat des formules au lieu de leur code. Après réparation du fichier, cliquez **Fermer**.

Une autre solution pour récupérer un fichier endommagé consiste à ouvrir une version antérieure du classeur, si elle existe, comme l'explique le chapitre 23.

Convertissez un classeur en fichier PDF

Bien qu'Excel soit un logiciel très répandu, il n'est pas installé sur toutes les machines. Par conséquent, si vous voulez montrer les chiffres calculés dans Excel à quelqu'un qui ne possède pas le logiciel, il vous faut un moyen de partager le classeur avec cette personne.

Une solution facile consiste à utiliser un fichier PDF, PDF étant un format de fichier universel qui affiche le document exactement comme dans le format d'origine et peut empêcher le lecteur d'apporter des modifications au document. Le logiciel Acrobat Reader d'Adobe est installé sur la plupart des ordinateurs et, si ce n'est pas le cas, on peut l'obtenir gratuitement depuis www.adobe.com.

Convertissez un classeur en fichier PDF

1. Affichez la feuille de calcul que vous voulez convertir en PDF.
2. Cliquez l'onglet **Fichier**.

3. Cliquez **Exporter**.
4. Cliquez **Créer un document PDF/XPS**.
5. Cliquez **Créer PDF/XPS**.

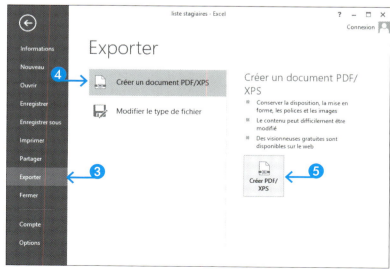

CHAPITRE 12
Gérez les classeurs

La boîte de dialogue Créer comme PDF ou XPS apparaît.

6 Choisissez l'emplacement où placer le fichier PDF.

7 Tapez un nom pour le fichier.

8 Vérifiez que la liste **Type** affiche bien le format **PDF**.

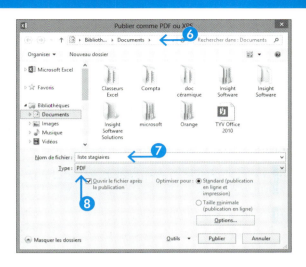

9 Sélectionnez **Standard** (◉) pour l'option Optimiser pour.

A Si le fichier PDF est destiné à être partagé en ligne, vous créerez un fichier plus léger en sélectionnant **Taille minimale (publication en ligne)**.

10 Cliquez **Publier**.

Excel crée un document PDF à partir de la feuille affichée.

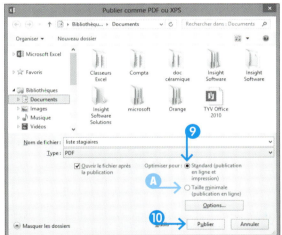

ASTUCES

Par défaut, la commande d'exportation au format PDF ne concerne que la feuille de calcul active. Si vous voulez convertir le classeur entier, suivez les instructions des étapes **1** à **9** pour ouvrir la boîte de dialogue Publier comme PDF ou XPS. Cliquez **Options** pour ouvrir la boîte de dialogue Options, sélectionnez l'option **Classeur entier** sous Contenu à publier et cliquez **OK**.

Les initiales du format XPS signifient *XML Paper Specification*. Ce format exploite le langage XML pour décrire la structure du document et la technologie ZIP pour compacter le fichier qui contient le document. Contrairement au format PDF qui appartient à Adobe System, le format XPS est un format libre, fondé sur des technologies ouvertes. Dans la boîte de dialogue Publier comme PDF ou XPS, cliquez la liste **Type** pour y sélectionner **Document XPS**.

Créez un modèle de classeur

Après avoir composé un classeur, par l'ajout de feuilles, l'insertion de données et de formules et l'application d'une mise en forme, vous pourriez avoir besoin d'un classeur très similaire pour un autre projet. Au lieu de repartir de zéro, vous pouvez utiliser la commande Enregistrer sous (comme l'explique la tâche suivante) pour obtenir un nouveau classeur à partir d'un fichier existant.

Mais si vous voulez exploiter le classeur existant comme base de départ pour la composition de plusieurs classeurs, il est plus rationnel de convertir le classeur en un fichier de modèle. Ce modèle vous servira ensuite à créer d'autres classeurs de structure similaire.

Créez un modèle de classeur

1. Ouvrez le classeur que vous voulez enregistrer comme modèle.
2. Cliquez l'onglet **Fichier**.

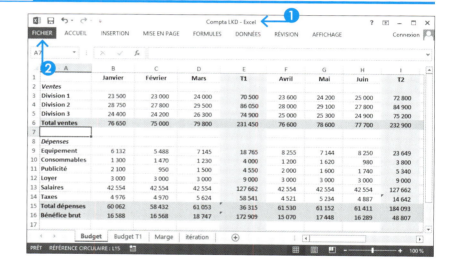

3. Cliquez **Exporter**.

CHAPITRE 12

Gérez les classeurs

④ Cliquez **Modifier le type de fichier**.

⑤ Cliquez **Modèle**.

⑥ Cliquez **Enregistrer sous**.

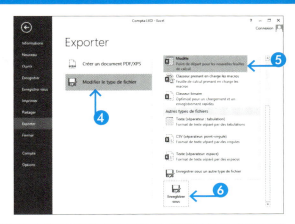

La boîte de dialogue Enregistrer sous apparaît.

Ⓐ Le format Modèle Excel est déjà sélectionné dans la liste Type.

⑦ Sélectionnez l'emplacement où enregistrer le modèle.

⑧ Attribuez un nom au fichier de modèle.

⑨ Cliquez **Enregistrer**.

Excel enregistre le classeur en un fichier de modèle.

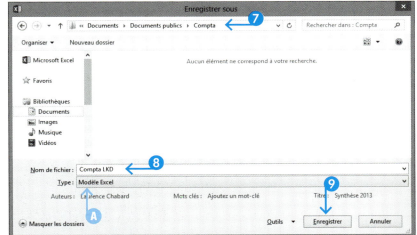

ASTUCES

Ensuite, pour utiliser l'un de vos modèles, assurez-vous d'avoir fermé le fichier de modèle. Cliquez **Fichier** ➜ **Ouvrir** ➜ **Ordinateur** ➜ **Parcourir** pour afficher la boîte de dialogue Ouvrir. Repérez le dossier qui contient le modèle, cliquez le fichier de modèle avec le bouton droit et choisissez **Nouveau**.

La liste Type propose trois formats pour l'enregistrement des fichiers de modèles. Le format **Modèle Excel** crée un modèle compatible avec Excel 2013, 2010 et 2007. Si le classeur contient des macros que vous voulez inclure au modèle, choisissez le format **Modèle Excel (prenant en charge les macros)**. Si vous avez besoin d'un modèle compatible avec d'anciennes versions d'Excel, choisissez **Modèle Excel 97 – 2003**.

Créez un nouveau classeur à partir d'un fichier existant

Pour travailler efficacement avec Excel, il faut réduire le nombre de fois où vous avez à réinventer la roue. En clair, vous éviterez de repartir de zéro si vous avez sous la main un classeur qui contient une partie des données, formules ou mises en forme que vous voulez dans le nouveau classeur.

La solution la plus sûre consiste à ouvrir le fichier original et à lancer la commande Enregistrer sous pour dupliquer le classeur sous un autre nom ou à un autre emplacement.

Créez un nouveau classeur à partir d'un fichier existant

① Ouvrez le classeur que vous voulez reproduire.

② Cliquez l'onglet **Fichier**.

③ Cliquez **Enregistrer sous**.

④ Cliquez **Ordinateur**.

⑤ Cliquez **Parcourir**.

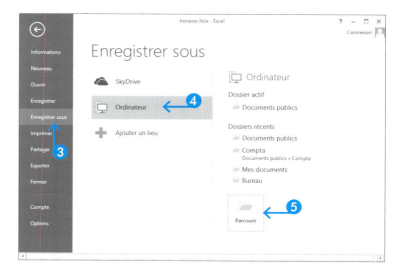

278

CHAPITRE 12
Gérez les classeurs

La boîte de dialogue Enregistrer sous apparaît.

6 Sélectionnez l'emplacement où enregistrer le nouveau fichier.

7 Attribuez un nom au fichier dupliqué.

Note. Il est impératif de changer le nom ou l'emplacement du fichier pour éviter d'écraser le fichier original.

8 Cliquez **Enregistrer**.

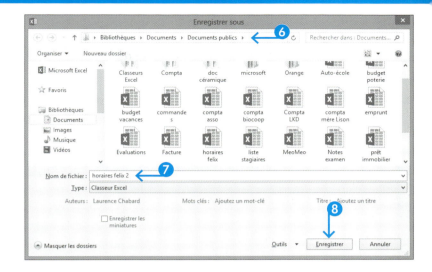

Excel ferme le classeur original et enregistre son contenu dans le fichier que vous venez de créer.

A Excel ouvre le nouveau classeur.

ASTUCE

La commande Enregistrer sous peut vous servir à faire une copie de sauvegarde d'un classeur. Suivez les instructions de cette tâche pour dupliquer le fichier du classeur sous le même nom mais à un autre emplacement. Il est conseillé de mettre la copie de sauvegarde sur un disque dur externe, une clé USB ou une carte mémoire. N'oubliez pas qu'après la procédure, c'est le duplicata qui reste ouvert dans la fenêtre d'Excel. Pensez à fermer la copie et à rouvrir le fichier original si vous voulez continuer à y travailler.

Comparez deux classeurs en côte à côte

Il est parfois utile de comparer le contenu de deux classeurs. Vous pourriez comparer ainsi deux classeurs qui contiennent le même type de données concernant deux services différents. Ou, si vous avez fourni une copie du classeur à un collègue pour qu'il le corrige, vous pourriez comparer l'original et la copie pour voir les modifications apportées par votre collègue.

Pour faciliter la comparaison de classeurs, Excel propose la commande Côte à côte, qui juxtapose deux classeurs et synchronise le défilement dans les deux fenêtres.

Comparez deux classeurs en côte à côte

① Ouvrez les deux classeurs que vous voulez comparer.

Note. Le fait que d'autres classeurs soient ouverts en même temps n'a pas d'incidence.

② Affichez l'un des deux classeurs à comparer.

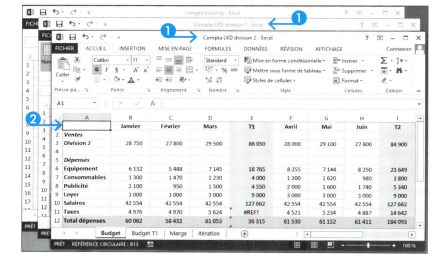

③ Cliquez l'onglet **Affichage**.

④ Cliquez **Côte à côte** ( ).

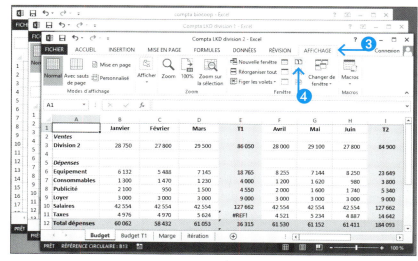

CHAPITRE 12
Gérez les classeurs

La boîte de dialogue Comparer en côte à côte apparaît si au moins trois classeurs sont ouverts.

5 Cliquez l'autre classeur à comparer.

6 Cliquez **OK**.

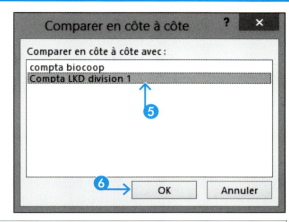

A Excel juxtapose les fenêtres des deux classeurs pour vous permettre de les voir simultanément.

ASTUCES

Le défilement synchrone est activé par défaut dans le mode d'affichage Côte à côte : quand vous défilez verticalement ou horizontalement dans une fenêtre, Excel décale d'autant la deuxième fenêtre. Pour conserver une fenêtre fixe pendant que vous défilez dans l'autre, cliquez la commande **Défilement synchrone** dans l'onglet Affichage de manière à désactiver cette fonction.

Malgré son nom, la fonction superpose les fenêtres horizontalement, l'une sur l'autre, et non verticalement comme vous pourriez vous y attendre. Il est hélas impossible de configurer cette fonction pour une juxtaposition verticale. Vous pouvez disposer les fenêtres de cette manière, mais vous n'aurez alors pas la fonction de défilement synchrone.

Vérifiez les fonctions incompatibles avec les versions antérieures d'Excel

Chaque nouvelle version d'Excel s'enrichit de nouvelles fonctions, dont certaines sont incompatibles avec les versions antérieures d'Excel. Par exemple, Excel 2013 propose de nouvelles fonctions pour les feuilles de calcul, tandis qu'Excel 2010 avait introduit les segments et les graphiques de tendance. Ces fonctions ne sont pas prises en charge par les anciennes versions d'Excel.

Dans le meilleur des cas, les nouvelles fonctions vont simplement dénaturer la présentation du classeur affiché dans une version d'Excel incompatible ; au pire, elles risquent de générer des erreurs. Quand vous prévoyez de faire circuler un classeur parmi des utilisateurs d'une version antérieure d'Excel, pensez à lancer le vérificateur de compatibilité pour détecter l'emploi de fonctions potentiellement incompatibles.

Vérifiez les fonctions incompatibles avec les versions antérieures d'Excel

1. Ouvrez le classeur à vérifier.
2. Cliquez l'onglet **Fichier**.
3. Cliquez **Informations**.
4. Cliquez **Vérifier l'absence de problème**.
5. Cliquez **Vérifier la compatibilité**.

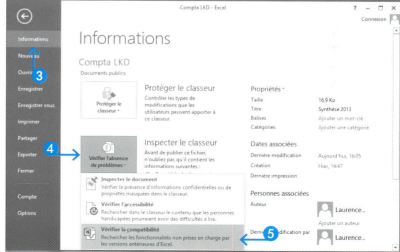

CHAPITRE 12
Gérez les classeurs

Le vérificateur de compatibilité apparaît.

6 Déroulez la liste **Sélectionner les versions à afficher**.

7 Cliquez la version d'Excel pour laquelle vous voulez garantir la compatibilité.

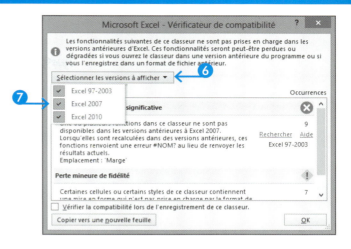

A Excel affiche les points pour lesquels la compatibilité pose problème.

B Pour voir dans la feuille la cellule, la plage ou l'objet à l'origine du problème, cliquez **Rechercher**.

8 Cliquez **OK**.

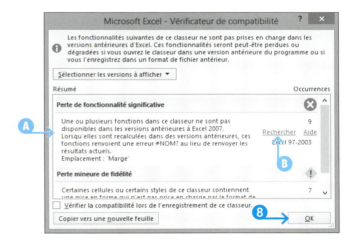

ASTUCE

Si vous avez d'autres modifications à apporter au classeur avant de le faire circuler, vous préférerez sans doute vérifier sa compatibilité au fur et à mesure. Au lieu de répéter toutes ces instructions à chaque fois, suivez les étapes **1** à **5** pour ouvrir le vérificateur de compatibilité et cochez l'option **Vérifier la compatibilité lors de l'enregistrement de ce classeur** (☑).

Ainsi, Excel vérifie les problèmes de compatibilité chaque fois que vous enregistrez le classeur. Si un problème est détecté, le vérificateur de compatibilité s'affiche pour vous informer. Prenez note des éléments problématiques et cliquez **Continuer** pour enregistrer le document.

CHAPITRE 13

Mettez les classeurs en forme

Excel fournit plusieurs options qui vous permettent de définir l'apparence d'un classeur, y compris ses couleurs, polices et effets spéciaux. Vous pouvez aussi appliquer un thème et ajouter un en-tête et un pied de page sur les pages imprimées.

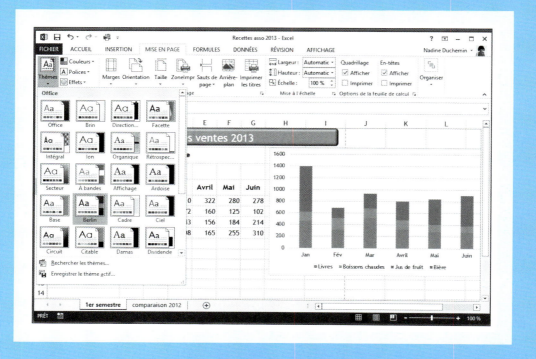

Changez les couleurs du classeur 286
Définissez les polices du classeur 288
Choisissez les effets du classeur 290
Appliquez un thème au classeur 292
Ajoutez un en-tête 294
Ajoutez un pied de page 296

Changez les couleurs du classeur

Vous changerez l'apparence de votre classeur en sélectionnant une autre combinaison de couleurs. Chaque combinaison définit les couleurs d'une douzaine d'éléments du classeur : texte, arrière-plan des cellules, bordures, graphiques, *etc*. Excel fournit une vingtaine de combinaisons de couleurs. Mais si aucune des combinaisons prédéfinies ne vous convient, vous pouvez en définir une vous-même.

Pour tirer pleinement parti des combinaisons de couleurs d'Excel, vous devez appliquer des styles à vos plages, comme le décrit le chapitre 5.

Changez les couleurs du classeur

① Ouvrez le classeur à mettre en forme.

② Cliquez l'onglet **Mise en page**.

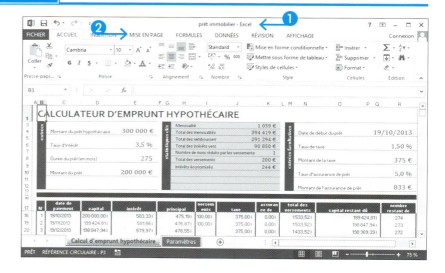

③ Cliquez **Couleurs** ( ).

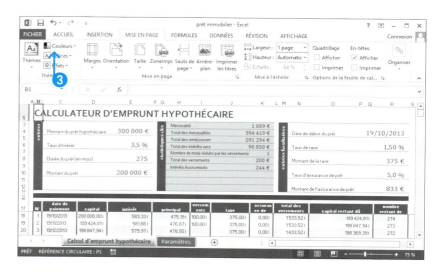

CHAPITRE 13
Mettez les classeurs en forme

④ Cliquez la combinaison de couleurs à appliquer.

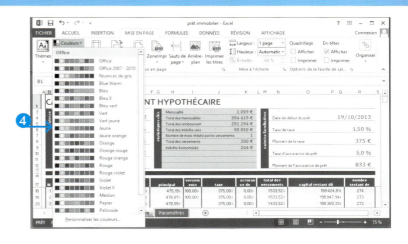

Ⓐ Le classeur adopte la combinaison de couleurs sélectionnée.

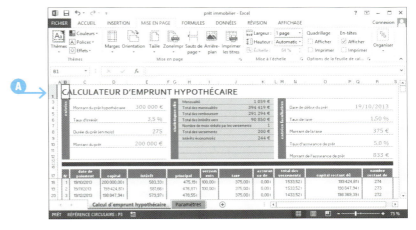

ASTUCE

Vous pouvez créer une combinaison de couleurs personnalisée. Cliquez **Couleurs** (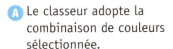) dans l'onglet **Mise en page** et cliquez **Personnaliser les couleurs** au bas de la liste. La boîte de dialogue Créer de nouvelles couleurs de thème apparaît. Cliquez la case de couleur de chaque élément pour lui choisir une autre couleur. L'aperçu à droite montre comment les couleurs se combineront dans les feuilles. Tapez un nom pour votre combinaison de couleurs et cliquez **Enregistrer**.

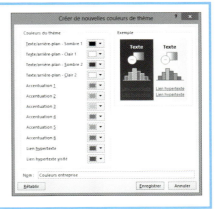

287

Définissez les polices du classeur

Vous renforcerez l'impact de votre classeur en sélectionnant une autre combinaison de polices. Chaque combinaison définit deux polices : la *police de titre* et la *police du corps du texte*. Excel fournit une vingtaine de combinaisons de polices. Mais si aucune des combinaisons prédéfinies ne vous convient, vous pouvez en définir une vous-même.

Pour tirer pleinement parti des combinaisons de polices d'Excel, en particulier pour la police de titre, vous devez appliquer des styles à vos plages, comme le décrit le chapitre 5.

Définissez les polices du classeur

① Ouvrez le classeur à mettre en forme.

② Cliquez l'onglet **Mise en page**.

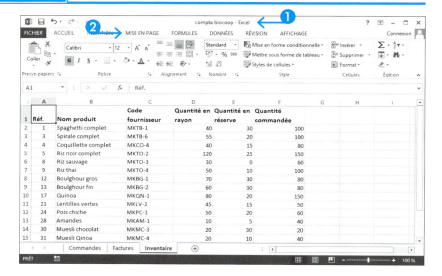

③ Cliquez **Polices** ().

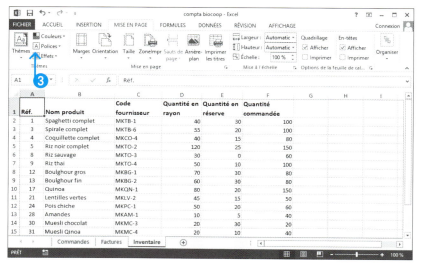

CHAPITRE 13

Mettez les classeurs en forme

④ Cliquez la combinaison de polices à appliquer.

Ⓐ Excel applique la police de titre aux titres du classeur.

Ⓑ Excel applique la police du corps du texte aux cellules de données.

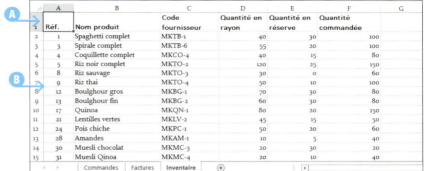

ASTUCE

Vous pouvez créer une combinaison de polices personnalisée. Cliquez **Polices** (Ⓐ) dans l'onglet **Mise en page** et cliquez **Personnaliser les polices** au bas de la liste. La boîte de dialogue Créer de nouvelles polices de thème apparaît. Déroulez la liste **Police de titre** et sélectionnez une autre police. Déroulez la liste **Police du corps du texte** et sélectionnez une autre police. L'aperçu à droite présente un aperçu des deux polices sélectionnées. Tapez un nom pour votre combinaison de polices et cliquez **Enregistrer**.

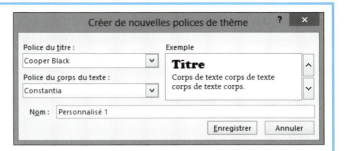

Choisissez les effets du classeur

Vous personnaliserez l'apparence du classeur en sélectionnant une autre combinaison d'effets. Celle-ci s'applique aux graphiques et objets graphiques pour définir le style du remplissage et de la bordure, et ajouter éventuellement une ombre portée ou une lueur. Excel fournit une vingtaine de combinaisons d'effets.

Pour tirer pleinement parti des combinaisons d'effets d'Excel, vous devez appliquer un style à votre graphique, comme le décrit le chapitre 19.

Choisissez les effets du classeur

① Ouvrez le classeur à mettre en forme.

② Cliquez l'onglet **Mise en page**.

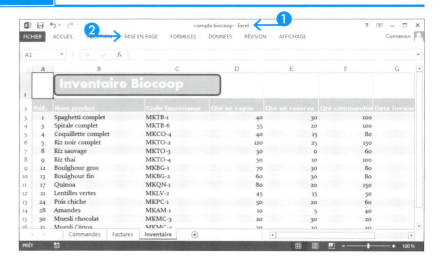

③ Cliquez **Effets** (◉).

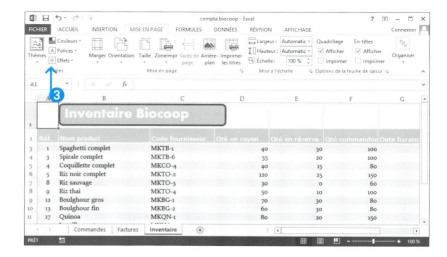

CHAPITRE 13
Mettez les classeurs en forme

④ Cliquez la combinaison d'effets à appliquer.

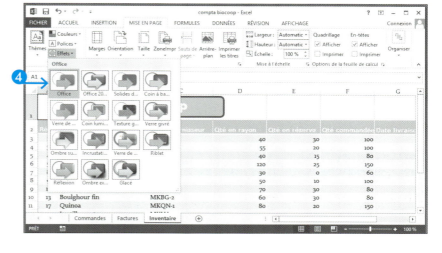

Ⓐ Excel applique la combinaison d'effets aux éléments graphiques du classeur.

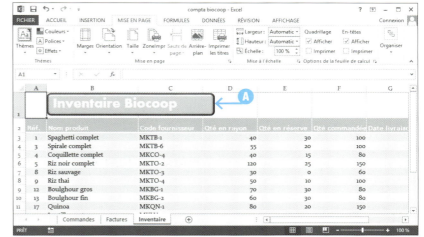

ASTUCES

Vous ne pouvez pas créer une combinaison d'effets personnalisée comme vous le faites pour les couleurs et les polices. Excel n'offre pas cette fonction.

La couleur que vous voyez dans les combinaisons d'effets dépend de la combinaison de couleurs définie pour le classeur. Si vous changez la combinaison de couleurs (voir précédemment dans ce chapitre), vous verrez une autre couleur dans la liste Effets. Pour utiliser une couleur particulière pour les effets, créez une combinaison de couleurs personnalisée en attribuant cette couleur à l'élément Accentuation 1.

Appliquez un thème au classeur

Vous changerez complètement l'apparence du classeur en sélectionnant un autre thème de classeur. Le thème définit les couleurs, les polices et les effets appliqués au classeur.

Pour tirer pleinement parti des thèmes de classeurs d'Excel, vous devez appliquer des styles à vos plages et aux objets graphiques, comme le décrivent les chapitres 5 et 19.

Appliquez un thème au classeur

1. Ouvrez le classeur à mettre en forme.

2. Cliquez l'onglet **Mise en page**.
3. Cliquez **Thèmes** ().

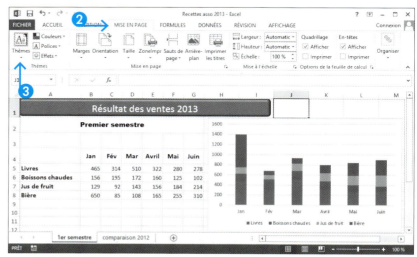

CHAPITRE 13
Mettez les classeurs en forme

4 Cliquez le thème à appliquer.

A Excel applique le thème au classeur.

Note. Après application d'un thème qui comprend une taille de police plus grande, vous pourriez avoir besoin d'élargir les colonnes pour voir les données en entier.

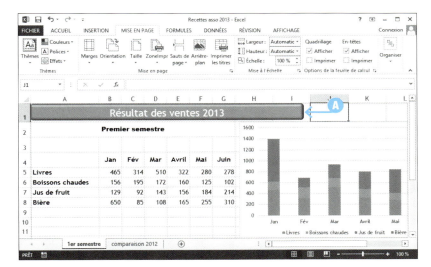

ASTUCE

Vous pouvez créer un thème personnalisé. Mettez le classeur en forme avec les combinaisons de couleurs, de polices et d'effets de votre choix, comme le décrivent les trois tâches précédentes. Cliquez **Thèmes** ( ) dans l'onglet **Mise en page** et cliquez **Enregistrer le thème actif** au bas de la liste. La boîte de dialogue Enregistrer le thème actif apparaît. Tapez un nom pour votre thème et cliquez **Enregistrer**.

Ajoutez un en-tête

Si vous prévoyez d'imprimer le classeur, vous pouvez ajouter des informations qui apparaîtront dans l'en-tête de chaque page imprimée. Vous pouvez ainsi ajouter le numéro de page, la date, le nom du fichier ou même une image.

Dans ce contexte, l'en-tête est une zone en haut de la page, sous la marge supérieure. Excel facilite l'insertion en en-tête des éléments les plus courants et fournit des outils pour personnaliser l'en-tête si vous avez besoin d'y faire figurer d'autres informations.

Ajoutez un en-tête

1. Cliquez l'onglet **Affichage**.
2. Cliquez **Mise en page** ().

   Excel passe en mode d'affichage Mise en page.

   A. Vous pourriez aussi cliquer le bouton **Mise en page** () dans la barre d'état.

3. Cliquez l'instruction **Cliquez ici pour ajouter un en-tête**.

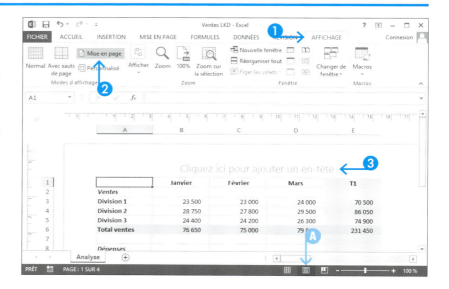

B. Excel active l'en-tête en mode d'édition.
4. Cliquez l'onglet **Création**.

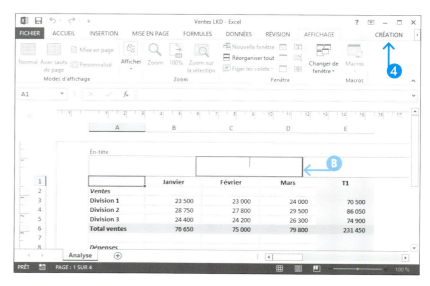

CHAPITRE 13
Mettez les classeurs en forme

5 Tapez votre texte dans la zone de texte de l'en-tête.

6 Si vous voulez y insérer un élément prédéfini, cliquez **En-tête** et sélectionnez l'élément dans la liste.

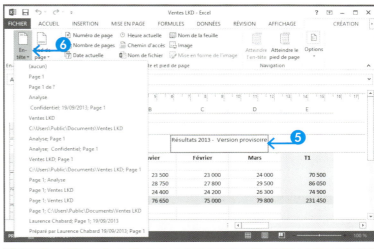

7 Cliquez un bouton du groupe Éléments en-tête et pied de page pour insérer l'élément correspondant dans l'en-tête.

C Excel insère un code dans l'en-tête, tel que &[Date] qui correspond à Date actuelle, comme dans notre exemple.

8 Répétez les instructions des étapes 5 à 7 pour composer l'en-tête.

9 Cliquez en dehors de l'en-tête.

Excel convertit les codes. Quand vous êtes en mode Mise en page, vous voyez les valeurs actuelles des éléments tels que Date actuelle.

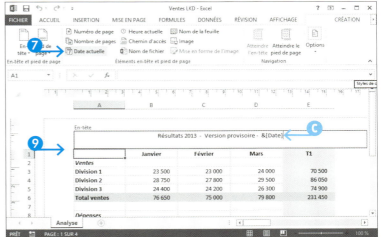

ASTUCE

Vous pouvez avoir un en-tête et un pied de page différents sur la première page du document, ce qui est utile si vous voulez ajouter un titre ou des explications. Pour ce faire, cochez la case **Première page différente** (☐ devient ☑) dans l'onglet Création des Outils en-tête et pied de page.

Vous pouvez aussi avoir des en-têtes et pieds de page différents sur les pages paires et impaires, ce qui permet par exemple de présenter le nom du fichier sur les pages paires et les numéros de page sur les pages impaires. Cochez la case **Pages paires et impaires différentes** (☐ devient ☑) dans l'onglet Création des Outils en-tête et pied de page.

295

Ajoutez un pied de page

Si vous prévoyez d'imprimer le classeur, vous pouvez ajouter des informations qui apparaîtront au bas de chaque page imprimée dans le pied de page. Vous pouvez ainsi ajouter le numéro de page, le nombre total de pages, le nom de la feuille, *etc*.

Le pied de page est une zone au bas de la page, au-dessus de la marge inférieure. Excel facilite l'insertion en pied de page des éléments les plus courants et fournit des outils pour personnaliser le pied de page si vous avez besoin d'y faire figurer d'autres informations.

Ajoutez un pied de page

❶ Cliquez l'onglet **Affichage**.

❷ Cliquez **Mise en page** ( ).

Excel passe en mode d'affichage Mise en page.

Ⓐ Vous pourriez aussi cliquer le bouton **Mise en page** ( ) dans la barre d'état.

❸ Cliquez l'instruction **Cliquez ici pour ajouter un en-tête**.

Note. Si vous défilez jusqu'au bas de la page et cliquez l'instruction **Cliquez ici pour ajouter un pied de page**, passez directement à l'étape **6**.

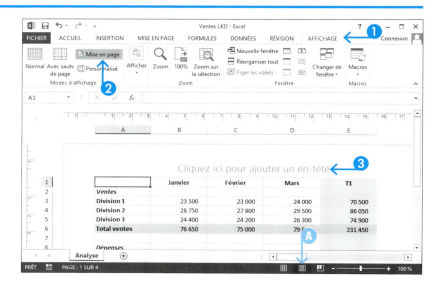

❹ Cliquez l'onglet **Création**.

❺ Cliquez **Atteindre le pied de page** ( ).

Ⓑ Excel active le pied de page en mode d'édition.

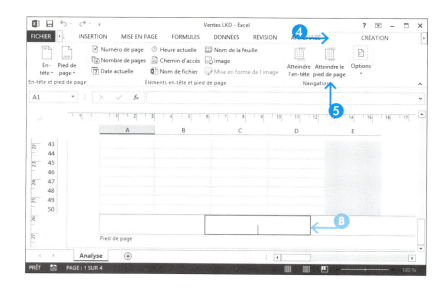

CHAPITRE 13
Mettez les classeurs en forme

6 Tapez votre texte dans la zone de texte du pied de page.

7 Si vous voulez y insérer un élément prédéfini, cliquez **Pied de page** et sélectionnez l'élément dans la liste.

8 Cliquez un bouton du groupe Éléments en-tête et pied de page pour insérer l'élément correspondant dans le pied de page.

C Excel insère un code dans le pied de page, tel que &[Pages] qui correspond à Nombre de pages, comme dans notre exemple.

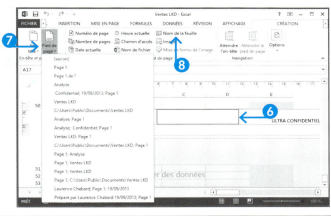

9 Répétez les instructions des étapes 6 à 8 pour composer le pied de page.

10 Cliquez en dehors du pied de page.

Excel convertit les codes. Quand vous êtes en mode Mise en page, vous voyez les valeurs actuelles des éléments tels que Nombre de pages.

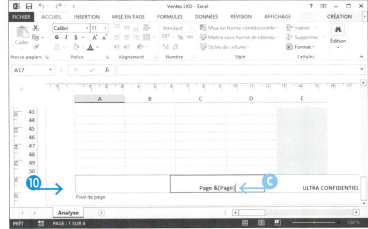

ASTUCE

Vous pouvez voir les en-têtes et pieds de page avant d'imprimer le classeur. Cliquez l'onglet **Fichier** puis **Imprimer**. La partie droite du volet Imprimer présente un aperçu des pages avant impression. L'en-tête et le pied de page y sont visibles.

CHAPITRE 14

Imprimez un classeur

Pour distribuer sur papier une ou plusieurs feuilles de calcul ou un classeur entier, vous exploiterez la fonction d'impression d'Excel. Avant de lancer l'impression, vous réglerez les options d'impression pour définir la largeur des marges, l'orientation des pages, le format du papier, entre autres paramètres.

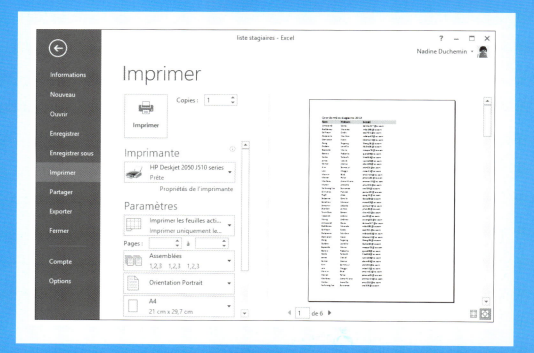

Réglez les marges du classeur. 300
Changez l'orientation des pages. 302
Insérez un saut de page 303
Choisissez le format du papier 304
Définissez la zone d'impression. 306
Configurez l'impression des titres sur chaque page . . . 308
Affichez l'aperçu avant impression 310
Imprimez un classeur. 312

Réglez les marges du classeur

Vous pourrez imprimer plus de données sur une page en réduisant les marges. Les *marges* sont les espaces vides autour des données dans la page. Si Excel imprime des pages supplémentaires parce que vos données sont un peu trop larges ou un peu trop longues pour tenir sur une page, pensez à réduire les marges du haut et du bas ou celles de gauche et de droite.

Au contraire, agrandir les marges permet l'ajout de notes manuscrites dans la version papier du document.

Réglez les marges à partir du ruban

1 Ouvrez le classeur à imprimer.

2 Cliquez l'onglet **Mise en page**.

3 Cliquez **Marges** ( ).

A Si une des options vous convient, sélectionnez-la et ignorez les étapes suivantes.

4 Cliquez **Marges personnalisées**.

La boîte de dialogue Mise en page s'ouvre sur l'onglet Marges.

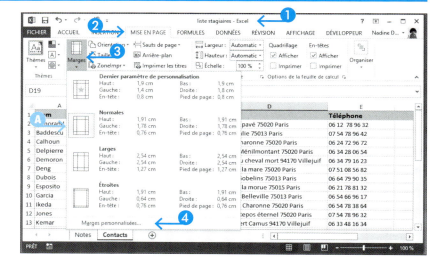

5 Utilisez les boutons fléchés pour régler la dimension des marges en centimètres.

Note. Des marges trop petites peuvent entraîner une impression incorrecte, car la plupart des imprimantes ne peuvent pas gérer des marges inférieures à 0,5 cm. Vérifiez le manuel de votre imprimante et voyez s'il existe une option pour l'impression sans marges.

6 Cliquez **OK**.

Excel règle les marges.

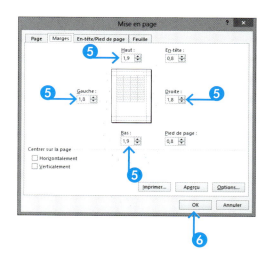

CHAPITRE 14
Imprimez un classeur

Réglez les marges à l'aide de la règle

1 Ouvrez le classeur à imprimer.

2 Cliquez **Mise en page** (🗔).

3 Placez le pointeur ▷ sur le bord de la marge gauche. Il se transforme en pointeur de marge latérale (↔).

4 Faites glisser le pointeur pour régler la marge gauche.

5 Faites glisser le bord de la marge droite pour régler sa largeur.

6 Placez le pointeur ▷ au bord de la marge supérieure. Il se transforme en pointeur de marge verticale (↕).

7 Faites glisser le pointeur pour régler la hauteur de la marge supérieure.

8 Faites glisser le bord de la marge inférieure pour régler sa hauteur (non illustré).

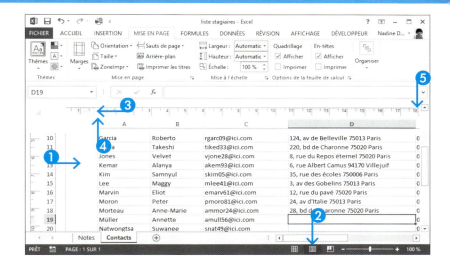

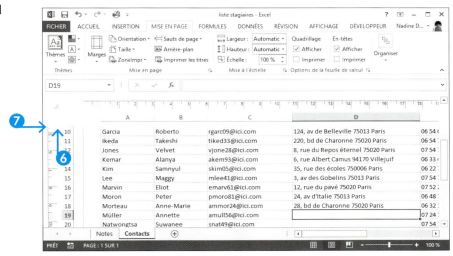

ASTUCES

Après avoir modifié les marges, vous pouvez centrer le contenu dans la page. Suivez les instructions des étapes 1 à 4 de la section « Réglez les marges à partir du ruban » pour ouvrir la boîte de dialogue Mise en page sur l'onglet Marges et cochez les options **Horizontalement** et **Verticalement** (☐ devient ☑) dans la section Centrer sur la page.

La marge d'en-tête est l'espace entre l'en-tête du classeur et le haut de la page. La marge de pied de page est l'espace entre le pied de page et le bas de la feuille. Les dimensions de ces marges se définissent dans l'onglet **Marges** de la boîte de dialogue Mise en page.

301

Changez l'orientation des pages

La présentation d'une page imprimée peut être améliorée par le changement de son orientation. L'orientation Portrait permet d'imprimer plus de lignes par page et l'orientation Paysage, plus de colonnes.

Choisissez une orientation appropriée à la structure des données. Si la feuille contient beaucoup de lignes, sélectionnez Portrait et, s'il y en a peu, choisissez Paysage.

Changez l'orientation des pages

1. Ouvrez le classeur à imprimer.
2. Cliquez l'onglet **Mise en page**.
3. Cliquez **Orientation** ().

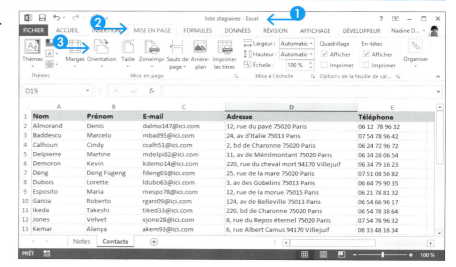

4. Sélectionnez une orientation.
   A. Excel modifie l'orientation.
   B. Cliquez **Mise en page** () pour voir l'orientation des pages.

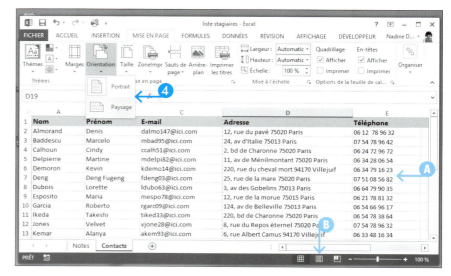

CHAPITRE 14

Insérez un saut de page

Vous contrôlez ce qui apparaît sur chaque page en insérant des sauts de page dans la feuille. Un saut de page marque la position à partir de laquelle les données qui suivent seront placées sur la page suivante lors de l'impression. Excel insère automatiquement des sauts de page en fonction du nombre et de la hauteur des lignes, du nombre et de la largeur des colonnes, de la taille des marges et de l'orientation de la page.

Un saut de page vertical marque le passage à la page suivante à partir d'une colonne donnée ; un saut de page horizontal marque le passage à la page suivante à partir d'une ligne donnée.

Insérez un saut de page

1. Ouvrez le classeur à imprimer.

2. Sélectionnez la cellule qui se trouvera à droite du saut de page vertical et sous le saut de page horizontal.

Note. Sélectionnez une cellule de la ligne 1 pour obtenir uniquement un saut de page vertical ; sélectionnez une cellule de la colonne A pour obtenir uniquement un saut de page horizontal.

3. Cliquez l'onglet **Mise en page**.

4. Cliquez **Sauts de page** ( ).

5. Cliquez **Insérer un saut de page**.

C. Excel insère les sauts de page et signale leur position par des traits plus foncés.

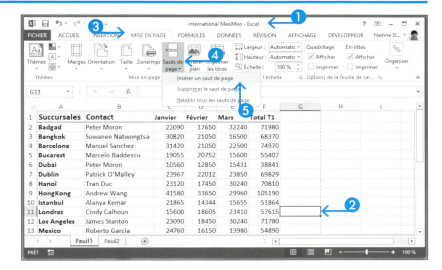

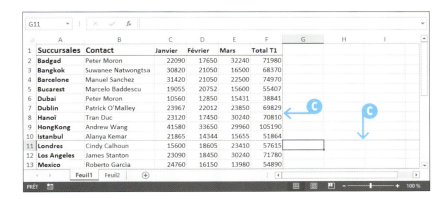

303

Choisissez le format du papier

Vous définirez l'impression en spécifiant le format de papier que vous prévoyez d'utiliser. Pour éviter de rompre la continuité des données, vous choisirez peut-être d'imprimer sur papier A3. Dans tous les cas, prenez soin de définir l'orientation qui convient, Portrait ou Paysage, comme il est expliqué précédemment dans ce chapitre.

Vérifiez la documentation de l'imprimante pour vous assurer que l'imprimante est capable de traiter le format de papier que vous avez défini.

Choisissez le format du papier

1 Ouvrez le classeur à imprimer.

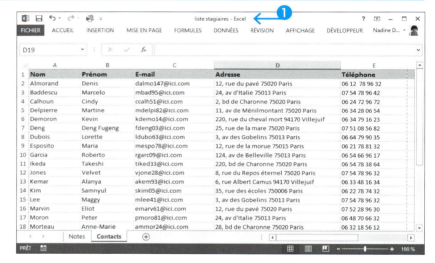

2 Cliquez l'onglet **Mise en page**.

3 Cliquez **Taille** ( ).

A Si vous voyez dans la liste le format que vous voulez utiliser, sélectionnez-le et ignorez le reste de ces instructions.

4 Cliquez **Autres tailles de papier**.

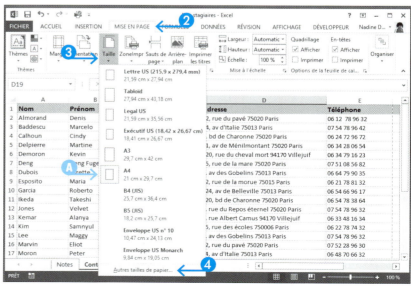

304

CHAPITRE 14
Imprimez un classeur

La boîte de dialogue Mise en page s'ouvre sur l'onglet Page.

5 Cliquez la liste **Format du papier** et sélectionnez un format.

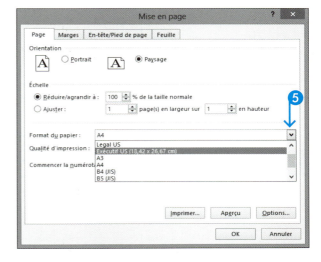

6 Cliquez **OK**.

Excel utilisera le nouveau format de papier quand vous lancerez l'impression du classeur.

ASTUCE

Plusieurs solutions s'offrent à vous pour faire en sorte que toutes les colonnes du tableau tiennent dans une seule page. Essayez d'utiliser un format de papier un peu plus large, comme le décrit cette tâche. Vous pourriez aussi réduire les marges latérales (voir « Réglez les marges du classeur » au début de ce chapitre). Sinon, passez en orientation Paysage (voir « Changez l'orientation des pages », précédemment dans ce chapitre). Enfin, ouvrez l'onglet **Page** de la boîte de dialogue Mise en page, selon les instructions des étapes **1** à **4**, et activez l'option **Ajuster** (○ devient ⊙) avec la valeur 1 pour **pages en largeur** et le nombre adéquat pour **en hauteur** de sorte que toutes les lignes de la feuille tiennent dans une seule page. Pour vérifier l'effet de vos réglages, cliquez le bouton **Aperçu**.

Définissez la zone d'impression

Vous pouvez choisir les cellules qui seront imprimées en définissant une *zone d'impression* dans la feuille. Seules les cellules de cette zone seront imprimées.

Le plus souvent, la zone d'impression est une plage continue de cellules, mais il est possible de définir plusieurs plages ou des cellules non adjacentes comme zone d'impression. Voyez à ce sujet l'astuce page suivante.

Définissez la zone d'impression

1 Ouvrez le classeur à imprimer.

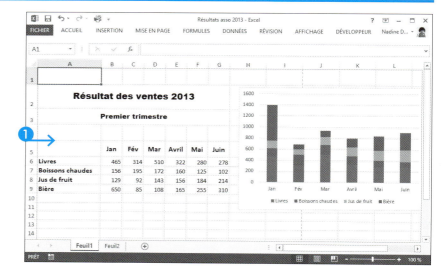

2 Sélectionnez la plage à imprimer.

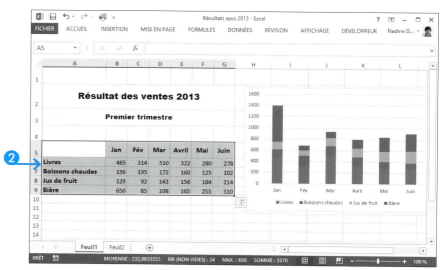

CHAPITRE 14
Imprimez un classeur

③ Cliquez l'onglet **Mise en page**.

④ Cliquez **ZoneImpr** ( ).

⑤ Cliquez **Définir**.

Ⓐ Excel entoure d'une ligne pointillée la zone d'impression.

Seules les cellules appartenant à la zone d'impression seront imprimées.

ASTUCES

La zone d'impression peut comprendre plusieurs plages. Définissez la zone initiale, puis sélectionnez la deuxième plage, cliquez **ZoneImpr** ( ) dans l'onglet **Mise en page** et sélectionnez **Ajouter à la zone d'impression**. Vous répéterez cette opération autant de fois que nécessaire pour combiner toutes les plages que vous voulez imprimer.

Il n'est pas nécessaire de supprimer une zone d'impression avant d'en définir une autre. La définition d'une zone d'impression remplace la définition de zone précédente. Pour supprimer toute zone d'impression, cliquez l'onglet **Mise en page**, cliquez **ZoneImpr** ( ), puis cliquez **Annuler**.

Configurez l'impression des titres sur chaque page

La version papier de vos feuilles de calcul sera plus facile à exploiter si vous répétez les titres des plages sur chaque page. Si la feuille comprend une ligne de titres en haut, vous configurerez la feuille pour afficher ces titres en haut de chaque page imprimée.

De même, si la feuille comporte une colonne de titres à gauche, vous pourrez configurer la feuille pour afficher ces titres dans la partie gauche de chaque page.

Configurez l'impression des titres sur chaque page

1. Ouvrez le classeur à imprimer.
2. Cliquez l'onglet de la feuille à configurer.
3. Cliquez l'onglet **Mise en page**.
4. Cliquez **Imprimer les titres** ( ).

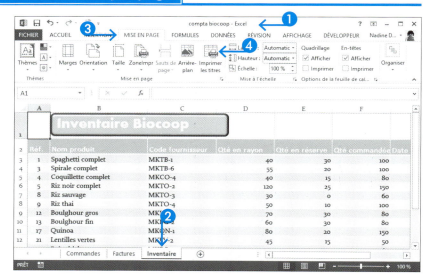

La boîte de dialogue Mise en page s'ouvre sur l'onglet Feuille.

5. Cliquez dans le champ **Lignes à répéter en haut**.
6. Cliquez le bouton de réduction de la boîte de dialogue ( ).

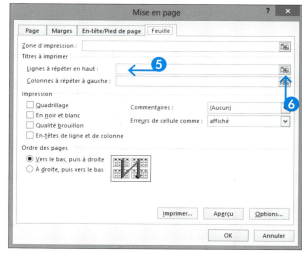

CHAPITRE 14
Imprimez un classeur

Ⓐ Excel réduit la boîte de dialogue pour vous permettre de sélectionner une plage dans la feuille.

Le pointeur ⬚ se transforme en pointeur de sélection de ligne (→).

❼ Cliquez la ligne qui contient les titres à répéter sur les pages imprimées.

Si vous voulez répéter plusieurs lignes en haut des pages, cliquez successivement chaque ligne avec le pointeur → .

❽ Cliquez le bouton de restauration de la boîte de dialogue (⬚).

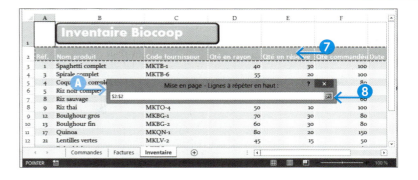

Ⓑ L'adresse de la ligne désignée apparaît dans le champ Lignes à répéter en haut.

❾ Cliquez **OK**.

La ligne sélectionnée apparaîtra en haut de chaque page imprimée.

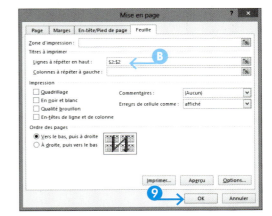

ASTUCE

Si les titres à répéter se trouvent dans une colonne au lieu d'une ligne, la procédure est la même. Suivez les instructions des étapes 1 à 4 pour ouvrir l'onglet **Feuille** de la boîte de dialogue Mise en page. Cliquez dans le champ **Colonnes à répéter à gauche**. Cliquez ⬚ pour réduire la boîte de dialogue. Cliquez la colonne de titre avec le pointeur ↓ . Cliquez ⬚ pour rétablir la boîte de dialogue et cliquez **OK**.

Affichez l'aperçu avant impression

Vous épargnerez temps et papier en utilisant l'aperçu pour vérifier le résultat à l'écran avant de lancer l'impression. Vous pourrez vérifier que les marges, l'orientation, les sauts de page, la zone imprimée et les titres sont corrects.

Si vous détectez un problème, l'écran d'aperçu permet de modifier certaines options d'impression.

Affichez l'aperçu avant impression

1. Ouvrez le classeur à imprimer.
2. Cliquez l'onglet de la feuille à imprimer.
3. Cliquez l'onglet **Fichier**.

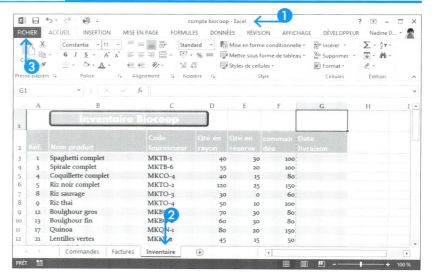

4. Cliquez **Imprimer**.

   Le volet Imprimer apparaît.

   A Excel présente un aperçu de la feuille imprimée.

   Note. Si l'aperçu est absent, cliquez **Afficher l'aperçu**.

5. Cliquez **Page suivante** (▶) pour parcourir les pages suivantes.

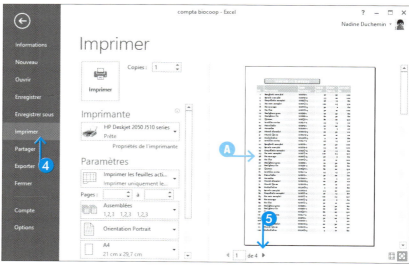

310

CHAPITRE 14
Imprimez un classeur

6 Cliquez **Page précédente** (◄) pour revenir en arrière.

B La liste **Orientation** permet de modifier l'orientation.

C La liste **Taille de papier** permet de sélectionner un autre format de papier.

D **Marges** permet de modifier les marges.

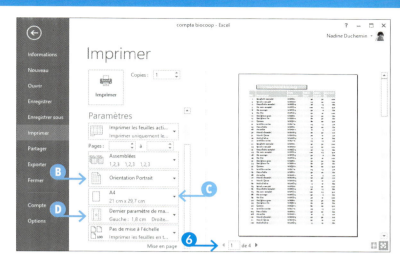

7 Lorsque vous en avez terminé, cliquez **Retour** (⬅) pour afficher le classeur.

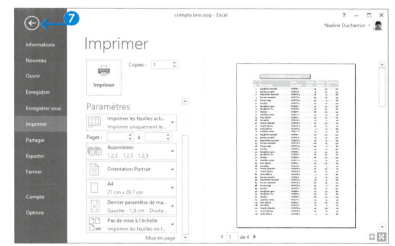

ASTUCE

Certaines corrections peuvent être apportées directement dans l'aperçu. Cliquez le bouton **Afficher les marges** (▢) dans le coin inférieur droit du volet Imprimer pour afficher les marges dans l'aperçu. Vous pouvez alors décaler les marges par glissement du pointeur.

311

Imprimez un classeur

Si vous avez besoin d'une copie papier de votre document pour l'archiver ou le distribuer, imprimez-le.

Une imprimante allumée doit être branchée sur l'ordinateur. Vérifiez que le bac contient suffisamment de papier.

Imprimez un classeur

① Ouvrez le classeur à imprimer.

② Si vous voulez n'imprimer qu'une feuille, cliquez l'onglet de la feuille.

Note. Pour imprimer plusieurs feuilles, maintenez enfoncée la touche Ctrl et cliquez les onglets des autres feuilles.

③ Cliquez l'onglet **Fichier**.

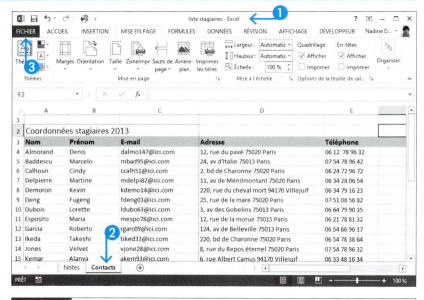

④ Cliquez **Imprimer**.

Note. Vous disposez aussi du raccourci clavier Ctrl + P.

CHAPITRE 14

Imprimez un classeur

Le volet Imprimer apparaît.

5 Dans le champ **Copies**, indiquez le nombre d'exemplaires à imprimer.

A Si vous voulez utiliser une autre imprimante, cliquez **Imprimante** (■) et sélectionnez une des imprimantes configurées pour votre ordinateur.

B Par défaut, seules les feuilles sélectionnées sont imprimées. Pour imprimer toutes les feuilles, cliquez la liste **Imprimer les feuilles actives** et choisissez **Imprimer le classeur entier**.

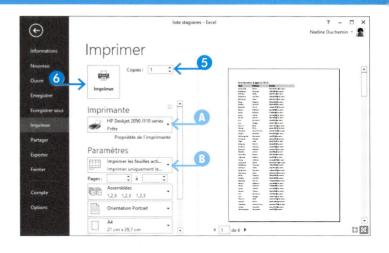

6 Cliquez **Imprimer**.

Excel envoie le document vers l'imprimante.

C Une icône d'imprimante (■) apparaît dans la zone de notification pendant l'impression du document.

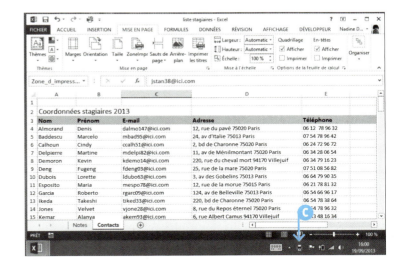

ASTUCES

Vous pouvez imprimer directement un exemplaire de la feuille actuelle en cliquant **Impression rapide** dans la barre d'accès rapide. Pour disposer de ce bouton dans la barre d'accès rapide, cliquez la flèche ▼ à droite de la barre et sélectionnez **Impression rapide**. Ce bouton commande à Excel d'envoyer la feuille vers l'imprimante par défaut sans passer par le volet Imprimer.

Il est possible d'imprimer une seule plage de la feuille. Sélectionnez la plage, ouvrez le volet **Imprimer** en suivant les étapes **3** et **4** de cette tâche, et indiquez le nombre de copies. Cliquez la liste **Imprimer les feuilles active**, sélectionnez **Imprimer la sélection**, puis cliquez **Imprimer**.

CHAPITRE 15

Travaillez avec les tableaux

L'intérêt principal d'Excel est le travail dans les feuilles de calcul, mais la disposition des données en rangées et colonnes le prédispose à servir aussi de gestionnaire de base de données sans hiérarchie. En clair, au lieu de saisir des données et de les combiner et analyser à l'aide de formules, vous pouvez simplement utiliser Excel pour stocker des données dans une structure spéciale qu'on appelle *tableau* (ou *table* dans le contexte des bases de données).

Découvrez les tableaux 316
Découvrez les outils de tableau 317
Convertissez une plage en tableau 319
Sélectionnez des données de tableau 320
Insérez une ligne dans un tableau 322
Insérez une colonne dans un tableau 323
Supprimez une ligne d'un tableau 324
Supprimez une colonne d'un tableau 325
Ajoutez un sous-total de colonne 326
Convertissez un tableau en plage 328
Appliquez un style de tableau 329
Redimensionnez un tableau 330
Renommez un tableau 331

Découvrez les tableaux

Un *tableau* Excel est une plage rectangulaire de cellules dont les données forment un ensemble d'informations apparentées. La structure de tableau facilite notamment la recherche et l'extraction de données.

Afin de pouvoir exploiter toutes les possibilités des tableaux dans Excel, commencez par assimiler les concepts de base, tels que la similitude avec une base de données, les avantages des tableaux et la façon dont ils aident à analyser les données.

Un tableau est une base de données

Un tableau est un type de base de données dans lequel les données sont organisées en lignes et en colonnes : chaque colonne représente un champ de base de données, ce qui veut dire un élément simple d'information, comme un nom, une adresse ou un numéro de référence, et chaque ligne représente une fiche, ou enregistrement, de base de données, c'est-à-dire un ensemble de valeurs de champs associés, comme toutes les données concernant une personne ou un article en particulier.

Avantages d'un tableau

Un tableau diffère d'une simple plage car il dispose d'un ensemble d'outils qui facilitent le travail avec les données. Il est très facile de convertir une plage en tableau, d'ajouter de nouvelles fiches à un tableau existant, d'effacer des fiches ou des champs, d'insérer des lignes de totaux et d'appliquer un style ou une mise en forme à l'ensemble du tableau.

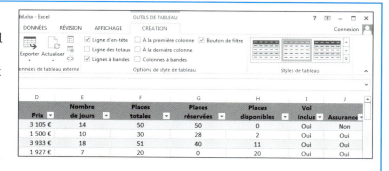

Analyse des données

Les tableaux sont aussi utiles dans l'analyse des données. Par exemple, comme vous le verrez au chapitre 17, il est facile d'utiliser un tableau comme base d'un tableau croisé dynamique, un outil de synthèse et d'analyse des données. Le chapitre 16 vous montre comment ordonner les fiches et filtrer les données d'un tableau afin d'afficher seulement certaines fiches.

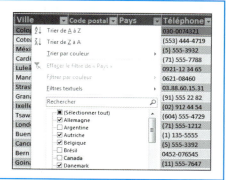

CHAPITRE 15

Découvrez les outils de tableau

Même si un tableau ressemble beaucoup à une plage ordinaire, il offre nombre d'outils qui le différencient de celle-ci. Bien comprendre ces différences vous permettra d'apprendre facilement à construire et à utiliser les tableaux. Outre les lignes, colonnes et en-têtes, ce qui fait la particularité d'un tableau, ce sont ses boutons de filtrage.

A Colonne de tableau

Contient un élément simple d'information, comme le nom, l'adresse ou le numéro de référence. Dans un tableau Excel, chaque colonne correspond à un champ de base de données.

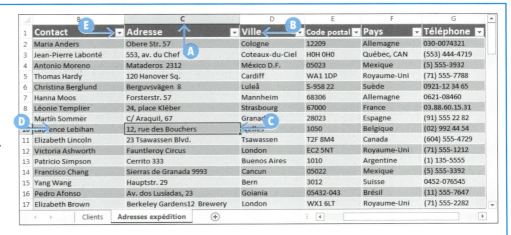

B En-têtes de colonnes

Vous attribuez à chaque colonne du tableau un nom unique qui détermine le type de données qu'elle contient. Ces noms se trouvent toujours dans la première ligne du tableau.

C Cellule de tableau

Contient un élément d'une colonne de tableau qui représente une seule occurrence de la catégorie de donnée de cette colonne, comme un nom, une adresse ou un numéro de référence. Dans un tableau Excel, chaque cellule correspond à une valeur d'un champ de base de données.

D Ligne de tableau

Ensemble de cellules de tableau apparentées, comme les coordonnées d'un contact. Dans un tableau Excel, chaque ligne est l'équivalent d'une fiche (ou enregistrement) de base de données.

E Bouton de filtrage de colonne

Outil donnant accès à un jeu de commandes permettant d'effectuer différentes actions sur une colonne, comme ordonner ou filtrer les données de la colonne.

Convertissez une plage en tableau

Avec Excel 2013, vous ne pouvez pas créer un tableau vide et le remplir de données. Vous devez d'abord créer une plage contenant au moins quelques-unes des données du tableau, puis convertir cette plage en tableau.

Remarquez qu'il n'est pas nécessaire de saisir toutes les données avant de convertir la plage en tableau. Une fois que le tableau existe, vous pouvez lui ajouter lignes et colonnes en fonction de vos besoins, comme l'explique ce chapitre. Il est cependant préférable de décider au départ si vous voulez que le tableau présente des en-têtes de colonnes.

Convertissez une plage en tableau

① Cliquez une cellule de la plage à convertir en tableau.

② Cliquez l'onglet **Insertion**.

③ Cliquez **Tableau** ( ).

Note. Vous disposez aussi du raccourci Ctrl + T.

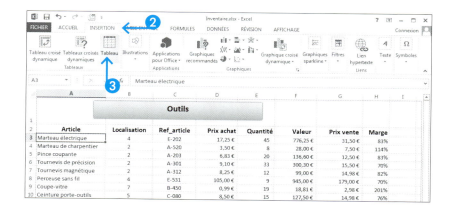

CHAPITRE 15
Travaillez avec les tableaux

La boîte de dialogue Créer un tableau apparaît.

A Excel sélectionne la plage à convertir.

B Si vous voulez modifier les coordonnées de la plage, cliquez 📷, sélectionnez une autre plage par glissement du pointeur ✥, puis cliquez 📷.

4 Si votre plage contient des titres à utiliser comme en-têtes de colonnes, cochez l'option **Mon tableau comporte des en-têtes** (☐ devient ☑).

5 Cliquez **OK**.

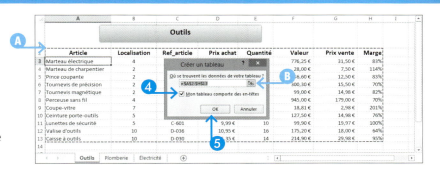

Excel convertit la plage en tableau.

C Excel applique une mise en forme de tableau à la plage.

D L'onglet contextuel Outils de tableau apparaît.

E Les boutons de filtrage apparaissent dans chaque en-tête de colonne.

6 Cliquez l'onglet **Création** pour accéder aux outils spéciaux des tableaux Excel.

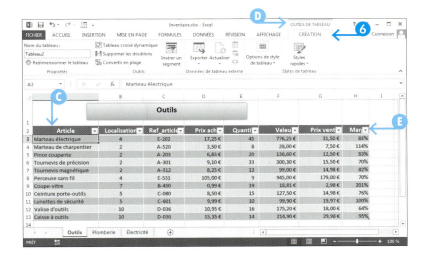

ASTUCES

Si votre plage ne contient pas de titres pouvant servir d'en-têtes de colonnes, ne cochez pas la case **Mon tableau comporte des en-têtes**. À la création du tableau, Excel ajoutera des en-têtes génériques du type Colonne1, Colonne2, *etc*.

Si vous avez mal défini la plage utilisée pour créer le tableau, vous pouvez corriger cette définition, mais sans pouvoir changer la position des en-têtes. Cliquez **Redimensionner le tableau** dans l'onglet Création et servez-vous de la boîte de dialogue qui apparaît pour désigner la nouvelle plage à utiliser.

319

Sélectionnez des données de tableau

Pour travailler sur une portion du tableau, vous devez commencer par sélectionner cette partie. Par exemple, si vous souhaitez appliquer une mise en forme à une colonne entière ou copier une ligne entière, vous commencerez par sélectionner cette colonne ou cette ligne.

Les techniques habituelles de sélection de plage dans Excel ne fonctionnent pas bien avec les tableaux. Par exemple, sélectionner une ligne ou une colonne entière ne convient pas, puisque aucun tableau n'occupe une ligne ou une colonne entière. Excel fournit donc des outils propres aux tableaux permettant de sélectionner une colonne du tableau, avec ou sans les en-têtes, une ligne du tableau ou le tableau entier.

Sélectionnez les données d'une colonne

❶ Cliquez une cellule de la colonne à sélectionner.

❷ Cliquez cette cellule avec le bouton droit.

❸ Cliquez **Sélectionner**.

❹ Cliquez **Données de colonne de tableau**.

Excel sélectionne toutes les données de la colonne.

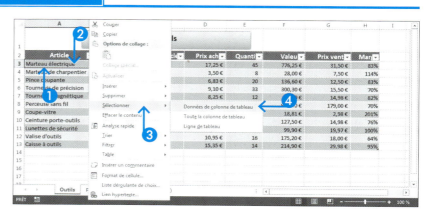

Sélectionnez une colonne de tableau avec l'en-tête

❶ Cliquez une cellule de la colonne à sélectionner.

❷ Cliquez cette cellule avec le bouton droit.

❸ Cliquez **Sélectionner**.

❹ Cliquez **Toute la colonne de tableau**.

Excel sélectionne les données de la colonne et l'en-tête.

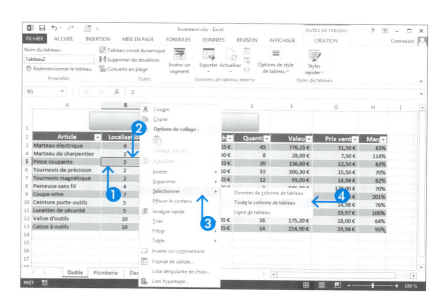

CHAPITRE 15
Travaillez avec les tableaux

Sélectionnez une ligne de tableau

① Cliquez une cellule de la ligne à sélectionner.

② Cliquez cette cellule avec le bouton droit.

③ Cliquez **Sélectionner**.

④ Cliquez **Ligne de tableau**.

Excel sélectionne toutes les données de la ligne.

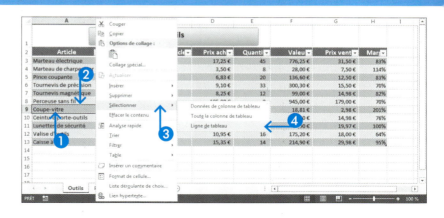

Sélectionnez le tableau complet

① Cliquez une cellule du tableau.

② Appuyez sur Ctrl + A.

Excel sélectionne tout le tableau.

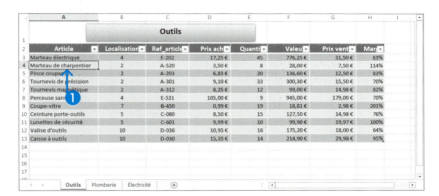

ASTUCE

Pour sélectionner plusieurs colonnes du tableau, commencez par sélectionner une cellule de chaque colonne à inclure dans la sélection. Pour sélectionner des cellules non adjacentes, cliquez la première cellule, puis maintenez la touche Ctrl enfoncée en cliquant les autres cellules.

Cliquez du bouton droit une des cellules sélectionnées, cliquez **Sélectionner**, puis cliquez **Données de colonne de tableau** (ou **Toute la colonne de tableau** si vous voulez inclure les en-têtes).

De même, pour sélectionner plusieurs lignes, sélectionnez une cellule de chaque ligne à inclure dans la sélection en appuyant sur Ctrl dans le cas de lignes non adjacentes. Cliquez du bouton droit une des cellules sélectionnées et choisissez **Sélectionner** puis **Ligne de tableau**.

Insérez une ligne dans un tableau

Vous ajouterez une nouvelle fiche à votre tableau Excel en insérant une nouvelle ligne à l'intérieur ou à la fin du tableau.

Une fois le premier ensemble de données saisi dans votre tableau, vous ajouterez probablement des données en insérant une ligne à l'intérieur du tableau. En revanche, lors de la phase initiale de saisie, vous taperez le plus souvent les nouvelles fiches en ajoutant des lignes au bas du tableau.

Insérez une ligne dans un tableau

1 Cliquez une cellule de la ligne située à l'emplacement où vous voulez voir apparaître la nouvelle ligne.

2 Cliquez l'onglet **Accueil**.

3 Cliquez la flèche du bouton **Insérer** ( ).

4 Cliquez **Insérer des lignes de tableau au-dessus**.

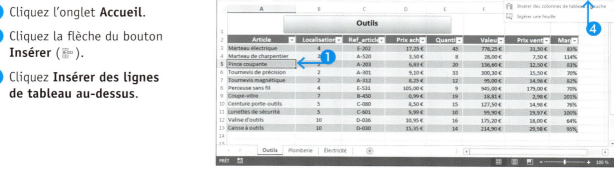

A Excel insère une nouvelle ligne.

B Pour ajouter une ligne à la fin du tableau, sélectionnez la dernière cellule du tableau (dans l'angle inférieur droit du tableau) et appuyez sur **Tab**.

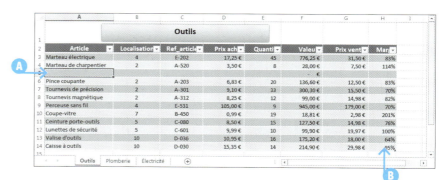

CHAPITRE 15

Insérez une colonne dans un tableau

Vous ajouterez un nouveau champ à votre tableau Excel en insérant une nouvelle colonne à l'intérieur ou à la fin du tableau.

Pour faciliter la saisie des données et la rendre plus efficace, il est préférable de planifier la structure du tableau avant de commencer en décidant quels champs doivent y figurer. Mais si vous découvrez ultérieurement qu'un autre champ est nécessaire, vous pouvez l'ajouter. Cette technique est aussi utile lorsque vous importez un tableau complet et cherchez à l'adapter à vos besoins.

Insérez une colonne dans un tableau

❶ Cliquez une cellule de la colonne située à l'emplacement où vous voulez voir apparaître la nouvelle colonne.

❷ Cliquez l'onglet **Accueil**.

❸ Cliquez la flèche du bouton **Insérer**.

❹ Cliquez **Insérer des colonnes de tableau à gauche**.

Pour insérer une nouvelle colonne à droite du tableau, sélectionnez une cellule de la dernière colonne du tableau, puis cliquez la commande **Insérer des colonnes de tableau sur la droite**. Cette commande n'est visible que lorsque la cellule sélectionnée se trouve dans la dernière colonne.

Ⓐ Excel insère la nouvelle colonne.

❺ Donnez un nom au nouveau champ en modifiant l'en-tête de colonne.

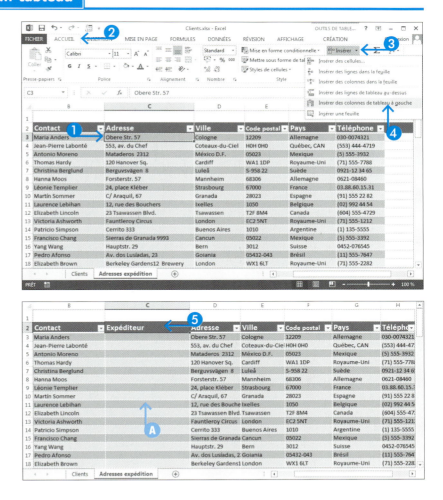

323

Supprimez une ligne d'un tableau

Si le tableau contient une fiche dont les données sont inexactes, périmées ou devenues inutiles, il est préférable de la supprimer pour maintenir l'intégrité du tableau.

Un tableau Excel est un emplacement de stockage de données qui peut servir de source de référence ou permettre d'analyser ou de synthétiser des données. Mais il n'est intéressant que dans la mesure où les données sont fiables, il faut donc bien veiller à ce que les données saisies soient exactes. Si vous trouvez une fiche erronée ou superflue, Excel vous donne le moyen de la supprimer rapidement.

Supprimez une ligne d'un tableau

❶ Cliquez une cellule de la ligne à supprimer.

Note. Pour supprimer plusieurs lignes, sélectionnez une cellule de chaque ligne à supprimer.

❷ Cliquez l'onglet **Accueil**.

❸ Cliquez la flèche du bouton **Supprimer**.

❹ Cliquez **Supprimer des lignes de tableau**.

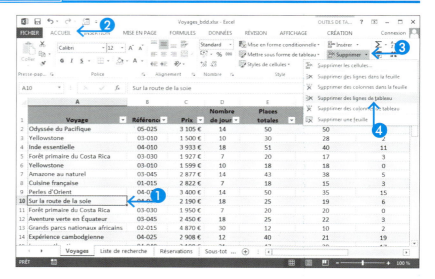

Ⓐ Excel supprime la ligne.

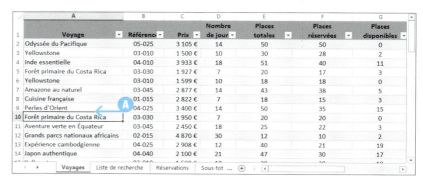

CHAPITRE 15

Supprimez une colonne d'un tableau

Si votre tableau contient un champ qui n'est plus nécessaire, il est préférable de supprimer la colonne pour faciliter le travail et la manipulation du tableau.

Comme vous le découvrirez dans ce chapitre et le suivant, vous analysez et résumez des informations du tableau d'après les données d'un ou de plusieurs champs. Si votre tableau contient un champ dont le contenu n'est jamais considéré et qui ne sert dans aucune analyse ou synthèse, pensez à le supprimer pour alléger le tableau et le rendre plus facile à parcourir.

Supprimez une colonne d'un tableau

1 Cliquez une cellule de la colonne à supprimer.

Note. Pour supprimer plusieurs colonnes, sélectionnez une cellule de chaque colonne à supprimer.

2 Cliquez l'onglet **Accueil**.

3 Cliquez la flèche du bouton **Supprimer**.

4 Cliquez **Supprimer des colonnes de tableau**.

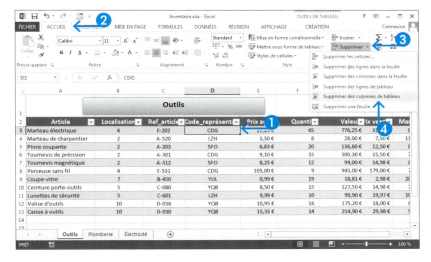

A Excel supprime la colonne.

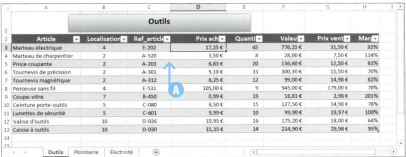

325

Ajoutez un sous-total de colonne

Vous rendrez votre tableau plus explicite en résumant un champ à l'aide d'un sous-total au bas de la colonne.

Même si le mot « sous-total » implique une addition de valeurs numériques, Excel utilise l'expression au sens large, c'est-à-dire que le sous-total n'est pas seulement une somme mais peut représenter une moyenne, un maximum ou un minimum, ou encore un décompte des valeurs de ce champ. Et il est possible de choisir un sous-total encore plus ésotérique formé d'un écart-type ou d'une variance.

Ajoutez un sous-total de colonne

1 Sélectionnez toutes les données de la colonne à totaliser.

Note. Consultez la tâche « Sélectionnez des données de tableau », précédemment dans ce chapitre, pour apprendre à sélectionner une colonne de données.

2 Cliquez la balise **Analyse rapide** ( ).

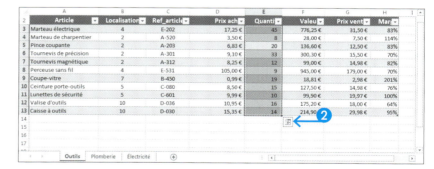

CHAPITRE 15

Travaillez avec les tableaux

Les options d'analyse rapide apparaissent.

3 Cliquez **Totaux**.

4 Cliquez le type d'opération à utiliser.

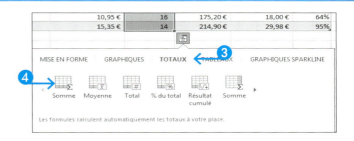

A Excel ajoute une ligne de totaux au bas du tableau.

B Excel insère une fonction SOUS-TOTAL effectuant l'opération choisie à l'étape 4.

C Cliquez la flèche apparue à droite de la cellule pour choisir une autre opération.

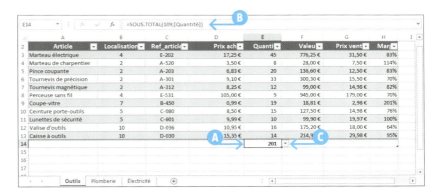

ASTUCE

Si vous voulez ajouter une ligne de totaux au bas de votre tableau, vous pouvez le faire en quelques clics. Cliquez dans une cellule du tableau, cliquez l'onglet **Création** et cochez l'option **Ligne de totaux**.

Excel ajoutera automatiquement une ligne intitulée Total au bas du tableau et insérera une fonction de sous-total au bas de la dernière colonne. Si vous cliquez dans n'importe quelle cellule de cette ligne de totaux, une liste déroulante vous permettra de choisir une opération de sous-total à effectuer dans cette colonne.

Convertissez un tableau en plage

Lorsque vous n'avez plus besoin des outils de tableau, vous pouvez convertir ce dernier en plage normale.

Les tableaux sont extrêmement utiles, mais peuvent devenir occasionnellement gênants. Par exemple, si vous cliquez une cellule du tableau, l'onglet Création, puis une cellule extérieure au tableau, Excel bascule automatiquement dans l'onglet Accueil. Si vous recliquez alors dans le tableau, Excel revient à l'onglet Création. Lorsque vous n'avez pas besoin des outils de l'onglet Création, ce comportement est dérangeant et vous pouvez l'éviter en convertissant le tableau en plage ordinaire.

Convertissez un tableau en plage

① Cliquez une cellule du tableau.

② Cliquez l'onglet **Création**.

③ Cliquez **Convertir en plage** (🖳).

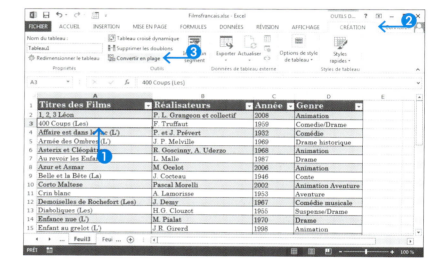

Excel vous demande de confirmer.

④ Cliquez **Oui**.

Excel convertit le tableau en plage normale.

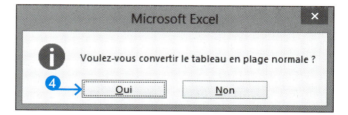

CHAPITRE 15
Appliquez un style de tableau

Vous pouvez donner plus d'impact à votre tableau et le rendre plus lisible en lui appliquant un style de tableau.

Un style de tableau est une combinaison d'options de mise en forme qu'Excel peut appliquer à treize éléments différents du tableau, parmi lesquels se trouvent la première et la dernière colonne, la ligne d'en-têtes, la ligne des totaux et le tableau complet. Pour chaque élément, le style applique des attributs de mise en forme qui définissent la bordure, la couleur de fond, les effets de remplissage, ainsi que la police, la taille, la couleur et les effets de texte.

Appliquez un style de tableau

❶ Cliquez une cellule du tableau.

❷ Cliquez l'onglet **Création**.

❸ Cliquez la flèche de la galerie **Styles de tableau**.

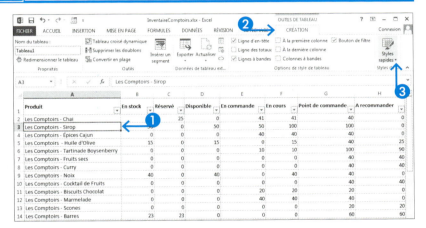

La galerie de styles de tableau apparaît. Survolez chaque style avec le pointeur pour voir l'effet sur votre tableau.

❹ Cliquez le style de tableau que vous avez choisi.

Ⓐ Excel applique le style à votre tableau.

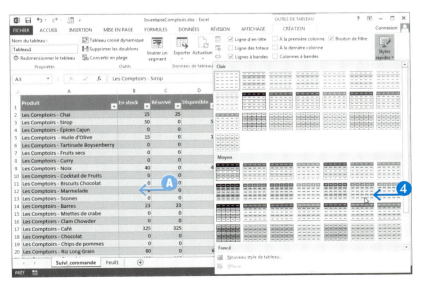

329

Redimensionnez un tableau

Si les coordonnées actuelles du tableau ne correspondent pas exactement aux données qu'il contient, vous corrigerez ce décalage en *redimensionnant* le tableau de manière à fournir les bonnes coordonnées à Excel.

Lorsque vous insérez ou supprimez des lignes et des colonnes, Excel adapte automatiquement les coordonnées du tableau. Mais si vous n'avez pas sélectionné la bonne plage au départ ou si vous avez collé des données dans la feuille, vous informerez Excel du changement de situation en redimensionnant le tableau. Retenez que vous ne pouvez pas changer la position des en-têtes du tableau.

Redimensionnez un tableau

1. Cliquez une cellule du tableau.

2. Cliquez l'onglet **Création**.

3. Cliquez **Redimensionner le tableau** (⊕).

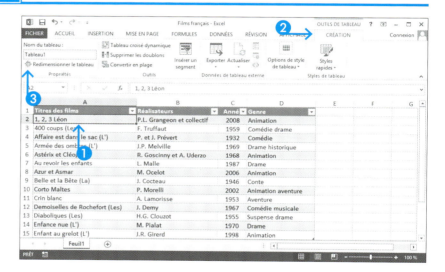

La boîte de dialogue Redimensionner le tableau apparaît.

4. Faites glisser le pointeur ⊕ sur la nouvelle plage.

Excel adapte les coordonnées du tableau en fonction de la plage sélectionnée.

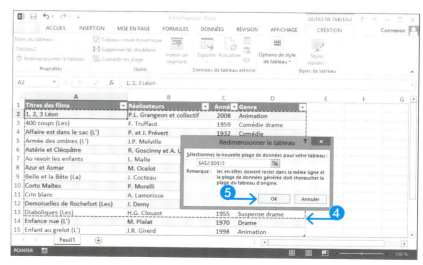

Renommez un tableau

CHAPITRE 15

Si vous avez plusieurs tableaux dans la feuille ou dans le classeur, il sera plus facile de les distinguer et de les atteindre si vous attribuez à chacun un nom évocateur.

Lors de la création d'un tableau, Excel lui attribue un nom générique comme Tableau1. Changer le nom des tableaux de manière à décrire leur contenu vous permettra de les trouver plus facilement dans le champ Nom de la feuille de calcul, comme vous le faites avec les plages dotées d'un nom. Les noms descriptifs vous aideront à déchiffrer les formules associées aux tableaux, telles SOMME.SI et NB.SI lorsqu'elles comprennent des références comme Potager[Division], qui désigne la colonne Division du tableau nommé Potager.

Renommez un tableau

1. Cliquez une cellule du tableau.

2. Cliquez l'onglet **Création**.

3. Utilisez le champ **Nom du tableau** pour attribuer au tableau un nom plus évocateur.

4. Appuyez sur Entrée.

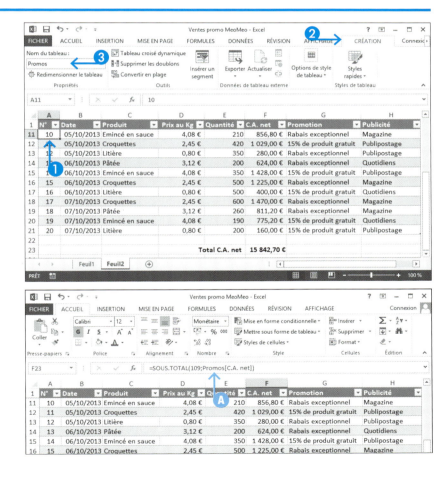

Excel actualise le nom du tableau.

Ⓐ Excel actualise également toutes les formules qui contiennent des références au tableau.

331

CHAPITRE 16

Analysez les données

Excel vous permet d'aller plus loin en exploitant les outils et les techniques qui servent à ordonner et analyser des données pour parvenir à une conclusion à propos d'une série de données. Ce chapitre présente des techniques d'analyse comme le tri et le filtrage d'une plage, la création de tables de données et l'emploi de scénarios et sous-totaux.

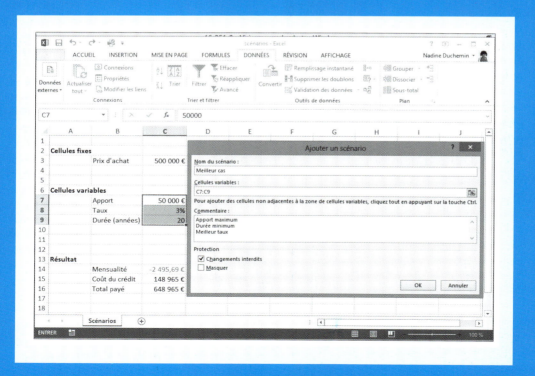

Triez une plage ou un tableau 334
Filtrez une plage ou un tableau 336
Calculez une somme conditionnelle 338
Calculez un compte conditionnel 339
Créez une table de données 340
Calculez des sous-totaux 342
Groupez des données 344
Recherchez une valeur cible 346
Analysez à l'aide d'un scénario 348
Supprimez les doublons 352
Faites ressortir les cellules qui répondent
   à certains critères 354
Faites ressortir les valeurs extrêmes d'une plage 356
Analysez des valeurs à l'aide de barres de données . . . 358
Analysez des valeurs à l'aide de nuances de couleurs . . . 360
Analysez des valeurs à l'aide de jeux d'icônes 362
Créez une règle de mise en forme conditionnelle
   personnalisée 364
Consolidez les données de plusieurs feuilles 366
Installez l'utilitaire d'analyse 370

Triez une plage ou un tableau

Vous faciliterez la lecture et l'analyse des données d'une plage en les triant selon les valeurs d'une ou de plusieurs colonnes.

Le tri se fait dans l'ordre croissant ou décroissant. Un tri croissant classe les valeurs alphabétiquement de A à Z ou numériquement de 0 à 9, et un tri décroissant les place dans l'ordre inverse.

Triez une plage ou un tableau

❶ Cliquez une cellule de la plage à trier.

❷ Cliquez l'onglet **Données**.

❸ Cliquez **Trier** ( ).

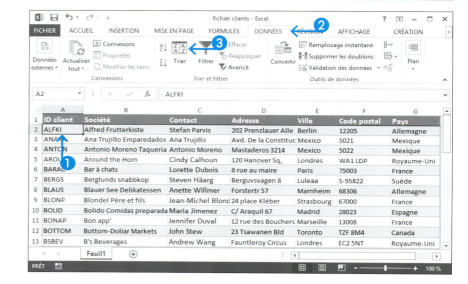

La boîte de dialogue Tri apparaît.

❹ Cliquez la liste **Trier par** et sélectionnez le champ à utiliser pour le premier niveau de tri.

❺ Cliquez la liste **Ordre** et sélectionnez un ordre de tri.

❻ Pour affiner le tri d'après un autre champ, cliquez **Ajouter un niveau**.

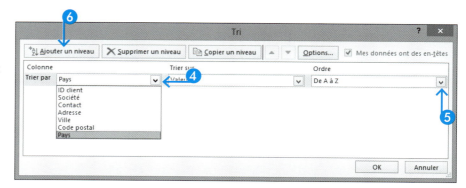

334

CHAPITRE 16
Analysez les données

Ⓐ Excel ajoute un niveau de tri.

❼ Cliquez la liste **Puis par** et sélectionnez le champ à utiliser comme critère de tri secondaire.

❽ Cliquez la liste **Ordre** et sélectionnez un ordre de tri.

❾ Répétez les étapes **6** à **8** pour ajouter d'autres niveaux de tri selon vos besoins.

❿ Cliquez **OK**.

Ⓑ Excel réordonne la plage.

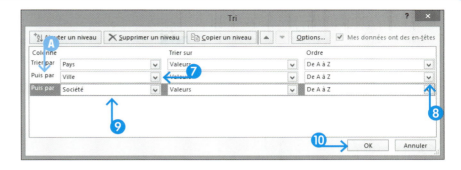

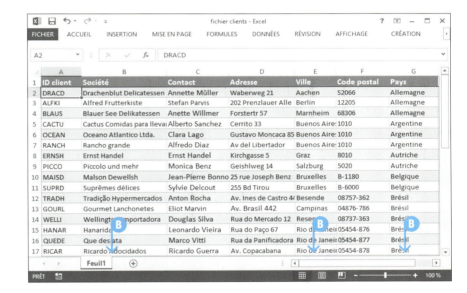

ASTUCES

Pour ordonner rapidement une plage selon une seule colonne, cliquez une cellule de cette colonne, cliquez l'onglet **Données**, puis, dans le groupe Trier et filtrer, cliquez le bouton **Trier de A à Z** (↓A/Z) ou **Trier de Z à A** (↓Z/A) en fonction de l'ordre dans lequel vous voulez trier la plage.

Excel trie une plage de haut en bas selon les valeurs d'une ou de plusieurs colonnes. Vous pouvez commander un tri de gauche à droite selon les valeurs d'une ou de plusieurs lignes. Exécutez les étapes **1** à **3** pour ouvrir la boîte de dialogue Tri. Cliquez **Options** pour afficher les options de tri, cliquez **De la gauche vers la droite** (○ devient ⦿), puis cliquez **OK**.

Filtrez une plage ou un tableau

Vous analyserez beaucoup plus rapidement les données en les *filtrant* afin de n'afficher que les fiches avec lesquelles vous voulez travailler.

Dans ce but, vous pouvez utiliser le filtre automatique qui affiche la liste des valeurs distinctes d'un champ. Vous filtrerez les données en cochant les valeurs à retenir. Si vous avez transformé la plage en tableau comme présenté dans le chapitre précédent, chaque colonne affiche automatiquement un bouton de filtrage.

Affichez les boutons de filtrage

Note. Si vous utilisez un tableau et non une plage, allez directement à la section « Filtrez les données ».

❶ Cliquez dans la plage.
❷ Cliquez l'onglet **Données**.
❸ Cliquez **Filtrer** (▼).

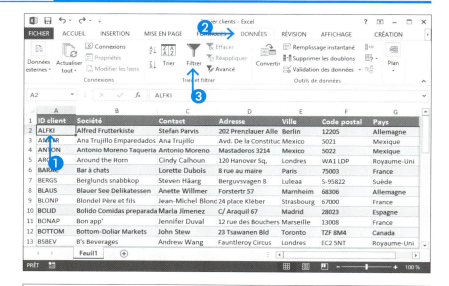

Ⓐ Excel ajoute un bouton de filtrage (▼) à chaque champ.

Filtrez les données

❶ Cliquez la flèche ▼ du champ à utiliser comme filtre.

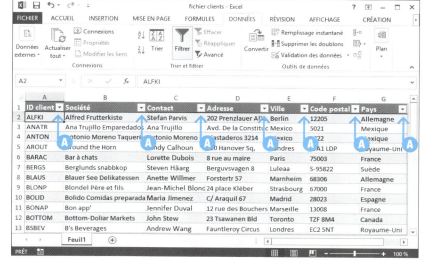

336

CHAPITRE 16
Analysez les données

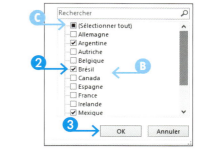

B Excel affiche la liste des valeurs distinctes du champ.

2 Cochez la case de chacune des valeurs à conserver (☐ devient ☑).

C Vous pouvez activer ou retirer toutes les coches en cliquant **Sélectionner tout**.

3 Cliquez **OK**.

D Excel filtre le tableau en présentant seulement les fiches qui contiennent les valeurs cochées.

E Excel affiche le nombre de fiches trouvées.

F La liste déroulante du champ affiche une icône de filtre (🔽).

Pour supprimer le filtre, cliquez **Effacer** (🔽 ; non illustré) dans l'onglet **Données**.

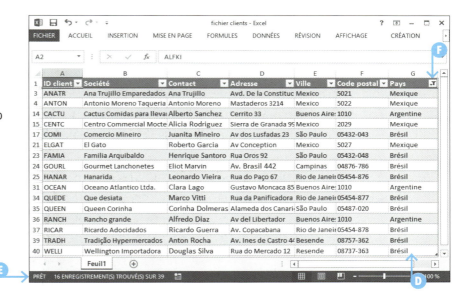

ASTUCE

Si vous avez besoin de définir un filtre plus élaboré, vous disposez des fonctions de filtrage rapide. Cliquez le bouton de filtrage (🔽) du champ qui va servir de filtre et cliquez **Filtres numériques**, **Filtres textuels** ou **Filtres chronologiques**, selon le type de champ filtré. Sélectionnez une opération, puis, au besoin, tapez la ou les valeurs nécessaires et cliquez **OK**.

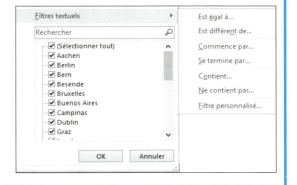

Calculez une somme conditionnelle

Dans vos analyses de données, vous pourriez avoir besoin d'additionner uniquement les valeurs qui satisfont à une certaine condition. Vous disposez pour cela de la fonction SOMME.SI, qui additionne les cellules d'une plage qui répondent au critère que vous spécifiez. SOMME.SI prend trois arguments : `plage`, la plage de cellules dans laquelle vérifier la condition ; `critère`, la chaîne de caractères qui définit quelles cellules de `plage` additionner ; et l'argument facultatif `plage_somme`, la plage d'où proviennent les valeurs à additionner. Excel additionne uniquement les cellules de `plage_somme` qui correspondent aux cellules de `plage` qui répondent à `critère`.

Calculez une somme conditionnelle

① Cliquez la plage dans laquelle afficher le résultat, tapez **=somme.si(**.

② Tapez l'argument `plage`.

③ Tapez un point-virgule (;) suivi de l'argument `critère`.

Note. Délimitez l'argument `critère` par des guillemets.

④ Si nécessaire, tapez un point-virgule (;) suivi de l'argument `plage_somme`.

Note. Si vous omettez l'argument `plage_somme`, Excel calcule la somme d'après `plage`.

⑤ Tapez **)**.

⑥ Cliquez ✓ ou appuyez sur **Entrée**.

Ⓐ Excel affiche la somme conditionnelle dans la cellule.

Note. Vous pouvez utiliser les caractères génériques point d'interrogation (?) et astérisque (*) dans la définition de la condition. ? remplace un seul caractère et * remplace une suite de plusieurs caractères.

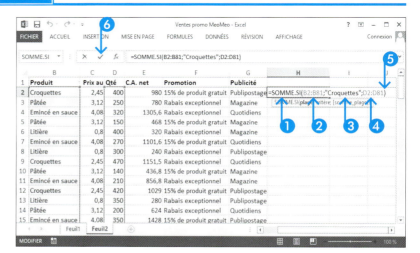

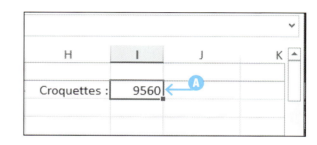

CHAPTER 16

Calculez un compte conditionnel

Dans vos analyses de données, vous pourriez avoir besoin de compter les éléments contenus dans une plage, ce qui s'effectue normalement avec la fonction NB. Mais dans certains cas, vous voudrez comptabiliser uniquement les valeurs qui satisfont à une condition. Vous disposez pour cela de la fonction NB.SI, qui compte les cellules d'une plage qui répondent au critère que vous spécifiez. NB.SI prend deux arguments : `plage`, la plage de cellules dans laquelle vérifier la condition, et `critère`, la chaîne de caractères qui définit quelles cellules de `plage` prendre en compte.

Calculez un compte conditionnel

1 Cliquez la plage dans laquelle afficher le résultat, tapez **=nb.si(**.

2 Tapez l'argument `plage`.

3 Tapez un point-virgule (;) suivi de l'argument `critère`.

Note. Délimitez l'argument `critère` par des guillemets.

4 Tapez **)**.

5 Cliquez ✓ ou appuyez sur **Entrée**.

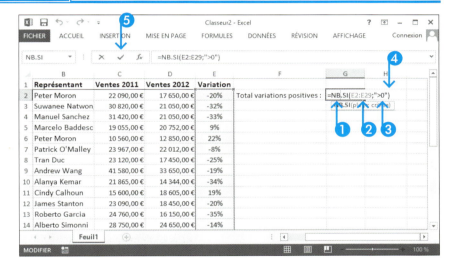

A Excel affiche le résultat du compte conditionnel dans la cellule.

Note. Vous pouvez utiliser les caractères génériques point d'interrogation (?) et astérisque (*) dans la définition de la condition. ? remplace un seul caractère et * remplace une suite de plusieurs caractères.

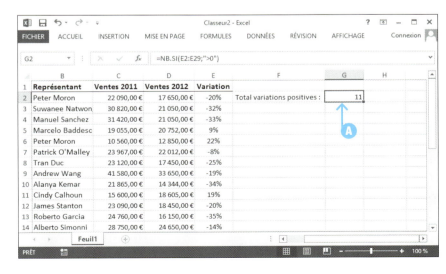

339

Créez une table de données

Vous pouvez calculer le résultat d'une formule avec différentes valeurs pour une même variable en créant une *table de données*. Cette table est formée de la formule et des valeurs d'entrée. Excel affiche alors le résultat de la formule pour chacune des valeurs.

Une table de données n'est pas un tableau, comme le présente le chapitre 15. Une table de données sert à calculer plusieurs résultats d'une même formule.

Créez une table de données

❶ Saisissez les valeurs d'entrée.

Pour saisir les valeurs dans une colonne, tapez la première valeur dans une cellule à gauche sous la formule, comme dans notre exemple.

Pour saisir les valeurs sur une ligne, tapez la première valeur dans une cellule à droite au-dessus de la formule.

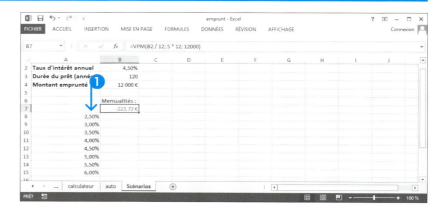

❷ Sélectionnez la plage qui contient les valeurs d'entrée et la formule.

❸ Cliquez l'onglet **Données**.

❹ Cliquez **Analyse de scénarios** ( ).

❺ Cliquez **Table de données**.

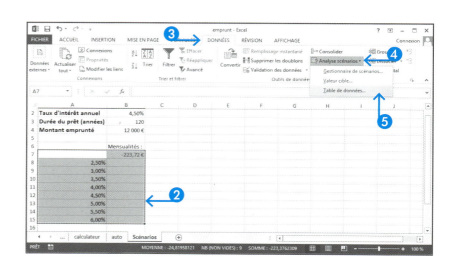

CHAPITRE 16
Analysez les données

La boîte de dialogue Table de données apparaît.

6 Indiquez la cellule qui contient la formule :

Si les valeurs sont en colonne, saisissez l'adresse de la cellule dans la zone de texte **Cellule d'entrée en colonne**.

Si les valeurs sont placées sur une ligne, saisissez l'adresse de la cellule dans la zone de texte **Cellule d'entrée en ligne**.

7 Cliquez **OK**.

A Excel affiche les résultats.

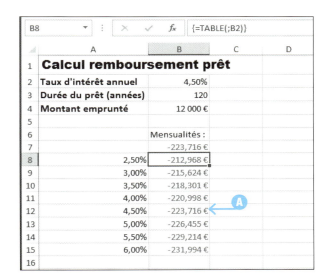

ASTUCES

L'*analyse de scénarios* sert à évaluer les données d'une feuille sous différentes conditions. Vous pouvez calculer, par exemple, une formule ayant comme arguments trois variables A, B et C. Vous vous demanderez alors : « Quel sera le résultat si je modifie A ? » ou « Qu'arrivera-t-il si je fais varier B ou C ? », *etc*.

Si vous essayez de supprimer ou de déplacer une partie d'une table de données, vous obtiendrez une erreur parce que Excel a créé une formule matricielle qu'il traite comme un tout. Si vous avez besoin de travailler avec les résultats de la table, vous devez commencer par sélectionner la plage entière de résultats.

341

Calculez des sous-totaux

Vous pouvez consolider vos données en utilisant des formules et des fonctions pour calculer des sommes, moyennes, maxima et minima. Si vous êtes pressé, laissez Excel faire le gros du travail en utilisant l'outil *Sous-total* qui ajoute automatiquement aux données de la feuille les formules nécessaires.

Calculez des sous-totaux

1. Cliquez une des cellules de la plage à totaliser.

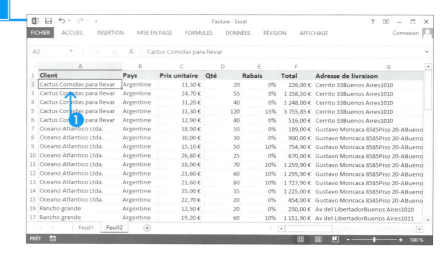

2. Cliquez l'onglet **Données**.
3. Cliquez **Sous-total** ( ).

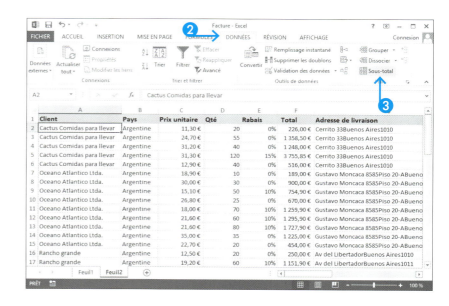

342

CHAPITRE 16
Analysez les données

La boîte de dialogue Sous-total apparaît.

4 Cliquez la liste **À chaque changement de** et sélectionnez le titre de la colonne qui va servir à grouper les données.

5 Dans la liste **Ajouter un sous-total à**, cochez les colonnes que vous voulez totaliser (☐ devient ☑).

6 Cliquez **OK**.

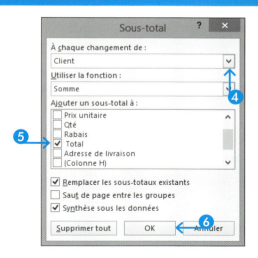

A Excel calcule les sous-totaux et les insère dans la plage.

B Excel affiche des niveaux de plan.

Note. La tâche suivante donne plus de détails sur les niveaux de plan.

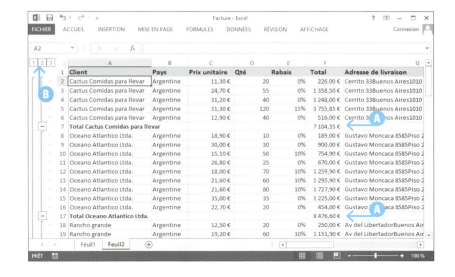

ASTUCES

Excel place des sous-totaux à chaque changement de valeur d'un champ. La plage doit donc être triée selon le champ qui sert de regroupement. Par exemple, si vous voulez totaliser les données concernant chaque client, triez les données d'après la colonne Client afin qu'Excel ajoute un sous-total à chaque changement de nom de client.

Le bouton Sous-total donne accès à d'autres formes de calculs, tels Nombre, Moyenne, Maximum, *etc*. Pour modifier le calcul effectué, exécutez les étapes **1** à **4**, cliquez **Utiliser la fonction** (☑) et sélectionnez l'une des fonctions proposées.

343

Groupez des données

Vous pouvez modifier l'affichage d'une plage en groupant les données selon les formules ou les données de la feuille.

Le regroupement des données crée un plan permettant de « réduire » des parties de la feuille pour n'afficher que les sous-totaux, ou de « restaurer » des sections masquées. L'outil Sous-total met automatiquement les données sous forme de plan et affiche les outils de plan.

Créez le plan

1. Affichez la feuille dans laquelle vous voulez regrouper les données.
2. Cliquez l'onglet **Données**.
3. Cliquez la flèche du bouton **Grouper**.
4. Cliquez **Plan automatique**.

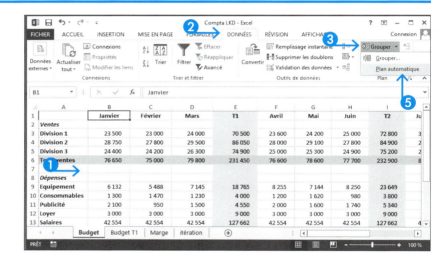

A. Excel établit le plan de la feuille.

B. Excel indique par une ligne l'étendue d'un niveau de regroupement.

C. Excel affiche les niveaux disponibles dans le plan.

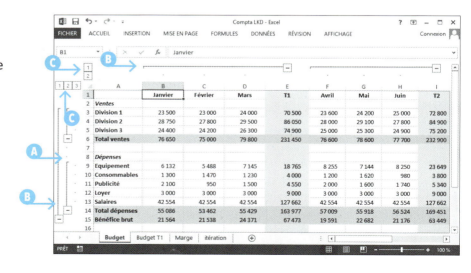

344

CHAPITRE 16
Analysez les données

Utilisez le plan pour afficher les données

1 Cliquez le symbole **Réduction** (-) pour masquer les éléments identifiés par la ligne correspondante.

D Vous pouvez masquer tous les éléments d'un même niveau du plan en cliquant le chiffre de ce niveau.

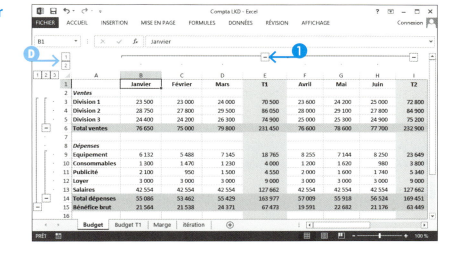

E Excel réduit la plage.

2 Cliquez le symbole **Restaurer** (+) pour rendre la plage visible.

F Vous pouvez afficher tous les éléments d'un même niveau du plan en cliquant le chiffre de ce niveau.

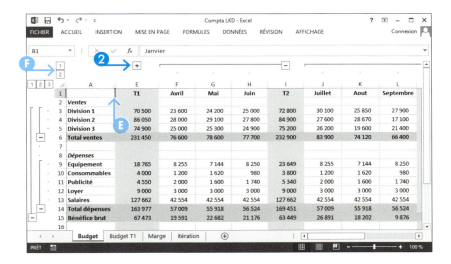

ASTUCE

Toutes les feuilles ne peuvent pas être groupées. Elles doivent contenir des formules qui font référence à des cellules ou des plages adjacentes. Les feuilles dans lesquelles des fonctions SOMME() additionnent les cellules situées au-dessus ou à gauche constituent de bonnes candidates au regroupement.

La direction des références dans les formules doit être constante. Une feuille dont les fonctions SOMME() font référence à des cellules situées au-dessus et à d'autres au-dessous ne peut pas être regroupée.

Recherchez une valeur cible

Si vous connaissez le résultat cherché et avez besoin de trouver la valeur d'argument qui donne ce résultat, l'outil Valeur cible peut vous aider. Fournissez à cet outil le résultat final recherché et identifiez la variable à modifier, et il cherche la solution pour vous.

Par exemple, si vous voulez épargner 50 000 en dix ans, il vous faut calculer combien mettre de côté chaque année en tenant compte des intérêts perçus.

Recherchez une valeur cible

1 Construisez la feuille de calcul.

Note. L'astuce page suivante explique comment composer une feuille pour une recherche de valeur cible.

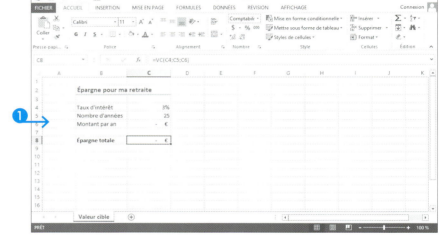

2 Cliquez l'onglet **Données**.

3 Cliquez **Analyse de scénarios** (🗒).

4 Cliquez **Valeur cible**.

CHAPITRE 16
Analysez les données

La boîte de dialogue Valeur cible apparaît.

5 Cliquez dans le champ **Cellule à définir**.

6 Cliquez la cellule qui contient la formule servant au calcul de la cible.

7 Cliquez dans le champ **Valeur à atteindre** et tapez la valeur cible.

8 Cliquez dans la zone de texte **Cellule à modifier**.

9 Cliquez la cellule qui sera modifiée par Excel.

10 Cliquez **OK**.

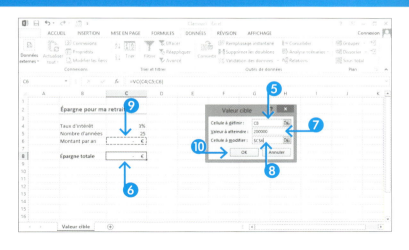

A Excel fait varier la cellule à modifier jusqu'à atteindre la solution.

B La formule affiche maintenant la valeur saisie à l'étape **7**.

11 Cliquez **OK**.

ASTUCES

Pour rechercher une valeur cible, vous devez définir une cellule à modifier, celle qui variera pour atteindre la cible, et lui donner une valeur de départ (par exemple, 0). Définissez les autres variables entrant dans le calcul de la formule et donnez-leur une valeur. Créez enfin la formule qui sera évaluée pour atteindre la valeur cible.

La recherche d'une valeur cible est aussi utile dans une analyse de rentabilité, quand vous avez à déterminer le nombre d'exemplaires qu'il faut vendre pour obtenir un bénéfice égal à 0. Dans ce cas, le cellule qui varie contient le nombre d'exemplaires vendus, tandis que la formule calcule le bénéfice commercial. La fonction Valeur cible peut aussi vous servir à déterminer le prix (la cellule à modifier) nécessaire pour obtenir une certaine marge bénéficiaire (la formule).

Analysez à l'aide d'un scénario

Vous pouvez analyser le résultat d'une formule ou tester des hypothèses en créant des jeux de données qui seront soumis à la feuille de calcul.

Par exemple, un jeu de valeurs pourrait représenter la situation la plus favorable et un autre, la pire. Excel appelle *scénario* chacun de ces jeux complets de valeurs d'entrée placées dans des *cellules variables*. En définissant plusieurs scénarios, il est facile d'appliquer ces jeux de valeurs pour voir comment le résultat d'une formule varie sous différentes conditions.

Créez un scénario

❶ Construisez la feuille de calcul.

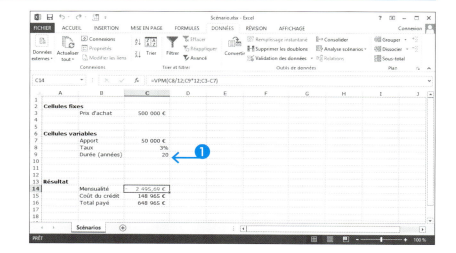

❷ Cliquez l'onglet **Données**.

❸ Cliquez **Analyse de scénarios** ( ).

❹ Cliquez **Gestionnaire de scénarios**.

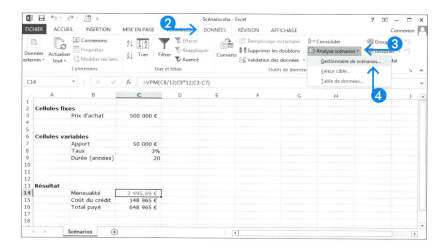

CHAPITRE 16
Analysez les données

La boîte de dialogue Gestionnaire de scénarios apparaît.

5 Cliquez **Ajouter**.

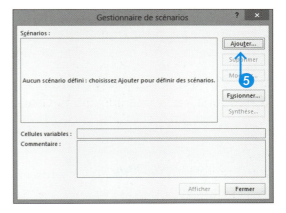

La boîte de dialogue Ajouter un scénario apparaît.

6 Attribuez un nom au scénario.

7 Cliquez dans le champ **Cellules variables**.

8 Sélectionnez les cellules qui seront modifiées dans le scénario.

9 Saisissez une description du scénario.

10 Cliquez **OK**.

ASTUCES

En construisant une feuille, vérifiez que chaque cellule variable contient une valeur constante et non une formule. Si une cellule variable contient une formule, son contenu sera remplacé par une constante définie dans le scénario et la formule sera perdue.

Chaque scénario que vous avez défini apparaît dans le Gestionnaire de scénarios, avec son nom, ses cellules variables et sa description. Cette description (étape **9**) est très importante pour différencier les scénarios et identifier les hypothèses testées.

suite ▶

Analysez à l'aide d'un scénario (suite)

Excel enregistre les scénarios dans le Gestionnaire de scénarios. Vous pouvez sélectionner l'un des scénarios dans cette fenêtre et cliquer un bouton pour voir son résultat dans la feuille. Vous pouvez aussi modifier un scénario ou supprimer les scénarios devenus inutiles.

Créez un scénario (suite)

La boîte de dialogue Valeurs de scénarios apparaît.

⓫ Utilisez les champs de texte pour définir la valeur à chaque cellule variable.

🅐 Pour ajouter d'autres scénarios, cliquez **Ajouter** et répétez les étapes **6** à **11**.

⓬ Cliquez **OK**.

⓭ Cliquez **Fermer**.

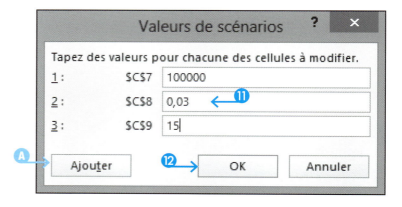

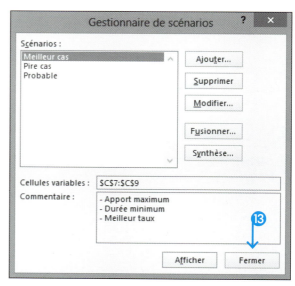

CHAPITRE 16
Analysez les données

Affichez un scénario

1 Cliquez l'onglet **Données**.

2 Cliquez **Analyse de scénarios** ( ).

3 Cliquez **Gestionnaire de scénarios**.

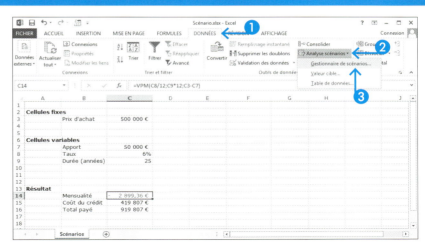

La boîte de dialogue Gestionnaire de scénarios apparaît.

4 Sélectionnez le scénario à afficher.

5 Cliquez **Afficher**.

B Excel entre les données dans les cellules variables et affiche les résultats des formules.

6 Répétez les instructions des étapes **4** et **5** pour afficher d'autres scénarios.

7 Cliquez **Fermer**.

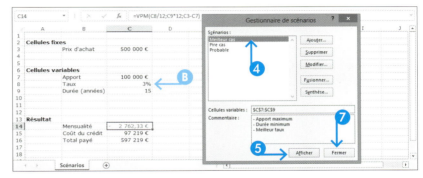

ASTUCES

Le Gestionnaire de scénarios permet aussi bien de supprimer un scénario existant que d'en modifier le nom, les cellules variables, la description ou les valeurs à tester. Dans l'onglet **Données**, cliquez **Analyse de scénarios** ( ) et **Gestionnaire de scénarios**, puis sélectionnez le scénario et cliquez **Modifier**.

Vous réduirez l'encombrement dans la fenêtre du Gestionnaire de scénarios en supprimant les scénarios devenus inutiles. Ouvrez le Gestionnaire de scénarios et sélectionnez un scénario. Excel le supprimera sans demander de confirmation : vérifiez bien votre sélection avant de cliquer **Supprimer** puis **Fermer**.

Supprimez les doublons

Les conclusions de vos analyses seront plus correctes si vous supprimez les fiches répétées qui faussent les résultats. Au lieu de repérer manuellement les doublons, utilisez la commande Supprimer les doublons qui les recherche et les supprime rapidement, quel que soit le volume de la plage ou du tableau.

Avant de lancer la suppression, vous devez décider ce qui définit un doublon : tous les champs doivent-ils être identiques ou seulement certains ?

Supprimez les doublons

① Cliquez une cellule de la plage ou du tableau.

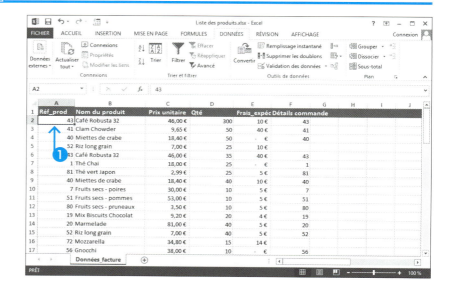

② Cliquez l'onglet **Données**.

③ Cliquez **Supprimer les doublons** ( ).

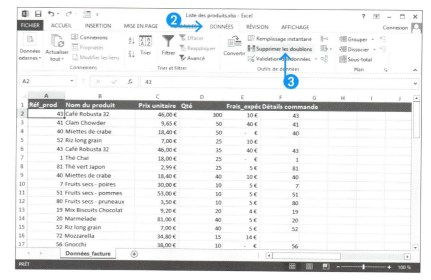

CHAPITRE 16
Analysez les données

La boîte de dialogue Supprimer les doublons apparaît.

4 Cochez les champs dans lesquels Excel doit détecter les doublons (☐ devient ☑).

Note. Vérifiez bien votre sélection car Excel ne vous demandera pas de confirmer la suppression des fiches considérées comme des doublons.

5 Cliquez **OK**.

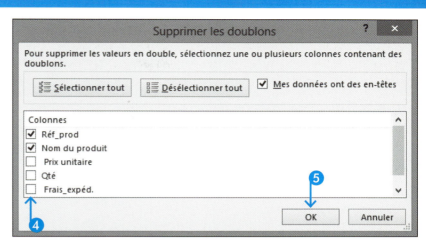

Excel recherche et supprime les doublons.

A Excel affiche le nombre de doublons supprimés.

6 Cliquez **OK**.

ASTUCES

Si vous voulez n'utiliser qu'un ou deux champs pour détecter et supprimer les doublons dans un tableau présentant beaucoup de champs, cliquez **Désélectionner tout** pour ôter toutes les coches (☑ devient ☐). Cochez ensuite les champs à utiliser (☐ devient ☑).

Vous pouvez supprimer les doublons d'une plage même si les colonnes n'ont pas de titre. Ouvrez la boîte de dialogue Supprimer les doublons en exécutant les étapes **1** à **3** et vérifiez que la case **Mes données ont des en-têtes** n'est pas cochée. Cochez les cases de Colonne A, Colonne B, *etc.*, pour définir les colonnes dans lesquelles Excel va détecter les doublons (☐ devient ☑), puis cliquez **OK**.

Faites ressortir les cellules qui répondent à certains critères

La mise en avant de certaines cellules en fonction de leurs valeurs se fait à l'aide d'une *mise en forme conditionnelle*. Par exemple, vous commandez à Excel d'appliquer une mise en forme particulière à la condition que la valeur soit égale ou supérieure à une valeur donnée ou qu'elle soit comprise entre deux valeurs spécifiées. La condition peut aussi porter sur des chaînes de texte, des dates, *etc*.

Vous définissez la police, la bordure et le remplissage de la mise en forme conditionnelle de sorte que les cellules qui répondent aux critères se détachent nettement des autres.

Faites ressortir les cellules qui répondent à certains critères

1 Sélectionnez la plage dans laquelle travailler.

2 Cliquez l'onglet **Accueil**.

3 Cliquez **Mise en forme conditionnelle** ( ).

4 Cliquez **Règles de mise en surbrillance des cellules**.

5 Cliquez l'opérateur à utiliser dans la condition.

Une boîte de dialogue apparaît. Son nom dépend de l'opérateur choisi à l'étape 5.

6 Tapez la valeur par rapport à laquelle la condition sera vérifiée.

A Vous pourriez cliquer le bouton de réduction ( ) pour cliquer dans la feuille une cellule qui contient cette valeur et cliquer ensuite le bouton .

Avec certains opérateurs, il faut spécifier deux valeurs.

7 Cliquez la liste **Avec** et sélectionnez une mise en forme.

B Pour définir une mise en forme personnalisée, cliquez **Format personnalisé**.

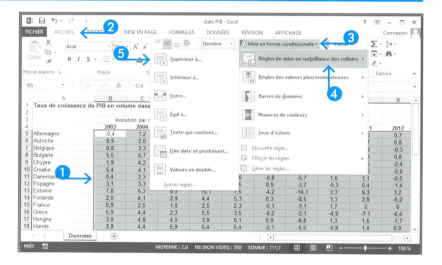

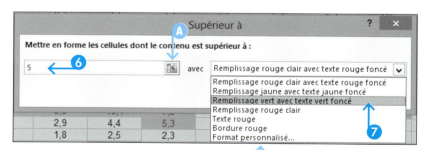

354

CHAPITRE 16
Analysez les données

8 Cliquez **OK**.

C Excel applique la mise en forme conditionnelle aux cellules qui répondent à la condition que vous avez définie.

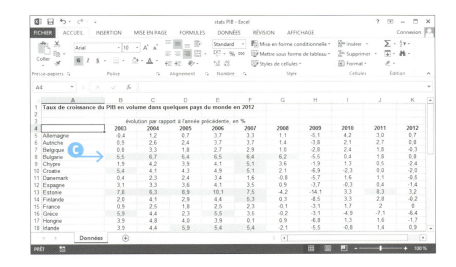

ASTUCES

Il est possible de définir plusieurs mises en forme conditionnelles sur la même plage. Vous pourriez définir une règle pour les cellules supérieures à une valeur donnée et une autre règle pour les cellules inférieures à une autre valeur en associant une mise en forme particulière à chaque condition. Vous suivrez les instructions des étapes **1** à **8** pour définir la deuxième condition.

Si une mise en forme conditionnelle est devenue inutile, vous pouvez la supprimer. Suivez les instructions des étapes **1** à **3** pour sélectionner la plage et afficher le menu Mise en forme conditionnelle où vous cliquerez **Gérer les règles**. Dans la boîte de dialogue Gestionnaire des règles de mise en forme conditionnelle, cliquez la règle à éliminer et cliquez le bouton **Supprimer la règle**.

355

Faites ressortir les valeurs extrêmes d'une plage

Dans l'analyse des données, il est souvent utile d'observer les éléments qui se détachent de la norme. Vous pourriez ainsi chercher quel représentant a cumulé le meilleur chiffre d'affaires l'année passée et lequel avait la marge brute la plus faible.

Vous trouverez ces valeurs rapidement avec la fonction Règles des valeurs plus/moins élevées qui applique une mise en forme différente aux éléments qui se trouvent aux deux extrémités d'une plage de valeurs. Pour trouver les valeurs extrêmes, vous pouvez spécifier un nombre, comme les 5 ou 10 valeurs les plus hautes, ou un pourcentage, comme 20 % parmi les valeurs les plus faibles.

Faites ressortir les valeurs extrêmes d'une plage

① Sélectionnez la plage dans laquelle travailler.

② Cliquez l'onglet **Accueil**.

③ Cliquez **Mise en forme conditionnelle** ( ).

④ Cliquez **Règles des valeurs plus/moins élevées**.

⑤ Cliquez le type de règle à définir.

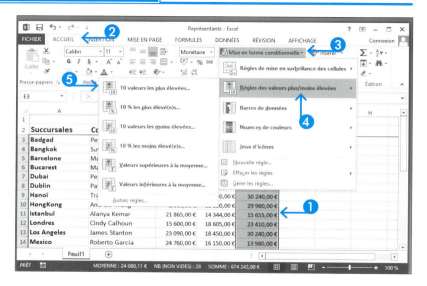

Une boîte de dialogue apparaît. Son nom dépend de la règle choisie à l'étape 5.

⑥ Tapez la valeur qui régit la règle.

⑦ Cliquez la liste **Avec** et sélectionnez une mise en forme.

Ⓐ Pour définir une mise en forme personnalisée, cliquez **Format personnalisé**.

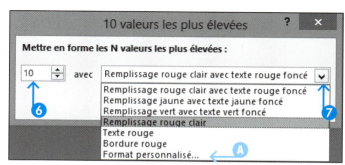

CHAPITRE 16
Analysez les données

❽ Cliquez **OK**.

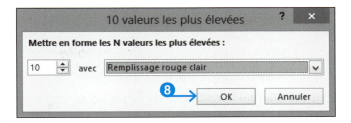

🅑 Excel applique une mise en forme spéciale aux cellules qui répondent à la condition de la règle choisie.

ASTUCES

Excel propose aussi une règle prédéfinie pour mettre en avant les cellules dont la valeur se situe au-dessus ou au-dessous de la moyenne des valeurs de la plage. Suivez les instructions des étapes **1** à **4** pour sélectionner la plage et afficher le menu Règles des valeurs plus/moins élevées, et cliquez **Valeurs supérieures à la moyenne** ou **Valeurs inférieures à la moyenne**.

Si la mise en forme des valeurs extrêmes est devenue inutile, vous pouvez la supprimer. Suivez les instructions des étapes **1** à **3** pour sélectionner la plage et afficher le menu Mise en forme conditionnelle où vous cliquerez **Effacer les règles**, puis **Effacer les règles des cellules sélectionnées**.

Analysez des valeurs à l'aide de barres de données

Dans certaines analyses de données, ce qui vous importe c'est de comparer les valeurs entre elles et donc de voir des valeurs relatives au lieu de valeurs absolues. Par exemple, si vous avez un tableau d'articles avec une colonne qui indique le nombre d'exemplaires vendus, comment pouvez-vous comparer rapidement les ventes relatives de tous les produits ?

Dans un tel cas, la comparaison est plus facile en visualisant des valeurs relatives. Et la fonction Barre de données sert justement à cela. Les *barres de données* sont une représentation graphique des valeurs par une barre de couleur qui s'affiche en arrière-plan de chaque cellule de la plage.

Analysez des valeurs à l'aide de barres de données

1 Sélectionnez la plage dans laquelle travailler.

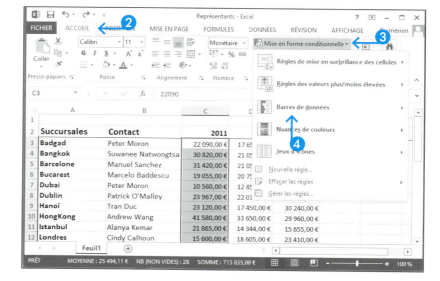

2 Cliquez l'onglet **Accueil**.

3 Cliquez **Mise en forme conditionnelle** (🗐).

4 Cliquez **Barres de données**.

358

CHAPITRE 16
Analysez les données

5 Cliquez le type de barres, couleur unie ou dégradé.

A Avec le type Dégradé, les barres affichent une couleur unie qui s'éclaircit graduellement.

B Avec le type Remplissage uni, la couleur de chaque barre est uniforme.

Une boîte de dialogue apparaît. Son nom dépend de la règle choisie à l'étape **5**.

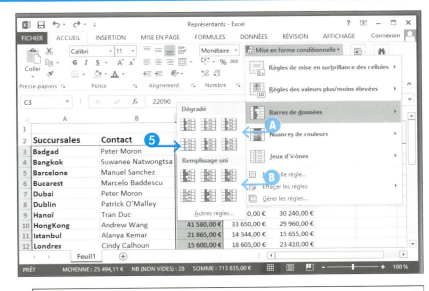

C Excel affiche une barre colorée dans chaque cellule de la plage.

ASTUCES

La longueur de chaque barre est proportionnelle à la valeur de la cellule. Plus la valeur est élevée, plus longue est la barre de couleur. La cellule qui contient la valeur la plus basse affiche donc la barre la plus courte. Comme la longueur des barres est représentative des données, vous avez un aperçu des valeurs qui vous permet de les comparer d'un seul coup d'œil.

Si la présence des barres de données n'est plus nécessaire, vous pouvez les supprimer. Suivez les instructions des étapes **1** à **3** pour sélectionner la plage et afficher le menu Mise en forme conditionnelle où vous cliquerez **Gérer les règles**. Dans la boîte de dialogue Gestionnaire des règles de mise en forme conditionnelle, cliquez la règle Barre de données à éliminer et cliquez le bouton **Supprimer la règle**, puis **OK**.

Analysez des valeurs à l'aide de nuances de couleurs

Dans l'analyse des données, il est souvent utile d'avoir une vue d'ensemble sur la répartition des valeurs. Par exemple, vous pourriez avoir envie de voir d'un coup d'œil si une plage contient beaucoup de valeurs faibles et très peu de valeurs élevées.

Pour effectuer ce type de comparaison, vous disposez d'une mise en forme conditionnelle prédéfinie qui s'appelle *Nuances de couleurs*. Cette mise en forme compare les valeurs relatives des cellules dans une plage et applique une couleur plus ou moins foncée représentative de la valeur.

Analysez des valeurs à l'aide de nuances de couleurs

1. Sélectionnez la plage dans laquelle travailler.

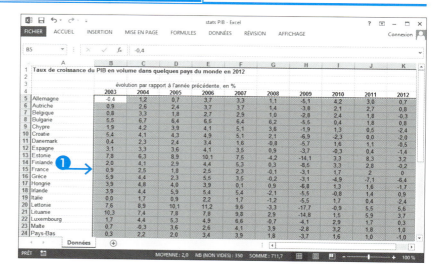

2. Cliquez l'onglet **Accueil**.
3. Cliquez **Mise en forme conditionnelle** ( ).
4. Cliquez **Nuances de couleurs**.

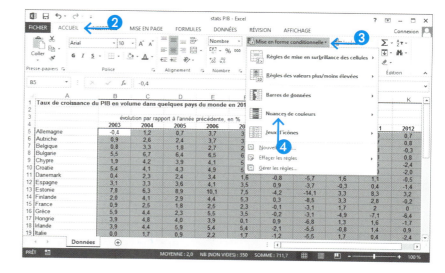

CHAPITRE 16
Analysez les données

5 Cliquez la combinaison de couleurs à utiliser.

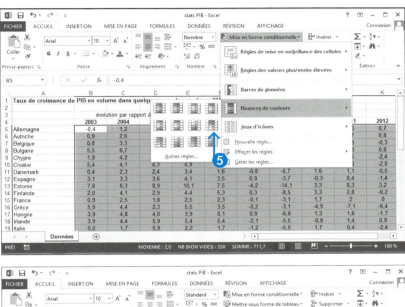

A Excel applique une nuance de couleur dans chaque cellule de la plage.

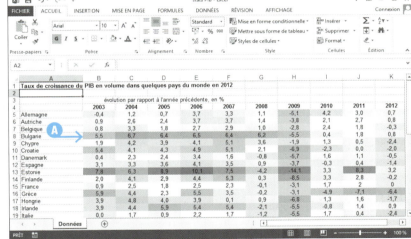

ASTUCES

Outre la comparaison, les nuances de couleurs peuvent aussi servir à repérer des valeurs extrêmes qui sortent du lot. Cette mise en forme conditionnelle peut vous servir à émettre un jugement sur un ensemble de données. Par exemple, il est bon d'obtenir un chiffre d'affaires élevé et très peu de retour d'articles défectueux, tandis qu'il n'est pas souhaitable d'avoir des marges faibles et une rotation anormale du personnel.

Vous choisirez d'appliquer les nuances avec deux ou trois couleurs, selon l'objectif de la comparaison. Si vous recherchez les valeurs extrêmes ou voulez évaluer un jeu de données, préférez des nuances sur trois couleurs, car elles font mieux ressortir les valeurs qui sortent de la norme. Sachez que vous pouvez attribuer aux couleurs des valeurs données (pour repérer les valeurs positives, négatives ou neutres, par exemple). Choisissez des nuances sur deux couleurs quand vous voulez seulement comparer des valeurs, car il y a moins de contraste avec deux couleurs.

Analysez des valeurs à l'aide de jeux d'icônes

Lorsque vous tentez d'interpréter un grand volume de données, la présence de symboles faciles à comprendre est utile pour clarifier les données. Pour tout le monde, le symbole de coche a un sens positif : il signifie qu'une chose est bonne ou terminée ; au contraire, le symbole X a un sens négatif. De même, un cercle vert est un symbole positif, alors qu'un cercle rouge sera interprété comme négatif.

Excel exploite ces associations d'idées et bien d'autres symboles avec sa fonction Jeux d'icônes. Les jeux d'icônes vous serviront à visualiser les valeurs relatives des cellules d'une plage.

Analysez des valeurs à l'aide de jeux d'icônes

1 Sélectionnez la plage dans laquelle travailler.

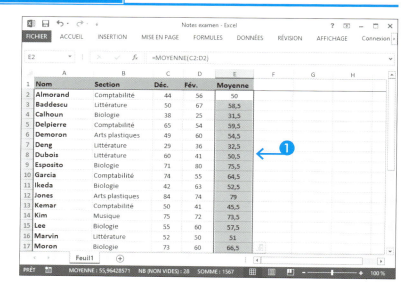

2 Cliquez l'onglet **Accueil**.

3 Cliquez **Mise en forme conditionnelle** ( ).

4 Cliquez **Jeux d'icônes**.

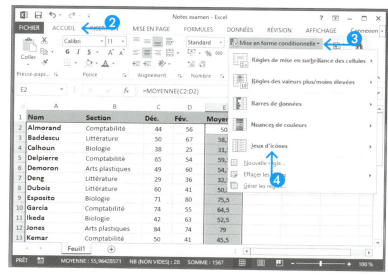

CHAPITRE 16
Analysez les données

5 Cliquez le type de jeu d'icônes à appliquer.

Vous disposez des catégories d'icônes Directionnel, Formes, Indicateurs et Contrôle d'accès.

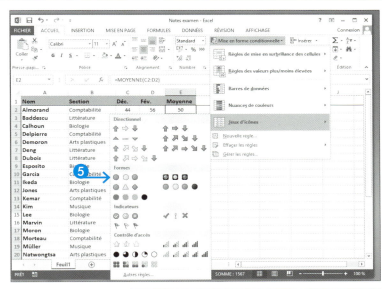

A Excel applique une icône à chaque cellule de la plage.

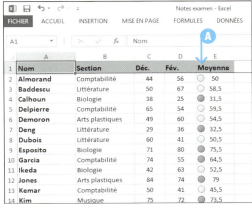

ASTUCES

La fonction Jeux d'icônes associe une icône à chaque cellule de la plage de manière à fournir une indication sur la valeur de la cellule par rapport au reste de la plage. Par exemple, la valeur la plus élevée peut recevoir l'icône d'une flèche pointant vers le haut, la valeur la plus basse aura une flèche pointant vers le bas, tandis que les valeurs intermédiaires porteront une flèche horizontale.

Les quatre catégories de jeux d'icônes répondent à des besoins différents. Les jeux d'icônes de la catégorie Directionnel servent à indiquer des tendances et l'évolution des valeurs. La catégorie Formes associe la couleur verte aux valeurs hautes, le rouge aux valeurs basses et le jaune aux valeurs moyennes. La catégorie Indicateurs agit de même en ajoutant un symbole aux trois couleurs. La catégorie Contrôle d'accès sert à relativiser une valeur par rapport aux autres valeurs de la plage.

Créez une règle de mise en forme conditionnelle personnalisée

Les règles de mise en forme conditionnelle d'Excel — Règles de mise en surbrillance des cellules, Règles des valeurs plus/moins élevées, Barres de données, Nuances de couleurs et Jeux d'icônes — facilitent le repérage et la comparaison de données. Mais ces règles prédéfinies ne conviennent pas à tous les types de données ou d'analyses. La fonction Jeux d'icônes associe un symbole positif aux valeurs élevées, mais ce n'est pas toujours vrai ; dans le cas d'un tableau qui répertorie et comptabilise des produits défectueux, les valeurs faibles sont préférables aux valeurs élevées. Pour disposer d'un type d'analyse adapté à vos besoins, vous définirez une règle de mise en forme conditionnelle et l'appliquerez à votre plage.

Créez une règle de mise en forme conditionnelle personnalisée

1 Sélectionnez la plage dans laquelle travailler.

2 Cliquez l'onglet **Accueil**.

3 Cliquez **Mise en forme conditionnelle** ( ).

4 Cliquez **Nouvelle règle**.

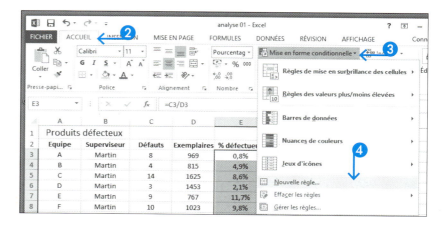

CHAPITRE 16
Analysez les données

La boîte de dialogue Nouvelle règle de mise en forme apparaît.

5 Cliquez le type de règle à créer.

6 Modifiez le style et la mise en forme de la règle.

Les options disponibles dépendent du type de règle sélectionné.

A Avec le style Jeux d'icônes, cliquez le bouton **Ordre inverse des icônes** si vous voulez inverser l'échelle de valeur comme dans notre exemple.

7 Cliquez **OK**.

B Excel applique la mise en forme conditionnelle à chaque cellule de la plage.

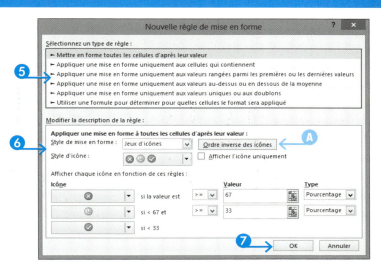

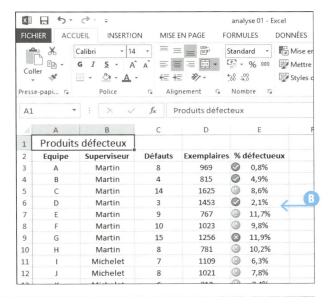

ASTUCES

Si vous avez besoin de modifier une règle de mise en forme conditionnelle personnalisée, suivez les instructions des étapes **1** à **3** pour sélectionner la plage et afficher le menu Mise en forme conditionnelle, et cliquez **Gérer les règles**. Dans la boîte de dialogue Gestionnaire des règles de mise en forme conditionnelle, cliquez la règle à modifier et cliquez le bouton **Modifier la règle**.

Si vous désirez supprimer une règle personnalisée, suivez les instructions des étapes **1** à **3** pour sélectionner la plage et afficher le menu Mise en forme conditionnelle où vous cliquerez **Effacer les règles**, puis **Effacer les règles des cellules sélectionnées**. Si vous avez défini plusieurs règles dans la feuille et n'en avez plus besoin, vous choisirez dans le menu Mise en forme conditionnelle **Effacer les règles**, puis **Effacer les règles de la feuille entière**.

Consolidez les données de plusieurs feuilles

Il est courant de distribuer la même feuille de calcul à plusieurs services de l'entreprise pour obtenir les prévisions de budget, les chiffres d'un inventaire, les résultats d'une enquête, *etc*. Il faut ensuite combiner toutes les feuilles de calcul en un rapport de synthèse qui présente les chiffres au niveau de l'entreprise entière. On parle alors de *consolider* les données.

Consolidez par position

1. Créez une feuille avec la même structure (c'est-à-dire les mêmes titres de lignes et colonnes) que les feuilles à combiner.

2. Ouvrez les classeurs qui contiennent les feuilles à combiner.

3. Sélectionnez la cellule dans l'angle supérieur gauche de la plage de destination.

4. Cliquez l'onglet **Données**.

5. Cliquez **Consolider**.

   La boîte de dialogue Consolider apparaît.

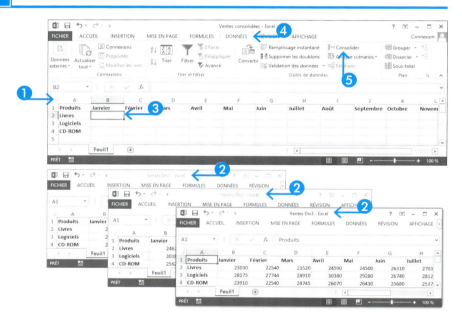

6. Cliquez la liste **Fonction** et sélectionnez la fonction de synthèse à utiliser.

7. Cliquez dans le champ **Référence**.

8. Sélectionnez l'une des plages à consolider.

9. Cliquez **Ajouter**.

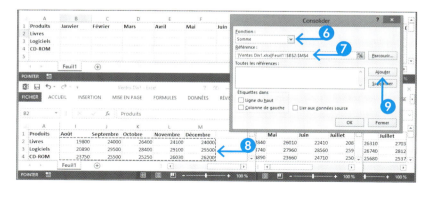

CHAPITRE 16
Analysez les données

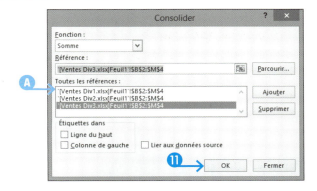

A Excel ajoute la plage à la liste Toutes les références.

10 Répétez les étapes **7** à **9** pour ajouter toutes les plages à consolider.

11 Cliquez **OK**.

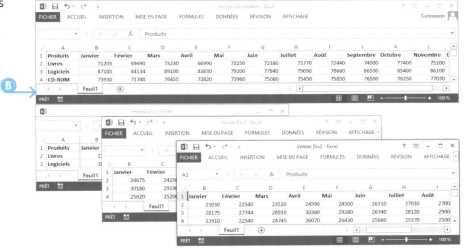

B Excel consolide les données des plages désignées et affiche la synthèse dans la plage de destination.

ASTUCE

Si des changements interviennent dans les données source, vous n'êtes pas obligé de refaire la consolidation pour actualiser la synthèse, à condition d'avoir coché l'option **Lier aux données source** dans la boîte de dialogue Consolider. Ainsi, il vous suffit d'afficher l'onglet **Données** et de cliquer le bouton **Actualiser tout** pour mettre à jour les données issues de la synthèse.

Remarquez qu'Excel regroupe les données dans la feuille de consolidation. Ce système de regroupement permet d'afficher ou de masquer les détails de chaque plage source. Pour en savoir plus sur le groupement des données, reportez-vous à la tâche « Groupez des données » précédemment dans ce chapitre.

suite ▶

367

Consolidez les données de plusieurs feuilles (suite)

Si les feuilles à synthétiser ne possèdent pas la même structure, vous devez commander à Excel de consolider les données *par catégorie*. Avec cette méthode, Excel recherche les titres de lignes ou colonnes communs à toutes les feuilles.

Prenons l'exemple du service A qui vend des logiciels, des livres et des vidéos, du service B qui vend des livres et des CD-ROM, et du service C qui vend des livres, des logiciels, des vidéos et des CD-ROM. Quand vous consolidez les résultats de ventes de ces trois services, Excel synthétise les logiciels des services A et C, les CD-ROM des services B et C et les livres des trois services.

Consolidez par catégorie

① Créez une feuille pour l'affichage des résultats consolidés.

② Ouvrez les classeurs qui contiennent les feuilles à consolider.

③ Sélectionnez la cellule dans l'angle supérieur gauche de la plage de destination.

④ Cliquez l'onglet **Données**.

⑤ Cliquez **Consolider** (📊).

La boîte de dialogue Consolider apparaît.

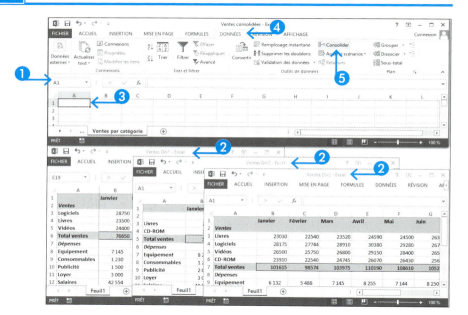

⑥ Cliquez la liste **Fonction** et sélectionnez la fonction de synthèse à utiliser.

⑦ Cliquez dans le champ **Référence**.

⑧ Sélectionnez l'une des plages à consolider.

Note. Prenez soin de bien sélectionner les titres de lignes ou de colonnes dans la plage.

⑨ Cliquez **Ajouter**.

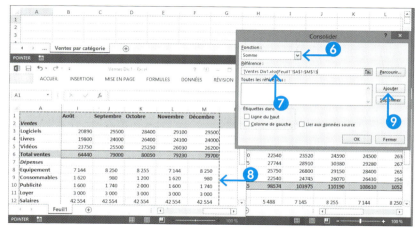

CHAPITRE 16
Analysez les données

A Excel ajoute la plage à la liste Toutes les références.

10 Répétez les étapes **7** à **9** pour ajouter toutes les plages à consolider.

11 Si les titres se trouvent dans la première ligne de chaque plage, cochez l'option **Ligne du haut** (☐ devient ☑).

12 Si les titres se trouvent dans la première colonne de chaque plage, cochez l'option **Colonne de gauche** (☐ devient ☑).

13 Cliquez **OK**.

B Excel consolide les données des plages désignées et affiche la synthèse dans la plage de destination.

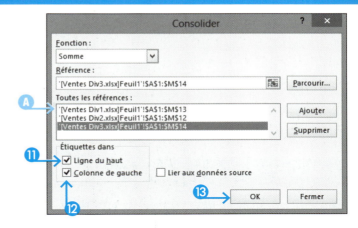

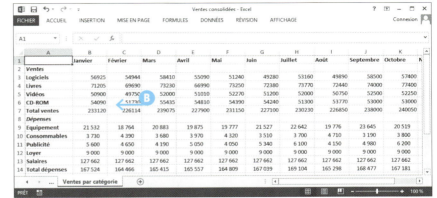

ASTUCE

Si la disposition des données source est modifiée, vous devez refaire la consolidation.

Dans le cas d'une consolidation par position, avant de relancer la commande de consolidation, vous devez d'abord adapter la structure de la feuille de consolidation pour qu'elle corresponde à la structure des données source. (Cette étape n'est pas nécessaire dans le cas d'une consolidation par catégorie.)

Dans tous les cas, qu'il s'agisse au départ d'une consolidation par position ou par catégorie, vous devez supprimer les références des plages source avant de relancer la consolidation. Cliquez l'onglet **Données** puis **Consolider** (▦) pour afficher la boîte de dialogue Consolider. Cliquez tour à tour chacune des plages dans la liste **Toutes les références** et cliquez le bouton **Supprimer**.

Installez l'utilitaire d'analyse

Vous devez installer le complément Analysis ToolPak pour avoir accès à de puissants outils statistiques. Dix-neuf outils permettent de calculer, par exemple, la variance, la corrélation, la moyenne mobile, le rang et le percentile.

Vous pouvez aussi générer des statistiques descriptives (tels la médiane, le mode et l'écart-type), des nombres aléatoires et des histogrammes.

Installez l'utilitaire d'analyse

❶ Cliquez l'onglet **Fichier** (non illustré).

❷ Cliquez **Options**.

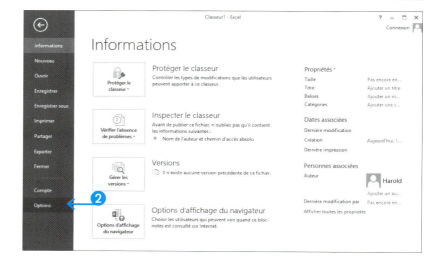

La boîte de dialogue Options apparaît.

❸ Cliquez **Compléments**.

❹ Dans la liste Gérer, cliquez **Compléments Excel**.

❺ Cliquez **Atteindre**.

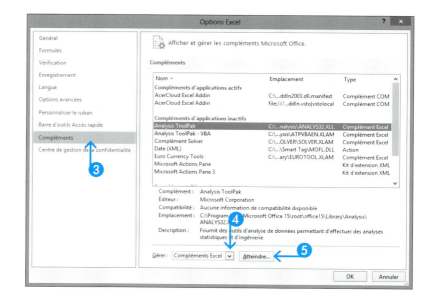

CHAPITRE 16
Analysez les données

La boîte de dialogue Macro complémentaire apparaît.

6 Cochez **Analysis ToolPak**
(☐ devient ☑).

7 Cliquez **OK**.

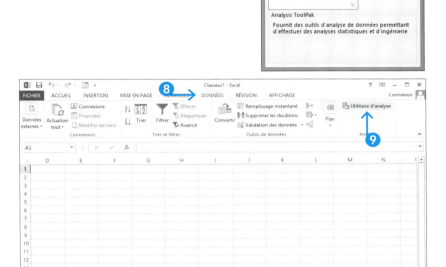

Excel installe l'outil.

8 Cliquez l'onglet **Données**.

9 Cliquez **Utilitaire d'analyse**
(📊) pour avoir accès aux différents outils de ce complément.

ASTUCE

Pour utiliser les outils statistiques, ouvrez la boîte de dialogue Utilitaire d'analyse en cliquant l'onglet **Données**, puis **Utilitaire d'analyse** (📊). Dans la boîte de dialogue Utilitaire d'analyse, cliquez l'outil à utiliser pour ouvrir une boîte de dialogue propre à cet outil (les paramètres à fournir varient d'une boîte de dialogue à l'autre). Cliquez **OK**.

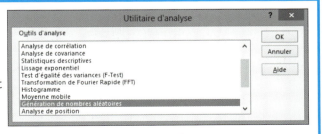

CHAPITRE 17

Analysez les données avec des tableaux croisés dynamiques

Un tableau croisé dynamique est un puissant outil d'analyse et de synthèse qui regroupe automatiquement de grandes quantités de données en catégories plus compactes et plus faciles à gérer. Ce chapitre démontre la création et l'exploitation de tableaux croisés dynamiques.

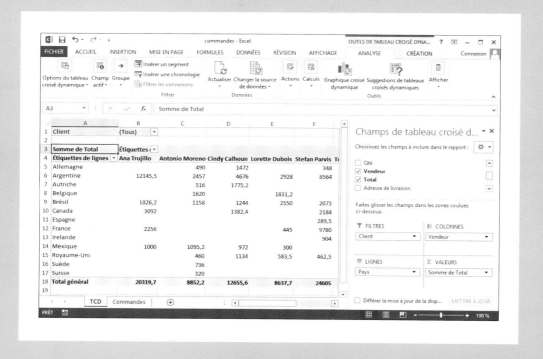

Découvrez les tableaux croisés dynamiques 374

Explorez les fonctions des tableaux croisés dynamiques . 375

Créez un tableau croisé dynamique à partir
  d'une plage ou d'un tableau Excel. 376

Créez un tableau croisé dynamique à partir
  de données externes. 378

Actualisez un tableau croisé dynamique. 382

Ajoutez plusieurs champs à la zone Lignes ou Colonnes . 384

Ajoutez plusieurs champs à la zone Données 386

Déplacez un champ vers une autre zone 388

Groupez les valeurs d'un tableau croisé dynamique . . . 390

Appliquez un filtre de tableau croisé dynamique 392

Filtrez un tableau croisé dynamique avec un segment . . 394

Appliquez un style de tableau croisé dynamique. 396

Modifiez le calcul de synthèse
  du tableau croisé dynamique. 398

Personnalisez le volet Champs
  de tableau croisé dynamique. 400

Créez un graphique de rapport croisé dynamique 401

Découvrez les tableaux croisés dynamiques

Comme les tableaux Excel et les bases de données externes peuvent contenir des milliers de fiches, il serait fastidieux d'analyser un tel volume de données en l'absence d'outils adéquats. Excel fournit un outil d'analyse très performant qu'on appelle *tableau croisé dynamique*. Cet outil permet de synthétiser des centaines de fiches dans un tableau compact que vous pouvez manipuler à loisir pour présenter les données en fonction de vos besoins.

Les tableaux croisés dynamiques vous aident à analyser les données par le biais de trois opérations : regroupement des données en catégories, synthèse des données par des calculs et filtrage des données pour présenter uniquement les fiches qui vous intéressent.

Regroupez

Le tableau croisé dynamique est un puissant outil d'analyse parce qu'il regroupe automatiquement de larges volumes de données en catégories pour vous fournir de petites unités plus faciles à gérer. Disons que votre base de données contient un champ Région dans lequel les cellules ont quatre valeurs possibles : Est, Ouest, Nord et Sud. Même si la base de données contient des milliers de fiches, si vous construisez le tableau croisé à partir du champ Région, vous n'obtenez que quatre lignes, une pour chacune des quatre valeurs de Région dans vos données.

Synthétisez

Excel affiche des calculs de synthèse pour chaque groupe. Le calcul par défaut étant la somme, pour chaque groupe, Excel additionne toutes les valeurs dans un champ spécifié. Par exemple, si vous avez un champ Région et un champ Ventes, le tableau croisé peut grouper et additionner les ventes dans chaque région. Les autres calculs de synthèse sont Nb (nombre de cellules), Moyenne, Maximum, Minimum et Écart type.

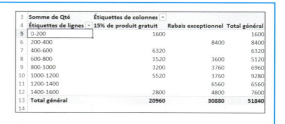

Filtrez

Le tableau croisé vous permet d'afficher uniquement une portion des données. La fonction de regroupement présente par défaut toutes les valeurs distinctes d'un champ, mais vous pouvez définir chaque groupement de manière à masquer certaines valeurs. Chaque tableau est doté de filtres qui vous permettent d'appliquer un filtrage sur l'intégralité du tableau.

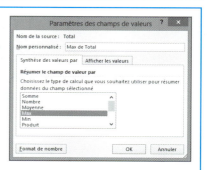

Explorez les fonctions des tableaux croisés dynamiques

CHAPITRE 17

Pour maîtriser rapidement l'emploi des tableaux croisés dynamiques, il est important d'en comprendre les principes de base. Pour commencer, concentrez-vous sur les quatre zones, de lignes, de colonnes, de données et de pages, où vous ajouterez des champs extraits de vos données.

Vous devez aussi vous familiariser avec la terminologie propre aux tableaux croisés dynamiques. Dans ce livre, il sera souvent question de données source, de filtres et de rapports de synthèse.

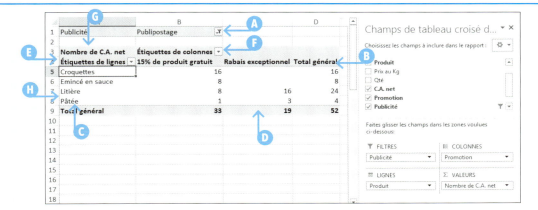

A Filtre

Affiche une liste déroulante qui présente les différentes valeurs du champ inséré dans la zone FILTRES du volet de droite. Quand vous sélectionnez une valeur de la liste, Excel filtre les résultats pour présenter uniquement les enregistrements qui contiennent cette valeur.

B Zone de colonnes

Affiche horizontalement les différentes valeurs du champ inséré dans la zone COLONNES du volet de droite.

C Zone de lignes

Affiche verticalement les différentes valeurs du champ inséré dans la zone LIGNES du volet de droite.

D Zone de données

Affiche les résultats des calculs qu'Excel effectue selon les choix effectués dans la zone VALEURS du volet de droite.

E En-tête du champ de la zone de lignes

Identifie le champ contenu dans la zone LIGNES. Sert également à filtrer les valeurs de ce champ.

F En-tête du champ de la zone de colonnes

Identifie le champ contenu dans la zone COLONNES. Sert également à filtrer les valeurs de ce champ.

G En-tête du champ de la zone de données

Identifie le calcul (tel que Somme ou Nombre de) et le champ (tel que C.A. Net) utilisés dans la zone de données.

H Valeurs en LIGNES

Valeurs distinctes du champ ajouté à la zone LIGNES. Il est possible d'ajouter plusieurs champs à cette zone pour obtenir une vue hiérarchique des données, telle que Promotion (en colonnes, comme ici), par catégorie de produits et par produits (tous deux en lignes), ou ventes par vendeur (en colonnes), par pays et par ville (en lignes).

Créez un tableau croisé dynamique à partir d'une plage ou d'un tableau Excel

Si les données à analyser se trouvent dans une plage ou un tableau Excel, la commande Tableau croisé dynamique vous servira à obtenir facilement un rapport de synthèse. Il vous suffit d'indiquer l'emplacement des données source et de choisir l'emplacement du tableau croisé à créer.

Excel crée un tableau croisé vide à l'emplacement spécifié ou dans une nouvelle feuille de calcul. Vous obtenez l'affichage du volet Tableau croisé dynamique, qui contient quatre zones : FILTRES, COLONNES, LIGNES et VALEURS. Pour générer le tableau croisé, vous remplirez certaines zones, ou toutes, avec un ou plusieurs champs issus de vos données.

Créez un tableau croisé dynamique à partir d'une plage ou d'un tableau Excel

1 Cliquez une cellule de la plage ou du tableau qui servira de source de données.

2 Cliquez l'onglet **Insertion**.

3 Cliquez le bouton **Tableau croisé dynamique** ( ).

La boîte de dialogue Créer un tableau croisé dynamique apparaît.

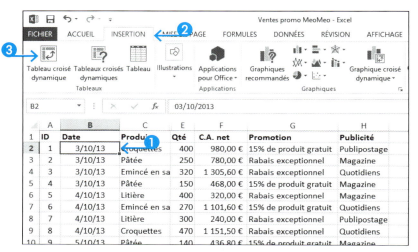

4 Cliquez l'option **Nouvelle feuille de calcul** (○ devient ⦿).

A Si vous souhaitez placer le tableau croisé dynamique à un emplacement existant, cliquez **Feuille de calcul existante** (○ devient ⦿), puis utilisez le champ de texte **Emplacement** pour indiquer la feuille et la cellule où vous voulez voir apparaître le tableau croisé dynamique.

5 Cliquez **OK**.

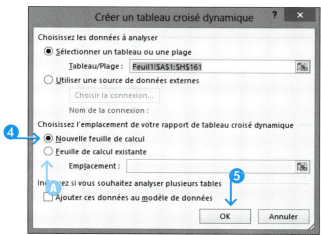

CHAPITRE 17
Analysez les données avec des tableaux croisés dynamiques

B Excel crée un tableau croisé dynamique vierge.

C Excel affiche le volet Champs de tableau croisé dynamique.

6 Faites glisser un champ pour le déposer dans la zone **LIGNES**.

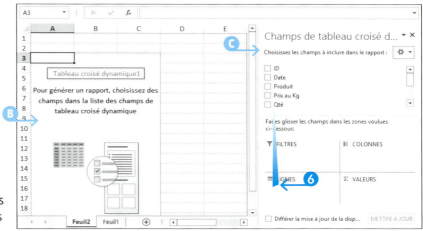

D Excel ajoute les valeurs distinctes du champ dans la zone des lignes du tableau croisé dynamique.

7 Faites glisser un champ numérique pour le déposer dans la zone **VALEURS**.

E Excel additionne les valeurs numériques en fonction des étiquettes.

8 Selon vos besoins, faites glisser des champs pour les déposer dans les zones **COLONNES** et **FILTRES**.

À chaque ajout d'un champ, Excel met à jour le tableau croisé dynamique pour y inclure les nouvelles données.

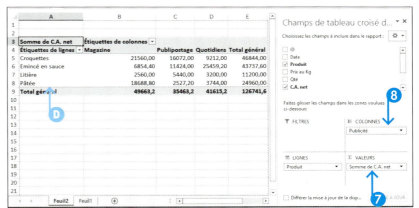

ASTUCES

Pour construire plus rapidement le tableau croisé dynamique, vous pouvez simplement cocher les cases des champs dans la liste Champs de tableau croisé dynamique. Si vous cochez un champ de type texte ou date, Excel le placera dans la zone LIGNES ; si vous cochez un champ numérique, il fera automatiquement partie de la zone VALEURS. Pour choisir la zone de destination, cliquez le champ avec le bouton droit et sélectionnez une zone dans la liste proposée.

La zone FILTRES sert à ajouter un champ de filtrage au tableau croisé, afin d'afficher seulement les données qui correspondent à une ou plusieurs valeurs distinctes sélectionnées dans le champ de filtrage. Vous en saurez plus en lisant la tâche « Appliquez un filtre de tableau croisé dynamique » plus loin dans ce chapitre.

Créez un tableau croisé dynamique à partir de données externes

Vous pouvez créer un tableau croisé dynamique à partir d'une source de données externes, ce qui vous permet d'obtenir des rapports de synthèse pour de très large volumes de données ou des bases de données relationnelles.

Les données à analyser peuvent se trouver en dehors d'Excel, dans une système de gestion de base de données (SGBD) tel que Microsoft Access ou SQL Server. Avec ces programmes, vous pouvez construire une table, une requête ou un autre objet qui définit les données sur lesquelles travailler. Vous pouvez ensuite créer un tableau croisé dynamique dans Excel à partir de cette source de données externe.

Créez un tableau croisé dynamique à partir de données externes

1 Appuyez sur Alt + D puis sur A.

La boîte de dialogue Assistant Tableau et graphique croisés dynamiques – Étape 1 sur 3 apparaît.

2 Sélectionnez l'option **Source de données externe** (○ devient ⦿).

3 Sélectionnez l'option **Tableau croisé dynamique** (○ devient ⦿).

4 Cliquez **Suivant**.

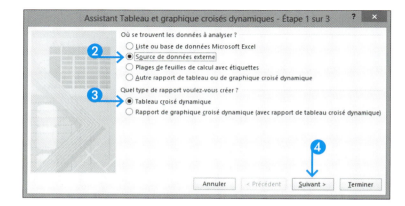

La boîte de dialogue Assistant Tableau et graphique croisés dynamiques – Étape 2 sur 3 apparaît.

5 Cliquez le bouton **Obtenir les données**.

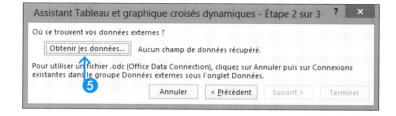

CHAPITRE 17
Analysez les données avec des tableaux croisés dynamiques

La boîte de dialogue Choisir une source de données apparaît.

6 Cliquez le type de source de données à utiliser.

7 Cliquez **OK**.

La boîte de dialogue Sélectionner la base de données apparaît.

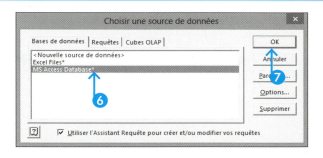

8 Cliquez le dossier qui contient la base de données.

9 Cliquez la base de données.

10 Cliquez **OK**.

La boîte de dialogue Assistant Requête – Choisir les colonnes apparaît.

11 Cliquez la table ou la colonne à utiliser comme source de données pour le tableau croisé dynamique.

12 Cliquez **Ajouter** (>).

13 Cliquez **Suivant**.

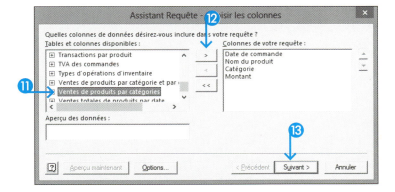

ASTUCE

Voici comment créer une source de données. Dans l'onglet Données d'Excel, cliquez **Données Externes** → **Autres sources** → **Provenance : Microsoft Query**. Dans la boîte de dialogue Choisir une source de données, cliquez **Nouvelle source de données**. Retirez la coche de l'option **Utiliser l'Assistant Requête pour créer et/ou modifier vos requêtes** (☑ devient ☐) et cliquez **OK**. Dans la boîte de dialogue Créer une nouvelle source de données, tapez un nom pour la source de données, sélectionnez le pilote qu'utilise votre source de données et cliquez **OK**.

suite ▶

Créez un tableau croisé dynamique à partir de données externes (suite)

Les instructions suivantes s'adressent à un utilisateur qui a déjà défini la source de données externe et ne désire pas travailler directement avec Microsoft Query. Vous constaterez que les étapes 14 et 15 ne définissent aucune option dans les boîtes de dialogue Assistant Requête qui servent à filtrer et trier les données externes, car ces opérations ne sont généralement pas nécessaires pour la création d'un tableau croisé dynamique.

En suivant ces instructions, les données externes ne seront pas importées dans Excel. Elles résideront seulement en synthèse dans le nouveau tableau croisé dynamique, mais vous ne les verrez pas dans le classeur.

Créez un tableau croisé dynamique à partir de données externes (suite)

La boîte de dialogue Assistant Requête – Filtrer les données apparaît.

14 Cliquez **Suivant**.

La boîte de dialogue Assistant Requête – Trier apparaît.

15 Cliquez **Suivant** (non illustré).

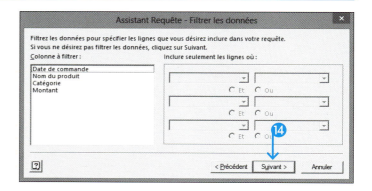

La boîte de dialogue Assistant Requête – Fin apparaît.

16 Sélectionnez l'option **Renvoyer les données vers Microsoft Excel** (○ devient ⦿).

17 Cliquez **Terminer**.

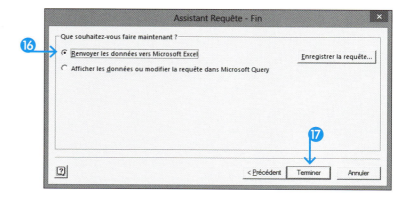

380

CHAPITRE 17
Analysez les données avec des tableaux croisés dynamiques

Vous revenez à la boîte de dialogue Assitant Tableau et graphique croisés dynamiques – Étape 2 sur 3.

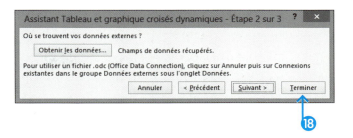

18 Cliquez **Terminer**.

Excel crée un tableau croisé vide.

A Les champs disponibles dans le tableau ou la requête choisi à l'étape **11** apparaissent dans le volet Champs de tableau croisé dynamique.

19 Faites glisser des champs de la partie supérieure vers la partie inférieure du volet Champs de tableau croisé dynamique pour les déposer dans les zones de votre choix.

B Excel affiche la synthèse des données dans le tableau croisé dynamique.

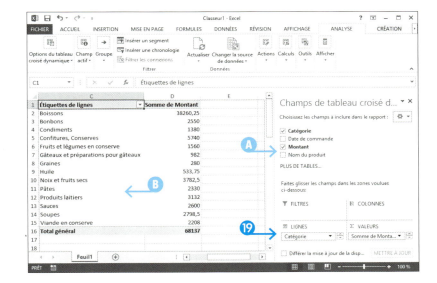

ASTUCES

Le problème inhérent à l'emploi d'une source de données externe est que vous n'avez pas forcément de contrôle sur le fichier qui contient ces données. Il se peut, par exemple, que vous receviez un message d'erreur quand vous tentez d'actualiser un tableau croisé dynamique. Si vous pensez que le problème vient des droits d'accès au fichier qui auraient pu changer, cliquez **OK** pour afficher la boîte de dialogue de connexion et renseignez-vous auprès de l'administrateur réseau pour obtenir un nouvel identifiant et un mot de passe pour l'accès au réseau.

Si Excel ne parvient pas à actualiser un tableau croisé dynamique, il se peut que le fichier des données externes ait été déplacé ou renommé. Cliquez **OK** en réponse au message d'erreur, puis cliquez **Base de données** dans la boîte de dialogue de connexion. Vous utiliserez alors la boîte de dialogue Sélectionner la base de données pour trouver et sélectionner le fichier de la base de données.

Actualisez un tableau croisé dynamique

Vous aurez la garantie que le rapport de synthèse du tableau croisé est bien d'actualité en lançant la commande Actualiser.

Que votre tableau croisé soit fondé sur des résultats financiers, des réponses à une enquête ou à une base de données de livres ou DVD, la source de données n'est sûrement pas statique. En effet, les données évoluent à mesure que de nouveaux résultats, réponses ou articles sont ajoutés à la base de données. Il faut donc actualiser le tableau croisé dynamique pour le mettre à jour. Excel propose deux méthodes d'actualisation : manuelle et automatique.

Actualisez les données manuellement

❶ Cliquez une cellule du tableau croisé dynamique.

❷ Cliquez l'onglet **Analyse**.

❸ Cliquez **Actualiser** ( ).

Vous disposez aussi du raccourci **Alt** + **F5**.

Ⓐ Pour actualiser tous les tableaux croisés dynamiques du classeur, cliquez la flèche ( ) du bouton **Actualiser** et choisissez **Actualiser tout**.

Vous disposez aussi du raccourci **Ctrl** + **Alt** + **F5**.

Excel met à jour les données du tableau croisé dynamique.

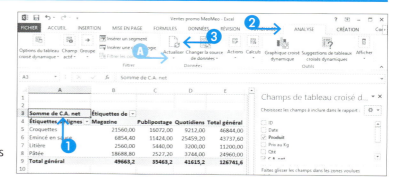

Actualisez les données automatiquement

❶ Cliquez une cellule du tableau croisé dynamique.

❷ Cliquez l'onglet **Analyse**.

❸ Cliquez **Options du tableau croisé dynamique** ( ).

❹ Cliquez **Options**.

Note. Vous pourriez aussi cliquer du bouton droit une cellule du tableau croisé et choisir **Options du tableau croisé dynamique**.

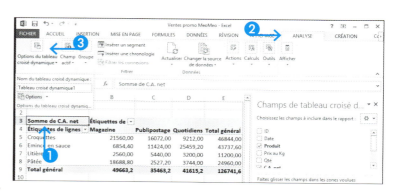

CHAPITRE 17
Analysez les données avec des tableaux croisés dynamiques

La boîte de dialogue Options du tableau croisé dynamique apparaît.

5 Cliquez l'onglet **Données**.

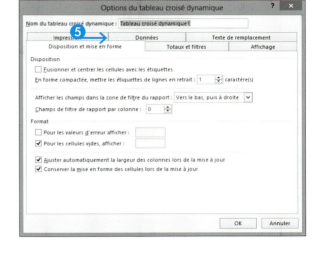

6 Cochez l'option **Actualiser les données lors de l'ouverture du fichier** (☐ devient ☑).

7 Cliquez **OK**.

Excel applique les options d'actualisation.

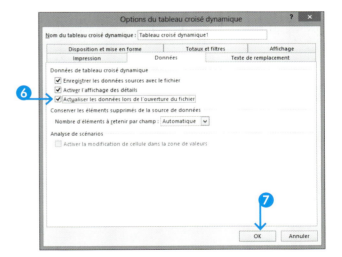

ASTUCES

Si le tableau croisé représente des données externes, vous pouvez définir un intervalle d'actualisation automatique. Cliquez une cellule du tableau croisé, ouvrez l'onglet **Analyse**, cliquez la flèche du bouton **Actualiser** puis **Propriétés de connexion**. Cochez l'option **Actualiser toutes les x minutes** (☐ devient ☑). Définissez l'intervalle en minutes.

L'actualisation automatique n'est pas sans inconvénient. Choisissez de préférence un intervalle suffisamment large. Selon l'emplacement et le volume des données, l'actualisation va prendre plus ou moins de temps, ce qui pourrait ralentir votre travail.

Ajoutez plusieurs champs à la zone Lignes ou Colonnes

Il est possible d'ajouter plusieurs champs à une même zone du tableau croisé, ce qui multiplie les possibilités d'analyse des données en donnant accès à différents affichages.

Prenons l'exemple de l'analyse d'une campagne de vente soutenue par plusieurs types de publicités. Le tableau croisé dynamique pourrait montrer les ventes pour chaque produit (le champ Lignes) d'après la publicité utilisée (le champ Colonnes). Si vous souhaitez voir les ventes par rapport à chaque promotion lancée, il suffit d'ajouter le champ Promotion à la zone LIGNES.

Ajoutez un champ à la zone LIGNES

1 Cliquez une cellule du tableau croisé dynamique.

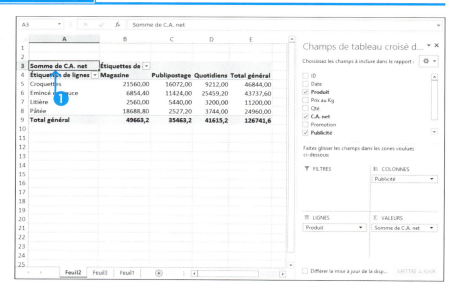

2 Cochez la case du champ de texte ou de date que vous voulez ajouter (☐ devient ☑).

A Excel ajoute le champ dans la zone LIGNES.

B Excel ajoute les valeurs distinctes du champ à la zone de lignes du tableau croisé.

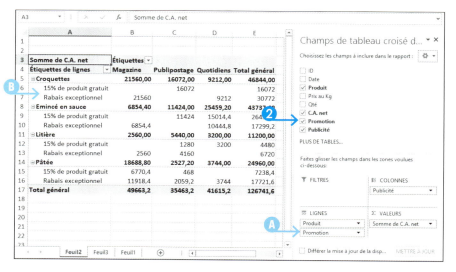

CHAPITRE 17
Analysez les données avec des tableaux croisés dynamiques

Ajoutez un champ à la zone LIGNES ou COLONNES

1 Cliquez une cellule du tableau croisé dynamique.

2 Faites glisser l'un des champs de la liste Champs de tableau croisé dynamique pour le déposer sous LIGNES ou COLONNES.

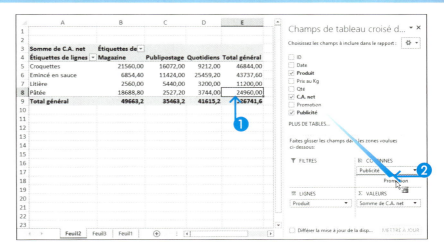

C Excel ajoute le champ dans la zone LIGNES ou COLONNES.

D Excel ajoute les valeurs distinctes du champ à la zone de lignes ou de colonnes du tableau croisé.

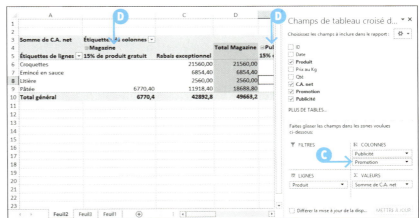

ASTUCES

Après avoir ajouté un deuxième champ à la zone de lignes ou de colonnes, vous pouvez changer la position des champs pour modifier l'affichage du tableau croisé. Dans la partie inférieure du volet Champs de tableau croisé dynamique, placez le pointeur sur le bord inférieur d'un champ et faites-le glisser pour modifier sa position relative par rapport à l'autre champ de la zone.

Vous n'êtes pas limité à deux champs dans la zone de lignes ou de colonnes. Selon vos besoins, vous pouvez ajouter trois, quatre ou davantage de champs à la zone de lignes ou de colonnes.

Ajoutez plusieurs champs à la zone Données

Excel vous permet d'ajouter plusieurs champs à la zone de données du tableau croisé, ce qui améliore les analyses des données en présentant simultanément plusieurs synthèses.

Prenons l'exemple de l'analyse d'une campagne de vente. Le tableau croisé dynamique pourrait montrer la somme des quantités vendues. Vous pourriez aussi avoir envie de voir le montant net de la recette. Pour ce faire, il suffit d'ajouter le champ Recette nette à la zone Données, comme l'illustre notre exemple. Vous disposez de deux méthodes pour ajouter des champs à la zone Données.

Ajoutez un champ à la zone Données en cochant une case

1 Cliquez une cellule du tableau croisé dynamique.

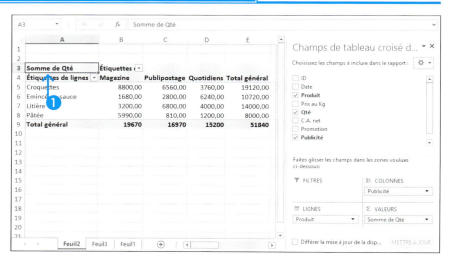

2 Cochez la case du champ que vous voulez ajouter à la zone de données (☐ devient ☑).

A Excel ajoute le champ dans la zone VALEURS.

B Excel ajoute le champ à la zone de données du tableau croisé.

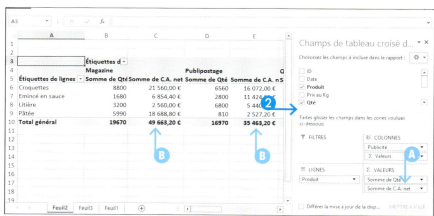

CHAPITRE 17

Analysez les données avec des tableaux croisés dynamiques

Modifiez un champ de la zone Données par glissement

① Cliquez une cellule du tableau croisé dynamique.

② Faites glisser l'un des champs de la liste Champs de tableau croisé dynamique pour le déposer sous VALEURS.

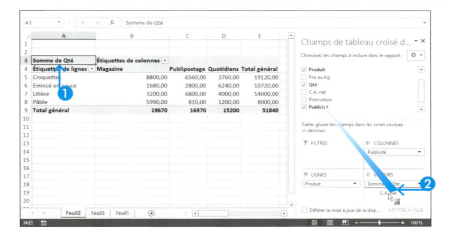

Ⓒ Excel modifie le champ de la zone de données du tableau croisé.

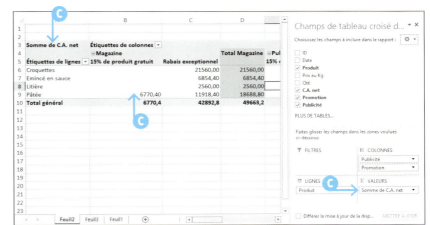

ASTUCES

Lorsque vous ajoutez un deuxième champ à la zone de données, Excel déplace les étiquettes (comme Quantité totale et Recette totale nette) dans la zone de colonnes pour faciliter le référencement. Excel ajoute aussi un bouton Valeurs dans la zone COLONNES du volet Champs de tableau croisé dynamique, ce qui vous permet de modifier l'affichage des valeurs dans le rapport de synthèse. Pour un complément d'information, voyez la tâche suivante, « Déplacez un champ vers une autre zone ».

Vous n'êtes pas limité à deux champs dans la zone de données. Libre à vous d'ajouter trois, quatre ou davantage de champs de données pour pousser plus loin l'analyse des données.

Déplacez un champ vers une autre zone

Un tableau croisé dynamique n'est pas un ensemble statique de cellules. Vous pouvez déplacer les champs d'une zone à l'autre du tableau pour voir les données sous différentes perspectives, ce qui améliore grandement les possibilités d'analyse.

La méthode la plus courante pour changer l'affichage d'un tableau croisé consiste à déplacer des champs entre les zones de lignes et de colonnes. Il est également possible de déplacer un champ de lignes ou de colonnes vers la zone de filtre.

Déplacez un champ vers une autre zone

❶ Cliquez une cellule du tableau croisé dynamique.

❷ Faites glisser un bouton de champ de la zone COLONNES vers la zone LIGNES.

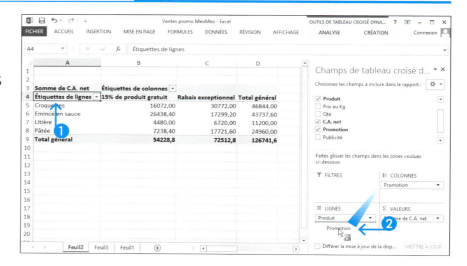

Ⓐ Excel affiche les valeurs du champ dans la zone de lignes.

Inversement, vous pourriez faire glisser un bouton de champ de la zone LIGNES vers la zone COLONNES.

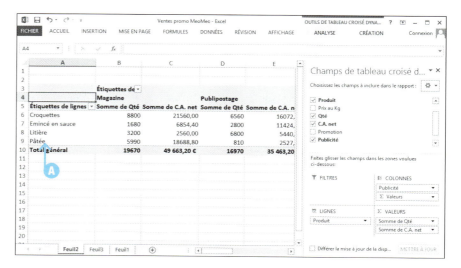

388

CHAPITRE 17
Analysez les données avec des tableaux croisés dynamiques

Déplacez un champ Lignes ou Colonnes vers la zone FILTRES

① Cliquez une cellule du tableau croisé dynamique.

② Faites glisser un champ de la zone LIGNES vers la zone FILTRES.

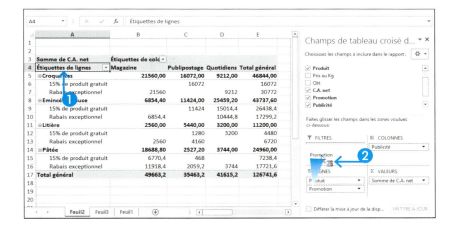

Ⓑ Excel déplace le bouton du champ vers le filtre du rapport de synthèse.

Vous pourriez aussi faire glisser un champ de la zone COLONNES vers la zone FILTRES.

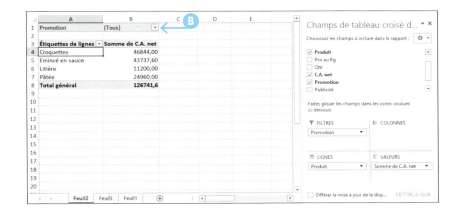

ASTUCE

Il est possible de déplacer un filtre vers la zone de données, car vous pouvez déplacer n'importe quel champ de lignes, de colonnes ou de filtres vers la zone de données du tableau croisé. La démarche peut sembler étrange, puisque les champs de lignes, de colonnes et de pages sont généralement des valeurs texte, alors que l'opération par défaut dans la zone de données est Somme. En effet, comment additionner des valeurs texte ? C'est impossible, c'est pourquoi l'opération effectuée par défaut sur les valeurs texte est Nombre qui compte le nombre de cellules. Aussi, si vous déposez le champ Promotions dans la zone de données, Excel crée un deuxième champ de données nommé Nombre de Promotions.

Groupez les valeurs d'un tableau croisé dynamique

Pour faciliter la manipulation d'un tableau croisé composé d'un grand nombre de colonnes et de lignes, vous pouvez regrouper les éléments. Vous pouvez, par exemple, regrouper les mois en trimestre, réduisant ainsi le nombre d'éléments à quatre au lieu de douze. Un rapport qui contient la liste de dizaines de pays pourrait les regrouper par continents, pour limiter ainsi le nombre d'éléments à quatre ou cinq. Si vous avez un champ avec des valeurs numériques dans la zone de lignes ou de colonnes, vous avez peut-être des centaines d'éléments, un pour chaque valeur numérique. Vous rendrez le rapport plus lisible en regroupant les éléments dans des plages de valeurs numériques.

Groupez les valeurs d'un tableau croisé dynamique

① Cliquez un élément dans le champ numérique que vous voulez grouper.

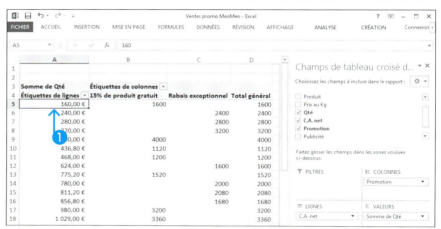

② Cliquez l'onglet **Analyse**.

③ Cliquez **Groupe**.

④ Cliquez **Grouper le champ**.

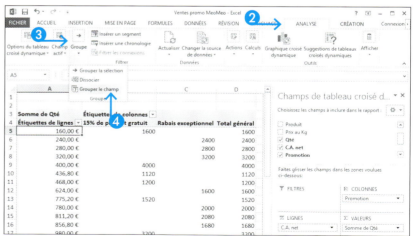

CHAPITRE 17
Analysez les données avec des tableaux croisés dynamiques

La boîte de dialogue Grouper apparaît.

5 Tapez la valeur de départ.

A Si vous cochez les options **Début** et **Fin** (☐ devient ☑), Excel extrait les valeurs minimale et maximale parmi les éléments numériques et les insère dans les champs de texte.

6 Tapez la valeur de fin.

7 Indiquez l'étendue des plages de valeurs pour former les groupes.

8 Cliquez **OK**.

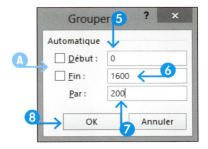

B Excel regroupe les valeurs numériques.

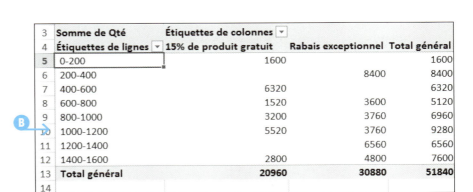

ASTUCES

Pour grouper des valeurs de date et d'heure, cliquez une cellule du champ à grouper. Dans l'onglet Analyse, cliquez **Groupe → Grouper le champ**. Dans la boîte de dialogue **Grouper**, tapez la date ou l'heure de début et de fin. Dans la liste Par, sélectionnez l'un des types de regroupement proposés, tels que **Mois** ou **Trimestres**. Cliquez **OK**.

Pour grouper des valeurs texte, vous devez définir des groupes sur mesure. Commencez par sélectionner les éléments à inclure dans un groupe. Cliquez **Analyse → Groupe → Grouper la sélection**. Vous obtenez un groupe générique. Cliquez son étiquette, tapez un autre nom pour le groupe et appuyez sur Entrée. Répétez cette technique pour chacun des groupes personnalisés que vous voulez créer.

Appliquez un filtre de tableau croisé dynamique

Par défaut, le tableau croisé dynamique présente une synthèse de toutes les fiches de la source de données. Mais dans certains cas, vous aurez besoin de vous concentrer sur certains aspects des données. Le champ de filtre vous aidera à concentrer votre attention sur un élément particulier issu des champs de la source de données.

Disons que le tableau croisé fournit la synthèse d'une campagne de promotion commerciale en présentant le chiffre d'affaires net par produits et par promotions. Pour obtenir la synthèse par publicités, vous pourriez ajouter ce champ à la zone de filtre.

Appliquez un filtre de rapport

1 Ajoutez un champ à la zone FILTRES.

2 Cliquez la flèche ▾ du champ de filtrage.

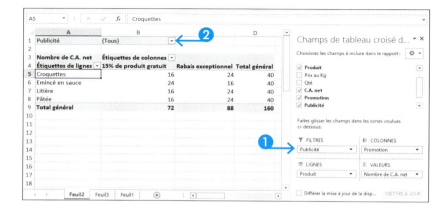

Excel affiche la liste des valeurs du champ de filtre du rapport de synthèse.

3 Cliquez l'élément à utiliser comme filtre.

A Si vous voulez afficher les données d'au moins deux filtres, cochez la case **Sélectionner plusieurs éléments** (☐ devient ☑). Répétez l'étape 3 pour sélectionner les autres filtres.

4 Cliquez **OK**.

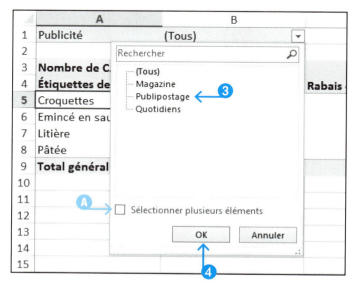

392

CHAPITRE 17
Analysez les données avec des tableaux croisés dynamiques

Ⓑ Excel filtre le tableau croisé dynamique pour présenter uniquement les données de l'élément sélectionné.

Supprimez le filtrage

❶ Cliquez l'icône **Filtre** ( ) dans le champ du filtre de rapport.

Excel affiche la liste des valeurs du champ de filtre du rapport.

❷ Cliquez **Tous**.

❸ Cliquez **OK**.

Excel supprime le filtrage du tableau croisé.

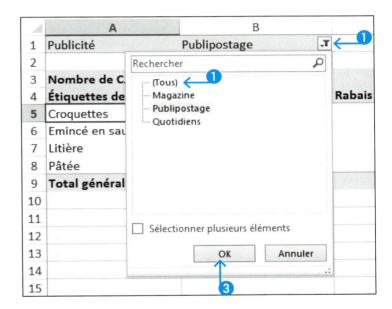

ASTUCE

Vous pouvez ajouter plusieurs champs de filtres à la zone FILTRES, ce qui vous permet d'appliquer plusieurs filtres aux données. Disons que le tableau croisé fournit la synthèse des données d'une campagne commerciale en présentant le chiffre d'affaires réalisé pour chaque produit et que vous disposez d'un champ de filtre avec les données Publicité qui vous permet d'isoler les ventes par produit pour un type particulier de publicité utilisé dans la promotion commerciale. Vous pourriez ainsi affiner l'analyse pour voir les ventes de chaque produit générées par cette publicité pour chaque promotion.

Pour ce faire, ajoutez le champ Promotions dans la zone FILTRES et suivez les instructions de cette tâche pour choisir une publicité et une promotion. Le résultat du filtrage est indépendant de l'ordre dans lequel vous sélectionnez les filtres.

Filtrez un tableau croisé dynamique avec un segment

Il est courant d'avoir à utiliser le même filtre dans plusieurs rapports de synthèse. Si vous supervisez les ventes dans plusieurs pays, vous devez sans doute fréquemment filtrer des tableaux croisés dynamiques pour voir uniquement les données des pays qui vous concernent.

Si vous êtes amené à appliquer toujours le même filtre, vous perdez du temps dans une tâche répétitive. Pour éviter cette situation, vous disposez de la fonction de *segmentation*. Un segment fonctionne comme un filtre de rapport, à la différence qu'il ne dépend pas d'un tableau croisé dynamique particulier. De ce fait, vous pouvez appliquer le même segment à plusieurs tableaux croisés.

Filtrez un tableau croisé dynamique avec un segment

1. Cliquez une cellule du tableau croisé dans lequel vous voulez travailler.
2. Cliquez l'onglet **Analyse**.
3. Cliquez **Insérer un segment**.

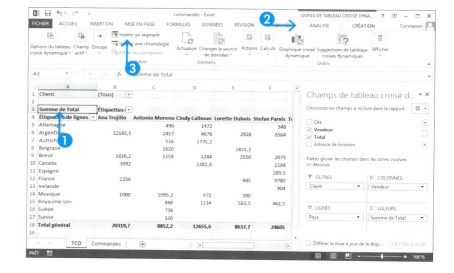

La boîte de dialogue Insérer des segments apparaît.

4. Cochez chacun des éléments pour lesquels vous voulez créer un segment.
5. Cliquez **OK**.

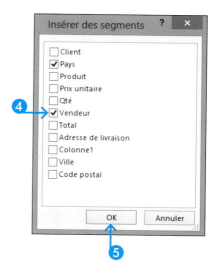

CHAPITRE 17
Analysez les données avec des tableaux croisés dynamiques

Ⓐ Excel affiche un segment pour chaque champ que vous avez sélectionné.

Ⓑ Excel affiche l'onglet contextuel Outils Segment quand un segment est activé.

Ⓒ Les commandes de l'onglet Options vous serviront à personnaliser chaque segment.

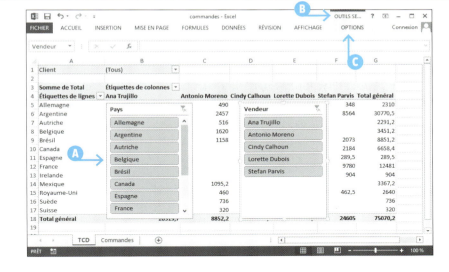

❻ Cliquez un élément de champ que vous voulez inclure au filtre.

❼ Pour inclure plusieurs éléments, maintenez enfoncée la touche Ctrl pendant que vous cliquez chaque élément.

Ⓓ Excel filtre le tableau croisé dynamique d'après les éléments sélectionnés pour chaque segment.

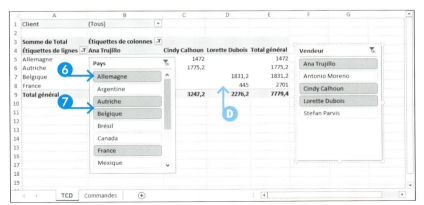

ASTUCES

Si un champ contient beaucoup d'éléments, vous pourriez être obligé de défiler sur une grande distance pour trouver un élément particulier. Dans un tel cas, il est plus facile de configurer le segment pour qu'il affiche ses éléments sur plusieurs colonnes. Cliquez le titre du segment pour l'activer, cliquez l'onglet **Options** et servez-vous de l'option **Colonnes** pour choisir le nombre de colonnes du segment.

Pour supprimer un segment qui encombre l'écran, cliquez le segment du bouton droit et cliquez **Supprimer** *Segment* (*Segment* étant le nom du segment, qui est normalement le nom du champ). Si vous préférez masquer le segment provisoirement, activez l'un des segments, cliquez **Options** puis **Volet Sélection**. Ce bouton affiche le volet Sélection où vous pouvez cliquer l'icône de visibilité de chaque segment pour l'afficher ou le masquer.

395

Appliquez un style de tableau croisé dynamique

Vous réduirez grandement le temps passé à mettre en forme vos tableaux croisés dynamiques si vous appliquez un style. En effet, un style définit des paramètres de mise en forme — polices, bordures et couleurs d'arrière-plan — pour les différentes zones du tableau.

Excel propose plus de 80 styles pour les tableaux croisés dynamiques, répartis en trois catégories : Clair, Moyen et Foncé. Le style appliqué par défaut est Clair 16 ; pour supprimer toute mise en forme, il faut choisir le style Aucune dans la catégorie Clair. En plus des styles prédéfinis, vous pouvez créer vos propres styles de mise en forme pour les tableaux croisés dynamiques.

Appliquez un style de tableau croisé dynamique

1 Cliquez une cellule du tableau croisé à mettre en forme.

2 Cliquez l'onglet **Création**.

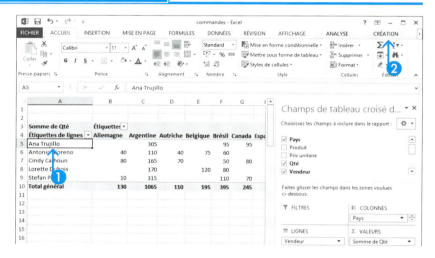

3 Cliquez le bouton **Autres** (▼) de la liste Styles de tableau croisé dynamique.

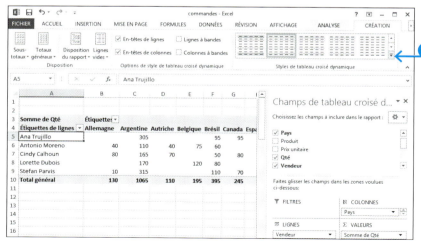

396

CHAPITRE 17

Analysez les données avec des tableaux croisés dynamiques

Ⓐ La galerie Styles de tableau croisé dynamique apparaît.

Note. Excel applique provisoirement au tableau le style survolé par le pointeur dans la galerie.

❹ Cliquez le style à appliquer.

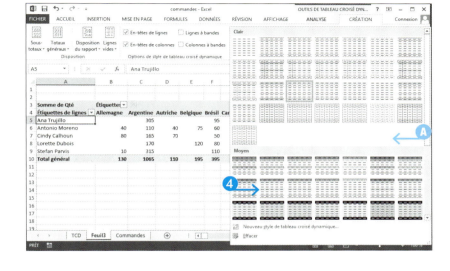

Ⓑ Excel applique la mise en forme définie par le style.

ASTUCE

Si aucun des styles préfinis ne convient pour vos tableaux croisés dynamiques, vous définirez un style personnalisé.

Vous pouvez définir la mise en forme de 25 éléments, y compris le tableau entier, les étiquettes et valeurs des filtres de rapport, la première colonne, la ligne d'en-têtes, la ligne du total général et la colonne du total général.

Suivez les instructions des étapes **1** à **3** pour afficher la galerie de styles et choisissez **Nouveau style de tableau croisé dynamique**. Dans la boîte de dialogue Nouveau style de tableau croisé dynamique, tapez un nom pour le style personnalisé. Cliquez chaque élément que vous voulez mettre en forme, cliquez **Format** et servez-vous des options de la boîte de dialogue Format de cellule pour définir une mise en forme précise. Cliquez **OK**.

Modifiez le calcul de synthèse du tableau croisé dynamique

Si l'analyse de vos données requiert une opération autre que Somme (pour les valeurs numériques) ou Nombre (pour le texte), vous pouvez configurer le champ de données pour utiliser l'un des neuf autres calculs de synthèse intégrés d'Excel.

Les calculs proposés sont : Moyenne, qui calcule la valeur moyenne dans un champ numérique ; Max, qui affiche la valeur la plus élevée dans un champ numérique ; Min, qui affiche la valeur la plus faible dans un champ numérique ; Produit, qui multiplie les valeurs dans un champ numérique ; Chiffres, qui affiche le nombre total de valeurs numériques dans le champ source.

Modifiez le calcul de synthèse du tableau croisé dynamique

1. Cliquez une cellule du champ de données.

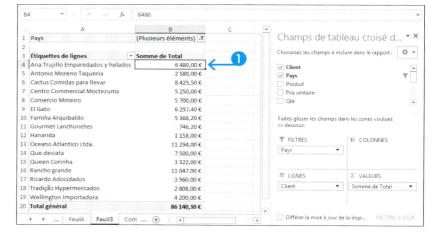

2. Cliquez l'onglet **Analyse**.
3. Cliquez **Champ actif**.
4. Cliquez **Paramètres de champs**.

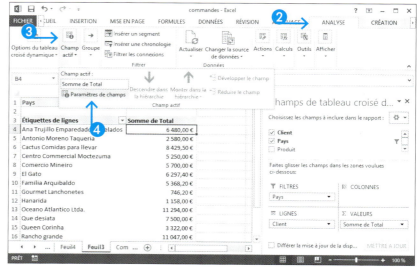

CHAPITRE 17
Analysez les données avec des tableaux croisés dynamiques

La boîte de dialogue Paramètres des champs de valeurs s'ouvre sur l'onglet Synthèse des valeurs par.

5 Cliquez le calcul de synthèse à utiliser.

6 Cliquez **OK**.

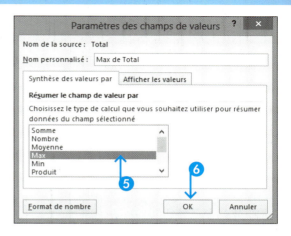

A Excel recalcule les résultats du tableau croisé.

B Excel renomme l'étiquette du champ de données en fonction du nouveau calcul de synthèse.

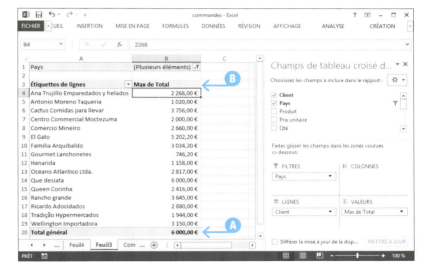

ASTUCES

Les résultats du tableau croisé peuvent sembler incorrects. Si c'est le cas, vérifiez le calcul de synthèse qu'Excel a appliqué au champ pour voir si Nombre a été appliqué à la place de Somme. En effet, si le champ de données comprend au moins une cellule de texte ou une cellule vide, Excel effectue par défaut l'opération Nombre au lieu de Somme.

Pour changer le calcul de synthèse d'un sous-total, cliquez une cellule du champ en bordure, cliquez l'onglet **Analyse → Champ actif → Paramètres de champs**. Sélectionnez l'option **Personnalisé** (○ devient ⦿). Cliquez le calcul de synthèse à utiliser pour les sous-totaux et cliquez **OK**.

Personnalisez le volet Champs de tableau croisé dynamique

Vous pouvez personnaliser la présentation du volet Champs de tableau croisé dynamique. Vous pourriez choisir l'option Sections Champs et Zones côte à côte, qui est plus pratique si les données source contiennent une longue liste de champs.

Excel propose également l'option Section Champs uniquement, qui est utile si vous ajoutez des champs au tableau croisé en cliquant du bouton droit le nom du champ puis en cliquant la zone à laquelle ajouter le champ. Les deux options Section Zones uniquement vous serviront après avoir ajouté des champs, quand vous voudrez les filtrer ou les déplacer entre les zones.

Personnalisez le volet Champs de tableau croisé dynamique

❶ Cliquez une cellule du tableau croisé.

❷ Cliquez **Outils** ( ).

Excel affiche la liste des options du volet Champs de tableau croisé dynamique.

❸ Cliquez l'option à activer.

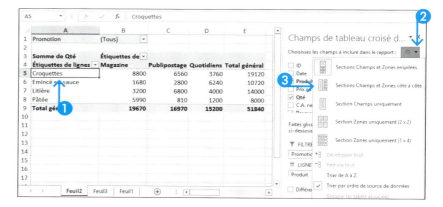

Ⓐ Excel modifie la présentation du volet en fonction de l'option choisie.

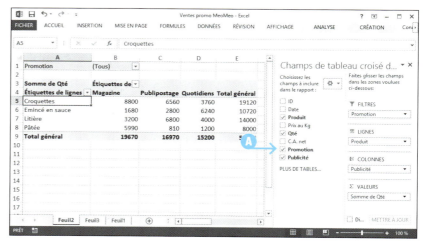

Créez un graphique de rapport croisé dynamique

CHAPITRE 17

Vous pouvez créer un graphique de rapport croisé dynamique directement à partir d'un tableau croisé dynamique. Cette fonction vous fera gagner du temps, parce qu'il est inutile de configurer la disposition du graphique ni la moindre option.

Un *graphique de rapport croisé dynamique* est la représentation graphique des valeurs d'un tableau croisé dynamique. Ce type de graphique est beaucoup plus polyvalent qu'un graphique ordinaire, parce qu'il offre les mêmes possibilités qu'un tableau croisé dynamique. Vous pouvez ainsi masquer des éléments, filtrer des données depuis le rapport et actualiser le graphique s'il y a des modifications dans les données. De plus, si vous déplacez des champs d'une zone à l'autre du tableau croisé, le graphique change en conséquence.

Créez un graphique de rapport croisé

1. Cliquez une cellule du tableau croisé.
2. Appuyez sur F11.

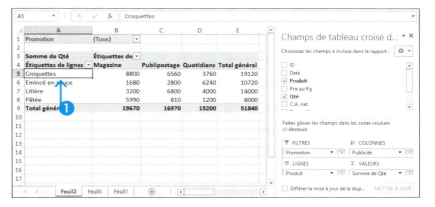

A. Excel crée une nouvelle feuille et y place le graphique de rapport croisé dynamique.

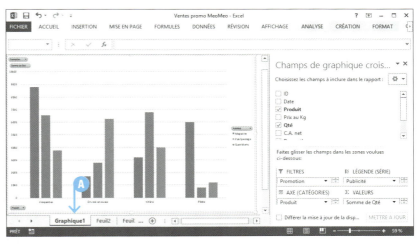

CHAPITRE 18

Représentez les données par des graphiques

Vous pouvez transformer une feuille pleine de chiffres en un graphique qui fournit une représentation visuelle de tous ces chiffres. Sous cette forme, les données sont plus faciles à interpréter et à analyser. Pour vous aider à voir les données sous la forme précise qui vous convient, Excel fournit un large assortiment de types de graphiques et d'options.

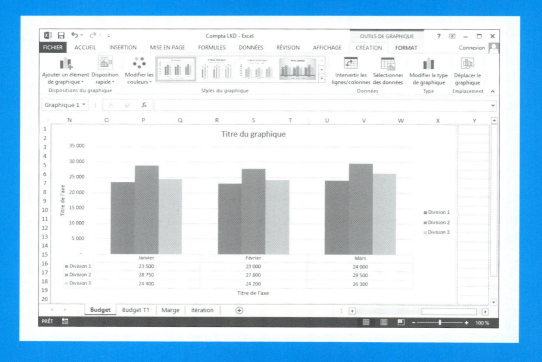

- Découvrez les graphiques. 404
- Découvrez les types de graphiques 405
- Créez un graphique. 406
- Créez un graphique recommandé 408
- Ajoutez des titres 410
- Ajoutez des étiquettes de données 411
- Positionnez la légende 412
- Affichez un quadrillage. 413
- Affichez la table de données 414
- Modifiez le style et la disposition. 415
- Modifiez le type de graphique 416
- Modifiez la source des données. 418
- Déplacez ou redimensionnez un graphique 420
- Ajoutez un graphique sparkline à une cellule 422

Découvrez les graphiques

Un des meilleurs moyens d'analyser des données, et de démontrer aux autres leur interprétation, est de les représenter visuellement dans un *graphique*. Si des données de la feuille sont modifiées, le graphique répercute automatiquement ces changements pour présenter les nouvelles valeurs.

Il existe des dizaines de modèles de graphiques que vous pouvez aussi personnaliser pour répondre à vos besoins particuliers. Commencez par vous familiariser avec les composants d'un graphique afin de pouvoir mieux les exploiter.

A Axe des catégories

Cet axe, généralement l'axe des abscisses, présente le groupement des catégories de données.

B Titre du graphique

Le titre du graphique.

C Marqueur de données

Chaque valeur d'une série de données est représentée par un symbole, variant en fonction du type de graphique.

D Série de données

Une série de données est un ensemble de valeurs de données apparentées. Normalement, une série de données est représentée par des marqueurs uniformes.

E Valeur de donnée

Valeur unique de donnée, appelée aussi *point de donnée*.

F Quadrillage

Série de lignes prolongeant les graduations des axes horizontaux et verticaux. Ces lignes facilitent la lecture des valeurs des données.

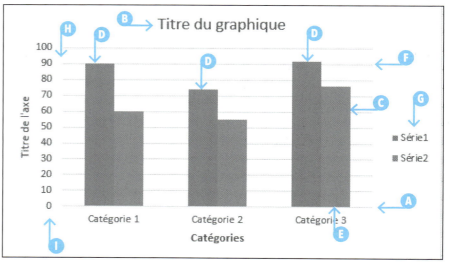

G Légende

Guide présentant les couleurs, les motifs et les symboles utilisés pour représenter chaque série de données.

H Zone de traçage

Zone encadrée par les axes de catégories et de valeurs, qui contient les points de données et le quadrillage.

I Axe des valeurs

Cet axe, généralement l'axe des ordonnées, présente les valeurs des données.

CHAPITRE 18

Découvrez les types de graphiques

Excel propose onze types différents de graphiques, parmi lesquels les histogrammes, les graphiques en barres, en courbes et en secteurs. Le type à choisir dépend des données et de la façon dont vous voulez les présenter.

Type	Description
Histogramme	Il compare des éléments distincts ou illustre les variations des données à des intervalles de temps. Les catégories sont reprises sur l'axe horizontal et les valeurs, sur l'axe vertical.
Courbes	Il illustre les variations d'une série de données dans le temps, représenté par des incréments réguliers sur l'axe des abscisses. Les valeurs sont affichées sous forme de points qui constituent une courbe.
Secteurs	Il illustre la taille des éléments d'une série par rapport à leur somme. L'ensemble est représenté par un cercle et chaque valeur est affichée sous la forme d'un secteur du cercle.
Barres	Similaire à un histogramme, il trace les données horizontalement plutôt que verticalement, et permet de comparer les éléments ou d'illustrer des éléments à intervalles réguliers.
Aires	Il illustre la contribution relative dans le temps de chaque série à l'ensemble.
Nuage de points (XY)	Il représente les relations entre les valeurs numériques de deux séries de données. Il peut aussi tracer une série de paires de données en coordonnées XY.
Boursier	Il est conçu pour représenter la fluctuation des cotations, avec des valeurs maximale, minimale et de clôture.
Surface	Il permet d'analyser deux jeux de données et de déterminer la meilleure combinaison des deux.
Anneau	Comme le graphique en secteurs, il représente la relation de chaque partie avec le total, mais il permet d'illustrer plusieurs séries de données.
Bulles	Il est semblable aux nuages de points, mais permet d'illustrer trois séries de données en les représentant sous forme de bulles, la troisième valeur donnant la taille de la bulle.
Radar	Il compare des séries de données en représentant les valeurs sur des axes issus d'un point central, comme une toile d'araignée.

Créez un graphique

Il suffit de quelques clics pour créer un graphique à partir d'une feuille de calcul. Excel propose plus de cent configurations de graphiques prédéfinies, parmi lesquelles vous trouverez sûrement celle qui convient le mieux à vos données. Si vous préférez qu'Excel suggère un type de graphique en fonction des données sélectionnées, consultez la tâche suivante, « Créez un graphique recommandé ».

Quel que soit le type choisi pour créer le graphique, vous pouvez le modifier à tout moment. Consultez la tâche « Modifiez le type de graphique », plus loin dans ce chapitre.

Créez un graphique

① Sélectionnez les données à représenter par un graphique.

Ⓐ Si vos données contiennent des titres, veillez à inclure ceux-ci dans la sélection.

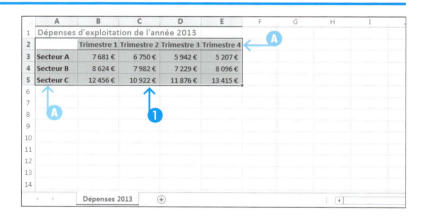

② Cliquez l'onglet **Insertion**.

③ Cliquez un type de graphique.

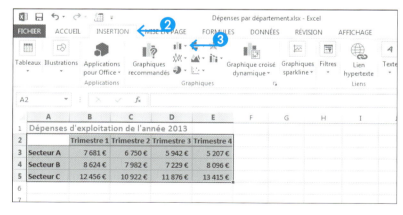

CHAPITRE 18
Représentez les données par des graphiques

B Excel affiche une galerie de configurations pour ce type de graphique.

4 Cliquez la configuration choisie.

Note. Lorsque vous survolez les configurations avec le pointeur, Excel en présente un aperçu avec vos données dans la feuille.

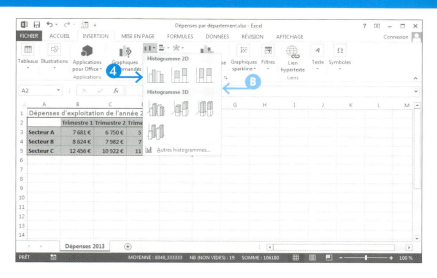

C Excel insère le graphique.

La suite de ce chapitre vous apprend à configurer, mettre en forme et déplacer le graphique.

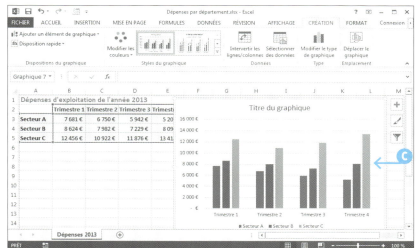

ASTUCE

Le graphique peut être placé dans une feuille distincte qu'on appelle *feuille de graphique*. Si le graphique n'est pas encore créé, sélectionnez les données, cliquez avec le bouton droit l'onglet d'une feuille et choisissez **Insérer**. Dans l'onglet **Général** de la boîte de dialogue Insérer, sélectionnez **Graphique** et cliquez **OK**. Excel crée le graphique dans une nouvelle feuille.

Si le graphique existe déjà, utilisez la commande **Déplacer le graphique** dans l'onglet Création. Pour une instruction plus détaillée, voyez l'astuce de la tâche « Déplacez ou redimensionnez un graphique » plus loin dans ce chapitre.

Créez un graphique recommandé

Il est plus rapide et facile de sélectionner un des graphiques recommandés par Excel.

Avec près de cent configurations, les outils graphiques d'Excel sont complets, mais il peut être difficile de trouver quel type convient le mieux à vos données. Au lieu de tester des dizaines de configurations, utilisez la commande Graphiques recommandés qui examine les données sélectionnées et propose en priorité la dizaine de configurations qui conviendraient le mieux à vos données.

Créez un graphique recommandé

1. Sélectionnez les données à représenter par un graphique.

   A Si vos données contiennent des titres, veillez à inclure ceux-ci dans la sélection.

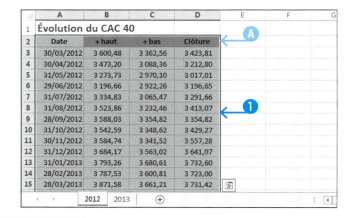

2. Cliquez l'onglet **Insertion**.
3. Cliquez **Graphiques recommandés**.

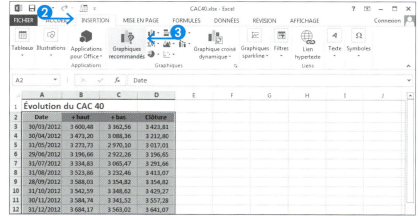

CHAPITRE 18
Représentez les données par des graphiques

La boîte de dialogue Insérer un graphique s'ouvre sur l'onglet Graphiques recommandés.

4 Cliquez le type de graphique à utiliser.

B Un aperçu du graphique est affiché.

5 Cliquez **OK**.

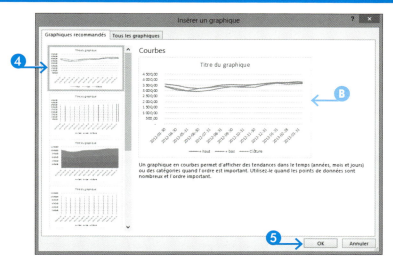

C Excel insère le graphique.

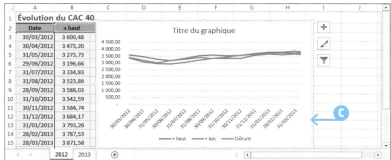

ASTUCE

Il existe une manière encore plus rapide d'ajouter un graphique recommandé. Sélectionnez les données à représenter par un graphique, sans oublier les titres. Cliquez la balise **Analyse rapide** ( ), puis **Graphiques**. Cliquez le type de graphique désiré parmi les types recommandés. Excel insère le graphique.

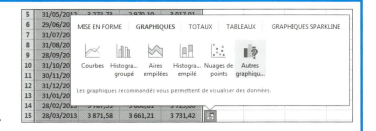

409

Ajoutez des titres

Votre graphique sera plus facile à interpréter avec des titres, qui sont des étiquettes placées à des endroits particuliers du graphique. Des titres descriptifs permettent de comprendre immédiatement ce que représente le graphique.

Trois types de titres sont disponibles. Le titre général du graphique est généralement affiché au sommet. Vous pouvez aussi placer un titre sur l'axe horizontal pour décrire les catégories et un titre sur l'axe vertical donnant les valeurs.

Ajoutez des titres

1. Cliquez le graphique.
2. Cliquez l'onglet **Création**.
3. Cliquez **Ajouter un élément de graphique**.
4. Cliquez **Titre du graphique**.
5. Cliquez **Au-dessus du graphique**.
- A. Excel ajoute une zone pour le titre.
6. Tapez le titre.
7. Cliquez **Ajouter un élément de graphique**.
8. Cliquez **Titres des axes**.
9. Cliquez **Horizontal principal**.
- B. Excel ajoute une zone pour le titre.
10. Tapez le titre.
11. Exécutez de nouveau les étapes 7 et 8.
12. Cliquez **Vertical principal**.
- C. Excel ajoute une zone pour le titre.
13. Tapez le titre.

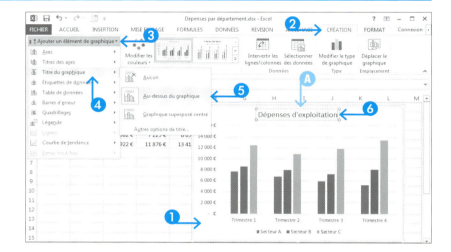

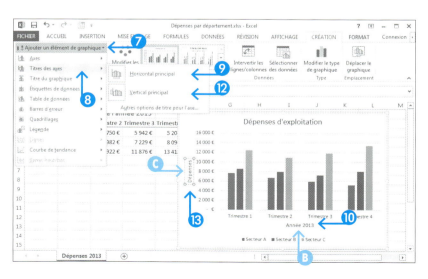

CHAPITRE 18

Ajoutez des étiquettes de données

Votre graphique peut être plus facile à interpréter avec des étiquettes de données, de petites zones de texte placées sur ou près d'un marqueur de donnée pour afficher la valeur de cette dernière.

Les positions possibles des étiquettes varient selon le type de graphique. Par exemple, les étiquettes de données peuvent être placées dans ou au-dessus d'une colonne d'un histogramme. Dans un graphique en courbes, elles peuvent se trouver à gauche, à droite, au-dessus ou sous le marqueur de donnée.

Ajoutez des étiquettes de données

1. Cliquez le graphique.
2. Cliquez l'onglet **Création**.
3. Cliquez **Ajouter un élément de graphique**.
4. Cliquez **Étiquettes de données**.
5. Sélectionnez la position des étiquettes de données.

Note. Les positions disponibles dépendent du type de graphique.

A Excel ajoute les étiquettes.

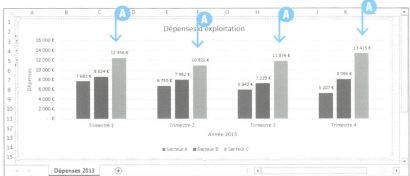

Positionnez la légende

La *légende* identifie la couleur associée à chaque série de données. C'est un élément crucial pour l'interprétation et la compréhension d'un graphique, il est donc important de la placer judicieusement.

Vous pouvez placer la légende à droite du graphique pour en faciliter la lecture, ou bien au-dessus ou au-dessous du graphique pour garder plus d'espace horizontal pour les marqueurs de données.

Positionnez la légende

1. Cliquez le graphique.
2. Cliquez l'onglet **Création**.
3. Cliquez **Ajouter un élément de graphique**.
4. Cliquez **Légende**.
5. Choisissez une position pour la légende.

A. Excel ajoute la légende.

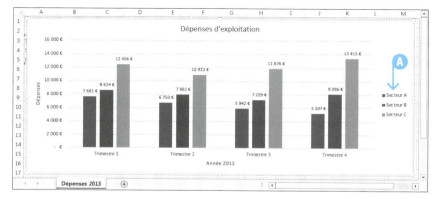

Affichez un quadrillage

CHAPITRE 18

Vous rendrez le graphique plus facile à déchiffrer en affichant un quadrillage. Les lignes horizontales du quadrillage s'étendent depuis l'axe vertical des valeurs et sont surtout utiles dans les histogrammes et les graphiques en aires ou à bulles. Les lignes verticales s'étendent depuis l'axe horizontal des catégories et sont surtout utiles avec les graphiques à barres et les courbes. Les *quadrillages majeurs* sont associés aux valeurs majeures (celles qui s'affichent le long des axes vertical et horizontal), tandis que les *quadrillages mineurs* sont associés aux valeurs mineures (valeurs intermédiaires, moins espacées que les valeurs majeures).

Affichez un quadrillage

1 Cliquez le graphique.

2 Cliquez l'onglet **Création**.

3 Cliquez **Ajouter un élément de graphique**.

4 Cliquez **Quadrillages**.

5 Cliquez l'option de quadrillage horizontal qui vous convient.

A Excel affiche les lignes horizontales.

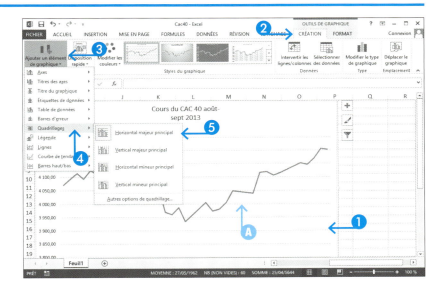

6 Cliquez **Ajouter un élément de graphique**.

7 Cliquez **Quadrillages**.

8 Cliquez l'option de quadrillage vertical qui vous convient.

Excel affiche les lignes verticales.

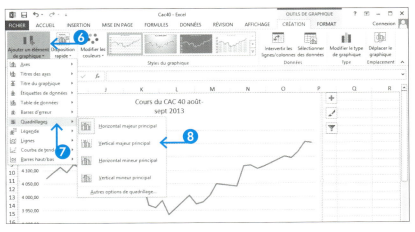

Affichez la table de données

La présence d'une table de données aidera le lecteur à déchiffrer les données du graphique. Une table de données est un petit tableau dont chaque ligne contient une série de données du graphique, chaque colonne contient une catégorie du graphique et chaque cellule est un point de donnée.

Excel vous propose d'afficher la table de données avec ou sans les symboles de légende.

Affichez la table de données

1. Cliquez le graphique.
2. Cliquez l'onglet **Création**.
3. Cliquez **Ajouter un élément de graphique**.
4. Cliquez **Table de données**.
5. Cliquez **Avec symboles de légende**.

A. Si vous préférez ne pas afficher les symboles de légende, cliquez **Aucun symbole de légende**.

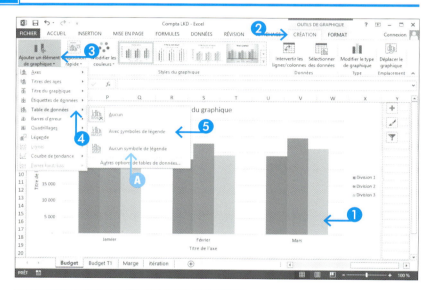

B. Excel ajoute la table de données sous le graphique.

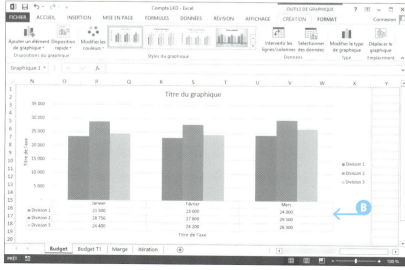

Modifiez le style et la disposition

CHAPITRE 18

Vous pouvez mettre rapidement en forme un graphique en appliquant une autre disposition ou un style. La disposition affecte certains éléments tels les titres, les étiquettes de données, la légende et le quadrillage. L'outil Disposition rapide permet d'appliquer différentes combinaisons de ces éléments en quelques clics. Le style définit les couleurs des marqueurs de données et de l'arrière-plan.

Modifiez le style et la disposition

1. Cliquez le graphique.
2. Cliquez l'onglet **Création**.
3. Cliquez **Disposition rapide**.
4. Cliquez une des dispositions proposées.
A. Excel applique la disposition.
5. Cliquez la flèche de la liste **Styles de graphique**.

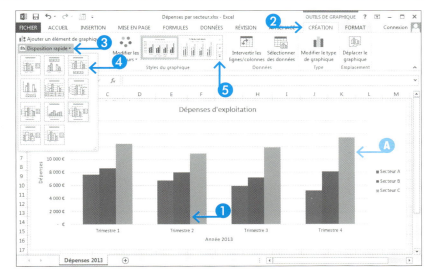

6. Cliquez le style de votre choix.
B. Excel applique le style au graphique.

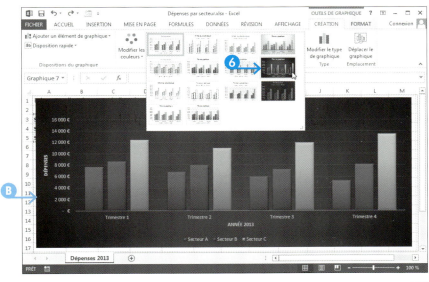

415

Modifiez le type de graphique

Si vous trouvez que le graphique actuel n'est pas le mieux adapté à vos données, modifiez-en le type. En plus de tester l'un des types de graphique proposés, vous pouvez choisir parmi près d'une centaine de configurations pour les types de graphiques.

Par exemple, un tracé en courbes de cotations boursières (haut, bas et clôture) présente chaque valeur, mais un graphique boursier illustre mieux les variations quotidiennes. De la même façon, un graphique en secteurs représente mieux qu'un histogramme l'importance de chaque élément dans un ensemble.

Modifiez le type de graphique

1 Cliquez le graphique.

2 Cliquez l'onglet **Création**.

3 Cliquez **Modifier le type de graphique**.

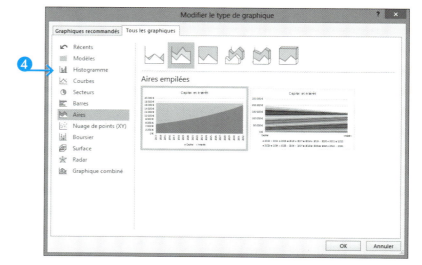

La boîte de dialogue Modifier le type de graphique apparaît.

4 Cliquez le type de graphique à utiliser.

CHAPITRE 18
Représentez les données par des graphiques

Excel affiche les configurations du type de graphique.

5 Cliquez la sous-catégorie et la configuration à appliquer.

6 Cliquez **OK**.

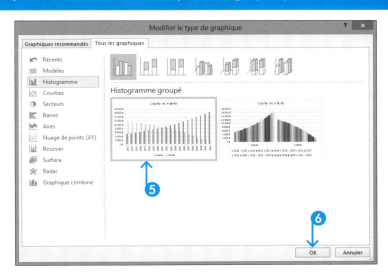

A Excel applique le nouveau type de graphique.

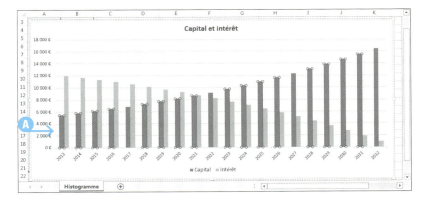

ASTUCE

Après avoir défini et mis en forme un graphique, vous pouvez enregistrer celui-ci comme modèle de graphique. Suivez les instructions des tâches précédentes pour créer un graphique, définir son type, lui appliquer un style et une disposition, ajouter des titres, des étiquettes, une légende et un quadrillage. Cliquez du bouton droit dans la zone de traçage, choisissez **Enregistrer comme modèle**, puis donnez un nom au modèle avant de l'enregistrer. Pour réutiliser ce modèle, ouvrez la boîte de dialogue Modifier le type de graphique (étapes **1** à **3**), cliquez **Modèles**, puis sélectionnez votre modèle.

Modifiez la source des données

La source des données est la plage utilisée pour créer le graphique. Si cette plage est amenée à changer, vous actualiserez le graphique en ajoutant ou en retranchant des données.

Vous devrez modifier la source des données si la structure des données change, par exemple, si vous leur ajoutez une ligne ou une colonne. Mais vous n'avez aucune modification à effectuer si les valeurs faisant partie de la plage source sont modifiées. Dans ce cas, Excel corrige automatiquement le graphique pour refléter les nouvelles valeurs des données.

Modifiez la source des données

1 Cliquez le graphique pour le sélectionner.

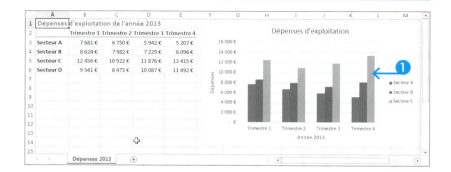

A Excel sélectionne la source des données.

2 Placez le pointeur ✥ sur le coin inférieur droit de la plage.

Le pointeur de sélection (✥) se transforme en pointeur de redimensionnement (↔).

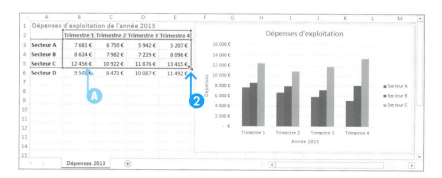

CHAPITRE 18
Représentez les données par des graphiques

③ Faites glisser le pointeur ↔ pour inclure toutes les données à tracer dans le graphique.

Ⓑ Un contour bleu indique la nouvelle sélection.

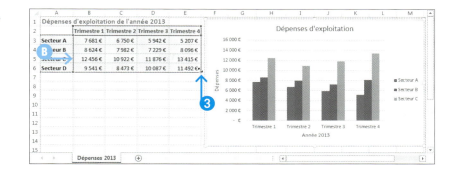

④ Relachez le bouton de la souris.

Ⓒ Excel redessine le graphique avec les nouvelles données.

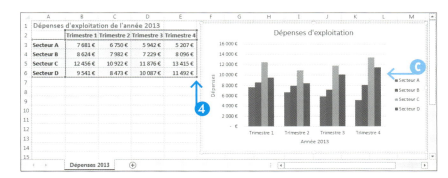

ASTUCES

Il est possible d'intervertir catégories et séries sans avoir à intervertir les lignes et les colonnes dans la source des données. Sélectionnez le graphique et cliquez l'onglet **Création**. Cliquez **Intervertir les lignes/colonnes** ( ). Excel modifie la disposition du graphique. Cliquez de nouveau pour revenir à la disposition de départ.

Il est possible de supprimer des séries du graphique sans supprimer les données dans la plage source. Sélectionnez le graphique et cliquez l'onglet **Création**. Cliquez **Sélectionner des données** ( ) pour ouvrir la boîte de dialogue Sélectionner la source de données. Dans la liste **Entrées de légende (Série)**, cliquez la série à effacer, puis cliquez **Supprimer**. Cliquez **OK**.

Déplacez ou redimensionnez un graphique

Vous pouvez déplacer un graphique dans la feuille de calcul, par exemple si celui-ci masque une partie des données ou si vous voulez qu'il apparaisse à un emplacement précis.

Un graphique peut aussi être redimensionné. Par exemple, si vous le trouvez difficile à déchiffrer, l'agrandir pourrait résoudre le problème. Ou s'il occupe un trop grand espace dans la feuille, réduisez-le afin d'équilibrer la présentation.

Déplacez un graphique

1 Cliquez le graphique.

A Excel affiche une bordure autour du graphique.

2 Placez le pointeur sur la bordure du graphique.

Le pointeur se transforme en pointeur de déplacement.

Note. Ne placez pas le pointeur sur l'une des poignées du cadre, dans l'angle ou au milieu d'un côté.

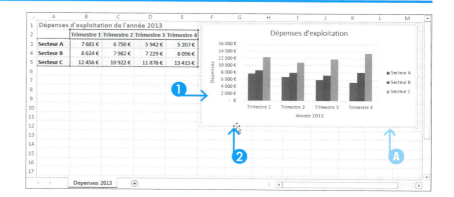

3 Faites glisser la bordure du graphique vers l'emplacement désiré.

4 Relâchez le bouton de la souris.

B Excel déplace le graphique.

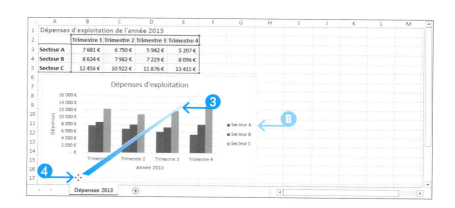

CHAPITRE 18

Représentez les données par des graphiques

Redimensionnez un graphique

1 Cliquez le graphique.

C Excel affiche une bordure autour du graphique.

D La bordure présente des poignées dans les angles et au milieu des côtés.

2 Placez le pointeur sur une poignée.

Le pointeur se transforme en pointeur de redimensionnement horizontal (⇔), vertical (↕) ou simultané (⤢).

3 Faites glisser la poignée.

E Excel affiche un cadre gris qui représente la nouvelle taille du graphique.

4 Relâchez le bouton de la souris.

F Excel redimensionne le graphique.

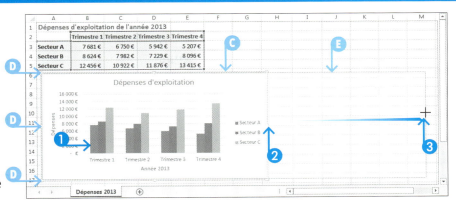

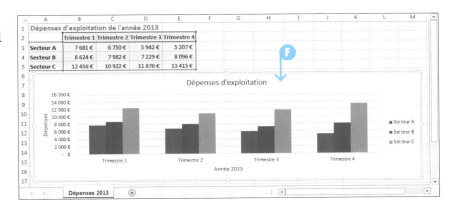

ASTUCES

Pour placer un graphique dans sa propre feuille, sélectionnez-le, cliquez **Déplacer le graphique** pour ouvrir la boîte de dialogue du même nom, puis sélectionnez **Nouvelle feuille** (○ devient ⦿). Donnez un nom à la nouvelle feuille, puis cliquez **OK**.

Il est facile de supprimer un graphique devenu inutile. Si le graphique se trouve dans une feuille de calcul, cliquez-le pour le sélectionner et appuyez sur la touche **Suppr**. Si le graphique réside seul dans une feuille à part, cliquez du bouton droit l'onglet de la feuille et cliquez **Supprimer** à deux reprises.

Ajoutez un graphique sparkline à une cellule

Pour décrire les données visuellement sans passer par un graphique qui occupe une bonne partie de la feuille, vous pouvez ajouter un *graphique sparkline* dans une cellule. Ce mini-graphique tient dans une seule cellule pour indiquer une tendance en fournissant une représentation sommaire d'une rangée ou d'une colonne de données.

Excel propose trois types de graphiques sparkline : Courbes, Histogramme et Positif/Négatif (pour les données qui comprennent des valeurs positives et négatives).

Ajoutez un graphique sparkline à une cellule

1. Sélectionnez la rangée ou la colonne à représenter graphiquement.

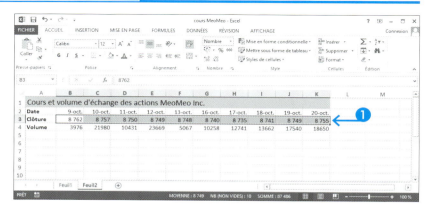

2. Cliquez l'onglet **Insertion**.
3. Cliquez le type de graphique sparkline à créer.

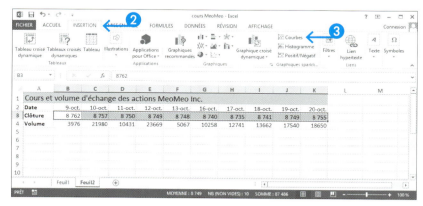

422

CHAPITRE 18
Représentez les données par des graphiques

La boîte de dialogue Créer des graphiques sparkline apparaît.

4 Cliquez dans le champ Plage d'emplacements.

5 Cliquez la cellule où vous voulez placer le graphique sparkline.

6 Cliquez **OK**.

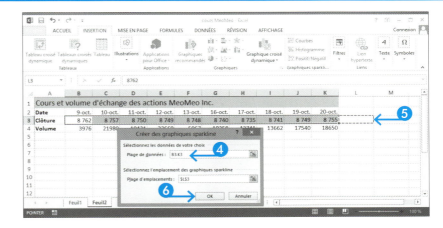

A Excel insère le mini-graphique dans la cellule désignée.

B L'onglet Outils Sparkline devient disponible.

C Servez-vous des outils de l'onglet Création pour formater le graphique sparkline.

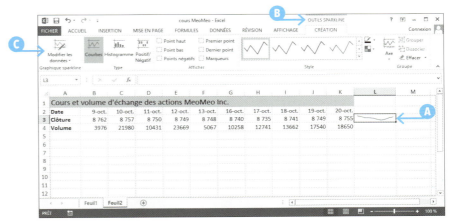

ASTUCE

Vous pouvez ajouter un graphique sparkline simultanément à plusieurs lignes ou colonnes. Commencez par sélectionner les lignes ou colonnes de données. Suivez les instructions des étapes **2** et **3** pour ouvrir la boîte de dialogue Créer des graphiques sparkline et cliquez dans le champ **Plage d'emplacements**. Désignez une seule cellule pour chaque ligne ou colonne sélectionnée. Par exemple, si vous avez sélectionné cinq lignes, vous sélectionnerez cinq cellules. Cliquez **OK**. Excel ajoute un graphique sparkline pour chaque ligne ou colonne sélectionnée.

CHAPITRE 19

Illustrez vos feuilles de calcul

Ce chapitre vous montre comment enrichir vos feuilles de calcul Excel en y insérant des formes, des illustrations, des photos, du texte WordArt ou des diagrammes SmartArt.

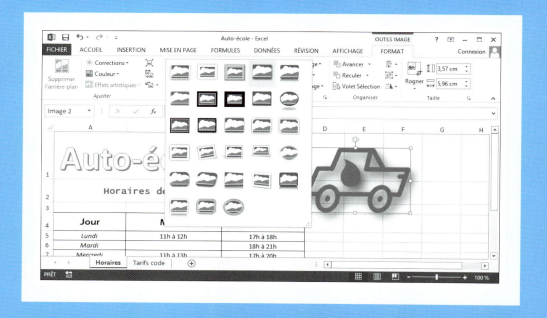

Tracez une forme. 426
Insérez une image clipart. 428
Insérez une photo 430
Insérez un titre WordArt 432
Insérez un diagramme SmartArt. 434
Déplacez ou redimensionnez un graphisme 436
Recadrez une photo 438
Appliquez un style et un effet 440

Tracez une forme

Vous rendrez vos feuilles de calcul plus agréables à regarder et plus faciles à déchiffrer en y ajoutant une ou plusieurs formes. La galerie des formes d'Excel contient plus de 150 objets prédéfinis appelés *formes* (ou parfois *formes automatiques*) qui s'insèrent par simple glissement du pointeur. Il peut s'agir d'une figure géométrique simple – ligne, rectangle ou ovale – ou d'un élément plus complexe, comme un symbole d'organigramme, une étoile fantaisie ou une bulle. Vous les utiliserez dans une feuille pour attirer l'attention sur une valeur particulière ou pour faciliter la lecture et la compréhension des données.

Tracez une forme

1. Affichez la feuille dans laquelle vous voulez dessiner une forme.
2. Cliquez l'onglet **Insertion**.
3. Cliquez **Illustrations**.

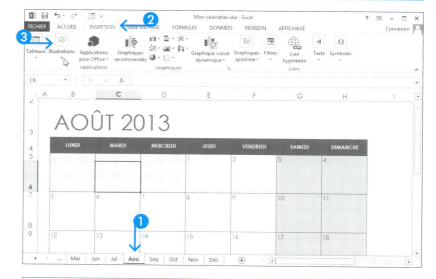

4. Cliquez **Formes**.
5. Cliquez la forme choisie.

   Le pointeur ▷ se transforme en pointeur +.

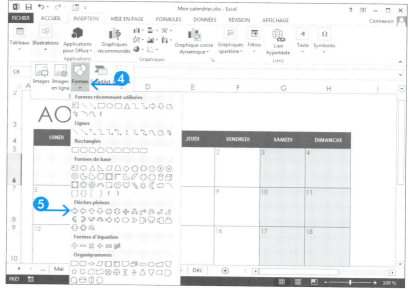

CHAPITRE 19
Illustrez vos feuilles de calcul

6 Faites glisser le pointeur **+** pour tracer la forme.

7 Lorsque la forme a atteint la taille voulue, relâchez le bouton de la souris.

A Excel dessine la forme et ajoute des poignées de dimensionnement à son contour.

Note. Pour déplacer ou redimensionner la forme, reportez-vous à la tâche « Déplacez ou redimensionnez un graphisme », plus loin dans ce chapitre.

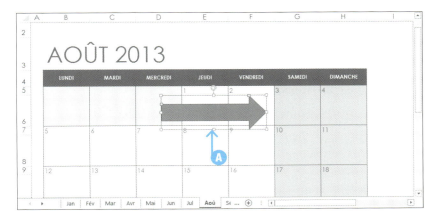

ASTUCES

Pour obtenir la forme avec ses proportions d'origine, maintenez enfoncée la touche **Maj** pendant le tracé. Cette technique permet de créer un polygone régulier, qu'il s'agisse d'un carré, d'un cercle ou de toute autre forme géométrique.

Vous pouvez ajouter du texte à l'intérieur des formes en deux dimensions (autres que les lignes). Après insertion de la forme, cliquez-la du bouton droit et choisissez **Modifier le texte**. Tant que la forme est active, le texte saisi apparaît dans la forme. Vous disposez des options de police de l'onglet Accueil pour mettre en forme le texte de la forme. Quand vous avez terminé, cliquez en dehors de la forme.

Insérez une image clipart

Vous enrichirez la présentation d'une feuille de calcul en lui ajoutant une image clipart. Une image clipart est une petite illustration facile à insérer dans vos documents. Excel 2013 n'est pas fourni avec ses propres images clipart, mais vous donne accès à la collection d'illustrations de Office.com qui contient des milliers d'images prêtes à l'emploi, réparties en de nombreuses catégories comme Affaires, Personnes, Nature ou Symboles. Toutes ces images sont libres de droits et gratuites.

Insérez une image clipart

1. Affichez la feuille dans laquelle vous voulez insérer l'image clipart.
2. Cliquez la cellule dans laquelle apparaîtra le coin supérieur gauche de l'image.
3. Cliquez l'onglet **Insertion**.
4. Cliquez **Illustrations**.
5. Cliquez **Images en ligne**.

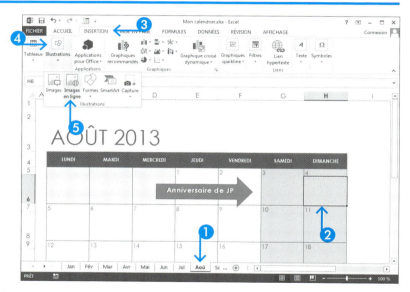

Excel affiche la fenêtre Insérer des images.

6. Cliquez **Images clipart Office.com**.
7. Dans le champ de texte, tapez un mot clé décrivant l'illustration recherchée.
8. Cliquez **Rechercher (🔍)**.

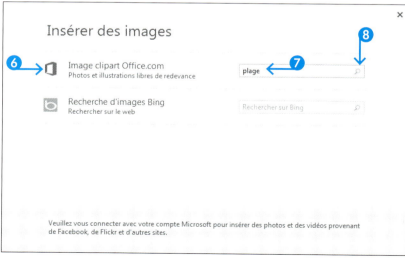

CHAPITRE 19
Illustrez vos feuilles de calcul

A Excel affiche une série d'images correspondant au terme recherché.

9 Cliquez l'image clipart à utiliser.

10 Cliquez **Insérer**.

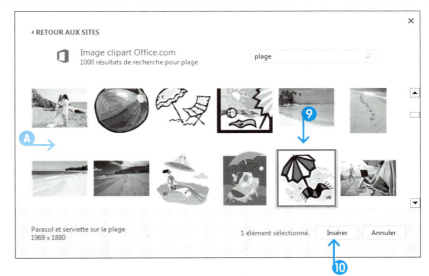

B Excel insère l'image clipart.

Note. Pour déplacer ou redimensionner l'image, reportez-vous à la tâche « Déplacez ou redimensionnez un graphisme », plus loin dans ce chapitre.

ASTUCES

Vous pouvez aussi utiliser votre navigateur Web pour chercher des images clipart directement sur le site Office.com à l'adresse `office.microsoft.com/fr-fr/images`. Vous pourrez choisir une catégorie, puis indiquer le type d'image (illustration, photo, image animée et son) et une taille d'image pour préciser la recherche. Pour trouver des images clipart, sélectionnez le type **Illustration** et **Tous** pour Taille de l'image.

La fenêtre Insérer des images vous donne aussi la possibilité de rechercher une image à l'aide du moteur de recherche Bing, d'utiliser votre compte Flickr ou d'accéder directement à votre espace Skydrive pour y sélectionner une image lorsque vous y êtes connecté avec Windows 8.

429

Insérez une photo

Vous renforcerez l'impact visuel et la portée du message en ajoutant une photo à une feuille de calcul.

Excel accepte les formats d'image les plus courants, y compris BMP, JEPG, TIFF et GIF. Vous pouvez donc utiliser dans Excel à peu près toutes les images et photos stockées sur votre ordinateur. Pour l'insertion d'une image stockée en ligne, reportez-vous à la tâche précédente, « Insérez une image clipart ».

Insérez une photo

① Affichez la feuille dans laquelle vous voulez insérer la photo.

② Cliquez la cellule dans laquelle apparaîtra le coin supérieur gauche de la photo.

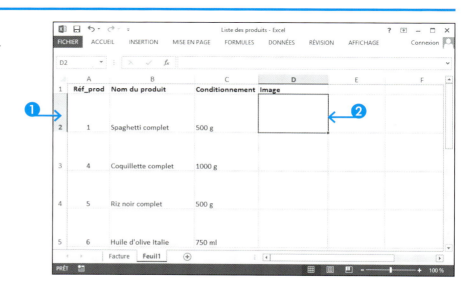

③ Cliquez l'onglet **Insertion**.

④ Cliquez **Illustrations**.

⑤ Cliquez **Images**.

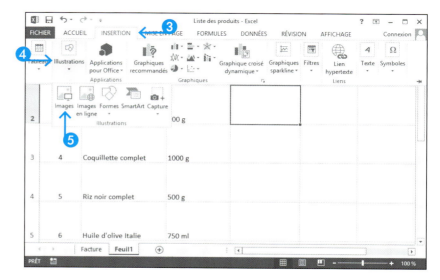

430

CHAPITRE 19
Illustrez vos feuilles de calcul

La boîte de dialogue Insérer une image apparaît.

6 Ouvrez le dossier qui contient la photo à insérer.

7 Cliquez la photo.

8 Cliquez **Insérer**.

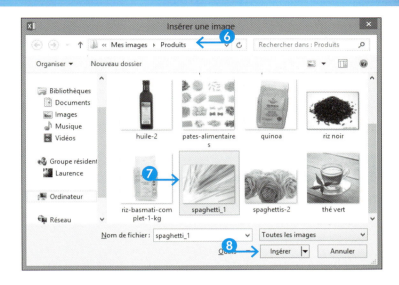

A Excel insère la photo dans la feuille.

Note. Pour déplacer ou redimensionner la photo, reportez-vous à la tâche « Déplacez ou redimensionnez un graphisme », plus loin dans ce chapitre.

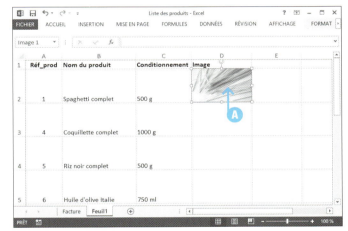

ASTUCES

Il est possible de supprimer de la photo un arrière-plan gênant, grâce à la fonction Supprimer l'arrière-plan. Cliquez la photo et cliquez **Supprimer l'arrière-plan** (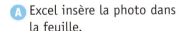) dans l'onglet **Format**. Si une portion du premier plan se trouve voilée par la couleur de suppression, cliquez le bouton **Marquer les zones à conserver** et tracez une ligne sur la portion à garder. Quand vous avez terminé, cliquez **Conserver les modifications**.

Si le classeur comprend beaucoup de photos, vous réduirez le poids du fichier avec la fonction Compresser les images. Cliquez la photo et cliquez **Compresser les images** ( ). Retirez la coche de l'option **Appliquer à l'image sélectionnée uniquement** (☑ devient ☐). Sélectionnez l'une des options **Sortie cible** et cliquez **OK**.

Insérez un titre WordArt

Vous apporterez un brin de fantaisie à vos classeurs en y insérant des images WordArt. Une image WordArt est un objet graphique qui se compose de texte stylisé par des ombres, contours, reflets et autres effets prédéfinis.

Les images WordArt vous permettent d'appliquer au texte des effets sophistiqués en quelques clics seulement. Les effets les plus élaborés risquent de nuire à la lisibilité du texte et de distraire le lecteur. Vous serez donc avisé d'éviter les excès.

Insérez un titre WordArt

① Affichez la feuille dans laquelle vous voulez insérer un titre WordArt.

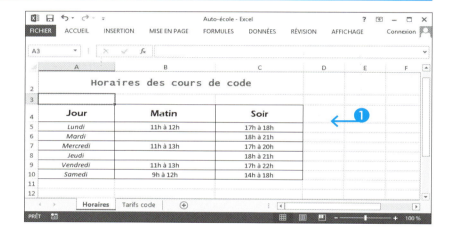

② Cliquez l'onglet **Insertion**.

③ Cliquez **Texte**.

④ Cliquez **WordArt**.

La galerie WordArt apparaît.

⑤ Cliquez le style à utiliser.

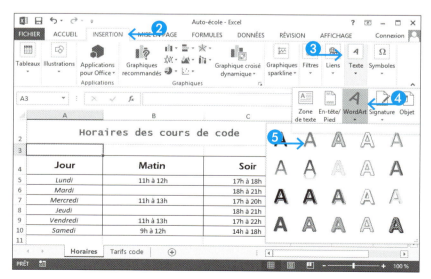

CHAPITRE 19
Illustrez vos feuilles de calcul

A Une zone de texte WordArt apparaît dans la feuille.

6 Tapez le texte du titre à styliser avec WordArt.

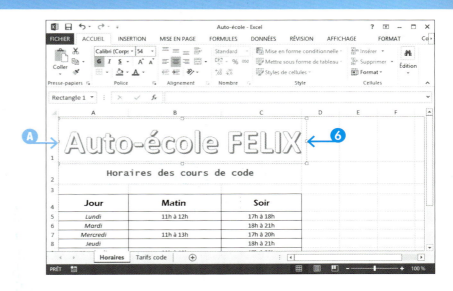

7 Cliquez en dehors de l'image WordArt pour la fixer.

Note. Pour déplacer ou redimensionner l'image WordArt, reportez-vous à la tâche « Déplacez ou redimensionnez un graphisme », plus loin dans ce chapitre.

ASTUCES

La mise en forme du texte WordArt, y compris sa police, est personnalisable à l'aide des options de l'onglet Accueil. Pour agir sur les autres attributs du texte, cliquez l'image WordArt, puis cliquez l'onglet **Format**. Dans le groupe Styles WordArt, servez-vous des options **Remplissage du texte** (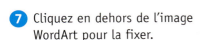), **Contour du texte** ( ) et **Effets du texte** ( ) pour personnaliser le style. Vous pourriez aussi ouvrir la galerie de styles pour en sélectionner un autre.

Vous pouvez obtenir un titre à la verticale. Cliquez l'image WordArt pour la sélectionner. Cliquez l'onglet **Format** et cliquez la flèche du groupe **Styles WordArt**. Dans le volet Format de la forme, cliquez **Options de texte**, puis cliquez l'icône **Zone de texte** ( ). Cliquez la liste **Orientation du texte** et choisissez **Empilé**. Le texte apparaît désormais à la verticale.

433

Insérez un diagramme SmartArt

Un diagramme SmartArt aide à faire passer un message en présentant des informations ou idées sous une forme visuelle compacte. Les diagrammes SmartArt se composent de formes assorties prêtes à recevoir du texte.

Vous utiliserez, par exemple, des formes SmartArt pour présenter l'organigramme de votre société, les différentes étapes d'un processus ou des éléments qui forment un tout.

Insérez un diagramme SmartArt

1. Affichez la feuille dans laquelle vous voulez insérer le diagramme SmartArt.
2. Cliquez l'onglet **Insertion**.
3. Cliquez **Illustrations**.
4. Cliquez **SmartArt**.

La boîte de dialogue Choisir un graphique SmartArt apparaît.

5. Cliquez une catégorie SmartArt.
6. Cliquez le style SmartArt à utiliser.
7. Cliquez **OK**.

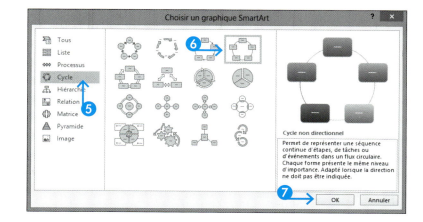

CHAPITRE 19
Illustrez vos feuilles de calcul

Ⓐ Le diagramme SmartArt apparaît dans le document.

Ⓑ Utilisez le volet Texte pour saisir le texte de chaque forme, ainsi que pour ajouter ou supprimer des formes.

❽ Cliquez un élément du volet Texte.

❾ Tapez le texte qui doit apparaître dans la forme.

Ⓒ Le texte apparaît automatiquement dans la forme associée.

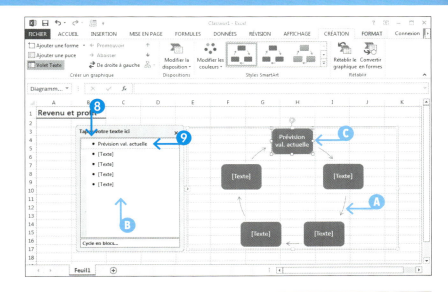

❿ Répétez les étapes 8 et 9 pour remplir les autres formes du diagramme SmartArt.

Ⓓ Le bouton **Volet texte** (▭) permet de masquer ce volet.

Note. Pour placer le diagramme SmartArt en position définitive, voyez la tâche suivante.

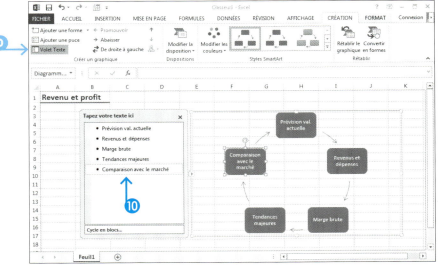

ASTUCES

Si vous avez besoin d'ajouter une forme au diagramme SmartArt, cliquez une forme adjacente à la nouvelle forme, cliquez l'onglet **Création**, cliquez la flèche ⌵ du bouton **Ajouter une forme** et sélectionnez **Ajouter la forme après** ou **Ajouter la forme avant**.

Il est possible de composer un diagramme avec des formes différentes. Cliquez la forme que vous voulez changer, cliquez l'onglet **Format**, puis cliquez **Modifier la forme** et choisissez une forme dans la liste. Le diagramme s'actualise avec une nouvelle forme.

435

Déplacez ou redimensionnez un graphisme

Pour assurer un meilleur impact au graphisme inséré dans la feuille de calcul, vous pouvez le redimensionner ou le déplacer. Par exemple, vous redimensionnerez un graphisme de manière qu'il ne chevauche pas un autre élément ou des données.

Vous déplacerez un graphisme pour le placer à côté d'un élément particulier ou pour le mettre en évidence à un emplacement dégagé. Vous pouvez déplacer ou redimensionner n'importe quel objet graphique, qu'il s'agisse d'une forme, d'une illustration, d'une photo, d'un texte WordArt ou d'un diagramme SmartArt.

Déplacez un graphisme

1 Cliquez l'objet graphique pour le sélectionner et placez le pointeur ( ) sur sa bordure rectangulaire.

Le pointeur de sélection ( ) se transforme en pointeur de déplacement ( ).

2 Faites glisser le graphisme à l'emplacement voulu.

A Excel déplace le graphisme à l'emplacement indiqué.

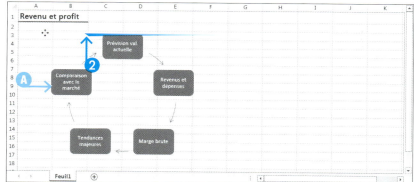

436

CHAPITRE 19
Illustrez vos feuilles de calcul

Redimensionnez un graphisme

1 Cliquez le graphisme.

B Des poignées apparaissent le long de sa bordure.

2 Placez le pointeur sur une poignée.

C Utilisez une poignée latérale pour modifier la largeur ; le pointeur se transforme en ⇔.

D Utilisez la poignée centrale du bord inférieur ou supérieur pour modifier la hauteur ; le pointeur se transforme en ↕.

E Utilisez une poignée d'angle pour modifier les deux côtés adjacents à cet angle ; le pointeur se transforme en ⤡.

3 Faites glisser la poignée (le pointeur se transforme en +).

4 Relâchez le bouton de la souris lorsque vous avez atteint la taille voulue.

F Excel redimensionne le graphisme.

5 Si nécessaire, répétez les étapes 2 à 4 pour redimensionner les autres côtés de l'objet.

ASTUCE

La plupart des objets graphiques dans Excel sont dotés d'une poignée de rotation, qui se trouve juste au-dessus du bord supérieur du graphisme. Elle s'utilise ainsi : placez le pointeur sur la poignée de rotation, et il se transforme en pointeur de rotation (↻). Faites glisser la poignée dans le sens horaire ou antihoraire pour faire pivoter le graphisme. Relâchez la souris quand l'orientation de l'objet vous convient.

Recadrez une photo

Si seul le sujet central d'une photo vous intéresse, vous pouvez éliminer une partie de l'arrière-plan en recadrant l'image. Le *recadrage* consiste à spécifier la zone rectangulaire que vous voulez conserver, et Excel élimine ce qui dépasse du rectangle.

Le recadrage est utile pour rééquilibrer une photo, concentrer l'attention sur un sujet ou éliminer des éléments gênants en bordure.

Recadrez une photo

1 Cliquez la photo à recadrer.

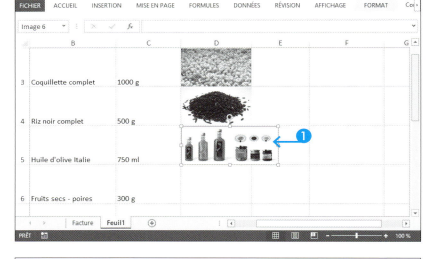

2 Cliquez l'onglet **Format**.

3 Cliquez le bouton **Rogner** ( ).

A Les poignées de recadrage apparaissent autour de l'image.

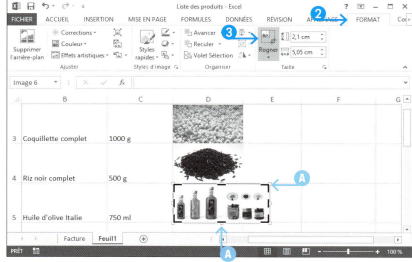

438

CHAPITRE 19
Illustrez vos feuilles de calcul

4 Faites glisser une poignée de recadrage.

Le pointeur se transforme en +.

B Faites glisser une poignée latérale pour recadrer sur ce côté.

C Faites glisser une poignée d'angle pour agir sur les deux côtés adjacents à cet angle.

5 Faites glisser la poignée.

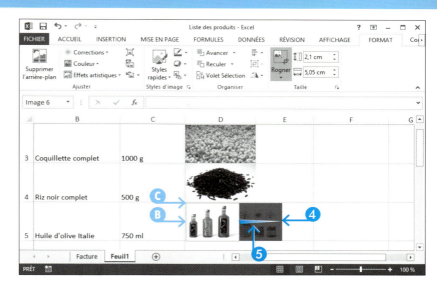

6 Relâchez la souris lorsque la position de la poignée vous convient.

D Excel recadre la photo.

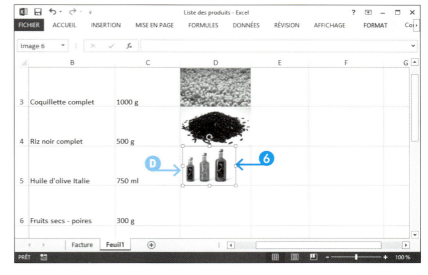

ASTUCES

Si la portion à conserver se trouve au centre de l'image, vous pouvez recadrer les quatre côtés simultanément. Faites glisser une poignée d'angle en maintenant enfoncée la touche Ctrl.

Il est possible de recadrer une image pour lui donner une forme ou des proportions particulières. Si vous connaissez le rapport hauteur/largeur que vous désirez obtenir, cliquez la flèche ⌄ du bouton **Rogner**, pointez **Rapport hauteur-largeur** et cliquez une proportion, telle que 3:5 ou 4:5. Pour recadrer selon une forme prédéfinie, comme un ovale ou une flèche, cliquez la flèche ⌄ du bouton **Rogner**, pointez **Rogner à la forme** et sélectionnez une forme.

Appliquez un style et un effet

Vous perfectionnerez l'apparence des formes, illustrations, photos, textes WordArt et diagrammes SmartArt en leur appliquant un style et un effet. Excel propose près d'une trentaine de styles d'image avec une combinaison d'ombre, de reflet, de bordure et de disposition.

Vous disposez également d'un large assortiment d'effets spéciaux pour appliquer des lueurs, des bords estompés, un relief 3D, *etc*.

Appliquez un style d'image

1 Cliquez le graphisme à enrichir d'un style.

2 Cliquez l'onglet **Format**.

3 Cliquez la flèche ▼ **Autres** de la galerie Styles d'image.

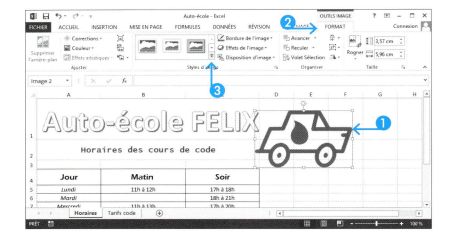

A Excel affiche la galerie Styles d'image.

4 Cliquez le style à utiliser.

B Excel applique le style à l'objet graphique.

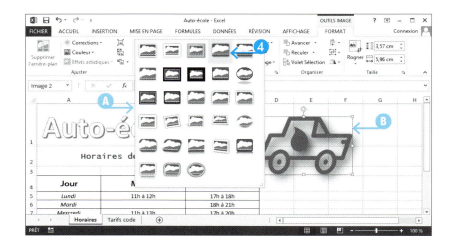

CHAPITRE 19
Illustrez vos feuilles de calcul

Appliquez un effet d'image

1. Cliquez le graphisme à enrichir d'un effet.
2. Cliquez l'onglet **Format**.
3. Cliquez le bouton **Effets de l'image** ( ).

Note. Si l'objet est une forme, le bouton s'intitule simplement **Effets**.

4. Cliquez **Prédéfini**.
5. Cliquez l'effet à appliquer.

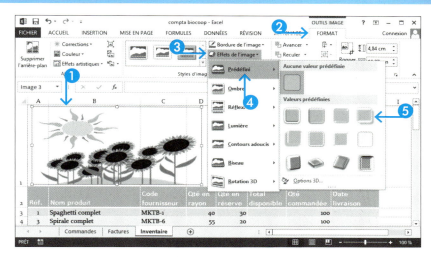

C. Excel applique l'effet à l'objet graphique.

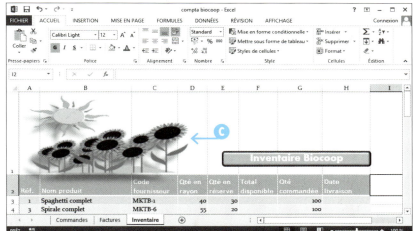

ASTUCES

Après avoir appliqué un style à une image, si vous décidez de la remplacer, Excel préserve le style, ce qui vous épargne de recommencer. Pour changer d'image, cliquez l'image dans la feuille et cliquez **Remplacer l'image** ( ) dans l'onglet **Format**. Sélectionnez la nouvelle image et cliquez **Insérer**.

Si le style ou l'effet appliqué à une image ne vous plaît pas, il est facile de l'éliminer. S'il s'agit de la dernière opération effectuée, il vous suffit de cliquer **Annuler** ( ), et Excel supprime le style ou l'effet. Autrement, cliquez **Effets de l'image** ( ), pointez **Prédéfini** et cliquez l'icône sous **Aucune valeur prédéfinie**. Pour annuler toutes les modifications apportées à une image depuis son insertion, cliquez l'image et cliquez **Rétablir l'image** ( ) dans l'onglet **Format**.

CHAPITRE 20

Importez des données dans Excel

Excel fournit de nombreux outils pour l'importation de données externes dans le programme. Excel est capable d'accéder à une grande variété de types de données externes. Mais ce chapitre se concentre sur les six types les plus courants : fichiers de source de données, tables Access, tableaux Word, fichiers texte, pages Web et fichiers XML.

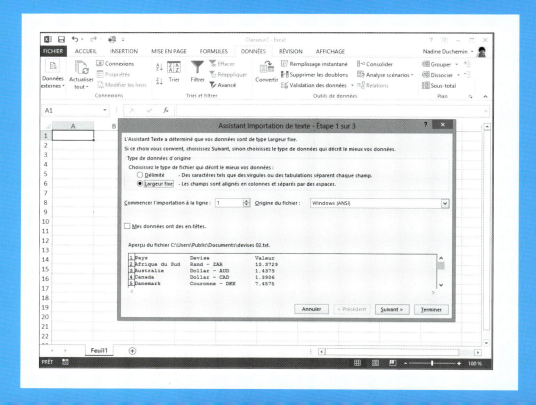

Découvrez le concept de données externes 444
Importez les données d'une source de données 446
Importez les données d'une table Access 448
Importez les données d'un tableau Word 450
Importez les données d'un fichier texte. 452
Importez les données d'une page Web. 456
Importez les données d'un fichier XML 459
Actualisez les données importées. 460
Divisez les colonnes de texte 462

Découvrez le concept de données externes

On parle de *données externes* quand celles-ci résident en dehors d'Excel dans un fichier, une base de données, un serveur ou un site Web. Vous pouvez importer des données externes directement dans un tableau croisé dynamique ou une feuille de calcul Excel pour procéder à d'autres types d'analyse.

Avant d'aborder les techniques d'importation de données externes dans un classeur Excel, vous devez connaître les divers types de données externes que vous pourriez rencontrer. Pour la majorité des applications, les données externes se présentent sous l'un des six formats suivants : sources de données, tables Access, tableaux Word, fichiers texte, pages Web ou fichiers XML.

Fichier de source de données

Au chapitre 21, vous découvrirez les sources de données ODBC (*Open Database Connectivity*), qui permettent l'accès aux données résidant dans des bases de données Access et dBase ou sur des serveurs comme SQL Server et Oracle. Il existe bien d'autres types de sources capables de se connecter à des objets particuliers dans une source de données. Pour en savoir plus, voyez la tâche suivante, « Importez les données d'une source de données ».

Table Access

Microsoft Access est le système de gestion de bases de données relationnelles de la suite Office. C'est pourquoi il sert souvent à stocker et gérer l'énorme volume de données utilisées par une personne, une équipe, un service ou une entreprise. Pour en savoir plus, voyez la tâche « Importez les données d'une table Access ».

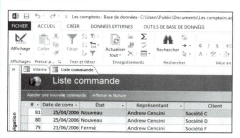

Tableau Word

Les données simples peuvent être stockées dans un tableau intégré à un document Word. Les possibilités d'analyse dans Word étant limitées, il est souvent utile d'importer les données du tableau Word dans une feuille Excel. Pour en savoir plus, voyez la tâche « Importez les données d'un tableau Word ».

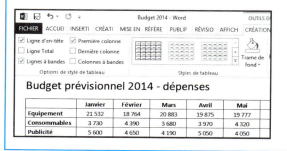

Fichier texte

Les fichiers texte contiennent souvent des données utiles. Si celles-ci sont correctement formatées – par exemple, avec le même nombre d'éléments à chaque ligne, séparés par des espaces, virgules ou tabulations –, il est possible de les importer pour les exploiter dans Excel. Pour en savoir plus, voyez la tâche « Importez les données d'un fichier

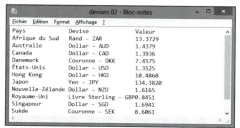

CHAPITRE 20
Importez des données dans Excel

Page Web

Les entreprises et les particuliers choisissent souvent de stocker des données sur des pages Web qui résident sur Internet ou sur un réseau intranet privé. Ces données se présentent sous la forme de texte réparti dans des tableaux, mais les navigateurs sont très limités pour l'analyse de données dans des pages Web.

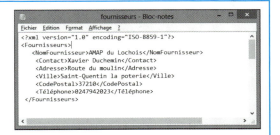

Heureusement, Excel vous permet de créer une requête Web pour l'importation de texte et tableaux issus d'une page Web. Pour en savoir plus, voyez la tâche « Importez les données d'une page Web ».

XML

Le langage XML (*Extensible Markup Language*) redéfinit la manière de stocker les données et Excel comprend tout un assortiment d'outils pour traiter les données XML, notamment pour leur importation. Pour en savoir plus, voyez la tâche « Importez les données d'un fichier XML ».

Accès à des données externes

Pour utiliser des données externes, vous devez y avoir accès, ce qui implique de connaître l'emplacement des données ou un mot de passe de connexion qui autorise l'utilisation des données.

Emplacement

Pour accéder à des données externes, vous devez au minimum savoir où les trouver. Les emplacements les plus courants seront : dans un fichier sur votre ordinateur ou votre réseau, sur un serveur réseau dédié aux bases de données du type SQL Server ou Oracle, sur une page ou un serveur Web.

Connexion

Dans le cas d'un fichier local, d'une base de données locale ou d'une page Web, il vous suffira souvent de connaître l'emplacement des données. Mais si vous avez affaire à des données distantes – sur un réseau, un serveur de base de données ou un serveur Web –, vous avez en plus besoin d'une autorisation d'accès aux données. Adressez-vous à l'administrateur du réseau pour obtenir un identifiant et un mot de passe d'accès.

Importez les données d'une source de données

Il est facile d'importer des données dans le format de votre choix à partir d'un fichier de source de données.

Cette tâche démontre l'importation de données à partir d'un fichier de connexion. Il s'agit d'une source de données qui vous donne accès à une grande variété de données, y compris ODBC, SQL Server, Services OLAP, Oracle et services d'extraction de données du Web. Voyez l'astuce page suivante pour apprendre à créer un fichier de connexion.

Importez les données d'une source de données

① Cliquez l'onglet **Données**.

② Cliquez **Données externes**.

③ Cliquez **Connexions existantes**.

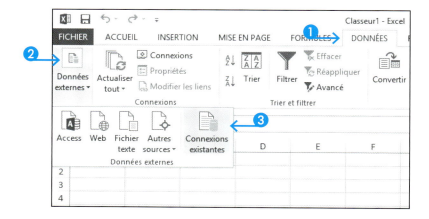

La boîte de dialogue Connexions existantes apparaît.

④ Cliquez la source de données à importer.

⑤ Cliquez **Ouvrir**.

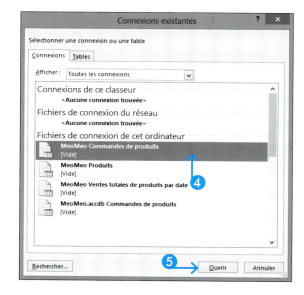

446

CHAPITRE 20
Importez des données dans Excel

La boîte de dialogue Importation de données apparaît.

6 Sélectionnez l'option **Tableau** (○ devient ⦿).

A Pour importer les données directement dans un tableau croisé dynamique, sélectionnez l'option **Rapport de tableau croisé dynamique**.

7 Sélectionnez l'option **Feuille de calcul existante** (○ devient ⦿).

8 Cliquez la cellule où vous voulez placer les données importées (non illustré).

B Pour importer les données dans une nouvelle feuille, sélectionnez l'option **Nouvelle feuille de calcul**.

9 Cliquez **OK**.

Excel importe les données dans la feuille.

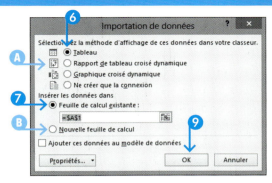

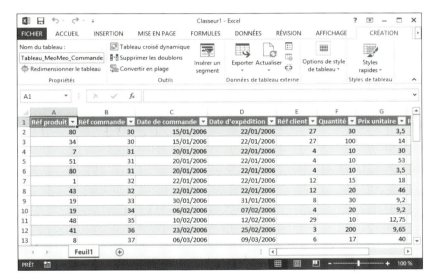

ASTUCE

Pour créer un fichier de connexion de format .odc, dans l'onglet **Données**, cliquez **Données externes** → **Autres sources** → **Provenance : Assistant Connexion de données**. Choisissez la source de données à laquelle accéder et cliquez **Suivant**.

La suite des opérations dépend de la source de données. Par exemple, pour Microsoft SQL Server ou Oracle, vous devez spécifier le nom ou l'adresse du serveur et vos informations de connexion. De même, pour DSN ODBC, vous choisirez la source de données ODBC, spécifierez l'emplacement du fichier et sélectionnerez la table ou la requête à laquelle vous voulez accéder.

Une fois dans la boîte de dialogue Importation de données, cliquez **OK** pour procéder à l'importation ou cliquez **Annuler** si, à ce stade, vous voulez seulement créer le fichier de source de données.

Importez les données d'une table Access

Si vous voulez utiliser Excel pour analyser les données d'une table appartenant à une base de données Access, vous importerez la table dans une feuille Excel.

Le chapitre 21 présente l'emploi de Microsoft Query pour créer une requête qui extrait des fiches d'une base de données, les filtre et les trie avant de renvoyer le résultat à Excel. Le chapitre 21 explique également comment créer une requête pour une source de données ODBC, telle qu'une base de données Access. Mais il est beaucoup plus simple d'importer directement dans Excel la table d'une base de données Access.

Importez les données d'une table Access

1 Cliquez l'onglet **Données**.
2 Cliquez **Données externes**.
3 Cliquez **Access**.

La boîte de dialogue Sélectionner la source de données apparaît.

4 Ouvrez le dossier qui contient la base de données.
5 Cliquez le fichier.
6 Cliquez **Ouvrir**.

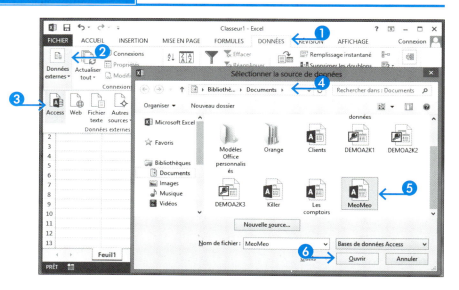

7 Cliquez le tableau ou la requête à importer.
8 Cliquez **OK**.

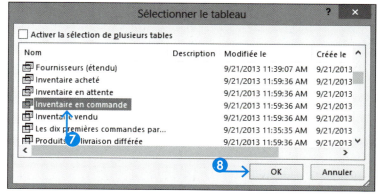

CHAPITRE 20
Importez des données dans Excel

La boîte de dialogue Importation de données apparaît.

9 Sélectionnez l'option **Tableau** (○ devient ⊙).

A Pour importer les données directement dans un tableau croisé dynamique, sélectionnez l'option **Rapport de tableau croisé dynamique**.

10 Sélectionnez l'option **Feuille de calcul existante** (○ devient ⊙).

11 Cliquez la cellule où vous voulez placer les données importées (non illustré).

B Pour importer les données dans une nouvelle feuille, sélectionnez l'option **Nouvelle feuille de calcul**.

12 Cliquez **OK**.

Excel importe les données dans la feuille.

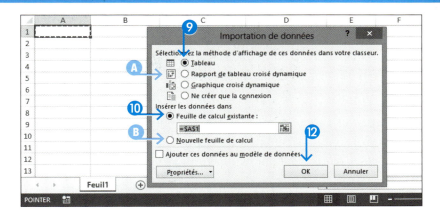

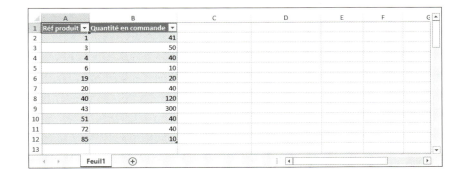

ASTUCE

Vous pouvez vous épargner de saisir sans cesse votre mot de passe d'accès à la base de données en commandant à Excel d'enregistrer le mot de passe de la base de données avec les données externes. Dans l'onglet **Données**, cliquez la flèche ⌄ du bouton **Actualiser tout** et choisissez **Propriétés de connexion**. Dans la boîte de dialogue Propriétés de connexion, cliquez l'onglet **Définition** et cochez l'option **Enregistrer le mot de passe** (☐ devient ☑). Cliquez **Oui** puis **OK**.

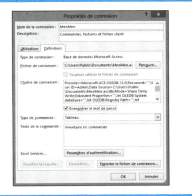

449

Importez les données d'un tableau Word

Un tableau Word est un ensemble de lignes, de colonnes et de cellules, qui ressemble à une plage Excel. Il est possible d'insérer des champs dans un tableau Word pour effectuer des calculs. D'ailleurs, les champs dans Word acceptent les références de cellules, les fonctions intégrées telles que SOMME et MOYENNE, ainsi que les opérateurs comme addition (+) et multiplication (*) pour la composition de formules qui calculent des résultats à partir des données du tableau.

Mais même les formules les plus sophistiquées de Word sont incapables de réaliser les tâches courantes d'analyse disponibles dans Excel. Par conséquent, pour mener à bien l'analyse des données d'un tableau Word, vous aurez intérêt à importer le tableau dans Excel.

Importez les données d'un tableau Word

① Lancez Microsoft Word et ouvrez le document qui contient le tableau.

② Cliquez une cellule du tableau à importer.

③ Cliquez l'onglet **Disposition**.

④ Cliquez **Sélectionner**.

⑤ Cliquez **Sélectionner le tableau**.

Ⓐ Vous pourriez aussi sélectionner le tableau en cliquant sa poignée de sélection.

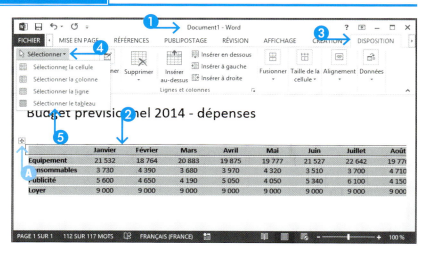

⑥ Cliquez l'onglet **Accueil**.

⑦ Cliquez **Copier** (🗐).

Vous disposez aussi du raccourci `Ctrl` + `C`.

Word copie le tableau dans le Presse-papiers.

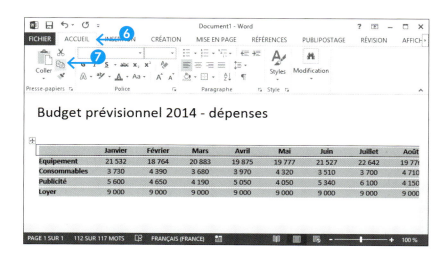

450

CHAPITRE 20
Importez des données dans Excel

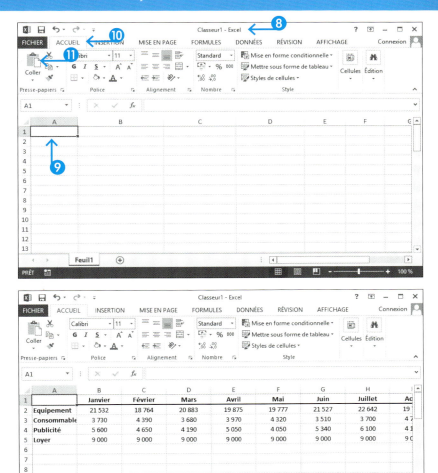

8 Activez le classeur Excel dans lequel importer le tableau.

9 Cliquez la cellule où vous voulez placer les données importées.

10 Cliquez l'onglet **Accueil**.

11 Cliquez **Coller** ( ).

Vous disposez aussi du raccourci `Ctrl` + `V`.

Excel colle le tableau Word dans la feuille.

ASTUCE

Si vous apportez des modifications aux données dans Word, elles ne seront pas répercutées sur les données collées dans Excel. Si cela est un problème, une solution consiste à désigner Excel comme l'application propriétaire des données. Pour ce faire, après collage du tableau dans Excel, copiez la plage Excel, basculez vers le document Word, dans l'onglet **Accueil**, cliquez la flèche du bouton **Coller** et cliquez **Collage spécial**.

Dans la boîte de dialogue Collage spécial, cliquez **Format HTML** dans la liste En tant que, sélectionnez l'option **Coller avec liaison** (○ devient ●) et cliquez **OK**. Vous obtenez dans Word un tableau lié aux données d'Excel. Ainsi, toute modification apportée dans Excel se répercute automatiquement dans le tableau Word. En revanche, si vous changez les données dans Word, les données originales ne sont pas actualisées dans Excel.

Importez les données d'un fichier texte

De nos jours, les données se présentent très souvent dans un format spécial : classeur Excel, base de données Access ou page Web. Il reste pourtant courant d'avoir affaire à des données stockées dans de simples fichiers texte, parce que ce format est universel : les fichiers texte peuvent être interprétés sur tous les systèmes et par une grande diversité de logiciels. Vous pouvez analyser les données contenues dans certains fichiers texte en les important dans une feuille Excel.

Sachez toutefois que seuls les fichiers texte *délimités* ou *de largeur fixe* peuvent être importés. Voyez l'astuce page suivante à ce sujet.

Lancez l'Assistant d'importation de texte

1 Cliquez la cellule où vous voulez placer les données importées.

2 Cliquez l'onglet **Données**.

3 Cliquez **Données externes**.

4 Cliquez **Fichier texte**.

La boîte de dialogue Importer Fichier Texte apparaît.

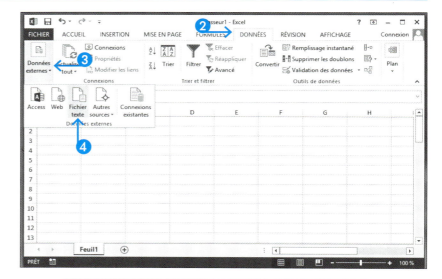

5 Ouvrez le dossier qui contient le fichier texte.

6 Cliquez le fichier texte.

7 Cliquez **Importer**.

La boîte de dialogue Assistant Importation de texte – Étape 1 sur 3 apparaît.

Note. Dans le cas d'un texte délimité, suivez les instructions de la page suivante, « Importez des données délimitées » ; dans le cas d'un texte de largeur fixe, passez aux instructions de la section « Importez des données de largeur fixe ».

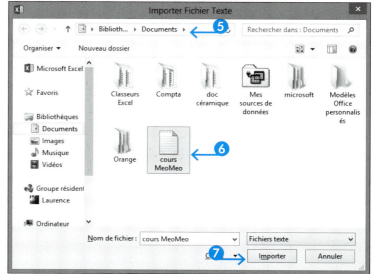

452

CHAPITRE 20
Importez des données dans Excel

Importez des données délimitées

1 Sélectionnez l'option **Délimité** (○ devient ⦿).

2 Choisissez la première ligne de texte à importer en spécifiant la valeur de l'option **Commencer l'importation à la ligne**.

3 Si la première ligne contient des titres de colonnes, cochez l'option **Mes données ont des en-têtes** (☐ devient ☑).

4 Cliquez **Suivant**.

La boîte de dialogue Assistant Importation de texte – Étape 2 sur 3 apparaît.

5 Cochez le caractère de séparation utilisé dans le fichier (☐ devient ☑).

A Si vous choisissez le bon délimiteur, les données apparaissent dans des colonnes séparées.

6 Cliquez **Suivant**.

La boîte de dialogue Assistant Importation de texte – Étape 3 sur 3 apparaît.

Note. Vous trouverez la suite des instructions dans la section « Terminez l'importation de texte ».

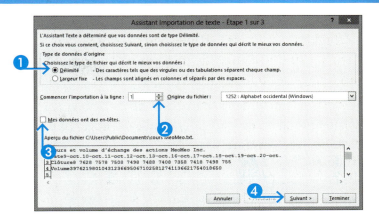

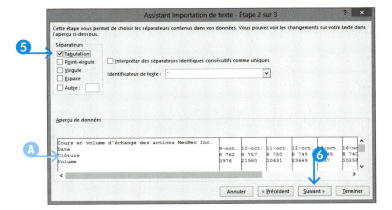

ASTUCE

Un fichier de texte *délimité* repose sur une structure particulière dans laquelle les éléments d'une ligne de texte sont séparés par un caractère qu'on appelle *délimiteur*. Le délimiteur de texte le plus courant est la virgule (,). Lors de l'importation dans Excel d'un fichier de texte délimité, chaque ligne de texte est traitée comme une fiche et chaque élément entre les délimiteurs forme un champ.

Un fichier de texte *de largeur fixe* repose sur une structure dans laquelle chaque élément sur une ligne de texte occupe un espace fixe, de dix ou vingt caractères par exemple, et toutes les lignes respectent ce même espace. Lors de l'importation dans Excel d'un fichier de texte de largeur fixe, chaque ligne de texte est traitée comme une fiche et chaque élément de largeur fixe forme un champ.

suite ▶

Importez les données d'un fichier texte (suite)

Si vous utilisez des données structurées par une largeur fixe, il faut indiquer à Excel où placer la séparation entre les champs.

Dans un fichier texte de largeur fixe, chaque colonne de données est d'une largeur constante. L'Assistant d'importation de texte est capable de détecter la largeur de chaque colonne et insère automatiquement des ***séparateurs de colonnes***, représentés par des lignes verticales qui s'intercalent entre deux champs. Mais la présence de titres ou d'un paragraphe d'introduction au début du fichier risque de perturber les calculs de l'Assistant. Avant de valider, assurez-vous que les séparations proposées par l'Assistant sont correctes.

Importez des données de largeur fixe

Note. Avant de suivre ces instructions, vous devez ouvrir l'Assistant d'importation de texte comme l'explique le début de cette tâche.

1. Sélectionnez l'option **Largeur fixe** (○ devient ⦿).

2. Choisissez la première ligne de texte à importer en spécifiant la valeur de l'option **Commencer l'importation à la ligne**.

3. Si la première ligne contient des titres de colonnes, cochez l'option **Mes données ont des en-têtes** (☐ devient ☑).

4. Cliquez **Suivant**.

   La boîte de dialogue Assistant Importation de texte – Étape 2 sur 3 apparaît.

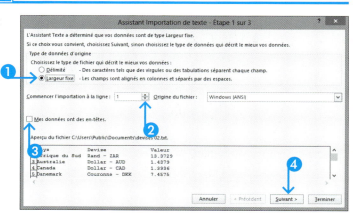

5. Faites glisser une ligne de séparation de colonnes pour définir la largeur de chaque colonne.

   Pour ajouter un séparateur, cliquez la règle à l'endroit où vous vouler définir une séparation.

   Pour supprimer un séparateur, double-cliquez-le.

6. Cliquez **Suivant**.

   La boîte de dialogue Assistant Importation de texte – Étape 3 sur 3 apparaît.

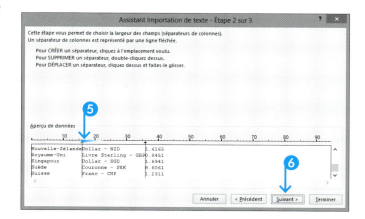

CHAPITRE 20
Importez des données dans Excel

Terminez l'importation de texte

1. Cliquez une colonne.

2. Sélectionnez le format de données à appliquer à cette colonne (○ devient ⦿).

A. Avec l'option Date, cette liste déroulante permet de choisir le format de date des données.

3. Répétez les étapes 1 et 2 pour définir le format de données des autres colonnes.

4. Cliquez **Terminer**.

La boîte de dialogue Importer des données apparaît.

5. Sélectionnez l'option **Feuille de calcul existante** (○ devient ⦿).

B. Pour placer les données sur une nouvelle feuille, sélectionnez l'option **Nouvelle feuille de calcul**.

6. Cliquez **OK**.

Excel importe les données dans la feuille.

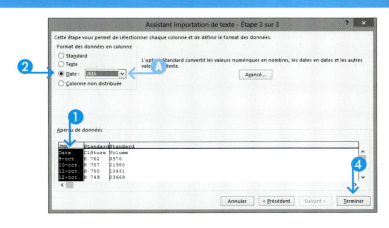

ASTUCES

Si le fichier texte contient des nombres décimaux avec une virgule, vous pourriez le spécifier lors de l'importation. Cliquez **Avancé** dans la boîte de dialogue Assistant Importation Texte – Étape 3 sur 3 pour afficher la boîte de dialogue Paramètres avancés d'importation de texte. Déroulez la liste **Séparateur de décimale** et cliquez le séparateur utilisé dans le fichier. Si nécessaire, déroulez la liste **Séparateur des milliers** pour spécifier le séparateur.

Si vous commettez une erreur lors de l'importation d'un fichier texte, il n'est pas nécessaire de reprendre l'opération au début. Cliquez une cellule dans la plage importée puis, dans l'onglet Données, cliquez la flèche du bouton **Actualiser tout** et choisissez **Propriétés de connexion**. Ouvrez l'onglet **Définition** et cliquez le bouton **Modifier la requête**. La boîte de dialogue Importer Fichier Texte apparaît. Cliquez le fichier voulu et cliquez **Importer**. Excel lance l'Assistant d'importation de texte pour vous soumettre les options d'importation.

455

Importez les données d'une page Web

Les données sont souvent disponibles sur des pages Web. Il s'agit le plus souvent de texte, mais certaines données sur page Web se présentent aussi sous la forme d'un tableau (matrice rectangulaire de lignes et de colonnes) ou de texte préformaté (structuré avec un certain espacement pour que les données s'alignent dans des colonnes de largeur fixe).

Vous pouvez importer dans Excel les deux types de données pour les soumettre à des analyses plus poussées. Pour importer des données d'une page Web, le fichier doit résider sur votre ordinateur ou votre réseau.

Importez les données d'une page Web

1 Cliquez la cellule où vous voulez placer les données importées.

2 Cliquez l'onglet **Données**.

3 Cliquez **Données externes**.

4 Cliquez **Web**.

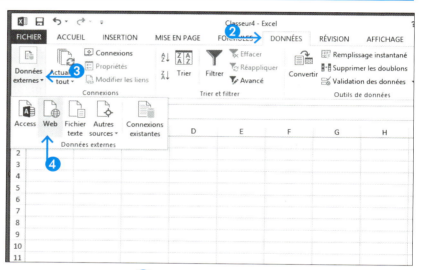

La boîte de dialogue Nouvelle requête sur le web apparaît.

5 Tapez l'adresse de la page Web.

6 Cliquez **OK**.

A Excel charge la page dans la boîte de dialogue.

7 Cliquez l'icône de sélection (→) devant la table à importer.

B Excel sélectionne la table.

8 Cliquez **Importer**.

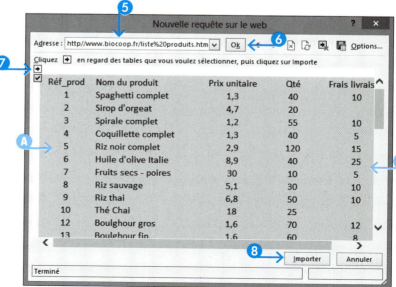

CHAPITRE 20
Importez des données dans Excel

La boîte de dialogue Importation de données apparaît.

9 Sélectionnez l'option **Feuille de calcul existante** (○ devient ◉).

C Pour placer les données sur une nouvelle feuille, sélectionnez l'option **Nouvelle feuille de calcul**.

10 Cliquez **OK**.

Excel importe les données dans la feuille.

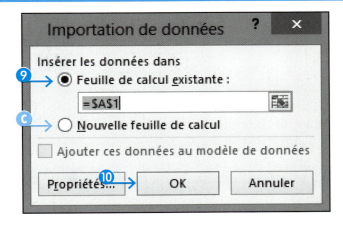

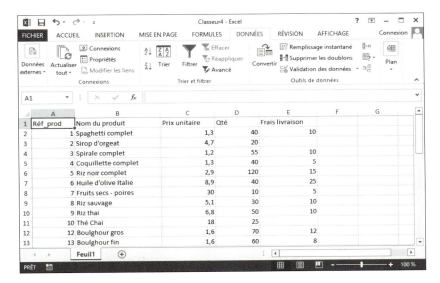

ASTUCE

Excel propose deux autres méthodes pour la création de requête d'importation de données d'une page Web. Ouvrez la page dans Internet Explorer et choisissez l'une ou l'autre méthode :

- Cliquez la page du bouton droit et choisissez **Exporter vers Microsoft Excel**.
- Copiez la page Web, activez Excel et collez le texte. Cliquez la balise **Options de collage** et choisissez **Requête sur le web actualisable**.

Ces deux méthodes ouvrent la boîte de dialogue Nouvelle requête sur le web en y chargeant automatiquement la page Web. Si vous désirez enregistrer la requête Web pour un usage ultérieur dans d'autres classeurs, cliquez **Enregistrer la requête** (🖫) dans la boîte de dialogue Nouvelle requête web, et servez-vous de la boîte de dialogue Enregistrer l'espace de travail pour enregistrer le fichier de requête.

Importez les données d'un fichier XML

Vous pouvez analyser des données qui se trouvent au format XML en les important dans Excel pour manipuler et analyser le tableau ainsi obtenu.

XML, le langage de marquage étendu (*Extensible Markup Language*), est une norme destinée à la gestion et au partage de données structurées dans des fichiers texte. Ces fichiers XML catégorisent les données au moyen de **balises**, entre autres éléments, qui spécifient l'équivalent d'un nom de tableau et de noms de champs. Comme le code XML n'est rien d'autre que du texte, pour effectuer des analyses sur un fichier XML, vous êtes obligé de le transformer en tableau Excel en l'important.

Importez les données d'un fichier XML

1. Cliquez la cellule où vous voulez placer les données importées.
2. Cliquez l'onglet **Données**.
3. Cliquez **Données externes**.
4. Cliquez **Autres sources**.
5. Cliquez **Provenance : Importation de données XML**.

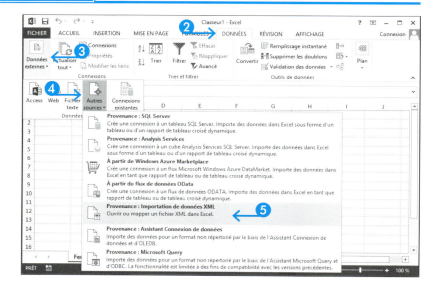

La boîte de dialogue Sélectionner la source de données apparaît.

6. Sélectionnez le dossier qui contient le fichier XML à importer.
7. Cliquez le fichier XML.
8. Cliquez **Ouvrir**.

CHAPITRE 20
Importez des données dans Excel

Note. Si un message apparaît pour signaler un problème avec les données, cliquez **OK**.

La boîte de dialogue Importation de données apparaît.

❾ Sélectionnez l'option **Tableau XML d'une feuille de calcul existante** (○ devient ◉).

❿ Cliquez **OK**.

Excel importe les données dans la feuille en tant que tableau XML.

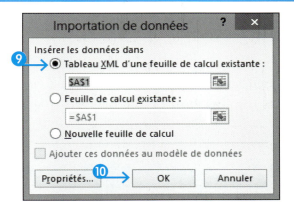

ASTUCES

Vous vous demandez peut-être à quoi ressemble un fichier XML. C'est un fichier texte qui exploite une structure particulière. Voici un exemple basique qui se compose d'une seule fiche dans un tableau nommé *Produits* :

```
<Produits>
<NomProduit>Cidre</NomProduit>
<NomEntreprise>Au bon terroir</NomEntreprise>
<NomContact>Michel Duval</NomContact>
</Produits>
```

Vous pouvez supprimer un champ d'un tableau XML. Cliquez le tableau XML du bouton droit et choisissez **XML** → **Source XML** pour afficher le volet Source XML. Ce volet affiche la liste des champs, qu'on appelle *éléments* dans le contexte d'un tableau XML. Pour supprimer un élément, cliquez-le du bouton droit et choisissez **Supprimer l'élément**. Pour rétablir un élément dans la liste, cliquez-le du bouton droit et choisissez **Mapper un élément**.

Actualisez les données importées

Les données externes sont souvent amenées à changer, mais vous aurez l'assurance de travailler avec la version la plus récente si vous actualisez les données importées.

L'actualisation consiste à aller chercher la dernière version des données source. C'est en général une opération tout à fait anodine. Mais il est possible de définir une requête qui accède à des données confidentielles ou détruit une partie ou la totalité des données externes. Dans ces conditions, lorsque vous actualisez les données importées, Excel vous avertit toujours du risque potentiel et demande confirmation de l'innocuité de la requête.

Actualisez des données non textuelles

1 Cliquez une cellule dans les données importées.

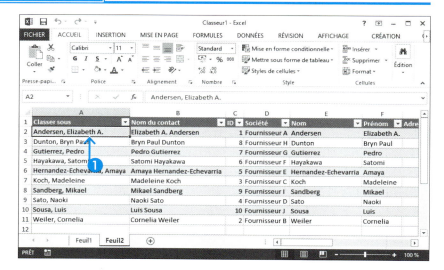

2 Cliquez l'onglet **Données**.

3 Cliquez la flèche du bouton **Actualiser tout**.

4 Cliquez **Actualiser**.

Note. Vous disposez aussi du raccourci **Alt** + **F5**.

Pour actualiser toutes les données importées dans le classeur, cliquez **Actualiser tout** ou appuyez sur **Ctrl** + **Alt** + **F5**.

Excel met à jour les données importées.

460

CHAPITRE 20
Importez des données dans Excel

Actualisez des données textuelles

1 Cliquez une cellule dans les données importées.

2 Cliquez l'onglet **Données**.

3 Cliquez la flèche du bouton **Actualiser tout**.

4 Cliquez **Actualiser**.

Note. Vous disposez aussi du raccourci **Alt** + **F5**.

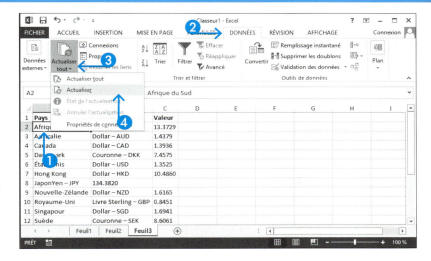

La boîte de dialogue Importer Fichier Texte apparaît.

5 Ouvrez le dossier qui contient le fichier texte.

6 Cliquez le fichier texte.

7 Cliquez **Importer**.

Excel met à jour les données importées depuis un fichier texte.

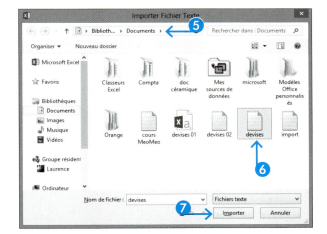

ASTUCES

Vous pouvez programmer l'actualisation automatique des données à intervalles réguliers. Suivez les instructions des étapes 1 à 3 et cliquez **Propriétés de connexion**. Cochez l'option **Actualiser toutes les x minutes** (☐ devient ☑). Définissez l'intervalle en spécifiant le nombre de minutes. (Cette fonction n'est pas disponible avec tous les types de données externes.)

L'actualisation est parfois très longue. Pour vérifier ce qui se passe, suivez les instructions des étapes 1 à 3 et cliquez **État de l'actualisation**. Consultez les informations de la boîte de dialogue État de l'actualisation des données externes et cliquez **Fermer** pour continuer l'actualisation.
Si l'actualisation s'éternise anormalement, suivez les instructions des étapes 1 à 3 et cliquez **Annuler l'actualisation**.

Divisez une colonne de texte

Vous faciliterez l'analyse des données importées en répartissant le texte de chaque cellule sur plusieurs colonnes.

Il se peut qu'une colonne de données importées contienne plusieurs éléments. Dans les données de contacts, par exemple, vous pourriez avoir une colonne qui contient à la fois le prénom et le nom de famille des personnes. Si vous avez besoin de séparer noms et prénoms, Excel vous facilite la tâche avec la fonction Convertir. Cette fonction examine les données d'une colonne et les répartit sur deux, trois ou plus de colonnes.

Divisez une colonne de texte

1 Insérez une colonne à droite de la colonne à diviser.

Note. Si les données vont se répartir sur trois colonnes ou plus, insérez le nombre de colonnes nécessaire pour les contenir.

2 Sélectionnez les données à séparer.

3 Cliquez l'onglet **Données**.

4 Cliquez **Convertir** (🗒).

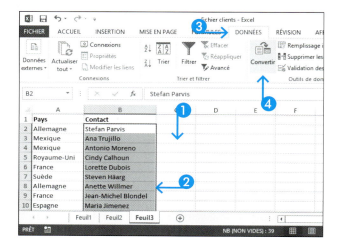

La boîte de dialogue Assistant Conversion – Étape 1 sur 3 apparaît.

5 Sélectionnez l'option **Délimité** (○ devient ◉).

6 Cliquez **Suivant**.

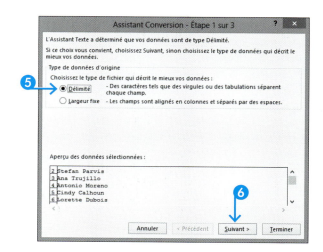

462

CHAPITRE 20
Importez des données dans Excel

7 Cochez le caractère de séparation utilisé dans les données (☐ devient ☑).

A Si vous choisissez le bon séparateur, les données apparaissent dans des colonnes séparées.

8 Cliquez **Suivant**.

9 Cliquez une colonne.

10 Sélectionnez le format de données à appliquer à la colonne.

B Avec l'option Date, cette liste permet de choisir le format de date utilisé dans les données.

11 Répétez les étapes **9** et **10** pour définir le format de données de toutes les colonnes.

12 Cliquez **Terminer**.

Excel vous demande si vous voulez remplacer le contenu des cellules de destination.

13 Cliquez **OK**.

Excel sépare les données.

Si vos colonnes contiennent du texte de largeur

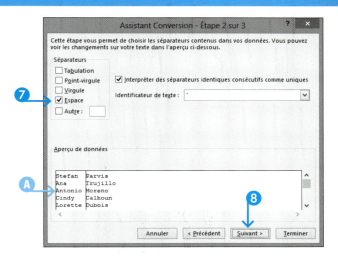

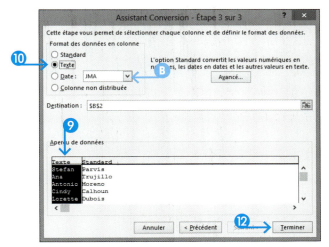

ASTUCES

fixe, suivez les instructions des étapes **1** à **4** pour accéder à l'assistant de conversion. Sélectionnez l'option **Largeur fixe** (○ devient ⦿). Cliquez **Suivant** et faites glisser une ligne de séparation pour définir la largeur de chaque colonne. Cliquez **Suivant** et terminez la procédure selon les instructions des étapes **9** à **13**.

La fonction Convertir n'ajoute pas toujours qu'une seule colonne. Dans une colonne de noms de personnes par exemple, si au moins l'un des noms se compose de trois mots, Excel ajoute deux colonnes supplémentaires pour répartir sur trois colonnes. Or, cette opération risque d'écraser une partie des données existantes. Vous aurez donc intérêt à vérifier les données avant la conversion pour anticiper le nombre de colonnes qu'Excel va créer.

463

CHAPITRE 21

Définissez des requêtes

Si vous cherchez à construire un tableau qui expose un sous-ensemble de données triées et filtrées à partir d'une source de données externes, vous êtes obligé d'utiliser Microsoft Query pour définir les options de tri et de filtrage, ainsi que l'origine des données à traiter.

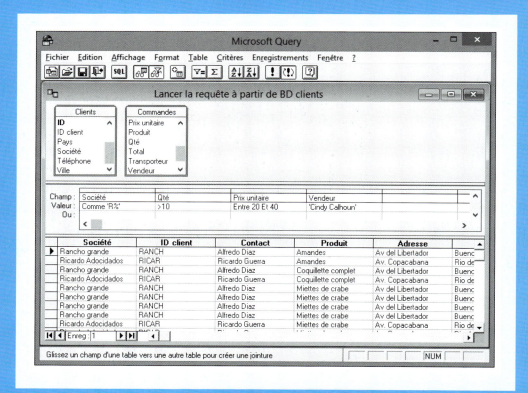

Découvrez Microsoft Query 466
Définissez une source de données. 468
Démarrez Microsoft Query 472
Explorez la fenêtre de Microsoft Query 473
Ajoutez une table à une requête 474
Ajoutez des champs à une requête 476
Filtrez les fiches d'après des critères de requête. 478
Triez les fiches de la requête 480
Renvoyez les résultats de la requête 482

Découvrez Microsoft Query

Microsoft Query est un programme spécial qui permet d'effectuer toutes les tâches de requête mentionnées ici. Microsoft Query peut vous servir à créer des sources de données, ajouter des tables à une requête, spécifier des champs, filtrer les fiches par des critères et trier les fiches. Vous pouvez enregistrer vos requêtes dans des fichiers en prévision d'un usage ultérieur. Si vous lancez Microsoft Query depuis Excel, la requête renvoie les fiches vers Excel pour vous permettre de les exploiter dans un tableau.

Source de données

Toute requête sur une base de données nécessite au minimum deux conditions : accès à une base de données et une source de données de type ODBC (*Open Database Connectivity*) pour la base de données installée sur votre ordinateur. ODBC est une norme qui permet à un programme d'accéder à une source de données et de la manipuler. La tâche « Définissez une source de données » décrit la procédure de création d'une source de données.

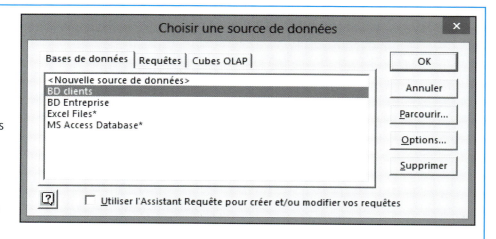

Requête de base de données

Les requêtes facilitent la gestion d'une grosse base de données en vous permettant d'effectuer trois tâches : sélectionner les tables et les champs à exploiter, filtrer les fiches pour ne voir que celles qui vous intéressent et trier les données extraites.

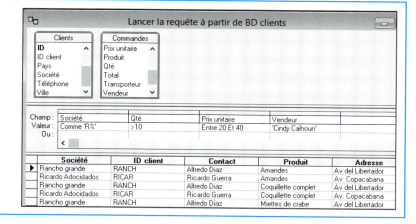

CHAPITRE 21
Définissez des requêtes

Critères de requête

Vous définirez l'action de filtrage d'une requête de base de données en spécifiant au moins un *critère*. Un critère se compose en général d'une expression logique qui retourne un résultat vrai ou faux lorsqu'on l'applique à chaque fiche d'une table. Toutes les fiches qui renvoient la valeur VRAI sont incluses dans la requête et toutes celles qui renvoient la valeur FAUX en sont exclues. Par exemple, si vous voulez travailler uniquement sur les fiches dont le champ Pays a la valeur France, vous définirez un critère à cet effet.

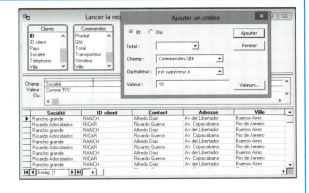

Opérateurs de critères

Le tableau suivant présente les opérateurs disponibles pour construire les expressions des critères.

Opérateur	La valeur dans le champ
Égal à (=)	est égale à une valeur spécifiée.
Différent de (< >)	n'est pas égale à une valeur spécifiée.
Supérieur à (>)	est supérieure à une valeur spécifiée.
Supérieur ou égal à (>=)	est supérieure ou égale à une valeur spécifiée.
Inférieur à (<)	est inférieure à une valeur spécifiée.
Inférieur ou égal à (<=)	est inférieure ou égale à une valeur spécifiée.
Est inclus à	fait partie d'un groupe de valeurs.
Est exclu de	ne fait pas partie d'un groupe de valeurs.
Est compris entre	est comprise entre deux valeurs spécifiées (ou égale à l'une des deux).
N'est pas compris entre	n'est pas comprise entre deux valeurs spécifiées (et différente de l'une ou l'autre).
Commence par	commence par les caractères spécifiés.
Ne commence pas par	ne commence pas par les caractères spécifiés.
Se termine par	se termine par les caractères spécifiés.
Ne se termine pas par	ne se termine pas par les caractères spécifiés.
Contient	contient les caractères spécifiés.
Ne contient pas	ne contient pas les caractères spécifiés.
Ressemble à	correspond à un modèle.
Ne ressemble pas à	ne correspond pas à un modèle.
Est nul	est absente (la cellule est vide).
N'est pas nul	est présente (la cellule n'est pas vide).

Définissez une source de données

Avant de travailler avec Microsoft Query, vous devez sélectionner la source de données à utiliser. Si vous disposez d'une base de données de laquelle vous voulez extraire des fiches, vous pouvez définir une nouvelle source de données qui désigne le fichier ou serveur en question.

La plupart des sources de données pointent vers des fichiers de base de données. Par exemple, le programme de gestion de bases de données relationnelles Access exploite des bases de données stockées dans des fichiers. Mais certaines sources de données pointent vers des bases de données stockées par des serveurs. Les systèmes SQL Server et Oracle, par exemple, exploitent des serveurs dédiés aux bases de données.

Définissez une source de données

1 Cliquez l'onglet **Données**.

2 Cliquez **Données externes**.

3 Cliquez **Autres sources**.

4 Cliquez **Provenance : Microsoft Query**.

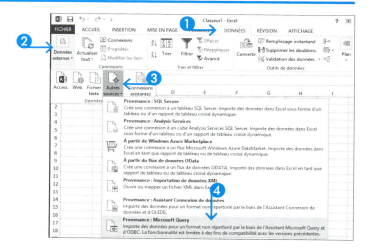

La boîte de dialogue Choisir une source de données apparaît.

5 Cliquez **Nouvelle source de données**.

6 Retirez la coche de l'option **Utiliser l'Assistant Requête pour créer et/ou modifier vos requêtes** (☑ devient ☐).

7 Cliquez **OK**.

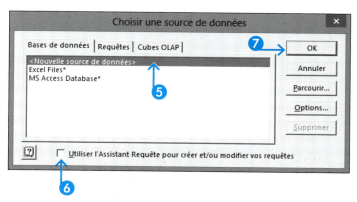

468

CHAPITRE 21
Définissez des requêtes

La boîte de dialogue Créer une nouvelle source de données apparaît.

❽ Tapez un nom pour la source de données.

❾ Cliquez la liste **Sélectionnez un type de base de données** pour y choisir le format de la source de données.

❿ Cliquez **Connexion**.

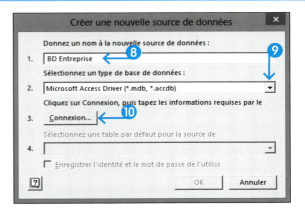

La boîte de dialogue du format choisi apparaît.

Note. La suite des instructions décrit la définition d'une source de données pour une base de données Access.

⓫ Cliquez **Sélectionner**.

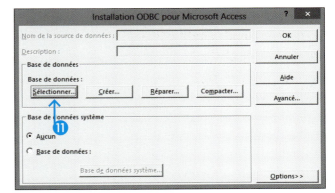

ASTUCE

Les entreprises stockent leurs données sur des systèmes de bases de données comme SQL Server. Ces systèmes sont capables de gérer d'immenses volumes de données et des milliers d'utilisateurs. Pour définir une source de données pour un système SQL Server installé sur votre réseau ou un autre emplacement distant, commencez par suivre les instructions des étapes **1** à **8**.

Dans la liste des pilotes, choisissez **SQL Server**. Cliquez **Connexion** pour afficher la boîte de dialogue Connexion à SQL Server. Informez-vous auprès de l'administrateur réseau pour obtenir un ID de connexion et un mot de passe d'accès au serveur.

Dans le champ **Serveur**, saisissez le nom ou l'adresse distante du serveur SQL Server, tapez votre identifiant et votre mot de passe, puis cliquez **OK**. Vous terminerez la procédure selon les instructions des étapes **16** et **17**.

suite ▶

Définissez une source de données (suite)

La boîte de dialogue Choisir une source de données présente la liste des sources de données créées par les programmes que vous avez installés. Par exemple, Microsoft Office crée deux sources de données par défaut : Excel Files et MS Access Database. Ces deux sources de données génériques ne pointent pas vers un fichier particulier. Si vous sélectionnez l'une ou l'autre et cliquez OK, Microsoft Query vous demande d'indiquer le nom et l'emplacement du fichier à ouvrir. Ces sources de données vous seront utiles si vous utilisez alternativement des fichiers Excel ou Access. Mais si vous voulez disposer d'une source de données qui désigne un fichier particulier, suivez les instructions de cette tâche.

Définissez une source de données (suite)

La boîte de dialogue Choisir la base de données apparaît.

⑫ Ouvrez le dossier qui contient la base de données.

⑬ Cliquez le fichier de base de données.

⑭ Cliquez **OK**.

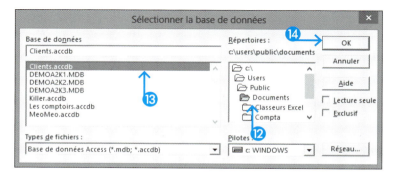

Vous revenez à la boîte de dialogue du pilote de base de données.

Ⓐ Si vous avez besoin de fournir un identifiant et un mot de passe pour accéder à la base de données, cliquez **Avancé** pour afficher la boîte de dialogue Initialisation des options avancées. Tapez l'identifiant et le mot de passe de connexion, et cliquez **OK**.

⑮ Cliquez **OK**.

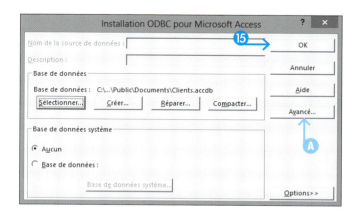

CHAPITRE 21
Définissez des requêtes

Vous revenez à la boîte de dialogue Créer une nouvelle source de données.

B Si vous avez spécifié un identifiant et un mot de passe pour la source de données, cochez l'option **Enregistrer l'identité et le mot de passe de l'utilisateur** (☐ devient ☑). Cette option conserve les informations d'autorisation d'accès aux données.

16 Cliquez **OK**.

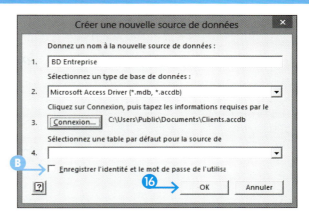

Vous revenez à la boîte de dialogue Choisir une source de données.

17 Cliquez **Annuler** pour ne pas procéder à l'importation des données maintenant.

Note. Les autres tâches de ce chapitre démontrent la procédure d'importation de données avec Microsoft Query.

Vous voici désormais prêt à utiliser la source de données dans Microsoft Query.

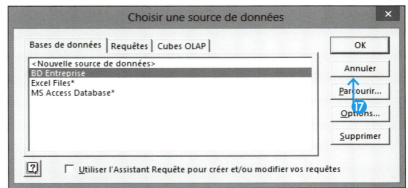

ASTUCES

La boîte de dialogue Créer une nouvelle source de données propose la liste Sélectionnez une table par défaut pour la source de données qui vous permet de désigner une table d'une base de données Access. Si vous définissez une table par défaut, chaque fois que vous lancerez une requête sur cette source de données, Microsoft Query ajoutera automatiquement la table par défaut à la requête, ce qui vous fera gagner du temps.

Il est possible de supprimer une source de données devenue inutile afin de ne pas encombrer la liste des sources disponibles. Suivez les instructions des étapes **1** à **4** pour afficher la boîte de dialogue Choisir une source de données. Cliquez la source à éliminer et cliquez **Supprimer**. À la demande de confirmation, cliquez **Oui**.

Démarrez Microsoft Query

Afin de créer une requête qui définit les champs et fiches que vous voulez extraire pour les exploiter dans Excel, il faut d'abord démarrer Microsoft Query.

Bien que Microsoft Query soit un programme externe, vous le lancerez toujours depuis Excel. Ainsi, les données extraites par la requête seront automatiquement envoyées vers Excel où vous pourrez les exploiter immédiatement.

Démarrez Microsoft Query

1 Cliquez l'onglet **Données**.

2 Cliquez **Données externes**.

3 Cliquez **Autres sources**.

4 Cliquez **Provenance : Microsoft Query**.

La boîte de dialogue Choisir une source de données apparaît.

5 Cliquez la source de données à utiliser.

6 Retirez la coche de l'option **Utiliser l'Assistant Requête pour créer et/ou modifier vos requêtes** (☑ devient ☐).

7 Cliquez **OK**.

La fenêtre Microsoft Query et la boîte de dialogue Ajouter une table apparaissent.

Note. Pour savoir comment employer la boîte de dialogue Ajouter une table, reportez-vous à la tâche « Ajoutez une table à une requête ».

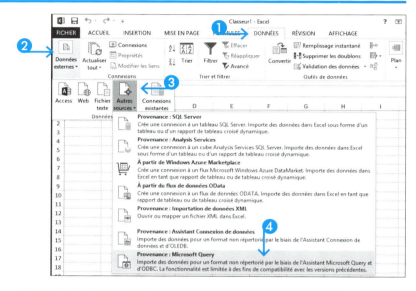

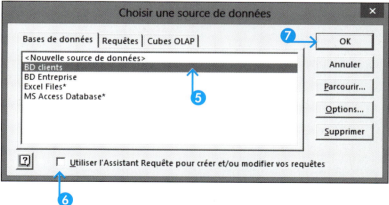

472

CHAPITRE 21
Explorez la fenêtre de Microsoft Query

Vous tirerez un meilleur parti de Microsoft Query si vous êtes à l'aise dans sa fenêtre et savez à quoi correspond chaque partie.

Bien que vous n'ayez pas encore créé de requête avec Microsoft Query, il est temps d'examiner ensemble les différents éléments qui composent la fenêtre de Microsoft Query. Ne vous inquiétez pas si, chez vous, la fenêtre de Microsoft Query ne ressemble pas à celle de notre exemple. D'ici la fin du chapitre, vous aurez essayé et exploité tous les éléments présentés ici.

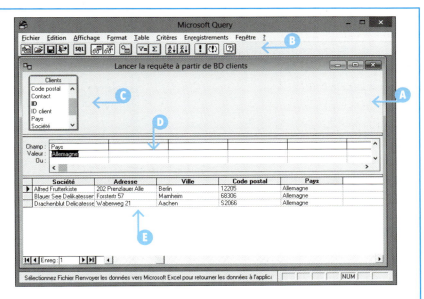

Ⓐ Fenêtre de requête
C'est ici que vous créez, modifiez et prévisualisez les résultats. La fenêtre se divise en trois volets : Table, critères et résultats.

Ⓑ Barre d'outils
Les boutons de la barre d'outils donnent accès d'un seul clic aux principales fonctions de Microsoft Query.

Ⓒ Volet Table
Ce volet affiche une liste pour chaque table ajoutée à la requête. Chaque liste présente les champs qui composent la table.

Ⓓ Volet des critères
C'est ici que vous définissez les critères de filtrage des fiches à envoyer vers Excel.

Ⓔ Résultats de la requête
À mesure que vous modifiez les paramètres de la requête, Microsoft Query actualise ce volet (aussi appelé *grille de données*) pour montrer les résultats fournis par les nouveaux paramètres.

Ajoutez une table à une requête

Après avoir créé une source de données et ouvert Microsoft Query, votre prochaine étape consiste à ajouter une table à la requête.

Dans une base de données, une **table** est un ensemble à deux dimensions de colonnes et de lignes qui contiennent des données. Les colonnes sont des champs qui représentent des catégories distinctes de données, tandis que les lignes sont des fiches, ou enregistrements, qui représentent chacune un jeu de données apparentées. Dans certains systèmes de gestion de bases de données, les fichiers de bases de données contiennent seulement des tables. Et dans la plupart des systèmes, chaque base de données contient plusieurs tables. Par conséquent, la première étape dans la définition d'une requête consiste à choisir la table dans laquelle opérer.

Ajoutez une table à une requête

1 Cliquez **Table**.

2 Cliquez **Ajouter une table**.

Note. Quand vous démarrez Microsoft Query depuis Excel, la boîte de dialogue Ajouter une table apparaît automatiquement, vous n'avez donc pas à effectuer les étapes **1** et **2**.

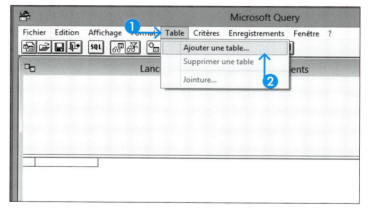

La boîte de dialogue Ajouter une table apparaît.

A Vous disposez aussi du bouton **Ajouter une table** ( ).

3 Cliquez la table à ajouter.

4 Cliquez **Ajouter**.

B Microsoft Query ajoute la table au volet des tables.

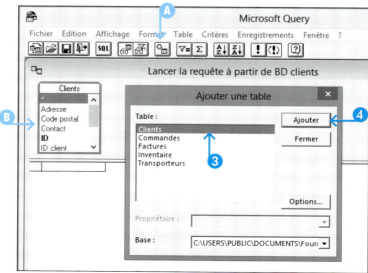

CHAPITRE 21
Définissez des requêtes

5 Répétez les étapes **3** et **4** si vous voulez ajouter plusieurs tables à la requête.

C Si les tables sont reliées, Microsoft Query affiche un symbole de lien qui signale les champs en commun.

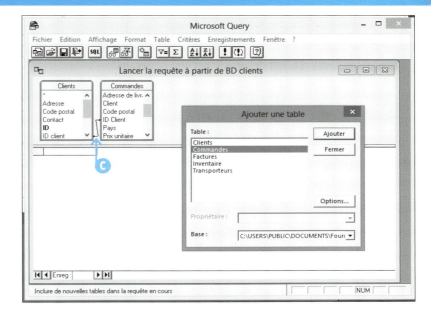

6 Cliquez **Fermer**.

Vous pouvez maintenant ajouter des champs à la requête selon les instructions de la tâche suivante.

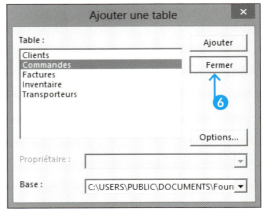

ASTUCES

Vous pouvez relier deux tables vous-même. Cliquez **Table** et **Jointure** pour afficher la boîte de dialogue Jointure. Déroulez la liste **Gauche** et cliquez le champ en commun dans l'une des tables. Déroulez la liste **Droite** et cliquez le même champ dans l'autre table. Déroulez la liste Opérateur et cliquez **=**. Cliquez **Ajouter** puis **Fermer**.

Il est facile de supprimer une table d'une requête. Cliquez la table dans le volet des tables, cliquez **Table** puis **Supprimer une table**. Autrement, cliquez la table et appuyez sur **Suppr**. Microsoft Query supprime la table du volet. Si vous avez ajouté des champs de cette table au volet de critères ou au volet des résultats, Microsoft Query les retire également.

Ajoutez des champs à une requête

Après avoir ajouté au moins une table à la requête, votre prochaine étape consiste à filtrer les fiches afin d'envoyer vers Excel uniquement les données dont vous avez besoin. Pour filtrer les fiches, vous devez spécifier les champs à exploiter et spécifier les critères à appliquer. Cette tâche décrit l'ajout de champs (ou colonnes selon la terminologie de Microsoft Query). La prochaine tâche, « Filtrez les fichiers d'après des critères de requête », explique comment ajouter des critères à une requête.

Ajoutez des champs à une requête

1 Cliquez **Enregistrements**.

2 Cliquez **Ajouter une colonne**.

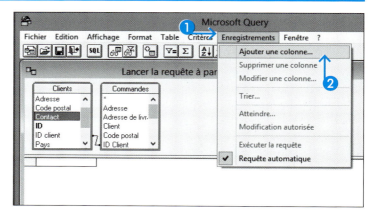

La boîte de dialogue Ajouter une colonne apparaît.

3 Cliquez la flèche ⊻ de la liste **Champ** et sélectionnez le champ à ajouter.

A Si vous désirez utiliser un autre titre pour le champ, tapez ce nouveau nom dans le champ de texte **En-tête de la colonne**.

4 Cliquez **Ajouter**.

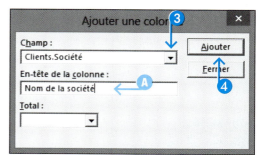

CHAPITRE 21
Définissez des requêtes

B Microsoft Query ajoute le champ au volet des résultats.

C Pour ajouter un champ, vous pourriez aussi double-cliquer son nom dans le volet des tables ou le faire glisser du volet des tables vers le volet des résultats.

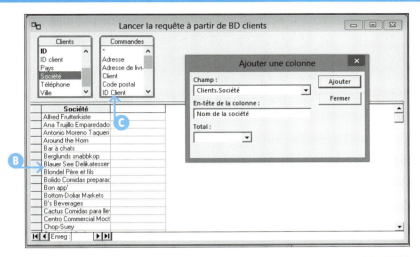

5 Répétez les étapes **3** et **4** pour ajouter tous les champs que vous voulez voir apparaître dans la requête.

6 Cliquez **Fermer**.

Note. Pour changer la position d'un champ dans la grille de données, cliquez l'en-tête du champ afin de le sélectionner en entier, puis faites-le glisser latéralement pour le déposer à une autre position.

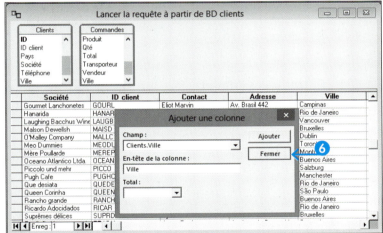

ASTUCES

L'astérisque (*) qui apparaît en début de liste de toutes les tables représente tous les champs de la table. Aussi, si vous voulez inclure à la requête la totalité des champs d'une table, il suffit de cliquer l'astérisque au lieu d'ajouter les champs un à un.

Si vous n'avez plus besoin d'un champ, vous pouvez le supprimer de la requête pour éviter d'encombrer la grille de données. Cliquez l'en-tête ou l'une des cellules du champ, cliquez **Enregistrements** puis **Supprimer une colonne** (ou appuyez sur `Suppr`). Sachez que Microsoft Query ne demande pas confirmation avant d'éliminer une colonne. Alors assurez-vous d'avoir sélectionné le bon champ avant de le supprimer.

477

Filtrez les fiches d'après des critères de requête

Pour afficher uniquement les fiches que vous voulez envoyer vers Excel, vous devez filtrer les résultats en spécifiant les conditions, ou critères, que chaque fiche doit remplir. Chaque critère est défini par une expression, composée d'un opérateur et d'une ou plusieurs valeurs, et s'applique à un champ particulier. Seules les fiches pour lesquelles l'expression renvoie la valeur Vrai sont incluses aux résultats de la requête.

Si vous combinez plusieurs critères, vous avez le choix d'inclure aux résultats les fiches qui répondent à *tous* les critères ou seulement à *au moins l'un* des critères.

Filtrez les fiches d'après des critères de requête

1 Cliquez **Afficher ou masquer les critères** (⛨).

Ⓐ Microsoft Query affiche le volet des critères.

2 Cliquez **Critères**.

3 Cliquez **Ajouter des critères**.

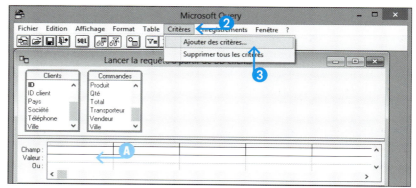

La boîte de dialogue Ajouter un critère apparaît.

4 Cliquez la flèche ⌵ de la liste **Champ** et sélectionnez le champ auquel vous voulez appliquer le critère.

5 Cliquez la liste **Opérateur** et sélectionnez l'opérateur à utiliser.

6 Tapez la valeur ou les valeurs de validation du critère.

Ⓑ Pour utiliser une valeur issue du champ sélectionné, cliquez **Valeurs**, cliquez la valeur dans la liste présentée et cliquez **OK**.

7 Cliquez **Ajouter**.

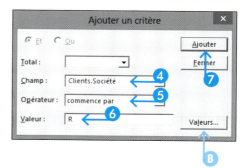

CHAPITRE 21
Définissez des requêtes

C Microsoft Query ajoute le critère au volet des critères.

D Microsoft Query filtre les résultats de manière à afficher uniquement les fiches qui satisfont à la condition du critère.

Note. Si vous n'avez pas besoin de définir d'autres critères, passez directement à l'étape 10.

8 Pour ajouter un autre critère et afficher les résultats qui répondent à tous les critères, activez l'option **Et**
(○ devient ◉).

E Pour ajouter un autre critère et afficher les résultats qui répondent à au moins l'un des critères, activez l'option **Ou**
(○ devient ◉).

9 Répétez les étapes 3 à 7 pour ajouter tous les champs que vous voulez voir dans la requête.

10 Cliquez **Fermer**.

F Microsoft Query filtre les fiches pour présenter uniquement celles qui répondent à vos critères.

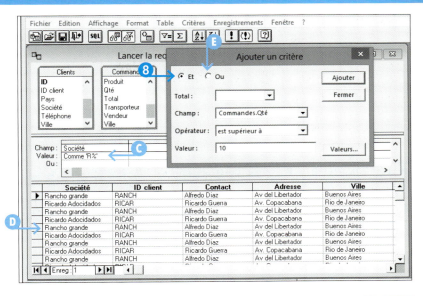

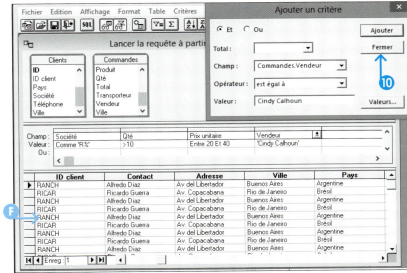

ASTUCES

Pour changer le champ auquel un critère s'applique, cliquez le nom du champ dans le volet des critères, cliquez le bouton ⏷ qui apparaît à droite du champ et sélectionnez un autre champ dans la liste. Pour modifier l'expression d'un critère, vous pouvez la corriger directement dans le volet des critères ou double-cliquer un critère pour afficher la boîte de dialogue Modifier un critère.

Il est facile de supprimer un critère. Cliquez la barre juste au-dessus d'un critère afin de le sélectionner et appuyez sur `Suppr`. Sachez que Microsoft Query ne demande pas confirmation avant d'éliminer un critère. Alors assurez-vous d'avoir sélectionné le bon avant de le supprimer. Si vous voulez éliminer tous les critères pour recommencer à zéro, cliquez **Critères** puis **Supprimer tous les critères**.

479

Triez les fiches de la requête

Pour examiner les résultats de la requête, vous pouvez les ordonner d'après un ou plusieurs champs.

Vous pouvez trier les fiches par ordre croissant (0 à 9 ou A à Z) ou décroissant (9 à 0 ou Z à A). Le tri peut s'effectuer sur plusieurs niveaux en sélectionnant au moins deux champs. Dans ce cas, Microsoft Query ordonne les résultats d'après le premier champ et affine le tri en fonction du deuxième champ.

Triez les fiches de la requête

1 Cliquez **Enregistrements**.

2 Cliquez **Trier**.

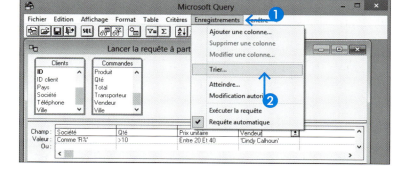

La boîte de dialogue Trier apparaît.

3 Cliquez la flèche ⊡ de la liste **Colonne** et sélectionnez le champ à utiliser pour le tri.

4 Pour choisir l'ordre de tri, sélectionnez l'option **Croissant** ou **Décroissant** (○ devient ⦿).

5 Cliquez **Ajouter**.

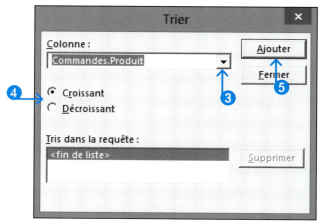

CHAPITRE 21
Définissez des requêtes

A Microsoft Query réordonne les fiches dans le volet des résultats.

B Microsoft Query ajoute le tri dans la liste Tris dans la requête.

6 Répétez les étapes 3 à 5 pour ajouter tous les paramètres de tri que vous voulez utiliser.

7 Cliquez **Fermer**.

Microsoft Query ordonne les résultats de la requête selon vos paramètres de tri.

Si vous désirez trier les résultats sur un seul champ, cliquez une cellule de ce champ et cliquez l'une des icônes suivantes :

C Cliquez **Trier dans l'ordre croissant** ( ) pour appliquer un tri croissant.

D Cliquez **Trier dans l'ordre décroissant** ( ) pour appliquer un tri décroissant.

La barre d'outils vous permet de trier les résultats sur plusieurs

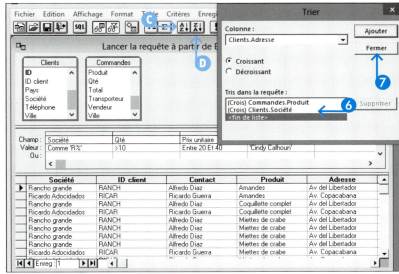

ASTUCES

champs. Dans le volet des résultats, positionnez les champs côte à côte dans l'ordre voulu pour le tri. Faites glisser le pointeur depuis l'en-tête du premier champ de tri jusqu'à l'en-tête du dernier champ de tri. Enfin, cliquez **Trier dans l'ordre croissant** ( ) ou **Trier dans l'ordre décroissant** ( ).

Il est facile de supprimer un tri devenu inutile. Cliquez **Enregistrements** puis **Trier** pour afficher la boîte de dialogue Trier. Dans la liste **Tris dans la requête**, cliquez le tri à éliminer et cliquez **Supprimer**.

481

Renvoyez les résultats de la requête

Une fois que vous avez fini d'ajouter des champs à la requête, de filtrer les données avec des critères et de trier les fiches, vous voici prêt à envoyer les résultats vers Excel où vous pourrez exploiter les données dans une feuille.

Pour manipuler ou analyser les données issues d'une requête, vous devez les envoyer vers Excel qui va créer un nouveau tableau composé de ces données. Si vous envisagez de réutiliser la requête ultérieurement, vous devriez l'enregistrer avant d'envoyer les résultats. Cette tâche montre comment enregistrer et ouvrir les fichiers de Microsoft Query.

Renvoyez les résultats de la requête

1 Cliquez **Fichier**.

A Vous combinerez les étapes **1** et **2** en cliquant le bouton **Renvoyer les données** ( ).

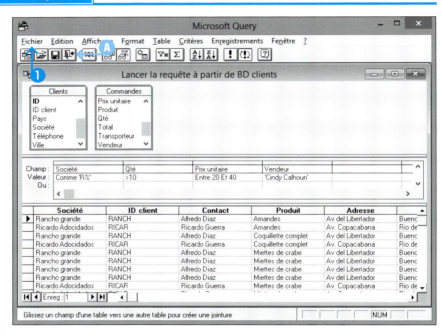

2 Cliquez **Renvoyer les données vers Microsoft Excel**.

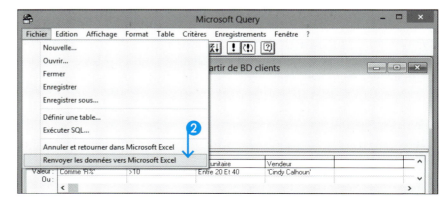

CHAPITRE 21
Définissez des requêtes

La boîte de dialogue Importation de données apparaît.

3 Sélectionnez l'option **Tableau** (○ devient ⦿).

B Pour obtenir un tableau croisé dynamique, sélectionnez l'option **Rapport de tableau croisé dynamique**. Microsoft Query réordonne les fiches dans le volet des résultats.

4 Sélectionnez l'option **Feuille de calcul existante** (○ devient ⦿).

5 Cliquez la cellule où vous voulez placer les données importées.

C Pour placer les données importées dans une nouvelle feuille, sélectionnez l'option **Nouvelle feuille de calcul**.

6 Cliquez **OK**.

D Excel importe dans la feuille les données extraites par la requête.

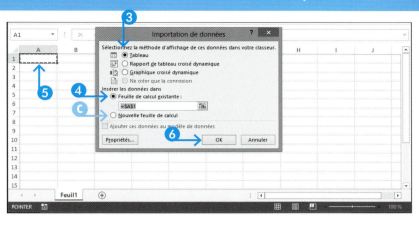

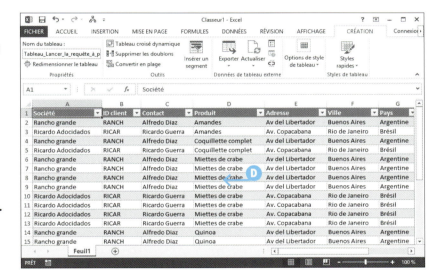

ASTUCES

Il est possible de modifier la requête : cliquez une cellule du tableau (ou du tableau croisé dynamique), cliquez l'onglet **Création**, cliquez la flèche du bouton **Actualiser tout** et cliquez **Propriétés de connexion** pour ouvrir la boîte de dialogue correspondante. Cliquez l'onglet **Définition** et cliquez le bouton **Modifier la requête**. Cette commande lance Microsoft Query et charge les résultats de la requête. Apportez les changements nécessaires et renvoyez les résultats vers Excel.

Pour enregistrer une requête avec Microsoft Query, ouvrez la boîte de dialogue Enregistrer sous en cliquant **Fichier** puis **Enregistrer**. Sélectionnez le dossier où placer le fichier de requête, attribuez-lui un nom et cliquez **Enregistrer**. Ensuite, pour utiliser le fichier de requête, démarrez Microsoft Query, cliquez **Fichier** puis **Ouvrir** pour afficher la boîte de dialogue Ouvrir une requête. Cliquez le fichier de requête et cliquez **Ouvrir**.

CHAPITRE 22

Travaillez en collaboration

Si vous avez besoin de travailler à plusieurs sur un même classeur, Excel vous fournit plusieurs fonctions qui facilitent la collaboration : ajout de commentaires, partage d'un classeur et même travail en ligne. Vous pouvez aussi contrôler les interventions de chacun en protégeant les données d'une feuille et en révisant les modifications apportées par vos collègues.

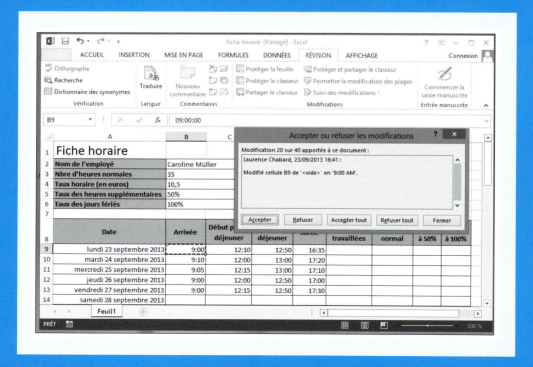

Ajoutez un commentaire à une cellule. 486
Protégez les données d'une feuille de calcul. 488
Protégez la structure d'un classeur 490
Partagez un classeur avec d'autres utilisateurs. 492
Examinez les modifications du classeur 494
Acceptez ou refusez les modifications du classeur 496
Enregistrez un classeur dans votre espace SkyDrive . . . 498
Envoyez un classeur en pièce jointe d'un message 500
Enregistrez des données Excel en tant que page Web. . . 502
Rendez un classeur compatible avec les versions
   antérieures d'Excel. 504
Annotez une feuille à la main. 506
Collaborez sur un classeur en ligne 508

Ajoutez un commentaire à une cellule

Si vous avez reçu un classeur d'une autre personne, vous pouvez l'annoter en ajoutant un commentaire dans une cellule du classeur. L'ajout de commentaires est la meilleure solution pour apporter des corrections, questions, critiques ou suggestions, parce qu'ils ne modifient pas le contenu des feuilles de calcul.

Chaque commentaire est associé à une cellule en particulier et signalé par un indicateur spécial. Lorsque vous ouvrez un commentaire, Excel l'affiche dans une infobulle.

Ajoutez un commentaire à une cellule

1. Cliquez la cellule à annoter.
2. Cliquez l'onglet **Révision**.
3. Cliquez **Nouveau commentaire**.

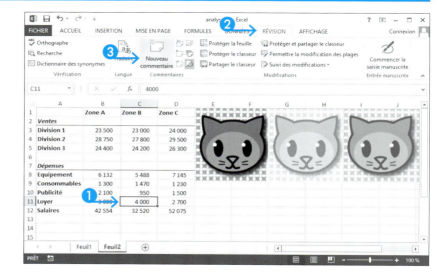

Excel affiche une infobulle.

A Le commentaire débute par votre nom d'utilisateur Excel.

4. Tapez votre commentaire.
5. Cliquez en dehors de l'infobulle du commentaire.

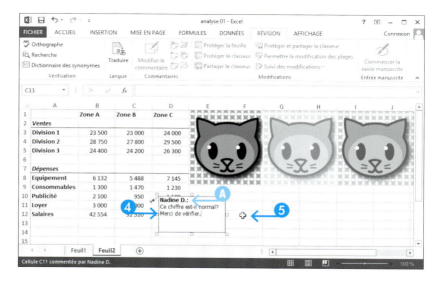

CHAPITRE 22
Travaillez en collaboration

B Excel ajoute un indicateur de commentaire ( ) dans l'angle supérieur droit de la cellule.

Affichez un commentaire

1 Survolez la cellule avec le pointeur .

C Le commentaire apparaît dans une infobulle.

D Dans l'onglet Révision, les boutons **Précédent** ( ) et **Suivant** ( ) vous permettent de défiler entre les commentaires.

E Dans l'onglet Révision, vous disposez du bouton **Afficher tous les commentaires** ( ) pour rendre visibles tous les commentaires.

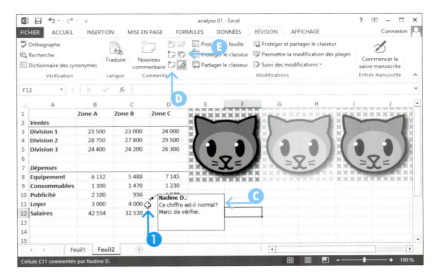

ASTUCES

Pour modifier un commentaire, cliquez la cellule qui le contient et, dans l'onglet **Révision**, cliquez **Modifier le commentaire** ( ) afin d'ouvrir le commentaire dans une infobulle où son texte devient modifiable. Pour supprimer un commentaire, cliquez la cellule qui le contient et cliquez **Supprimer** ( ) dans l'onglet **Révision**.

Votre nom d'utilisateur Excel est important puisqu'il indique aux autres personnes qui est l'auteur du commentaire. Si votre nom d'utilisateur présente seulement votre prénom ou vos initiales, vous pouvez le changer. Cliquez **Fichier** et **Options** pour ouvrir la boîte de dialogue Options Excel. Cliquez l'onglet **Général**, modifiez le nom qui apparaît dans le champ **Nom d'utilisateur** et cliquez **OK**. (Cette opération ne modifie pas le nom d'utilisateur qui figure déjà dans les commentaires existants.)

Protégez les données d'une feuille de calcul

Si vous prévoyez de faire circuler un classeur, vous pouvez activer la protection d'une feuille pour empêcher que d'autres utilisateurs n'en modifient les données. Vous pouvez aussi configurer la feuille de calcul de sorte que la saisie d'un mot de passe soit nécessaire pour retirer la protection.

Vous disposez de deux solutions pour autoriser la saisie dans une feuille protégée. Vous pouvez déverrouiller uniquement les cellules que les utilisateurs sont autorisés à modifier ou permettre aux utilisateurs de déverrouiller une plage en tapant un mot de passe.

Protégez les données d'une feuille de calcul

1. Affichez la feuille à protéger.
2. Cliquez l'onglet **Révision**.
3. Cliquez **Protéger la feuille** ( ).

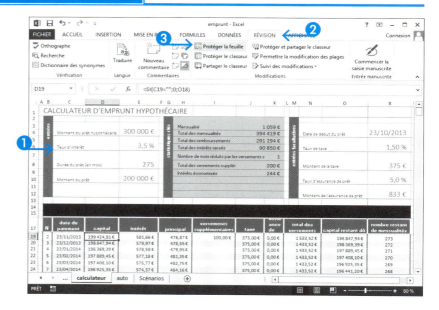

Excel affiche la boîte de dialogue Protéger la feuille.

4. Assurez-vous que l'option **Protéger la feuille et le contenu des cellules verrouillées** est cochée (☑).
5. Tapez un mot de passe dans le champ **Mot de passe pour ôter la protection de la feuille**.

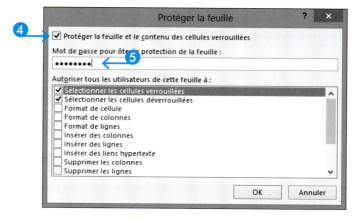

CHAPITRE 22
Travaillez en collaboration

6 Cochez la case devant chaque action qui sera autorisée à tous les utilisateurs (☐ devient ☑).

7 Cliquez **OK**.

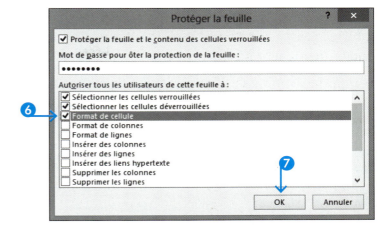

Excel vous demande de confirmer le mot de passe.

8 Retapez le mot de passe.

9 Cliquez **OK**.

Si vous voulez modifier la feuille de calcul, cliquez **Ôter la protection de la feuille** (🖻)dans l'onglet Révision, tapez le mot de passe défini lors de la protection et cliquez **OK**.

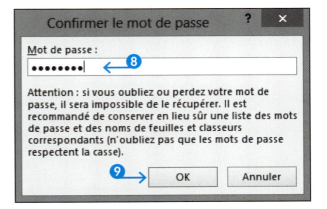

ASTUCES

Dans une feuille protégée, il est possible de définir une plage de cellules que les utilisateurs pourront modifier librement. L'intérêt est d'autoriser la saisie dans certaines cellules seulement et de protéger le reste de la feuille. Retirez la protection de la feuille si elle est protégée, cliquez **Accueil → Format → Verrouillez la cellule** pour désactiver cette option sur la plage sélectionnée.

Dans une feuille protégée, il est également possible de définir une plage de cellules que les utilisateurs pourront modifier après saisie d'un mot de passe. Retirez la protection de la feuille si nécessaire. Sélectionnez la plage à protéger, cliquez l'onglet **Révision** puis **Permettre la modification des plages**. Dans la boîte de dialogue Permettre la modification des plages, cliquez **Nouvelle** pour ouvrir la boîte de dialogue Nouvelle plage. Tapez un titre pour la plage et un mot de passe dans le champ **Mot de passe de la plage**, puis cliquez **OK**. Retapez le mot de passe lorsqu'Excel vous le demande et cliquez **OK**.

Protégez la structure d'un classeur

Vous pouvez empêcher tout changement dans un classeur en activant la protection de sa structure. Vous pouvez aussi configurer le classeur de sorte que la saisie d'un mot de passe soit nécessaire pour retirer la protection.

Lorsque la structure du classeur est protégée, les utilisateurs ne peuvent pas ajouter de nouvelles feuilles, ni renommer, supprimer, déplacer, copier, masquer ou réafficher les feuilles existantes. Voyez l'astuce page suivante pour découvrir les commandes désactivées par la protection du classeur.

Protégez la structure d'un classeur

① Affichez le classeur à protéger.

② Cliquez l'onglet **Révision**.

③ Cliquez **Protéger le classeur** ( ).

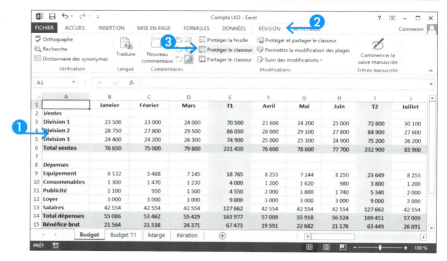

Excel affiche la boîte de dialogue Protéger la structure et les fenêtres.

④ Cochez l'option **Structure** (☐ devient ☑).

⑤ Tapez un mot de passe dans le champ **Mot de passe** si nécessaire.

⑥ Cliquez **OK**.

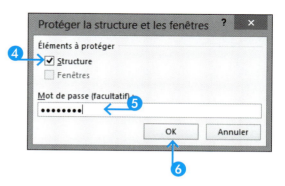

490

CHAPITRE 22
Travaillez en collaboration

Si vous avez spécifié un mot de passe, Excel vous demande de le confirmer.

7 Retapez le mot de passe.

8 Cliquez **OK**.

Si vous voulez modifier la feuille de calcul, dans l'onglet Révision, cliquez **Ôter la protection de la feuille** ( ), tapez le mot de passe défini lors de la protection et cliquez **OK**.

A Excel désactive la plupart des commandes relatives aux feuilles dans le ruban.

B Excel désactive la plupart des commandes relatives aux feuilles dans le menu contextuel de la feuille.

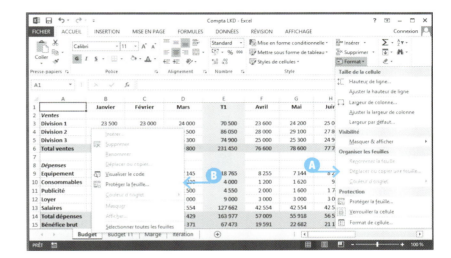

ASTUCES

Dans un classeur dont la structure est protégée, Excel désactive les commandes relatives aux feuilles de calcul, y compris Insérer, Supprimer, Renommer, Déplacer ou copier, Couleur d'onglet, Masquer et Afficher. De plus, le Gestionnaire de scénarios n'a plus le pouvoir de créer un rapport de synthèse.

Si la protection de la structure d'un classeur est devenue inutile, vous pouvez la retirer en commençant par suivre les étapes **1** à **3**. Si le classeur est protégé par un mot de passe, tapez-le dans la boîte de dialogue Ôter la protection du classeur et cliquez **OK**. Excel retire la protection du classeur.

491

Partagez un classeur avec d'autres utilisateurs

Vous pouvez permettre à plusieurs utilisateurs de travailler simultanément sur un même classeur en activant le partage. Une fois le classeur partagé, d'autres utilisateurs peuvent y accéder et le modifier *via* une connexion réseau. Sachez qu'Excel ne peut pas partager un classeur qui contient un tableau, il faut donc au préalable convertir le tableau en plage (voir le chapitre 15 à ce sujet).

Lorsque le classeur est partagé, Excel active automatiquement le mode révision pour garder trace des modifications. Vous en saurez plus à propos de cette fonction en lisant la tâche suivante, « Examinez les modifications du classeur ».

Partagez un classeur avec d'autres utilisateurs

1. Affichez le classeur à partager.
2. Cliquez l'onglet **Révision**.
3. Cliquez **Partager le classeur** (🗗).

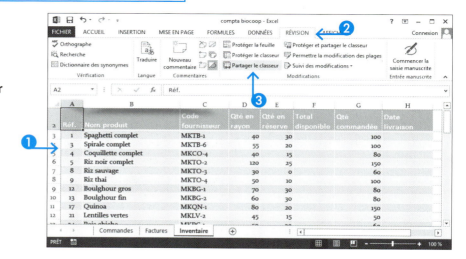

La boîte de dialogue Options de partage du fichier apparaît.

4. Cliquez l'onglet **Modification**.
5. Cochez l'option **Permettre une modification multi-utilisateur** (☐ devient ☑).
6. Cliquez **OK**.

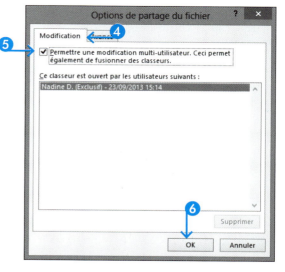

CHAPITRE 22
Travaillez en collaboration

Excel vous informe qu'il va enregistrer le classeur.

7 Cliquez **OK**.

Excel enregistre le classeur et active le partage.

A La mention [Partagé] apparaît dans la barre de titre.

Vous et les autres utilisateurs du réseau pouvez désormais travailler sur le classeur en même temps.

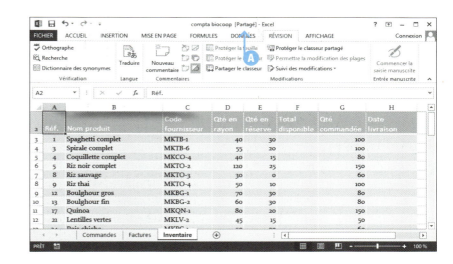

ASTUCE

Il y a moyen de voir si le classeur est déjà ouvert sur d'autres postes. Pour voir la liste des personnes qui l'utilisent, affichez le classeur et cliquez **Partager le classeur** dans l'onglet **Révision**. La boîte de dialogue Options de partage du fichier apparaît. Dans l'onglet Modification, la liste **Ce classeur est ouvert par les utilisateurs suivants** indique qui est en train de modifier le classeur. Cliquez **OK**.

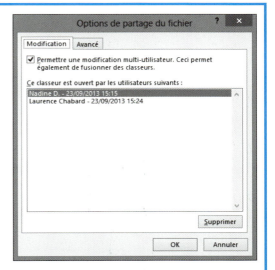

493

Examinez les modifications du classeur

Si vous autorisez vos collègues à modifier un classeur, vous aurez certainement envie de vérifier leurs interventions afin de les accepter ou de les refuser (voir la tâche suivante, « Acceptez ou refusez les modifications du classeur »). Cette vérification est rendue possible par la fonction Suivi des modifications.

Si vous activez le suivi des modifications, Excel surveille les interventions de chaque utilisateur de façon à vous montrer ce qu'ils ont changé dans les cellules, les ajouts et suppressions de lignes et de colonnes, les plages déplacées et les feuilles insérées ou renommées.

Examinez les modifications du classeur

① Affichez le classeur à réviser.

② Cliquez l'onglet **Révision**.

③ Cliquez **Suivi des modifications** (🖉).

④ Cliquez **Afficher les modifications**.

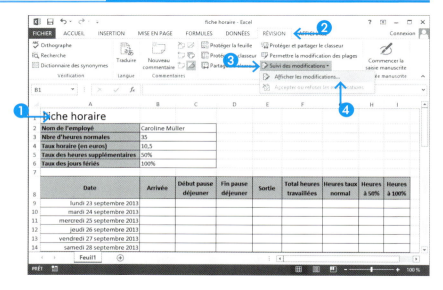

La boîte de dialogue Afficher les modifications apparaît.

⑤ Cochez l'option **Suivre les modifications au fur et à mesure** (☐ devient ☑).

Ⓐ Conservez cochée (☑) l'option **Le** avec la valeur **Tous**.

Ⓑ Conservez cochée (☑) l'option **Afficher les modifications à l'écran** pour voir ce qui a changé.

⑥ Cliquez **OK**.

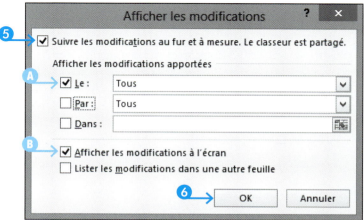

CHAPITRE 22
Travaillez en collaboration

Excel vous informe qu'il va enregistrer le classeur.

7 Cliquez **OK**.

Excel enregistre le classeur et active le suivi des modifications.

D Excel active également le partage du classeur, ce qui est indiqué par la mention [Partagé] dans la barre de titre.

Note. Reportez-vous à la tâche précédente, « Partagez un classeur avec d'autres utilisateurs », pour vous documenter sur le partage.

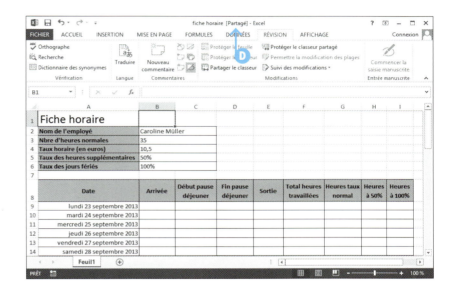

ASTUCES

Vous pouvez configurer le suivi des modifications de sorte qu'Excel présente seulement les changements opérés par les autres utilisateurs, sans montrer les vôtres. Suivez les instructions des étapes **1** à **4** pour ouvrir la boîte de dialogue Afficher les modifications. Cochez l'option **Par** (☐ devient ☑) et sélectionnez **Tous sauf moi** pour cette option. Cliquez **OK** pour valider cette configuration.

Il est possible de limiter le suivi des modifications à une plage précise. Suivez les instructions des étapes **1** à **4** pour ouvrir la boîte de dialogue Afficher les modifications. Cochez l'option **Dans** (☐ devient ☑) et sélectionnez la plage à surveiller. Cliquez **OK** pour valider cette configuration.

495

Acceptez ou refusez les modifications du classeur

Après avoir activé le suivi des modifications dans Excel, vous réviserez les changements apportés par les autres utilisateurs afin de les intégrer ou de les supprimer. En règle générale, vous devriez accepter les modifications effectuées par les autres utilisateurs, sauf si vous savez qu'il s'agit d'une erreur. En cas de doute, vous contacterez votre collègue pour en discuter avant de prendre la décision de refuser sa modification. Si vous et une autre personne avez apporté une modification à la même cellule, Excel vous permet de résoudre le conflit en acceptant l'une ou l'autre modification.

Acceptez ou refusez les modifications du classeur

❶ Affichez le classeur à réviser.

❷ Cliquez l'onglet **Révision**.

❸ Cliquez **Suivi des modifications** ( ).

❹ Cliquez **Accepter ou refuser les modifications**.

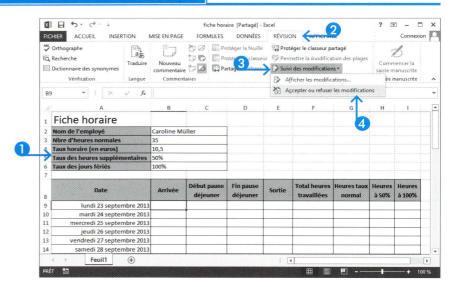

Si le classeur a été modifié depuis son dernier enregistrement, Excel vous informe qu'il va l'enregistrer maintenant.

❺ Cliquez **OK**.

CHAPITRE 22
Travaillez en collaboration

La boîte de dialogue Sélection des modifications à accepter ou refuser apparaît.

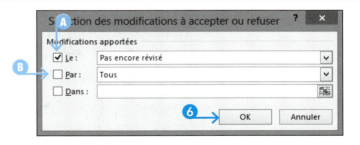

A Conservez cochée (☑) l'option **Le** avec la valeur **Pas encore révisé**.

B Pour voir les changements apportés par une personne en particulier, cochez l'option **Par** (☐ devient ☑) et sélectionnez cet utilisateur dans la liste.

6 Cliquez **OK**. La boîte de dialogue Accepter ou refuser les modifications apparaît.

C Excel décrit une première modification.

7 Cliquez une action.

D Cliquez **Accepter** pour conserver le changement ou **Refuser** pour le supprimer.

Excel présente la modification suivante.

8 Répétez l'étape 7 pour réviser toutes les modifications.

E Vous disposez des boutons **Accepter tout** ou **Refuser tout**.

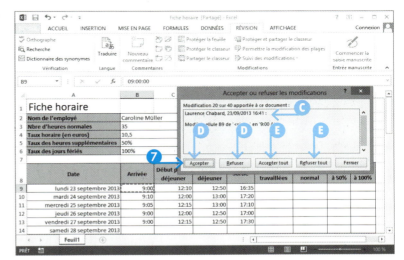

ASTUCES

Si vous changez une cellule déjà modifiée par un autre utilisateur, lorsque vous enregistrez le classeur, la boîte de dialogue Accepter ou refuser les modifications apparaît en présentant les deux versions de la cellule concernée. Sélectionnez la version qui convient et cliquez **Accepter**. S'il y a d'autres conflits dans le classeur, vous pouvez cliquer votre modification ou celle de l'autre utilisateur puis cliquer **Accepter tout** ou **Refuser tout**.

Après avoir révisé toutes les modifications, vous désactiverez le suivi des modifications, sauf si vous savez que d'autres utilisateurs ont encore besoin d'accéder au classeur. Dans l'onglet **Révision**, cliquez **Suivi des modifications** (▶) et **Afficher les modifications**. Dans la boîte de dialogue Afficher les modifications, retirez la coche de l'option **Suivre les modifications au fur et à mesure** (☑ devient ☐) et cliquez **OK**.

Enregistrez un classeur dans votre espace SkyDrive

Si vous utilisez Windows 8 avec un compte Microsoft, vous disposez d'un espace de stockage en ligne appelé *SkyDrive*. Vous pouvez mettre l'un de vos classeurs sur SkyDrive directement depuis Excel. Cette méthode de stockage vous sera utile si vous prévoyez de vous absenter de votre ordinateur pendant un certain temps alors que vous aurez besoin d'accéder au classeur. Comme le stockage en ligne de SkyDrive reste accessible partout où vous avez accès au Web, vous pouvez consulter et modifier votre classeur sans utiliser votre ordinateur habituel.

Enregistrez un classeur dans votre espace SkyDrive

❶ Ouvrez le classeur que vous voulez enregistrer sur SkyDrive.

❷ Cliquez l'onglet **Fichier**.

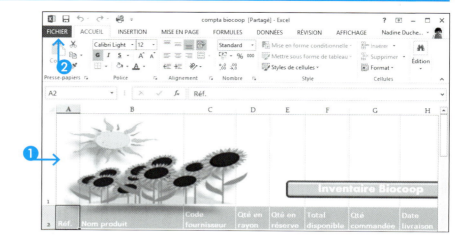

❸ Cliquez **Enregistrer sous**.

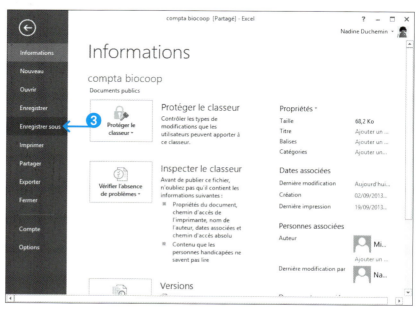

CHAPITRE 22
Travaillez en collaboration

La fenêtre Enregistrer sous apparaît.

4 Cliquez votre espace SkyDrive.

A Si vous voyez le dossier SkyDrive dans lequel vous voulez mettre le fichier, cliquez-le et passez directement à l'étape 7.

5 Cliquez **Parcourir**.

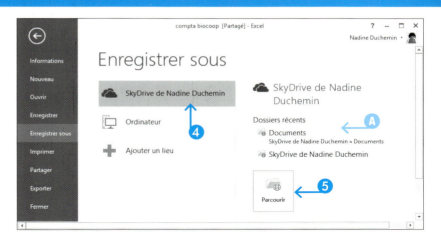

La boîte de dialogue Enregistrer sous apparaît.

6 Cliquez **SkyDrive**.

Note. Lors du premier enregistrement sur SkyDrive, il se peut que la barre d'adresse présente une adresse Web au lieu du dossier SkyDrive.

7 Cliquez **Enregistrer**.

Excel enregistre le fichier du classeur dans votre espace SkyDrive.

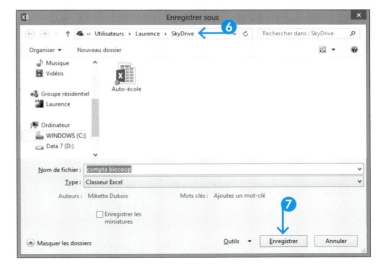

ASTUCE

Il est facile d'ouvrir un classeur enregistré sur SkyDrive. Cliquez l'onglet **Fichier** puis **Ouvrir**. Cliquez votre espace SkyDrive puis **Parcourir**. Dans la boîte de dialogue Ouvrir, ouvrez le dossier qui contient le classeur. Cliquez le fichier du classeur puis le bouton **Ouvrir**. Le classeur s'ouvre dans Excel.

499

Envoyez un classeur en pièce jointe d'un message

Si vous avez besoin de communiquer un classeur à quelqu'un, vous pouvez joindre le fichier du classeur à un message et l'envoyer à son adresse de messagerie électronique.

Vous pourriez coller des données dans le corps du message, mais pour communiquer une information plus complexe, comme un budget ou l'échéancier d'un emprunt, il est préférable d'envoyer directement le classeur. Ainsi, le destinataire peut l'ouvrir dans Excel après avoir reçu le message.

Envoyez un classeur en pièce jointe d'un message

① Ouvrez le classeur que vous voulez envoyer.

② Cliquez l'onglet **Fichier**.

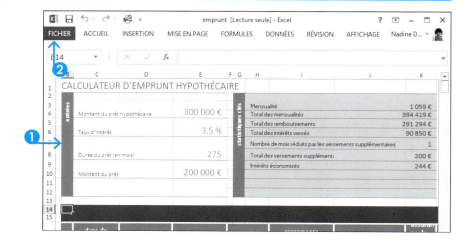

③ Cliquez **Partager**.

④ Cliquez **Courrier électronique**.

Excel affiche les commandes Courrier électronique.

⑤ Cliquez **Envoyer en tant que pièce jointe**.

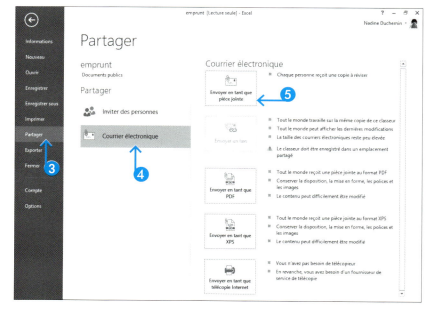

CHAPITRE 22
Travaillez en collaboration

Outlook crée un nouveau message.

A Outlook joint le classeur au message.

6 Tapez l'adresse du destinataire.

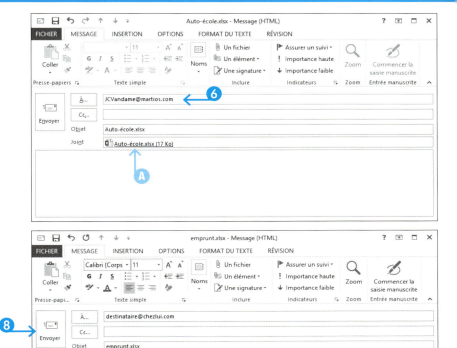

7 Tapez le texte du message.

8 Cliquez **Envoyer**.

Outlook envoie le message.

ASTUCES

Le nombre de classeurs que vous pouvez joindre à un même message est illimité en théorie. Mais si le destinataire utilise une connexion Internet à bas débit, la réception du message pourrait être très longue. De plus, les services de messagerie électronique limitent souvent le poids des fichiers en pièces jointes (généralement entre 2 et 25 Mo).

Si le destinataire n'est pas équipé d'Excel, il est préférable d'envoyer le classeur dans un autre format. Vous pourriez enregistrer le classeur en tant que page Web, comme l'explique la tâche suivante. Autrement, suivez les instructions des étapes 1 à 4 pour afficher les commandes Courrier électronique et choisissez **Envoyer en tant que PDF**.

501

Enregistrez des données Excel en tant que page Web

Si vous voulez mettre en partage sur le Web une plage, une feuille ou un classeur Excel, il suffit d'enregistrer les données en tant que page Web que vous pourrez mettre en ligne sur votre site Web.

Lors de l'enregistrement en tant que page Web, il vous est proposé de choisir le titre qui apparaîtra dans la barre de titre du navigateur et les mots clés que les moteurs de recherche utiliseront pour indexer la page. Vous choisirez de publier le classeur entier, une seule feuille ou une plage de cellules.

Enregistrez des données Excel en tant que page Web

1 Ouvrez le classeur qui contient les données à enregistrer en tant que page Web.

A Pour enregistrer une feuille en tant que page Web, cliquez l'onglet de la feuille.

B Pour enregistrer une plage Web, sélectionnez la plage.

2 Cliquez l'onglet **Fichier**.

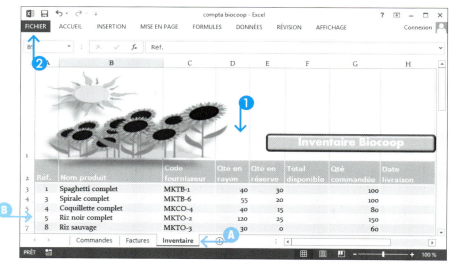

3 Cliquez **Enregistrer sous**.

4 Cliquez **Ordinateur**.

5 Cliquez **Parcourir**.

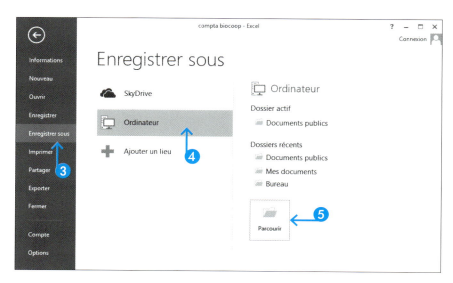

CHAPITRE 22
Travaillez en collaboration

La fenêtre Enregistrer sous apparaît.

6 Cliquez la liste **Type** et choisissez **Page Web**.

7 Sélectionnez le dossier où vous voulez placer le fichier de la page Web.

8 Cliquez **Modifier le titre**.

La boîte de dialogue Saisie de texte apparaît.

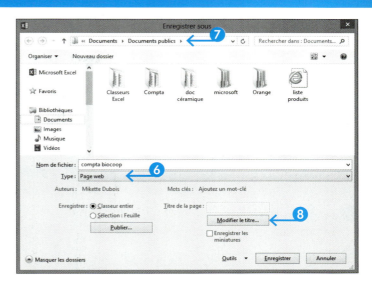

9 Tapez un titre dans le champ **Titre de la page**.

10 Cliquez **OK**.

11 Cliquez dans le champ **Mots clés** et tapez des mots clés séparés par des points-virgules.

12 Sélectionnez une option (○ devient ◉) pour indiquer ce qui doit être enregistré en page Web.

C Activez **Classeur entier** pour enregistrer toutes les feuilles du classeur.

D Activez **Sélection** pour enregistrer la feuille active ou la plage qui y est sélectionnée.

13 Cliquez **Enregistrer**.

Excel enregistre les données dans une page Web.

ASTUCE

Si vous modifiez souvent le classeur enregistré en page Web, vous n'êtes pas obligé de répéter cette procédure après chaque changement. Suivez les instructions des étapes **1** à **11** et cliquez **Publier**. Dans la boîte de dialogue Publier en tant que page Web, cochez l'option **Republier automatiquement lors de chaque enregistrement de ce classeur** (☐ devient ☑). Cliquez **Publier**, et Excel enregistre le classeur dans une page Web qui sera automatiquement actualisée après chaque enregistrement du classeur.

Rendez un classeur compatible avec les versions antérieures d'Excel

Vous pouvez enregistrer un classeur Excel dans un format qui le rend compatible avec les versions antérieures du logiciel. Cela vous permet de partager le fichier avec d'autres utilisateurs d'Excel.

Si vous avez un autre ordinateur qui exploite une version d'Excel antérieure à Excel 2007 ou si vos collègues utilisent d'anciennes versions d'Excel, ces programmes ne peuvent pas lire les documents enregistrés dans le format standard d'Excel 2013, Excel 2010 ou Excel 2007. En enregistrant un classeur dans le format de fichier Excel 97 – 2003, vous le rendez compatible avec les anciennes versions d'Excel.

Rendez un classeur compatible avec les versions antérieures d'Excel

1. Ouvrez le classeur à rendre compatible.
2. Cliquez l'onglet **Fichier**.

3. Cliquez **Enregistrer sous**.
4. Cliquez **Ordinateur**.
5. Cliquez **Parcourir**.

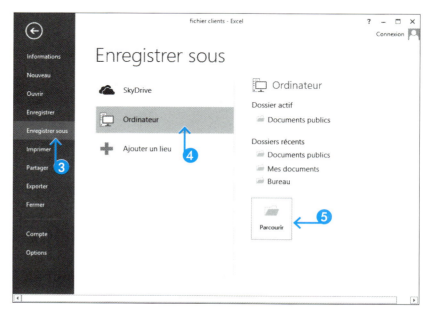

CHAPITRE 22
Travaillez en collaboration

La fenêtre Enregistrer sous apparaît.

6 Sélectionnez le dossier où vous voulez placer le nouveau fichier.

7 Cliquez dans le champ **Nom de fichier** et tapez le nom à attribuer au nouveau fichier.

8 Cliquez la liste **Type** pour la dérouler.

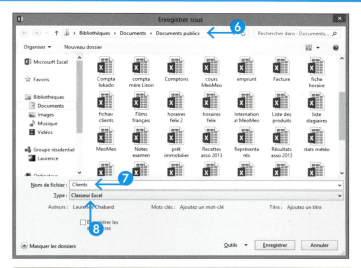

9 Cliquez **Classeur Excel 97 – 2003**.

10 Cliquez **Enregistrer**.

Excel enregistre le fichier dans le format Excel 97 – 2003.

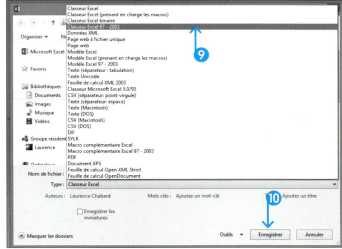

ASTUCES

Les classeurs d'Excel 2013 peuvent s'ouvrir sans souci dans Excel 2010 et Excel 2007, car ces deux versions utilisent le même format de fichier par défaut qu'Excel 2013. Si tous vos collègues utilisent l'une de ces trois versions, choisissez le format par défaut Classeur Excel, car il présente de nombreux avantages en termes de fonctionnalités.

Sous Windows, le format Classeur Excel 97 – 2003 est compatible avec Excel 97, Excel 2000, Excel XP et Excel 2003. Sous Mac OS, le format Classeur Excel 97 – 2003 est compatible avec Excel 98, Excel 2001 et Office 2004. Si vous êtes amené à partager un document avec une personne qui utilise Excel 5.0 ou Excel 95, enregistrez le fichier au format Classeur Microsoft Excel 5.0/95.

Annotez une feuille à la main

Excel comprend une fonction d'annotation manuscrite qui vous permet de surligner et d'écrire des notes à la main, ce qui est souvent plus facile que d'ajouter un commentaire ou saisir du texte dans une cellule.

Pour exploiter cette fonction dans une feuille de calcul, il vous faut une tablette tactile ou une tablette graphique. Vous utiliserez le stylet de la tablette, ou un doigt sur l'écran tactile, pour dessiner directement dans le document, technique appelée *saisie manuscrite*.

Activez la saisie manuscrite

1. Touchez l'onglet **Révision**.
2. Touchez **Commencer la saisie manuscrite**.

   Excel active la saisie manuscrite.

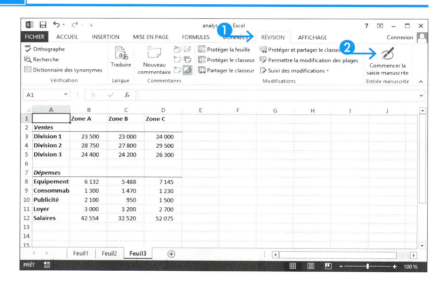

Annotez avec un stylet

1. Touchez l'onglet **Stylets**.
2. Touchez **Stylet**.
3. Sélectionnez la couleur et l'épaisseur du trait dans la galerie.

   A Vous disposez aussi des boutons **Couleur** et **Épaisseur** pour personnaliser le trait.

4. Servez-vous du stylet ou d'un doigt pour annoter la feuille.

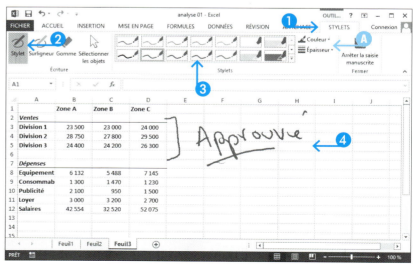

CHAPITRE 22
Travaillez en collaboration

Surlignez dans la feuille

1. Touchez l'onglet **Stylets**.
2. Touchez **Surligneur** (✍).
3. Sélectionnez la couleur et l'épaisseur du trait dans la galerie.
- Ⓑ Vous disposez aussi des boutons **Couleur** et **Épaisseur** pour personnaliser le trait.
4. Servez-vous du stylet ou d'un doigt pour surligner dans la feuille.

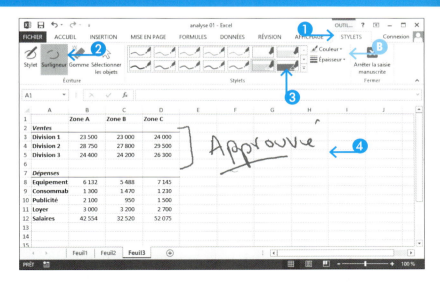

Gommez une saisie manuscrite

1. Touchez l'onglet **Stylets**.
2. Touchez **Gomme** (✐).
3. Servez-vous du stylet ou d'un doigt pour toucher l'annotation ou le surlignage à supprimer.

   Excel efface la saisie manuscrite.

- Ⓒ Lorsque vous n'avez plus besoin d'annoter la feuille à la main, touchez **Arrêter la saisie manuscrite** (✕).

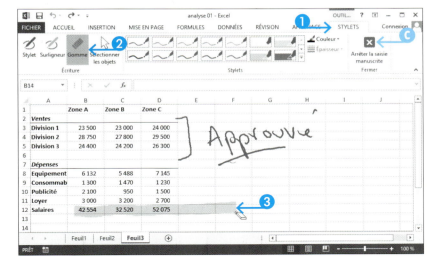

ASTUCE

Il est possible de masquer une saisie manuscrite sans l'effacer. Cette technique permet de montrer la feuille sans exposer les annotations manuscrites si elles sont confidentielles ou nuisent à la lisibilité. Pour masquer et réafficher les annotations manuscrites, cliquez **Afficher les entrées manuscrites** (✍) dans l'onglet Révision.

507

Collaborez sur un classeur en ligne

Si vous avez un compte Microsoft, la fonction SkyDrive peut vous servir à stocker un classeur Excel dans un dossier en ligne (voir la tâche « Enregistrez un classeur dans votre espace SkyDrive », plus tôt dans ce chapitre) et permettre ainsi à d'autres personnes de collaborer sur ce classeur au moyen d'Excel Web App.

La collaboration en ligne a pour conséquence d'autoriser plusieurs personnes à travailler simultanément sur le classeur. Pour permettre à un autre utilisateur de collaborer avec vous sur votre classeur en ligne, il n'est pas nécessaire que cette personne dispose d'un compte Microsoft. Mais vous renforcerez la sécurité de votre classeur en ligne si vous exigez de vos collaborateurs qu'ils aient un compte Microsoft.

Collaborez sur un classeur en ligne

1 Utilisez un navigateur Web pour vous rendre sur `http://skydrive/live.com`.

Note. Si n'êtes pas déjà identifié, il vous est demandé de vous connecter avec votre compte Microsoft.

2 Cliquez le dossier qui contient les classeurs à

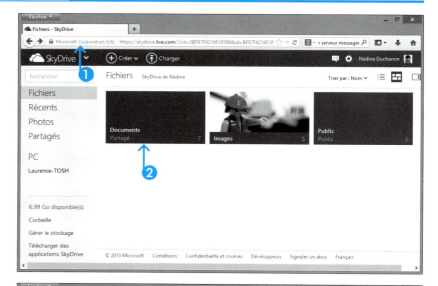

partager en ligne.

3 Cliquez **Partager**.

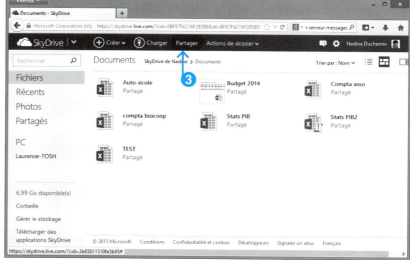

CHAPITRE 22
Travaillez en collaboration

Les options de partage du dossier apparaissent.

4 Cliquez **Envoyer un message électronique**.

5 Tapez l'adresse e-mail de la personne avec qui vous voulez collaborer.

Note. Pour ajouter plusieurs adresses, appuyez sur `Tab` après chaque adresse.

6 Saisissez un message à l'intention du destinataire.

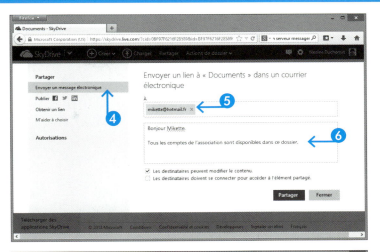

7 Cochez l'option **Les destinataires peuvent modifier le contenu** (☐ devient ☑).

8 Si vous voulez obliger les utilisateurs à s'identifier avec un compte Microsoft, cochez l'option **Les destinataires doivent se connecter pour accéder à l'élément partagé** (☐ devient ☑).

9 Cliquez **Partager**.

SkyDrive envoie le message au destinataire. Il lui suffit ensuite de cliquer le lien dans le message, et éventuellement de se connecter à son compte Microsoft, pour accéder au classeur dans le dossier partagé.

ASTUCE

Il y a moyen de voir si une autre personne identifiée utilise actuellement le classeur en ligne. Lorsque vous ouvrez un classeur avec Excel Web App, regardez l'angle inférieur droit de l'écran Excel. Si vous voyez la mention **Modification par 2 personnes**, cela signifie qu'une autre personne est en train de collaborer sur le classeur en même temps que vous. Pour voir de qui il s'agit, cliquez la mention **Modification par 2 personnes**, comme l'illustre la figure suivante.

CHAPITRE 23

Protégez les données Excel

Les modèles de classeurs Excel ont parfois une structure extrêmement complexe obtenue après des heures de travail minutieux. Certaines feuilles contiennent des informations vitales, tout simplement irremplaçables. Que vos données soient précieuses, cruciales ou uniques, vous voudrez les protéger pour éviter de les perdre et d'avoir à les recréer.

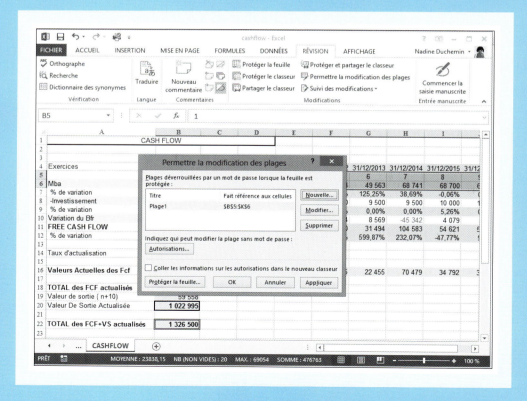

Ouvrez un classeur en lecture seule. 512
Marquez un classeur comme final pour empêcher
   toute modification accidentelle 514
Protégez un classeur en réduisant l'intervalle
   d'enregistrement automatique 516
Spécifiez les cellules modifiables par l'utilisateur . . . 518
Masquez une formule. 520
Protégez une plage avec un mot de passe 522
Protégez les données d'une feuille 524
Protégez la structure d'un classeur 526
Restaurez une version précédente d'un classeur 528

Ouvrez un classeur en lecture seule

Après avoir composé un classeur exactement comme vous le vouliez, vous pourriez avoir besoin de l'ouvrir de temps en temps pour vérifier des données. Chaque fois que vous ouvrez le fichier, vous prenez le risque d'ajouter, modifier ou supprimer des données par mégarde.

Pour plus de sûreté, choisissez d'ouvrir le document en lecture seule. Vous pouvez apporter des modifications au document, mais vous ne pouvez pas les enregistrer sous le même nom. Quand vous lancez la commande Enregistrer dans un classeur en lecture seule, Excel affiche la boîte de dialogue Enregistrer sous et vous oblige à enregistrer la nouvelle version du classeur dans un autre fichier.

Ouvrez un classeur en lecture seule

1 Cliquez l'onglet **Fichier**.

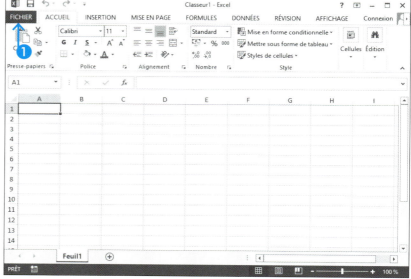

2 Cliquez **Ouvrir**.

3 Cliquez **Ordinateur**.

4 Cliquez **Parcourir**.

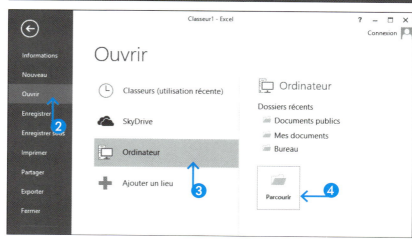

Protégez les données Excel

CHAPITRE 23

La boîte de dialogue Ouvrir apparaît.

5 Ouvrez le dossier qui contient le classeur à ouvrir.

6 Cliquez le classeur.

7 Cliquez la flèche ⌄ du bouton **Ouvrir**.

8 Cliquez **Ouvrir en lecture seule**.

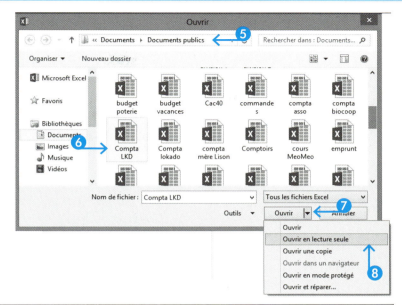

Excel ouvre le fichier en mode de lecture seule.

A La mention Lecture seule apparaît dans la barre de titre.

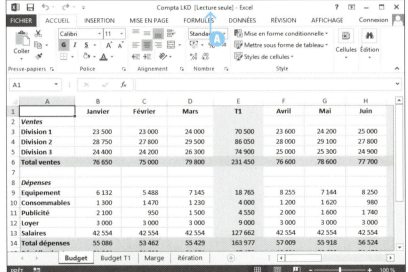

ASTUCE

Si le classeur doit être ouvert par d'autres personnes, il est possible de faciliter l'ouverture en lecture seule, ce qui réduit les risques d'accidents. Cliquez **Fichier → Enregistrer sous**, cliquez **Ordinateur** puis **Parcourir** pour ouvrir la boîte de dialogue Enregistrer sous. Cliquez le bouton **Outils** et choisissez **Options générales** pour ouvrir la boîte de dialogue Options générales. Cochez l'option **Lecture seule recommandée** (☐ devient ☑) Cliquez **OK**, puis **Enregistrer** et **Oui**. Désormais, chaque fois qu'un utilisateur tente d'ouvrir le classeur, Excel affiche un message qui préconise l'ouverture en lecture seule. L'utilisateur clique alors le bouton Oui pour ouvrir en lecture seule ou le bouton Non pour ouvrir le fichier normalement.

513

Marquez un classeur comme final pour empêcher toute modification accidentelle

Vous éviterez les risques de modification accidentelle d'un classeur en le marquant comme final.

Lorsque d'autres personnes utilisent le classeur, le mode Lecture seule dont il est question dans la tâche« Ouvrez un classeur en lecture seule » n'est pas une solution parfaite, puisque la protection dépend du bon vouloir de l'utilisateur à ouvrir le fichier en lecture seule. Pour garantir qu'un classeur sera toujours ouvert en mode Lecture seule, Excel fournit une solution plus radicale : marquer le classeur comme final. Avec cette fonction, le classeur s'ouvre systématiquement en lecture seule, mais il reste possible de modifier le fichier.

Marquez un classeur comme final pour empêcher toute modification accidentelle

1 Ouvrez le classeur à protéger.

2 Cliquez l'onglet **Fichier**.

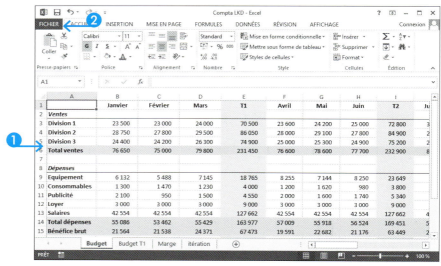

3 Cliquez **Informations**.

4 Cliquez **Protéger le classeur**.

5 Cliquez **Marquer comme final**.

6 En réponse au message d'alerte, cliquez **OK**.

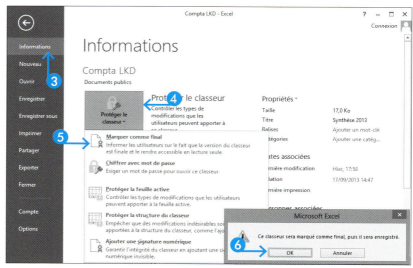

Protégez les données Excel

CHAPITRE 23

7 Dans la boîte de dialogue qui apparaît, cliquez **OK**.

A Excel ouvre le classeur en mode Lecture seule.

B La barre de message Marqué comme final apparaît.

C Excel masque le ruban.

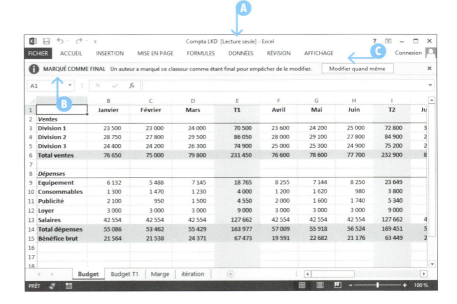

ASTUCES

Excel masque le ruban quand vous ouvrez un classeur marqué comme final, mais certaines commandes restent disponibles. Dans l'onglet Accueil, par exemple, vous disposez des commandes Copier et Rechercher. De même, la plupart des commandes de l'onglet Affichage fonctionnent normalement.

Il reste possible de modifier un classeur marqué comme final. Si la barre de message Marqué comme final est visible, cliquez le bouton **Modifier quand même**. Si vous ne voyez pas cette barre de message, cliquez **Fichier → Informations** et cliquez **Marquer comme final** pour désactiver cette protection.

Protégez un classeur en réduisant l'intervalle d'enregistrement automatique

Vous avez deux solutions pour réduire le temps de travail perdu si votre classeur venait à se fermer sans prévenir. Premièrement, prenez l'habitude d'enregistrer souvent, toutes les cinq minutes environ ; deuxièmement, exploitez la fonction de récupération automatique qui vous permet de retrouver le document avec ses modifications récentes après un plantage du logiciel.

Par défaut, Excel enregistre les documents ouverts toutes les dix minutes en vue de leur récupération. Mais quand vous êtes concentré, vous accomplissez beaucoup de travail en dix minutes. Si vous le souhaitez, réduisez l'intervalle entre deux enregistrements automatiques pour prévenir les pertes éventuelles en cas d'accident.

Protégez un classeur en réduisant l'intervalle d'enregistrement automatique

1. Cliquez l'onglet **Fichier**.

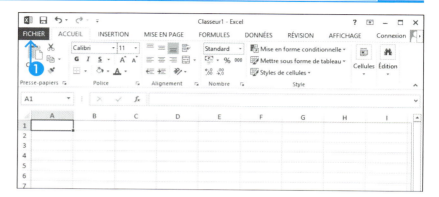

2. Cliquez **Options**.

516

CHAPITRE
23
Protégez les données Excel

La boîte de dialogue Options Excel apparaît.

③ Cliquez **Enregistrement**.

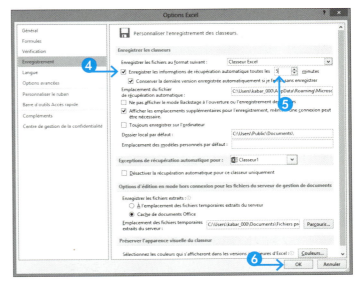

④ Cochez l'option **Enregistrer les informations de récupération automatique toutes les x minutes** (☐ devient ☑).

⑤ Définissez l'intervalle en nombre de minutes.

⑥ Cliquez **OK**.

Excel applique le nouvel intervalle d'enregistrement automatique.

ASTUCES

L'intervalle d'enregistrement automatique le plus court n'est pas toujours la meilleure solution. En effet, si le classeur est très volumineux, l'enregistrement prend un certain temps et ralentit les autres traitements. Un intervalle de 4 à 5 minutes est un bon compromis.

Si vous fermez un classeur par accident en omettant d'enregistrer, vos dernières modifications ne sont pas forcément perdues. Vous pouvez configurer Excel pour qu'il conserve toujours une copie de la dernière version enregistrée automatiquement. Pour ce faire, dans le volet Enregistrement de la boîte de dialogue Options Excel, cochez l'option **Conserver la dernière version enregistrée automatiquement si je ferme sans enregistrer**.

517

Spécifiez les cellules modifiables par l'utilisateur

Il est fréquent de créer des feuilles de calcul que d'autres personnes rempliront. Dans un tel cas, vous ne voulez surtout pas que les utilisateurs puissent modifier la structure des feuilles : ses titres, étiquettes et formules. Vous ne pouvez pas protéger la feuille en entier puisque les utilisateurs doivent pouvoir y entrer ou modifier des données à certains endroits.

La solution consiste à déverrouiller les cellules destinées à la saisie. Ainsi, quand vous activez la protection de la feuille, seules les cellules déverrouillées peuvent être modifiées. Pour un complément d'information, voyez la tâche « Protégez les données d'une feuille », plus loin dans ce chapitre.

Spécifiez les cellules modifiables par l'utilisateur

1. Affichez la feuille qui contient les cellules à configurer.
2. Sélectionnez les cellules à déverrouiller.

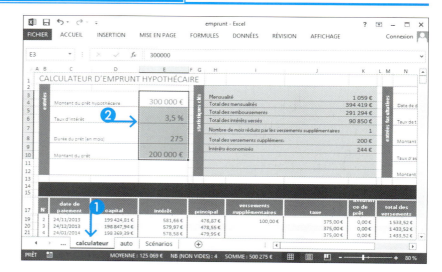

3. Cliquez l'onglet **Accueil**.

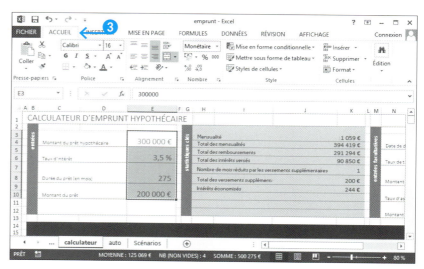

CHAPITRE 23
Protégez les données Excel

4 Cliquez **Format**.

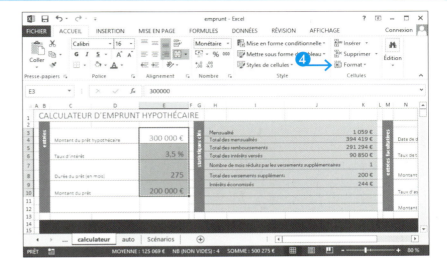

5 Cliquez **Verrouiller la cellule**.

Excel déverrouille les cellules sélectionnées.

Note. N'oubliez pas que les autres cellules ne sont pas verrouillées tant que vous n'activez pas la protection de la feuille (voir « Protégez les données d'une feuille »).

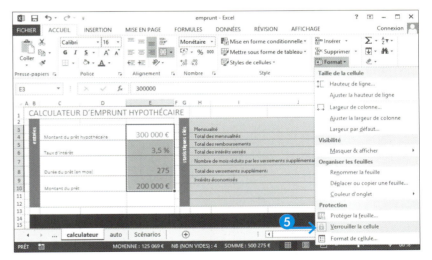

ASTUCES

Pour déverrouiller presque toutes les cellules d'une feuille, il existe un moyen rapide. Appuyez sur **Ctrl** + **A** ou cliquez **Sélectionner tout** ( ) pour sélectionner la feuille entière, puis suivez les étapes **2** à **4** pour déverrouiller la feuille entière. Sélectionnez les cellules à protéger et suivez les étapes **2** à **4** pour les verrouiller.

Par défaut, toutes les cellules de la feuille sont verrouillées quand vous protégez la feuille. Si vous n'avez déverrouillé aucune cellule, pour interdire la modification dans toutes les cellules, il vous suffit de laisser les choses en l'état et d'activer la protection de la feuille selon les instructions de la tâche « Protégez les données d'une feuille ».

Masquez une formule

Un classeur destiné à circuler auprès d'autres personnes contient peut-être des éléments que vous voulez garder confidentiels. Il pourrait contenir une formule dont les données sont privées ou la composition, secrète. Pour garder la formule hors de vue des utilisateurs, il suffit de configurer sa cellule pour la masquer.

Si vous activez la protection d'une feuille, la formule masquée n'apparaît pas dans la barre de formule lorsque l'utilisateur sélectionne la cellule. Si en plus la cellule est verrouillée, l'utilisateur ne peut pas la modifier, et le code de la formule n'apparaît pas dans la cellule.

Masquez une formule

1 Affichez la feuille qui contient les cellules à configurer.

2 Sélectionnez la cellule qui contient la formule à masquer.

Note. Sélectionnez plusieurs cellules si nécessaire.

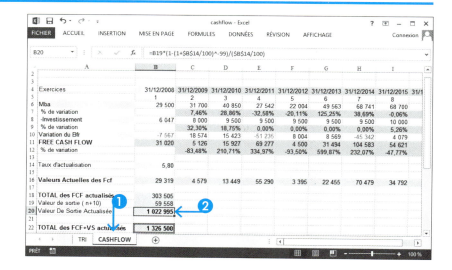

3 Cliquez l'onglet **Accueil**.

4 Cliquez **Format**.

5 Cliquez **Format de cellule**.

Note. Vous disposez aussi du raccourci Ctrl + 1.

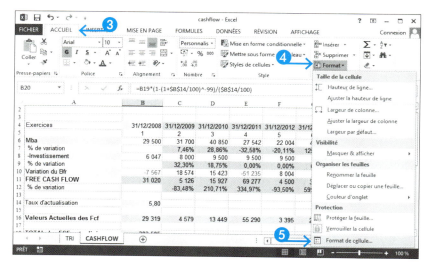

CHAPITRE 23
Protégez les données Excel

La boîte de dialogue Format de cellule apparaît.

6 Cliquez l'onglet **Protection**.

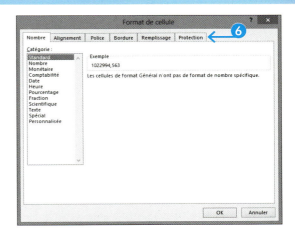

7 Cochez l'option **Masquée** (☐ devient ☑).

8 Cliquez **OK**.

Note. N'oubliez pas que la formule ne sera pas masquée tant que vous n'aurez pas protégé la feuille (voir « Protégez les données d'une feuille »).

ASTUCES

Il est possible de masquer le résultat d'une formule en définissant un format de nombre personnalisé (selon les instructions du chapitre 6). Il faut créer un format de nombre personnalisé vide, qui se compose uniquement de trois points-virgules (;;;). Vous attribuerez ensuite ce format à la cellule de la formule.

Si le classeur contient des scénarios (voir chapitre 16), vous pourriez préférer que les autres utilisateurs n'y aient pas accès. Pour masquer un scénario, cliquez l'onglet **Données**, cliquez **Analyse scénarios** (🗇) puis **Gestionnaire de scénarios**. Dans la boîte de dialogue Gestionnaire de scénarios, cliquez le scénario et cliquez le bouton **Modifier**. Cochez l'option **Masquer** (☐ devient ☑) et cliquez **OK**.

Protégez une plage avec un mot de passe

Si vous prévoyez de faire circuler un classeur qui contient des données ou formules importantes dans une plage, vous devrez vous assurer que les autres utilisateurs ne peuvent pas modifier ou supprimer cette plage. Vous pourriez verrouiller la plage (voir la tâche « Spécifiez les cellules modifiables par l'utilisateur »), mais comment faire si vous-même ou une personne de confiance avez besoin de modifier les cellules protégées ?

Dans un tel cas, vous pouvez protéger une plage avec un mot de passe et fournir ce mot de passe uniquement aux personnes habilitées à modifier la plage.

Protégez une plage avec un mot de passe

1 Sélectionnez la plage à protéger.

2 Cliquez l'onglet **Révision**.

3 Cliquez **Permettre la modification des plages** (🗐).

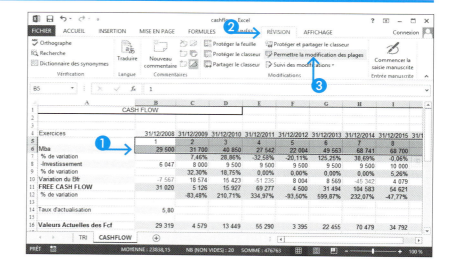

La boîte de dialogue Permettre la modification des plages apparaît.

4 Cliquez **Nouvelle**.

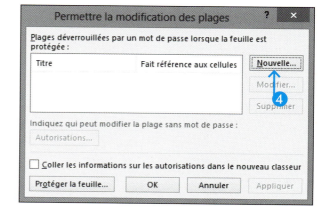

522

CHAPITRE 23
Protégez les données Excel

La boîte de dialogue Nouvelle plage apparaît.

5 Tapez un titre pour la plage.

6 Tapez le mot de passe à utiliser pour protéger la plage.

7 Cliquez **OK**.

Excel vous invite à retaper le mot de passe.

8 Tapez le mot de passe.

9 Cliquez **OK**.

A Excel ajoute la plage à la liste des plages déverrouillées par un mot de passe lorsque la feuille est protégée.

10 Cliquez **OK**.

Note. N'oubliez pas que le mot de passe pour la plage ne sert à rien tant que la feuille n'est pas protégée (voir la tâche « Protégez les données d'une feuille »).

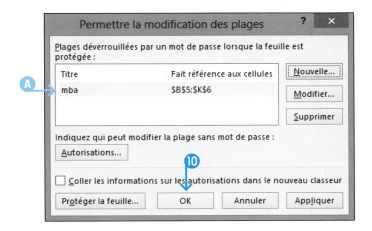

ASTUCES

Si vous voulez changer le mot de passe, le titre ou les coordonnées de la plage, cliquez l'onglet **Révision** et cliquez **Permettre la modification des plages** (🗒) pour ouvrir la boîte de dialogue éponyme. Cliquez la plage puis le bouton **Modifier**, et servez-vous de la boîte de dialogue Modifier la plage pour apporter les changements voulus.

Pour vous épargner de taper le mot de passe d'accès à une plage, vous pouvez la configurer de sorte que votre compte d'utilisateur Windows soit autorisé à modifier la plage. Cliquez l'onglet **Révision** et cliquez **Permettre la modification des plages** (🗒) pour ouvrir la boîte de dialogue éponyme. Cliquez le bouton **Autorisations**, cliquez **Ajouter**, tapez votre nom d'utilisateur et cliquez **OK** à deux reprises.

523

Protégez les données d'une feuille

Les trois dernières tâches présentent trois méthodes pour protéger des données dans une feuille : déverrouiller uniquement les cellules que les utilisateurs sont autorisés à modifier, configurer une cellule pour qu'elle n'affiche pas sa formule quand elle est sélectionnée et configurer une plage pour que sa modification nécessite la saisie d'un mot de passe.

Pour mettre en œuvre ces mesures de sécurité, il faut activer la fonction de protection de la feuille. Vous pouvez aussi configurer la feuille pour que la saisie d'un mot de passe soit nécessaire pour désactiver la protection. Ainsi, personne ne peut retirer la protection de la feuille sans taper le mot de passe au préalable.

Protégez les données d'une feuille

1. Affichez la feuille à protéger.
2. Cliquez l'onglet **Révision**.
3. Cliquez **Protéger la feuille** ( ).

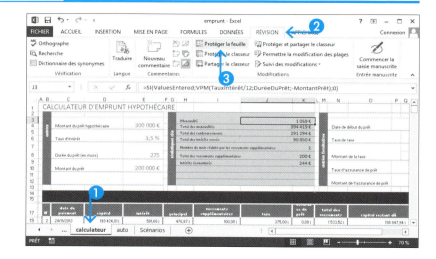

La boîte de dialogue Protéger la feuille apparaît.

4. Assurez-vous que l'option **Protéger la feuille et le contenu des cellules verrouillées** est cochée ( ).

5. Tapez le mot de passe que vous voulez utiliser pour désactiver la protection.

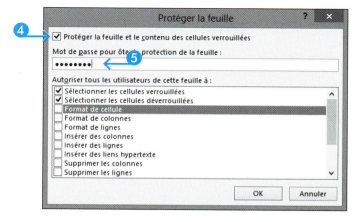

524

CHAPITRE 23
Protégez les données Excel

6 Cochez la case devant chaque action qui sera autorisée à tous les utilisateurs (☐ devient ☑).

7 Cliquez **OK**.

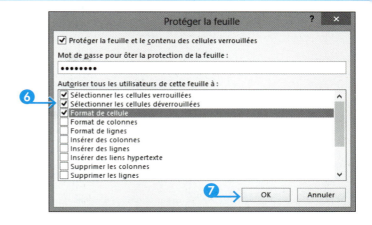

Excel vous demande de confirmer le mot de passe.

8 Tapez le mot de passe.

9 Cliquez **OK**.

Excel active la protection de la feuille en verrouillant ses cellules.

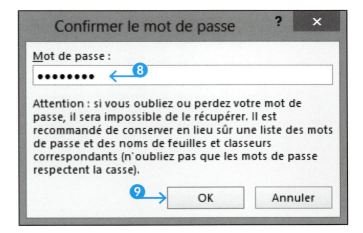

ASTUCES

Il est possible de protéger la feuille et de configurer simultanément une plage avec un mot de passe. Suivez les instructions des étapes 1 à 9 de la tâche « Protégez une plage avec un mot de passe » pour définir la plage protégée par mot de passe. De retour dans la boîte de dialogue Permettre la modification des plages, cliquez le bouton **Protéger la feuille** et suivez les instructions des étapes 4 à 9 de cette tâche.

Si la protection d'une feuille devient inutile, vous aurez intérêt à la désactiver pour faciliter l'emploi de la feuille. Affichez la feuille concernée, cliquez l'onglet **Révision** et cliquez **Ôter la protection de la feuille** (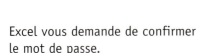). Dans la boîte de dialogue qui apparaît, tapez le mot de passe de protection et cliquez **OK**.

Protégez la structure d'un classeur

Vous pouvez empêcher tout changement dans un classeur en activant la protection de sa structure. Vous pouvez aussi configurer le classeur de sorte que la saisie d'un mot de passe soit nécessaire pour retirer la protection.

Lorsque la structure du classeur est protégée, les utilisateurs ne peuvent pas ajouter de nouvelles feuilles, ni renommer, supprimer, déplacer, copier, masquer ou réafficher les feuilles existantes. Voyez l'astuce page suivante pour découvrir les commandes désactivées par la protection du classeur.

Protégez la structure d'un classeur

1 Affichez le classeur à protéger.
2 Cliquez l'onglet **Révision**.
3 Cliquez **Protéger le classeur** ( ).

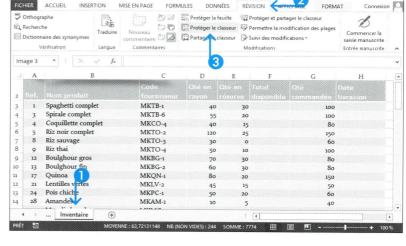

Excel affiche la boîte de dialogue Protéger la structure et les fenêtres.

4 Cochez l'option **Structure** (☐ devient ☑).
5 Tapez un mot de passe dans le champ **Mot de passe** si nécessaire.
6 Cliquez **OK**.

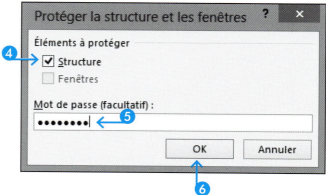

526

CHAPITRE 23
Protégez les données Excel

Si vous avez spécifié un mot de passe, Excel vous demande de le confirmer.

7 Retapez le mot de passe.

8 Cliquez **OK**.

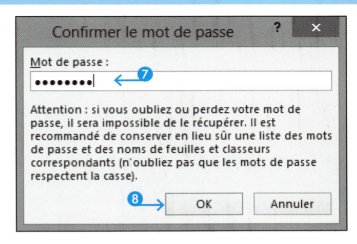

A Excel désactive dans le ruban la plupart des commandes relatives aux feuilles.

B Excel désactive la plupart des commandes relatives aux feuilles dans le menu contextuel de la feuille.

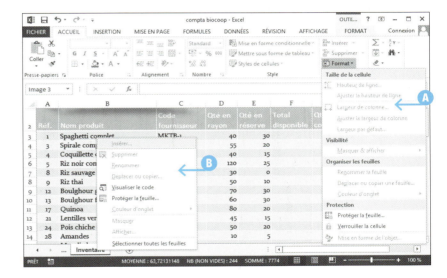

ASTUCES

Dans un classeur dont la structure est protégée, Excel désactive les commandes relatives aux feuilles de calcul, y compris Insérer, Supprimer, Renommer, Déplacer ou copier, Couleur d'onglet, Masquer et Afficher. De plus, le Gestionnaire de scénarios n'a plus le pouvoir de créer des rapports de synthèse.

Si la protection de la structure d'un classeur est devenue inutile, vous pouvez la retirer en commençant par suivre les étapes **1** à **3**. Si le classeur est protégé par un mot de passe, tapez-le dans la boîte de dialogue Ôter la protection du classeur et cliquez **OK**. Excel supprime la protection du classeur.

Restaurez une version précédente d'un classeur

S'il vous arrive de faire une modification malheureuse dans un classeur, de le supprimer par accident ou de l'endommager suite à une panne d'Excel ou du système d'exploitation, vous pouvez en général récupérer une version antérieure du fichier.

La fonction de récupération d'Excel protège vos données en enregistrant votre travail à intervalles réguliers. (Cette fonction est décrite à la tâche « Protégez un classeur en réduisant l'intervalle d'enregistrement automatique ».) La fonction de récupération vérifie régulièrement si le classeur contient des modifications pas encore enregistrées. Si c'est le cas, Excel mémorise l'état actuel du classeur et le conserve en tant que version précédente du fichier.

Restaurez une version précédente d'un classeur

1. Ouvrez le classeur dans lequel vous voulez travailler.
2. Cliquez l'onglet **Fichier**.

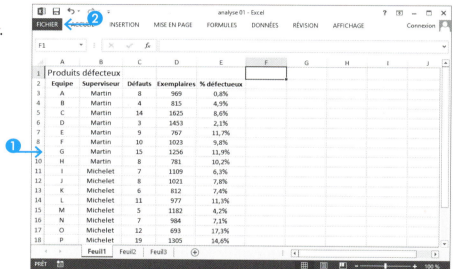

3. Cliquez **Informations**.
   A. Excel présente les versions précédentes du classeur.
4. Cliquez la version à restaurer.

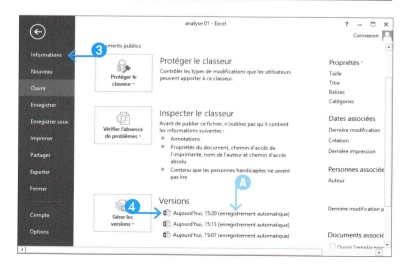

CHAPITRE 23
Protégez les données Excel

B La barre de message Version enregistrée automatiquement apparaît.

5 Cliquez **Restaurer**.

Excel vous avertit que la version récupérée va remplacer la dernière version enregistrée du classeur.

6 Cliquez **OK**.

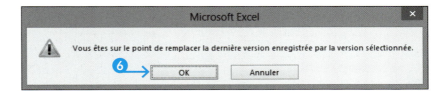

Excel restaure la version précédente que vous avez sélectionnée.

ASTUCES

Restaurer une version précédente vous sera utile si vous commettez une erreur en travaillant dans le classeur et souhaitez retrouver un état antérieur, avant vos interventions malheureuses. Un autre cas de figure peut se présenter si le logiciel ou le système d'exploitation rencontre un problème suffisamment sérieux pour endommager votre fichier. Vous retrouverez une version fonctionnelle du fichier en restaurant une version précédente.

Excel peut vous sauver la mise même si vous avez perdu le travail effectué dans un classeur qui n'a jamais été enregistré. En effet, Excel 2013 mémorise en coulisse le contenu des nouveaux classeurs pas encore enregistrés. Cliquez **Fichier** → **Informations** → **Gérer les versions**. Cliquez **Récupérer des classeurs non enregistrés** pour ouvrir le dossier UnsavedFiles, cliquez la version à restaurer et cliquez **Ouvrir**.

CHAPITRE 24

Renforcez la sécurité

La sécurité dans Excel est un vaste sujet qui concerne plusieurs aspects, y compris les menaces externes envers vos documents et les fuites involontaires d'informations privées. Ce chapitre présente des astuces et conseils destinés à renforcer la sécurité et la confidentialité des documents Excel.

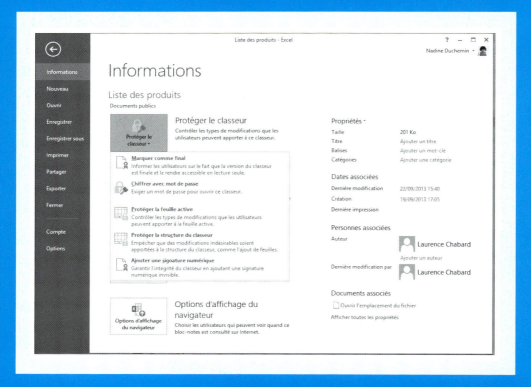

Ouvrez un classeur en mode protégé 532
Bloquez les types de fichiers à risque. 534
Définissez le niveau de sécurité des macros 536
Signez numériquement vos macros Excel 538
Créez un emplacement approuvé pour l'ouverture
 de fichiers. 540
Inspectez un classeur à la recherche
 d'informations privées 542
Attribuez un mot de passe à un classeur 544
Activez le contrôle parental d'Excel 546
Désactivez les connexions et liaisons externes. 548
Appliquez une signature numérique à un classeur 550

Ouvrez un classeur en mode protégé

L'ouverture d'un classeur douteux en mode protégé vous garantit qu'il ne risque pas de mettre en danger vos documents ou votre système d'exploitation.

Les macros VBA (*Visual Basic for Application*) sont susceptibles de contenir du code qui risque d'endommager le système. Dans certains cas, le code malveillant peut s'exécuter dès l'ouverture du classeur. Pour vous protéger contre un tel risque, Excel met à votre disposition le mode protégé, dans lequel le classeur s'ouvre en lecture seule avec ses macros désactivées.

Ouvrez un classeur en mode protégé

1 Cliquez l'onglet **Fichier**.

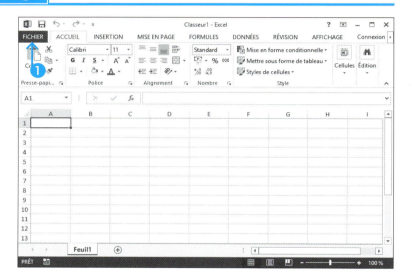

2 Cliquez **Ouvrir**.
3 Cliquez **Ordinateur**.
4 Cliquez **Parcourir**.

CHAPITRE 24
Renforcez la sécurité

La boîte de dialogue Ouvrir apparaît.

5 Ouvrez le dossier qui contient le classeur à ouvrir.

6 Cliquez le fichier.

7 Cliquez la flèche ⌄ du bouton **Ouvrir**.

Excel affiche les options d'ouverture des classeurs.

8 Cliquez **Ouvrir en mode protégé**.

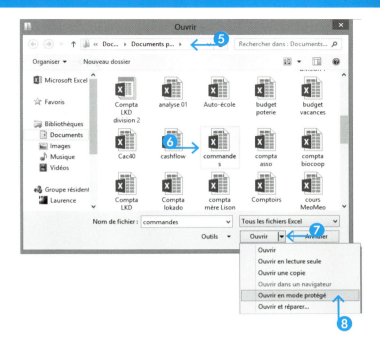

Le classeur s'ouvre en mode protégé.

A La barre de message Mode protégé apparaît.

B Excel masque le ruban.

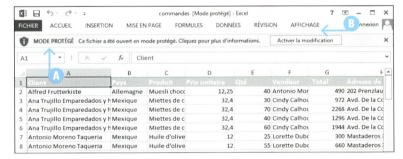

ASTUCES

Certains classeurs s'ouvrent automatiquement en mode protégé dans Excel. C'est le cas des fichiers téléchargés d'Internet, transmis en pièce jointe d'un message ou provenant d'un dossier à risque, comme le dossier de fichiers Internet temporaires qui sert de cache à Internet Explorer. Excel examine chaque fichier lors de l'ouverture afin d'en valider la structure et choisit d'ouvrir le classeur en mode protégé s'il découvre des anomalies lors de la validation.

Vous pouvez désactiver l'ouverture automatique en mode protégé si vous êtes sûr de l'origine des fichiers. Cliquez **Fichier** → **Options** pour ouvrir la boîte de dialogue Options Excel. Cliquez **Centre de gestion de la confidentialité** puis **Paramètres du Centre de gestion de la confidentialité**. Dans la boîte de dialogue qui apparaît, cliquez **Mode protégé** et retirez la coche de chaque option de sécurité que vous voulez désactiver (☐ devient ☑). Cliquez **OK**.

Bloquez les types de fichiers à risque

Vous pouvez configurer Excel pour bloquer les types de fichiers à risque, susceptibles de contenir des macros avec des virus ou du code malveillant.

Lorsque vous ouvrez un classeur en mode protégé, Excel vous permet de le modifier en cliquant le bouton Activer la modification dans la barre de message Mode protégé. Mais vous préférerez peut-être que certains types de fichiers ne soient jamais ouverts en dehors du mode protégé, comme les classeurs avec macros. Les paramètres de blocage des fichiers vous serviront à choisir les types de fichiers à ouvrir en mode protégé et ceux pour lesquels le bouton Activer la modification ne sera jamais disponible.

Bloquez les types de fichiers à risque

1 Cliquez l'onglet **Fichier**.

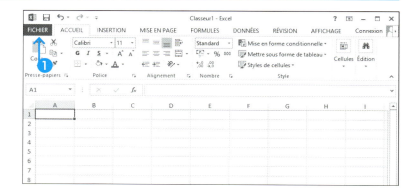

2 Cliquez **Options**.

CHAPITRE 24
Renforcez la sécurité

La boîte de dialogue Options Excel apparaît.

3 Cliquez **Centre de gestion de la confidentialité**.

4 Cliquez **Paramètres du Centre de gestion de la confidentialité**.

La boîte de dialogue Centre de gestion de la confidentialité apparaît.

5 Cliquez **Paramètres de blocage des fichiers**.

6 Cliquez les cases de la colonne Ouvrir pour chaque format de fichier à bloquer (☐ devient ☑).

7 Sélectionnez l'option **Ouvrir les types de fichiers sélectionnés en mode protégé** (○ devient ⦿).

8 Cliquez **OK**.

9 Cliquez **OK**.

Excel met en application les nouveaux paramètres de blocage.

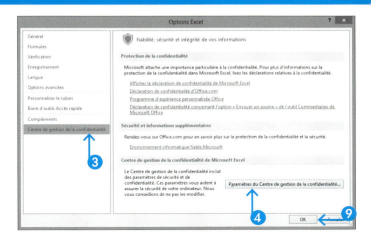

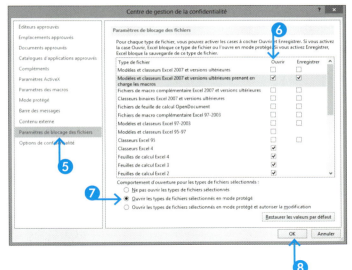

ASTUCES

Pour une sécurité maximale, vous pouvez empêcher l'ouverture des fichiers à risque. Suivez les instructions des étapes 1 à 5 pour afficher l'onglet Paramètres de blocage des fichiers. Sélectionnez l'option **Ne pas ouvrir les types de fichiers sélectionnés** (○ devient ⦿).

Si dans la pratique vous constatez que vous avez parfois besoin d'ouvrir des types de fichiers que vous avez bloqués, vous pouvez rétablir les paramètres par défaut d'Excel 2013. Suivez les instructions des étapes 1 à 5 pour afficher l'onglet Paramètres de blocage des fichiers et cliquez le bouton **Restaurer les valeurs par défaut**. À la demande de confirmation, cliquez le bouton **Restaurer les paramètres par défaut**, puis cliquez **OK**.

Définissez le niveau de sécurité des macros

Le grand potentiel du langage VBA étant souvent détourné de façon malveillante, vous pouvez régler les paramètres de sécurité d'Excel pour désactiver les macros de différentes manières. L'option Désactiver toutes les macros sans notification désactive toutes les macros sans possibilité de les activer. L'option Désactiver toutes les macros avec notification vous avertit que le document comprend des macros et les désactive tout en vous offrant la possibilité de les activer.

L'option Désactiver toutes les macros à l'exception des macros signées numériquement active les macros d'origine certifiée par une signature numérique. Enfin, l'option Activer toutes les macros laisse s'exécuter toutes les macros sans restriction.

Définissez le niveau de sécurité des macros

❶ Cliquez l'onglet **Fichier**.

❷ Cliquez **Options**.

CHAPITRE 24
Renforcez la sécurité

La boîte de dialogue Options Excel apparaît.

3 Cliquez **Centre de gestion de la confidentialité**.

4 Cliquez **Paramètres du Centre de gestion de la confidentialité**.

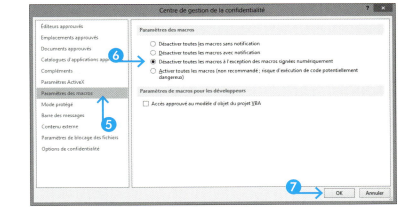

La boîte de dialogue Centre de gestion de la confidentialité apparaît.

5 Cliquez **Paramètres des macros**.

6 Sélectionnez le niveau de sécurité voulu (○ devient ◉).

7 Cliquez **OK**.

8 Cliquez **OK**.

Excel met en application le niveau de sécurité des macros.

ASTUCES

Il est conseillé de choisir le niveau de sécurité Désactiver toutes les macros à l'exception des macros signées numériquement. Avec cette option, Excel active uniquement les macros dont le projet VBA a été signé numériquement par un certificat d'une source fiable. Les autres macros sont automatiquement désactivées. Cette option fournit un excellent niveau de sécurité par rapport aux macros. Mais elle vous oblige à autosigner vos macros, comme l'explique la tâche suivante, « Signez numériquement vos macros Excel ».

Si vous n'avez pas d'antivirus, choisissez l'option Activer toutes les macros si vous n'ouvrez que vos propres documents, jamais ceux d'autrui. Si vous avez un antivirus, ce niveau de sécurité peut convenir à condition que vous n'ouvriez que vos propres documents et ceux dont vous connaissez les auteurs.

Signez numériquement vos macros Excel

Si vous choisissez le niveau de sécurité qui désactive toutes les macros sans notification, Excel ne vous autorise pas à exécuter vos propres macros si elles se trouvent en dehors du classeur de macros personnelles. Toutefois, vous pouvez prouver que vous êtes l'auteur de vos propres macros en les *autosignant*, ce qui crée un certificat valide uniquement sur votre ordinateur et qui ne s'applique qu'à vos créations.

Vous lancerez le programme SelfCert.exe pour créer votre certificat numérique personnel, comme l'explique l'astuce page suivante, puis vous apposerez ce certificat à chacun de vos projets VBA.

Signez numériquement vos macros Excel

① Appuyez sur Alt + F11.

Excel ouvre l'éditeur Microsoft Visual Basic pour Applications.

② Cliquez le projet que vous voulez signer.

③ Cliquez **Outils**.

④ Cliquez **Signature électronique**.

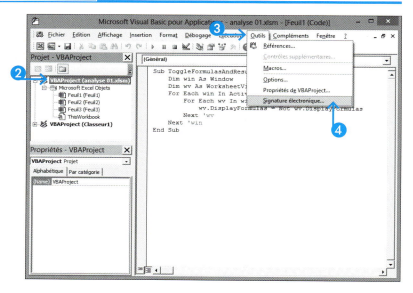

La boîte de dialogue Signature numérique apparaît.

⑤ Cliquez **Choisir**.

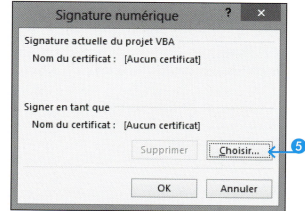

CHAPITRE 24
Renforcez la sécurité

La boîte de dialogue Sécurité de Windows apparaît.

A Windows affiche votre certificat numérique.

Note. Pour disposer d'un tel certificat, vous devez d'abord exécuter le programme SelfCert.exe, comme l'explique l'astuce ci-dessous.

6 Cliquez **OK**.

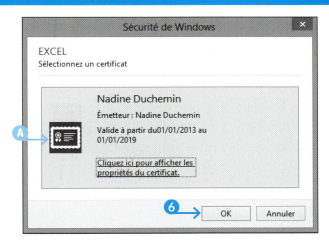

B Le certificat apparaît dans la boîte de dialogue Signature numérique.

7 Cliquez **OK**.

8 Cliquez **OK**.

Excel appose la signature numérique au projet.

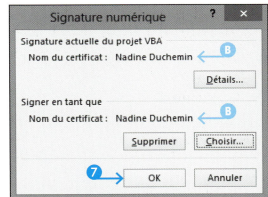

ASTUCE

Pour être en mesure d'apposer une signature numérique à vos macros, vous devez créer un certificat numérique. Appuyez sur ⊞ + R pour ouvrir la boîte de dialogue Exécuter. Tapez l'adresse suivante dans le champ **Ouvrir** et cliquez **OK** :

`%ProgramFiles%\Microsoft Office 15\root\Office 15\SelfCert.exe`

Dans la boîte de dialogue Créer un certificat numérique, tapez votre nom dans le champ **Le nom de votre certificat** et cliquez **OK**. Excel crée un certificat à votre nom et affiche un message de confirmation à l'issue de l'opération. Vous pouvez désormais utiliser votre certificat pour signer numériquement votre code VBA comme l'expliquent les instructions de cette tâche.

Créez un emplacement approuvé pour l'ouverture de fichiers

Vous faciliterez l'emploi des classeurs avec macros en les regroupant dans un emplacement approuvé.

Si vous ne voulez pas signer vos projets VBA ni activer toutes les macros, Excel propose une autre solution : stocker dans un emplacement approuvé les documents dont les macros sont activées. Un *emplacement approuvé* est un dossier qui ne contient que des classeurs inoffensifs qu'Excel peut ouvrir en activant leurs macros. Au départ, Excel contient plusieurs emplacements approuvés, mais ils ne conviennent pas pour stocker des fichiers. Pour ranger vos classeurs, vous pouvez définir comme emplacement approuvé le dossier de votre choix.

Créez un emplacement approuvé pour l'ouverture de fichiers

1 Cliquez l'onglet **Fichier**.

2 Cliquez **Options**.

La boîte de dialogue Options Excel apparaît.

3 Cliquez **Centre de gestion de la confidentialité**.

4 Cliquez **Paramètres du Centre de gestion de la confidentialité**.

La boîte de dialogue Centre de gestion de la confidentialité apparaît.

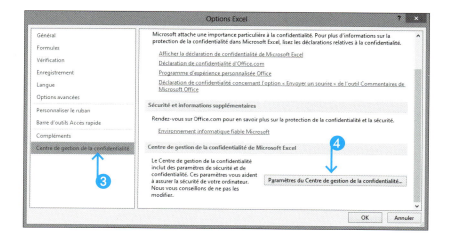

CHAPITRE 24
Renforcez la sécurité

5 Cliquez **Emplacements approuvés**.

6 Cliquez **Ajouter un nouvel emplacement**.

La boîte de dialogue Emplacement approuvé de Microsoft Office apparaît.

7 Tapez le chemin d'accès au dossier à définir comme emplacement approuvé.

A Autrement, cliquez **Parcourir** pour sélectionner un dossier dans la boîte de dialogue Parcourir.

Note. Pour disposer d'un tel certificat, vous devez d'abord exécuter le programme SelfCert.exe, comme l'explique l'astuce ci-dessous.

8 Cliquez **OK**.

Excel ajoute le dossier à la liste Emplacements approuvés (non illustrée).

9 Cliquez **OK**.

10 Cliquez **OK**.

Excel fait désormais entièrement confiance aux classeurs de ce dossier, devenu emplacement approuvé.

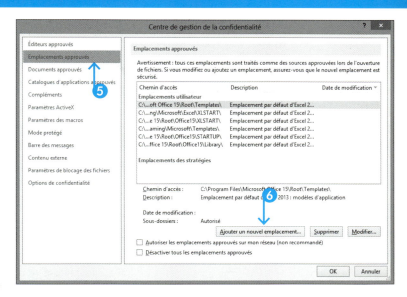

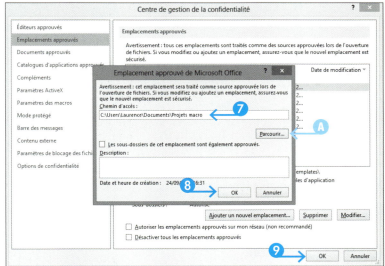

ASTUCES

Par défaut, Excel ne vous permet pas de spécifier un dossier réseau partagé comme emplacement approuvé. Si vous ouvrez souvent des classeurs avec macros depuis un dossier réseau, vous pouvez configurer Excel pour autoriser les dossiers réseau comme emplacements approuvés. Suivez les instructions des étapes **1** à **5** pour afficher le volet Emplacements approuvés et cochez l'option **Autoriser les emplacements approuvés sur mon réseau** (☐ devient ☑).

Si un emplacement approuvé est devenu inutile, vous devriez le supprimer de la liste par mesure de sécurité. Suivez les instructions des étapes **1** à **5** pour afficher le volet Emplacements approuvés, cliquez le dossier à retirer de la liste et cliquez **Supprimer**.

Inspectez un classeur à la recherche d'informations privées

Si vous prévoyez de faire circuler l'un de vos classeurs, vous devriez inspecter le document pour éliminer les informations personnelles.

Les classeurs Excel contiennent souvent des données qui dévoilent des informations à propos de vous, des autres personnes qui ont utilisé le document, de l'emplacement du fichier, des adresses électroniques, *etc*. On appelle ce type d'informations *métadonnées* et, si vous préférez ne pas divulguer toutes les informations qu'elles recèlent, vous pouvez facilement éliminer certaines métadonnées de vos classeurs.

Inspectez un classeur à la recherche d'informations privées

❶ Ouvrez le classeur à inspecter.

❷ Cliquez **Enregistrer** (🖫) pour enregistrer le fichier.

❸ Cliquez l'onglet **Fichier**.

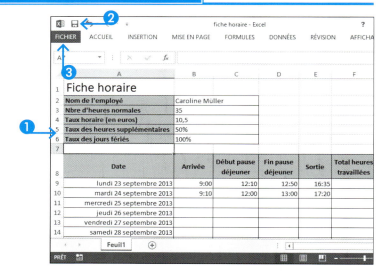

❹ Cliquez **Informations**.

❺ Cliquez **Vérifier l'absence de problèmes**.

❻ Cliquez **Inspecter le document**.

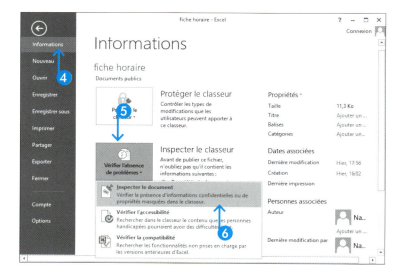

La boîte de dialogue Inspecteur de document apparaît.

7 Retirez la coche devant chacun des éléments que vous ne voulez pas inspecter (☐ devient ☑).

8 Cliquez **Inspecter**.

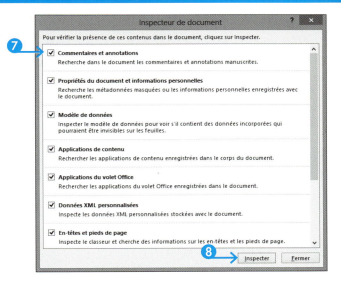

A L'inspecteur recherche les types de métadonnées spécifiés et affiche le résultat.

9 Pour supprimer du classeur un type de métadonnées, cliquez son bouton **Supprimer tout**.

10 Répétez l'étape **9** pour supprimer d'autres types de métadonnées du classeur.

11 Cliquez **Fermer**.

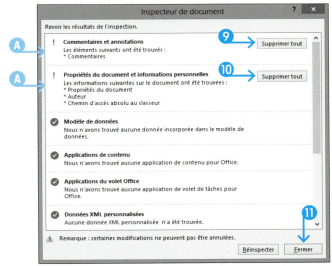

ASTUCE

Vous n'êtes pas obligé de passer par l'Inspecteur de document pour voir si le classeur contient des métadonnées potentiellement confidentielles. Cliquez l'onglet **Fichier** puis **Informations** pour afficher le volet d'informations du classeur.

Dans le volet Informations, la rubrique Inspecter le classeur présente la liste des informations privées, ainsi que les questions d'accessibilité et de compatibilité.

Si cette rubrique ne mentionne aucun type de données confidentielles, vous n'avez pas besoin de lancer l'Inspecteur de document.

Attribuez un mot de passe à un classeur

Si le classeur contient des données privées ou confidentielles, vous devrez prendre des précautions pour empêcher toute indiscrétion. Pour vous assurer que seules les personnes autorisées peuvent ouvrir le classeur, vous lui attribuerez un mot de passe. Ainsi, les utilisateurs qui ne connaissent pas le mot de passe ne peuvent pas ouvrir le document. L'attribution d'un mot de passe a aussi pour conséquence de chiffrer le classeur, ce qui empêche de voir son contenu en dehors d'Excel.

Attribuez un mot de passe à un classeur

1. Cliquez l'onglet **Fichier**.
2. Cliquez **Enregistrer sous**.
3. Cliquez **Ordinateur**.
4. Cliquez **Parcourir**.

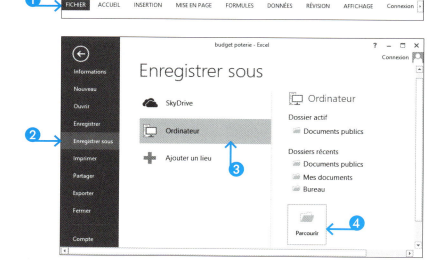

La boîte de dialogue Enregistrer sous apparaît.

5. Cliquez **Outils**.
6. Cliquez **Options générales**.

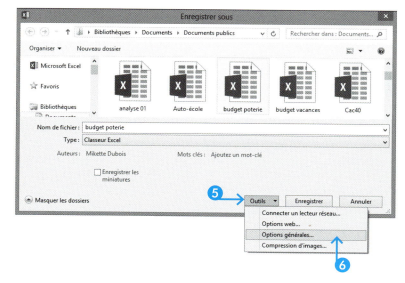

CHAPITRE 24
Renforcez la sécurité

La boîte de dialogue Options générales apparaît.

7 Tapez le mot de passe dans le champ **Mot de passe pour la lecture**.

8 Cliquez **OK**.

La boîte de dialogue Confirmer le mot de passe apparaît.

9 Retapez le mot de passe.

10 Cliquez **OK**.

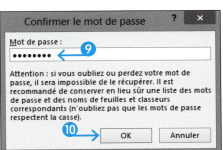

11 Cliquez **Enregistrer**.

Excel demande si vous voulez remplacer le fichier existant.

12 Cliquez **Oui**.

Excel enregistre le classeur avec son mot de passe.

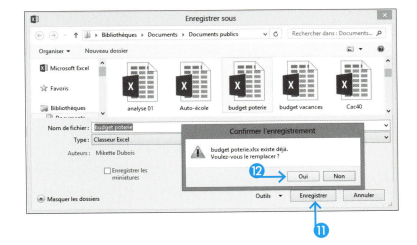

ASTUCES

Prenez soin de choisir un mot de passe sécurisé. Il doit se composer d'au moins huit caractères : chiffres et lettres en majuscules et minuscules. Comme Excel différencie les majuscules et minuscules, il importe que vous mémorisiez correctement la casse des lettres du mot de passe.

Si vous oubliez le mot de passe d'un classeur, il n'existe aucun moyen de le récupérer et vous ne pourrez plus jamais accéder au document. Par mesure de précaution, vous devriez noter le mot de passe par écrit et conserver cette note dans un endroit sûr.

Activez le contrôle parental d'Excel

Si vous avez des enfants qui utilisent Excel, vous pouvez activer la fonction de contrôle parental pour éviter qu'ils ne soient exposés à du contenu inapproprié dans le volet Rechercher.

Le volet Rechercher sert à vérifier l'orthographe d'un mot, sa traduction et ses synonymes. Mais il permet aussi de lancer des recherches documentaires sur Internet avec le moteur de recherche Bing, et celui-ci risque de fournir des résultats inappropriés à un jeune public. Pour vous assurer que la fonction de recherche va bloquer les contenus inappropriés, vous activerez le contrôle parental.

Activez le contrôle parental d'Excel

1 Utilisez Excel dans un compte d'utilisateur Windows de type Administrateur.

Note. Pour savoir comment lancer Excel en tant qu'administrateur, voyez l'astuce page suivante.

2 Cliquez l'onglet **Révision**.

3 Cliquez **Recherche**.

A Excel affiche le volet Rechercher.

4 Cliquez **Options de recherche**.

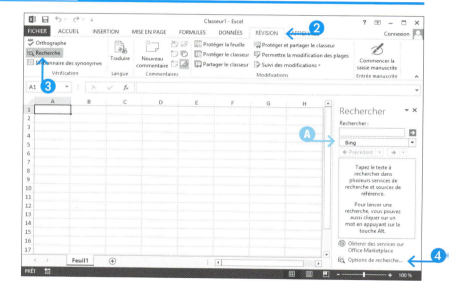

La boîte de dialogue Options de recherche apparaît.

5 Cliquez **Contrôle parental**.

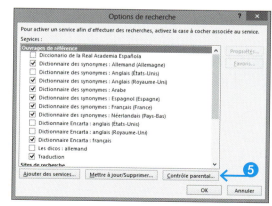

CHAPITRE 24
Renforcez la sécurité

La boîte de dialogue Contrôle parental apparaît.

6 Cochez l'option **Activer le filtrage de contenu pour que les services bloquent tout résultat inconvenant** (☐ devient ☑).

7 Tapez un mot de passe dans le champ de texte.

8 Cliquez **OK**.

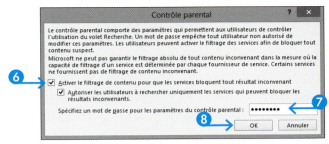

La boîte de dialogue Confirmer le mot de passe apparaît.

9 Retapez le mot de passe.

10 Cliquez **OK**.

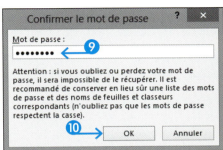

B La boîte de dialogue Options de recherche indique que le contrôle parental est activé.

11 Cliquez **OK**.

Désormais, Excel filtre le contenu à présenter dans le volet Rechercher.

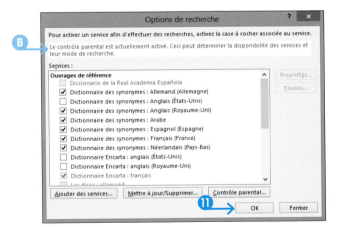

ASTUCE

Pour utiliser Excel en tant qu'administrateur sous Windows 8, affichez l'écran d'accueil, cliquez du bouton droit la tuile Excel 2013 et cliquez **Exécuter comme administrateur**. Sous une version antérieure de Windows, appuyez sur ⊞ + R pour ouvrir la boîte de dialogue Exécuter, tapez `%ProgramFiles%\Microsoft Office 15\root\Office 15\` et cliquez **OK**. Cliquez du bouton droit le fichier Excel et choisissez **Exécuter comme administrateur**. Si nécessaire, tapez le mot de passe de votre compte administrateur.

Désactivez les connexions et liaisons externes

Vous renforcerez la sécurité et la confidentialité en désactivant le contenu externe dans les classeurs et surtout les connexions et liens vers d'autres classeurs.

Dans ce contexte, une *connexion de données* est une voie de communication entre Excel et une source externe, tel un fichier ou un serveur de base de données. Les connexions de données sont généralement sans danger, mais les pirates sont capables d'exploiter ces connexions pour récolter des informations sur votre système ou exécuter du code malveillant à votre insu.

Une *liaison entre classeurs* est une référence dans une formule qui renvoie vers une cellule ou une plage d'un autre classeur. Ces liaisons sont généralement inoffensives, mais un utilisateur mal intentionné pourrait établir une liaison vers une macro qui exécute du code destructeur.

Désactivez les connexions et liaisons externes

❶ Cliquez l'onglet **Fichier**.

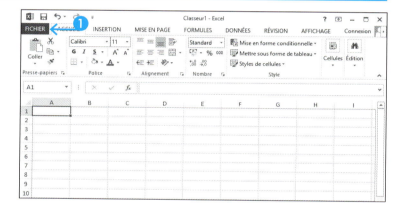

❷ Cliquez **Options**.

CHAPITRE 24
Renforcez la sécurité

La boîte de dialogue Options Excel apparaît.

3 Cliquez **Centre de gestion de la confidentialité**.

4 Cliquez **Paramètres du Centre de gestion de la confidentialité**.

La boîte de dialogue Centre de gestion de la confidentialité apparaît.

5 Cliquez **Contenu externe**.

6 Pour interdire toutes les connexions externes, sélectionnez l'option **Désactiver toutes les connexions de données** (○ devient ⦿).

7 Pour interdire l'actualisation des liaisons entre classeurs, sélectionnez l'option **Désactiver la mise à jour automatique des liaisons de classeur** (○ devient ⦿).

8 Cliquez **OK**.

9 Cliquez **OK**.

Excel applique les nouveaux réglages de sécurité.

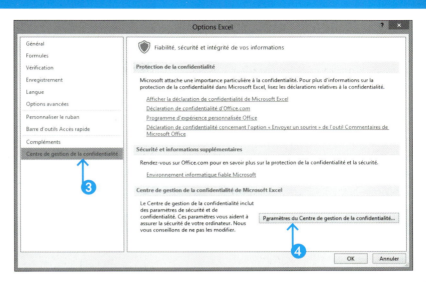

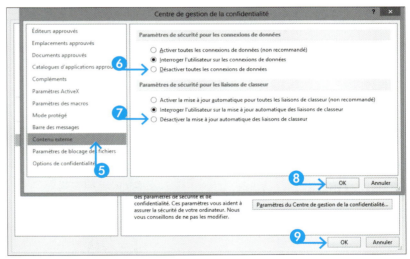

ASTUCE

Si vous n'utilisez que les classeurs et données externes que vous créez vous-même sans jamais les faire circuler, vous pourriez au contraire réduire le niveau de sécurité en autorisant toutes les connexions et liaisons externes. Cette solution vous fera gagner du temps par rapport à la configuration par défaut d'Excel qui vous oblige à autoriser les contenus externes *via* la barre de message.

Suivez les instructions des étapes 1 à 5 pour afficher le volet Contenu externe. Pour autoriser les connexions externes, sélectionnez l'option **Activer toutes les connexions de données** (○ devient ⦿). Pour autoriser l'actualisation des liaisons, sélectionnez l'option **Activer la mise à jour automatique pour toutes les liaisons de classeur** (○ devient ⦿).

Appliquez une signature numérique à un classeur

Quand vous transmettez un classeur à un autre utilisateur, vous pouvez lui certifier que vous êtes l'auteur du document en y appliquant votre signature numérique.

Si vous envoyez un document à quelqu'un, la seule manière de vous authentifier comme auteur du fichier consiste à le signer avec un certificat numérique obtenu auprès d'un organisme de certification agréé. Le destinataire du classeur peut alors inspecter la signature pour vérifier qu'elle provient d'un organisme autorisé à délivrer de tels certificats et que le document n'a pas été trafiqué depuis la signature (qui, autrement, perdrait sa validité).

Appliquez une signature numérique à un classeur

1 Ouvrez le classeur à signer.

2 Cliquez l'onglet **Fichier**.

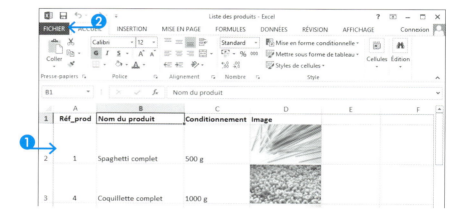

3 Cliquez **Informations**.

4 Cliquez **Protéger le classeur**.

5 Cliquez **Ajouter une signature numérique**.

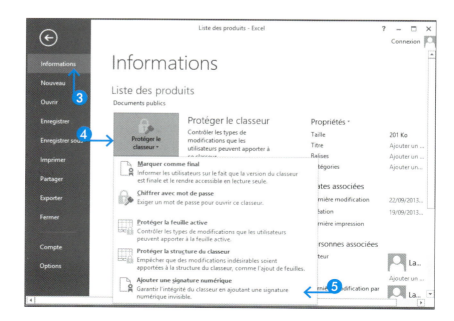

CHAPITRE 24
Renforcez la sécurité

La boîte de dialogue Signature apparaît.

6 Cliquez **Signer**.

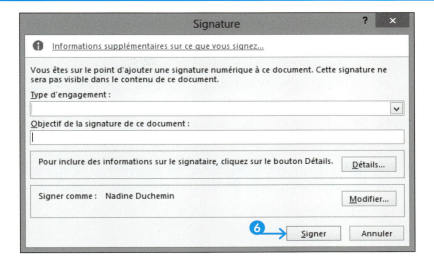

La boîte de dialogue Confirmation de signature apparaît.

7 Cliquez **OK**.

Excel appose la signature au classeur.

ASTUCES

Pour apposer une signature numérique à un classeur Excel, vous devez disposer d'une identification numérique adaptée à la sécurisation des documents Office et fournie par un organisme de certification habilité. Les organismes qui délivrent ces identifications numériques pour Office sont GlobalSign (www.globalsign.eu) et Arx (www.arx.com). Vous en saurez plus en consultant cette page : http://office.microsoft.com/fr-fr/excel-help/signatures-numeriques-et-certificats-HA010354667.aspx.

Pour supprimer une signature numérique d'un classeur, ouvrez-le, cliquez **Fichier** → **Informations** et cliquez le bouton **Afficher les signatures** qui ouvre le volet Signatures. Cliquez la signature, cliquez la flèche ▾ en regard de son nom et cliquez **Supprimer la signature**. Lorsque Excel demande confirmation de la suppression, cliquez **Oui** puis **OK**.

CHAPITRE 25

Découvrez les macros VBA

La programmation en VBA est un sujet si vaste et si complexe que nous ne pouvons pas le traiter de manière exhaustive en un seul chapitre. (Si vous voulez apprendre à programmer en VBA, procurez-vous le manuel *Programmation VBA pour Excel pour les Nuls*.) Ce dernier chapitre se contente de vous apprendre à enregistrer vos propres macros et à travailler avec celles que vous obtenez d'autres sources.

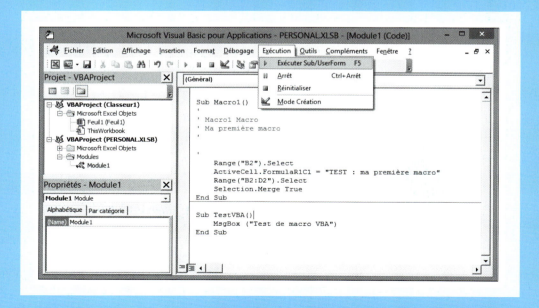

Enregistrez une macro 554
Ouvrez l'Éditeur VBA 556
Découvrez le modèle d'objets Excel 558
Ajoutez une macro à un module. 560
Exécutez une macro 562
Attribuez un raccourci clavier à une macro 564
Placez une macro dans la barre d'accès rapide 566
Placez une macro dans le ruban. 568

Enregistrez une macro

Il est plus facile et plus rapide d'enregistrer toutes les actions que doit exécuter une macro plutôt que de rédiger son code de programmation.

Pour créer une macro qui exécute des commandes dans Excel, vous disposez de l'enregistreur de macro. Après activation de cet outil, vous utiliserez Excel pour effectuer les commandes à regrouper dans la macro, et l'outil les convertira en instructions VBA qu'il enregistrera dans une macro. Vous pouvez stocker dans un classeur les macros que vous avez enregistrées, mais Excel fournit un classeur spécial dédié à cette fonction : le classeur de macros personnelles.

Enregistrez une macro

1 Cliquez l'onglet **Affichage**.

2 Cliquez la flèche du bouton **Macros**.

3 Cliquez **Enregistrer une macro**.

A Vous pourriez aussi cliquer l'icône **Enregistrer une macro** dans la barre d'état.

La boîte de dialogue Enregistrer une macro apparaît.

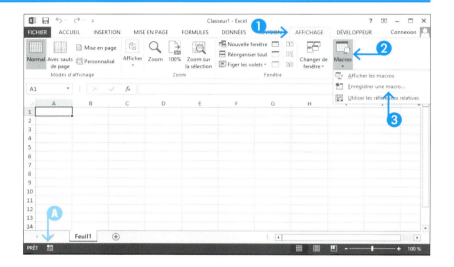

4 Tapez un nom pour la macro.

5 Cliquez la liste **Enregistrer la macro dans** et sélectionnez le classeur à utiliser pour conserver la macro.

Note. Sauf exception, il est conseillé de regrouper les macros dans le classeur de macros personnelles d'Excel.

6 (Facultatif) Tapez une description de la macro.

7 Cliquez **OK**.

Excel démarre l'enregistrement de la macro.

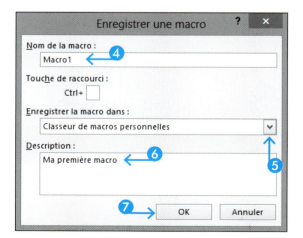

CHAPITRE 25

Découvrez les macros VBA

B L'icône d'enregistrement en cours apparaît dans la barre d'état.

8 Lancez les commandes que la macro devra répéter.

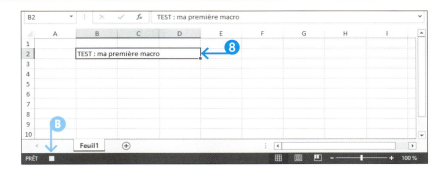

9 Cliquez l'icône d'enregistrement.

Excel met fin à l'enregistrement et conserve la macro dans le classeur sélectionné à l'étape 5.

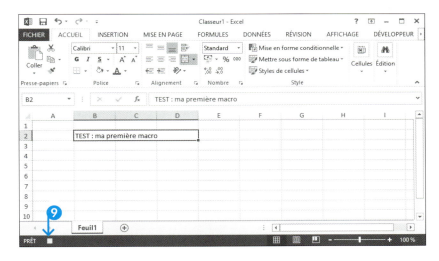

ASTUCES

Le nom de macro que vous définissez à l'étape 4 doit respecter certaines règles. Limité à 255 caractères au maximum, ce nom ne doit pas être le même que celui d'une fonction Excel existante ; il doit commencer par une lettre ou le caractère de soulignement (_) et ne doit pas contenir d'espace ni de point.

Pour afficher l'onglet Développeur, cliquez le ruban du bouton droit, choisissez **Personnaliser le ruban** et cochez la case **Développeur** (☐ devient ☑). Cliquez **OK**. Pour démarrer l'enregistrement d'une macro, cliquez **Enregistrer une macro** (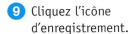) dans l'onglet **Développeur**. Cet onglet donne aussi accès à l'Éditeur VBA, comme l'explique la tâche suivante, « Ouvrez l'Éditeur VBA ».

Ouvrez l'Éditeur VBA

Quand vous cessez d'enregistrer vos actions dans une macro, Excel les convertit en instructions VBA et enregistre la macro dans un *module*, une fenêtre spéciale qui sert à voir, modifier et exécuter les macros. Si vous commettez une erreur lors de l'enregistrement ou souhaitez ajouter des instructions VBA à une commande déjà enregistrée, vous devrez passer par le module. Vous utiliserez le module également quand vous voudrez créer de nouvelles macros ou coller du code copié d'une autre source. Le module est accessible dans l'Éditeur VBA, un programme spécial qui permet d'afficher, créer, modifier et exécuter des macros VBA.

Ouvrez l'Éditeur VBA

1. Cliquez l'onglet **Développeur**.

2. Cliquez **Visual Basic** ().

Note. Voyez la tâche précédente, « Enregistrez une macro », pour apprendre à afficher l'onglet Développeur.

   Vous pourriez aussi appuyer sur `Alt` + `F11`.

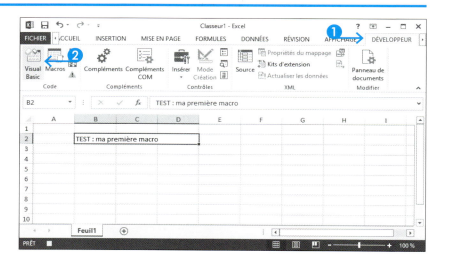

La fenêtre Microsoft Visual Basic pour Applications apparaît.

3. Double-cliquez le classeur qui contient la macro enregistrée.

A. PERSONAL.XLSB est le classeur de macros personnelles.

   Si vous ne voyez pas le volet Projet, cliquez **Affichage** puis **Explorateur de projets**, ou appuyez sur `Ctrl` + `R`.

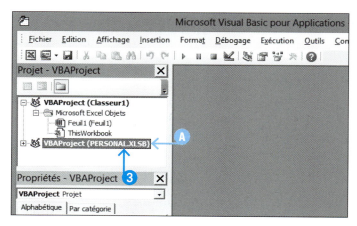

556

CHAPITRE 25
Découvrez les macros VBA

B Excel affiche les modules du classeur.

4 Double-cliquez le module à ouvrir.

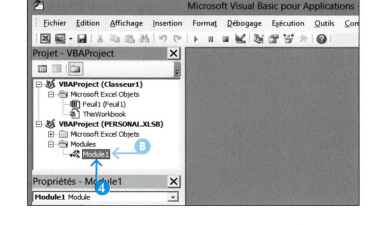

La fenêtre du module s'ouvre.

C L'Éditeur VBA ouvre le module dans une nouvelle fenêtre.

D Si vous avez enregistré une macro dans ce classeur, son code apparaît dans la fenêtre du module.

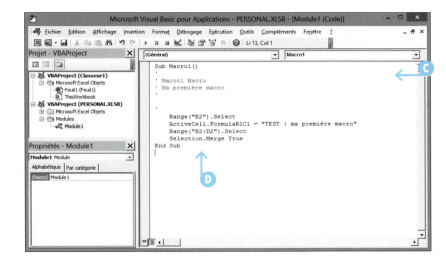

ASTUCES

Par défaut, le classeur de macros personnelles est masqué dans Excel. Pour le voir, cliquez l'onglet **Affichage** de la fenêtre d'Excel, cliquez **Afficher** puis **PERSONAL** et **OK**.

Si la commande Afficher est indisponible ou que le classeur PERSONAL n'apparaisse pas dans la boîte de dialogue Afficher, c'est qu'il n'existe pas. En effet, si vous n'avez pas encore enregistré de macro dans le classeur de macros personnelles, ce classeur n'existe pas encore. Excel le crée la première fois que vous choisissez **Classeur de macros personnelles** dans la liste **Enregistrer la macro dans**, comme l'explique la tâche précédente, « Enregistrez une macro ».

Découvrez le modèle d'objets Excel

Un *modèle d'objets* se compose d'une liste d'objets associés à un programme ou une fonctionnalité, de la hiérarchie qui régit ces objets et des propriétés et méthodes qu'ils prennent en charge. Un *objet* est un élément unique qui peut être manipulé, comme une feuille de calcul ou une plage. Une *propriété* est une caractéristique programmable qui s'applique à un objet, comme le nom d'une feuille ou la mise en italique dans une plage. Une *méthode* est une action qui peut être effectuée sur un objet, comme créer une nouvelle feuille de calcul ou effacer la mise en forme d'une plage.

Cette section présente quelques-unes des propriétés et méthodes disponibles pour les trois principaux objets d'Excel : classeur, feuille de calcul et plage.

L'objet Workbook

Vous pouvez utiliser VBA pour créer, ouvrir, enregistrer et fermer des classeurs, entre autres actions. Vous pouvez désigner un classeur particulier à l'aide de l'objet `ActiveWorkbook` qui représente le classeur actif ou au moyen de la collection `Workbooks` qui représente tous les classeurs actuellement ouverts dans Excel. Voici quelques exemples :

`Workbooks(1)`

`Workbooks("Budget.xlsx")`

Propriétés de Workbook

Propriété	Description
Name	Renvoie le nom de fichier du classeur.
Path	Renvoie l'emplacement du classeur.
FullName	Renvoie l'emplacement et le nom de fichier du classeur.
Saved	Renvoie Faux si le classeur contient des modifications pas encore enregistrées.

Méthodes de Workbook

Méthode	Description
Add	Crée un nouveau classeur.
Open	Ouvre un classeur existant.
Save	Enregistre un classeur.
Close	Ferme un classeur.

CHAPITRE 25
Découvrez les macros VBA

L'objet Worksheet

Vous pouvez utiliser VBA pour créer, copier et déplacer des feuilles, entre autres actions. Vous pouvez désigner une feuille particulière à l'aide de l'objet `ActiveSheet` qui représente la feuille active ou au moyen de la collection `Worksheets` qui représente toutes les feuilles actuellement disponibles dans Excel. Voici quelques exemples :

```
Worksheets(1)
Worksheets("Feuil1")
```

Propriétés de Worksheet

Property	Description
Name	Renvoie le nom de la feuille.
StandardHeight	Renvoie ou définit la hauteur par défaut des lignes.
StandardWidth	Renvoie ou définit la largeur par défaut des colonnes.
Visible	Affiche ou masque une feuille.

Méthodes de Worksheet

Method	Description
Add	Crée une nouvelle feuille.
Copy	Copie une feuille.
Move	Déplace une feuille.
Delete	Supprime une feuille.

L'objet Range

Vous pouvez utiliser VBA pour sélectionner une plage, ajouter des données à une plage et mettre en forme une plage, entre autres actions. Vous pouvez désigner une cellule particulière à l'aide de l'objet `ActiveCell` qui représente la cellule active. Vous disposez aussi de la méthode `Range` de l'objet `Worksheet` pour spécifier une plage au moyen de ses coordonnées ou de son nom. Voici quelques exemples :

```
Worksheets(1).Range("A1:B10")
ActiveSheet.Range("Dépenses")
```

Propriétés de Range

Property	Description
Address	Renvoie l'adresse de la plage.
Count	Renvoie le nombre de cellules dans la plage.
Value	Renvoie ou définit les données ou la formule pour la plage.

Méthodes de Range

Méthodé	Description
Cut	Coupe une plage et l'envoie vers le Presse-papiers.
Copy	Copie une plage vers le Presse-papiers.
Clear	Efface les données et la mise en forme d'une plage.

Ajoutez une macro à un module

Quand vous serez plus à l'aise avec l'emploi de VBA dans Excel, vous trouverez diverses manières de simplifier des tâches complexes et d'automatiser les tâches répétitives en utilisant des macros.

Autrement, vous pourriez rencontrer une macro performante que vous voudriez utiliser dans vos classeurs, soit telle quelle, soit en modifiant son code pour l'adapter à vos besoins. Vous pouvez transcrire une telle macro dans un module sur votre ordinateur ou, mieux encore, copier et coller le code de la macro dans un module.

Ajoutez une macro à un module

1 Démarrez l'Éditeur VBA.

Note. Si nécessaire, consultez la tâche « Ouvrez l'Éditeur VBA ».

2 Double-cliquez le module dans lequel vous voulez ajouter une macro.

Si vous préférez ajouter le code dans un nouveau module, cliquez **Insertion** et choisissez **Module**.

Excel ouvre la fenêtre du module.

3 Positionnez le curseur à l'endroit où va débuter la nouvelle macro.

Note. La nouvelle macro doit forcément s'insérer avant ou après une macro existante.

CHAPITRE 25
Découvrez les macros VBA

4 Tapez **Sub**, une espace puis le nom de la nouvelle macro.

Note. Assurez-vous de choisir un nom différent des autres noms de macros du module.

5 Appuyez sur **Entrée**.

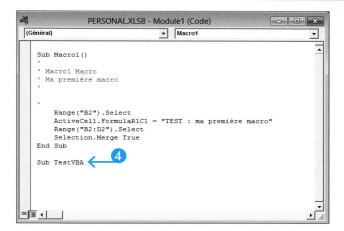

A L'Éditeur VBA ajoute la ligne End Sub pour marquer la fin de la macro.

Si vous avez copié le code de la macro d'une autre source, cliquez **Édition** et **Coller**.

6 Tapez les instructions de la macro entre les lignes Sub et End Sub.

B Quand vous tapez une fonction, un objet, une propriété ou une méthode VBA, l'Éditeur VBA affiche dans une infobulle la syntaxe à respecter.

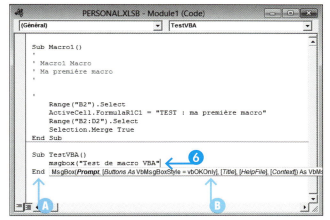

ASTUCES

Il existe une méthode simple pour détecter les fautes de frappe. Après la saisie d'une instruction, VBA convertit les mots clés dans la casse qui convient. Par exemple, si vous tapez **msgbox**, VBA le convertit en MsgBox quand vous appuyez sur **Entrée**. En tapant toujours les mots clés VBA en minuscules, vous pourrez repérer les erreurs en cherchant les mots que VBA ne reconnaît pas, c'est-à-dire ceux qui restent en minuscules.

Vous pouvez créer une macro qui renvoie une valeur en définissant une macro-fonction, qui utilise le mot clé Function au lieu de Sub. Sa syntaxe se présente ainsi :

Function Nom (arg1, arg2…)

    Instructions

    Nom = résultat

End Function

Nom est le nom de la fonction ; *arg1* et les suivants représentent les arguments ou valeurs d'entrées de la fonction ; *Instructions* désigne les instructions VBA qui calculent le *résultat*, qui est ensuite attribué à *Nom*.

Exécutez une macro

Après avoir créé plusieurs macros, vous les exploiterez en les exécutant. Vous disposez de deux méthodes pour exécuter les macros du classeur ouvert dans Excel : depuis l'Éditeur VBA ou depuis Excel. Il est préférable de passer par l'Éditeur VBA si vous testez la macro, car après exécution du code dans Excel, vous revenez à la fenêtre de l'Éditeur VBA.

Si vous avez créé des macro-fonctions, vous les exploiterez en les intégrant à des formules dans Excel.

Exécutez une macro depuis l'Éditeur VBA

1 Ouvrez le module qui contient la macro.

2 Cliquez l'une des instructions de la macro à exécuter.

A Le nom de la macro apparaît dans la liste de macros.

3 Cliquez **Exécution**.

4 Cliquez **Exécuter Sub/UserForm**.

Vous pourriez aussi cliquer l'icône **Exécuter** (▶) ou appuyer sur F5.

L'Éditeur VBA exécute la macro.

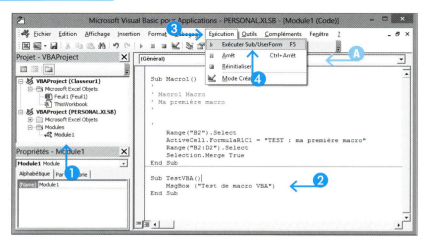

Exécutez une macro depuis Excel

1 Ouvrez le classeur qui contient la macro.

Vous pouvez ignorer l'étape 1 si la macro se trouve dans le classeur de macros personnelles.

2 Cliquez l'onglet **Affichage**.

3 Cliquez **Macros** ( ).

Si vous avez activé l'affichage de l'onglet Développeur, vous pourriez aussi cliquer **Macros** ( ) dans l'onglet Développeur.

Vous disposez aussi du raccourci clavier Alt + F8.

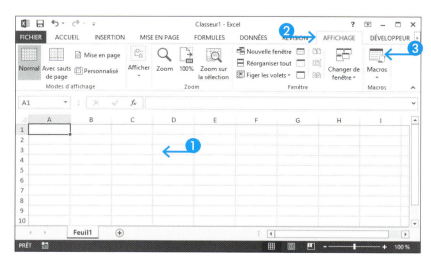

562

CHAPITRE 25

Découvrez les macros VBA

La boîte de dialogue Macro apparaît.

4 Cliquez la liste **Macros dans** et sélectionnez le classeur qui contient la macro à exécuter.

Dans le doute, choisissez **Tous les classeurs ouverts**.

B Excel affiche la liste des macros disponibles pour le classeur.

5 Cliquez la macro à exécuter.

6 Cliquez **Exécuter**.

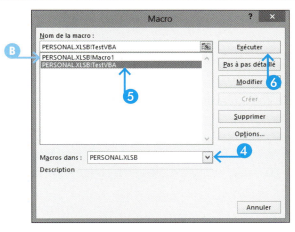

Intégrez une macro-fonction à une formule

1 Tapez **=** suivi des opérateurs et opérandes nécessaires avant la fonction.

2 Cliquez **Insérer une fonction** (f_x).

La boîte de dialogue Insérer une fonction apparaît.

3 Sélectionnez la catégorie **Personnalisées**.

4 Cliquez la fonction.

5 Cliquez **OK**.

6 Spécifiez l'argument de la fonction, si nécessaire, et cliquez **OK** (non illustré).

Excel insère la macro-fonction dans la formule.

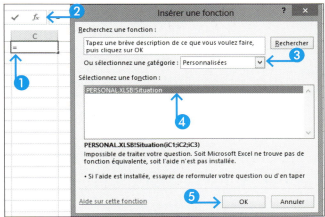

ASTUCES

Si vous ne parvenez pas à exécuter l'une de vos macros, surtout si vous avez fermé puis rouvert Excel après la création de la macro, vous devrez soit baisser le niveau de sécurité des macros dans Excel soit autosigner vos macros. Reportez-vous au chapitre 24 pour apprendre à signer vos macros numériquement.

Il existe un raccourci pour atteindre directement une macro dans l'Éditeur VBA. Suivez les instructions des étapes **1** à **3** de la section « Exécutez une macro depuis Excel » pour ouvrir la boîte de dialogue Macro et sélectionnez la macro qui vous intéresse. Cliquez le bouton **Modifier**. Excel démarre l'Éditeur VBA, ouvre le module qui contient la macro et affiche le code de la macro.

563

Attribuez un raccourci clavier à une macro

Si vous utilisez souvent l'une de vos macros, vous y accéderez plus rapidement en lui attribuant un raccourci clavier.

Comme les macros sont avant tout destinées à vous faire gagner du temps, vous avez sans doute une macro que vous utilisez plusieurs fois par jour ou plusieurs fois d'affilée à l'occasion. Pour faciliter l'accès à une macro d'usage fréquent, vous pouvez lui attribuer un raccourci clavier. Tant que le classeur est ouvert, il vous suffit d'appuyer sur les touches du raccourci dans Excel pour exécuter la macro.

Attribuez un raccourci clavier à une macro

1 Ouvrez le classeur qui contient la macro.

Vous pouvez ignorer l'étape 1 si la macro se trouve dans le classeur de macros personnelles.

2 Cliquez l'onglet **Affichage**.

3 Cliquez **Macros** ( ).

Si vous avez activé l'affichage de l'onglet Développeur, vous pourriez aussi cliquer **Macros** ( ) dans l'onglet Développeur.

Vous disposez aussi du raccourci clavier **Alt** + **F8**.

La boîte de dialogue Macro apparaît.

4 Cliquez la liste **Macros dans** et sélectionnez le classeur qui contient la macro à associer à un raccourci clavier.

Dans le doute, choisissez **Tous les classeurs ouverts**.

A Excel affiche la liste des macros disponibles pour le classeur.

5 Cliquez la macro.

6 Cliquez **Options**.

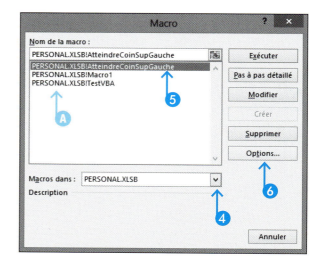

CHAPITRE 25
Découvrez les macros VBA

La boîte de dialogue Options de macro apparaît.

7 Tapez le caractère à inclure au raccourci clavier.

8 Cliquez **OK**.

Excel associe le raccourci clavier à la macro.

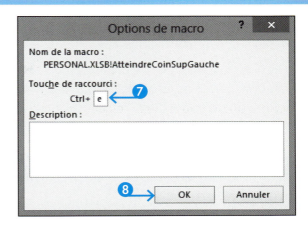

9 Cliquez **Annuler**.

Vous pouvez maintenant lancer la macro en tapant son raccourci clavier.

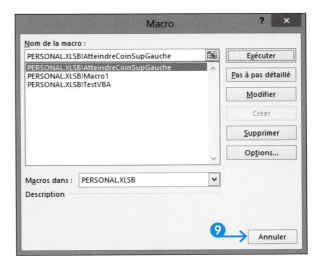

ASTUCE

Vous éviterez de définir un raccourci clavier qui serait en conflit avec les raccourcis prédéfinis d'Excel, comme **Ctrl** + **I** pour l'italique ou **Ctrl** + **C** pour copier la sélection. En cas de conflit, votre raccourci aurait la priorité sur celui d'Excel, il sera donc utilisé à la place du raccourci par défaut d'Excel si le classeur de la macro est ouvert.

Seuls cinq lettres ne sont pas associées à des commandes Excel que vous pouvez utiliser dans vos macros : e, j, m, q et t. Vous définirez davantage de raccourcis clavier en utilisant des lettres majuscules.
Par exemple, si vous tapez **e** dans le champ **Ctrl +**, vous lancerez la macro en tapant **Ctrl** + **E**. Si vous tapez **E** dans le champ **Ctrl +**, vous lancerez la macro en tapant **Ctrl** + **Maj** + **E**. Sachez qu'Excel propose quatre raccourcis prédéfinis avec **Ctrl** + **Maj** : A, F, O et P.

565

Placez une macro dans la barre d'accès rapide

Si vous utilisez très souvent l'une de vos macros, vous y accéderez plus rapidement en lui attribuant un bouton dans la barre d'accès rapide. Cette barre est une rangée de boutons qui apparaît par défaut à l'extrémité gauche de la barre de titre.

Tant que le classeur est ouvert, la macro est accessible d'un seul clic. Comme le classeur doit être ouvert pour que la macro soit disponible, il est conseillé de créer des boutons d'accès rapide uniquement pour les macros du classeur de macros personnelles, car celui-ci est toujours ouvert.

Placez une macro dans la barre d'accès rapide

1 Cliquez le bouton **Personnaliser la barre d'outils Accès rapide** (▼).

2 Cliquez **Autres commandes**.

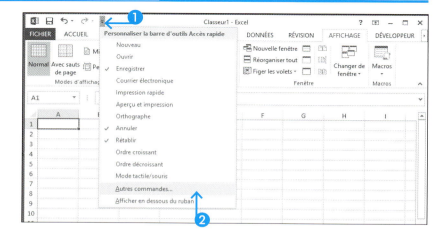

La boîte de dialogue Options Excel apparaît.

A Excel affiche directement le volet Barre d'outils Accès rapide.

3 Déroulez la liste **Choisir les commandes dans les catégories suivantes**.

4 Cliquez **Macros**.

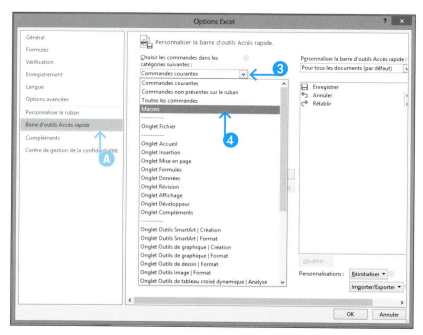

566

CHAPITRE 25
Découvrez les macros VBA

5 Cliquez la macro à ajouter.

6 Cliquez **Ajouter**.

B Excel ajoute la macro.

7 Cliquez **OK**.

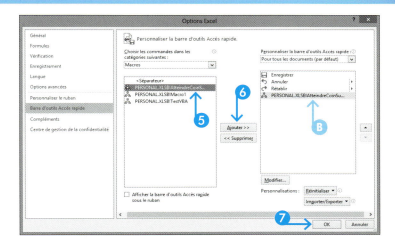

C Excel ajoute un bouton pour la macro dans la barre d'accès rapide.

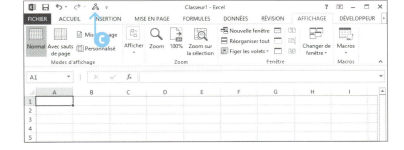

ASTUCES

Excel applique la même icône pour toutes les macros, mais il est possible de personnaliser l'icône des boutons pour les différencier. Suivez les instructions des étapes **1** et **2** pour ouvrir le volet Barre d'outils Accès rapide. Cliquez la macro à personnaliser et cliquez le bouton **Modifier**. Dans la boîte de dialogue Bouton Modifier, cliquez l'icône à utiliser pour le bouton de la macro.

Si vous n'avez plus de place pour d'autres boutons dans la barre d'accès rapide, vous pouvez la déplacer sous le ruban. Cliquez le bouton **Personnaliser la barre d'outils Accès rapide** (▼) et choisissez **Afficher en dessous du ruban**.

567

Placez une macro dans le ruban

Vous améliorerez votre productivité dans Excel en personnalisant le ruban avec des boutons pour vos macros les plus fréquentes d'emploi.

Vous constaterez qu'il est utile d'organiser les macros selon une logique personnelle. Vous pourriez, par exemple, avoir une série de macros de mise en forme, une autre série associée à l'enregistrement du fichier, *etc*. Pour organiser vos diverses macros, vous pouvez les ajouter au ruban d'Excel. Pour ajouter une commande au ruban, il faut commencer par créer un nouvel onglet ou un nouveau groupe dans un onglet existant, puis y ajouter la commande.

Affichez le volet Personnaliser le ruban

1. Cliquez le ruban du bouton droit.
2. Cliquez le bouton **Personnaliser le ruban**.

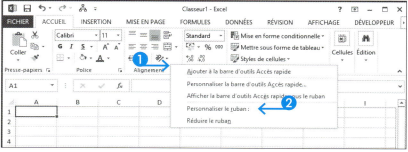

Ajoutez un nouveau groupe ou onglet

La boîte de dialogue Options Excel apparaît.

A. Excel affiche directement le volet Personnaliser le ruban.

1. Cliquez l'onglet à personnaliser.

B. Vous pourriez aussi cliquer **Nouvel onglet** pour créer un onglet personnalisé.

2. Cliquez **Nouveau groupe**.

C. Excel ajoute le groupe.

3. Cliquez **Renommer**.

4. Dans la boîte de dialogue Renommer, tapez un nom pour le groupe.

5. Cliquez **OK**.

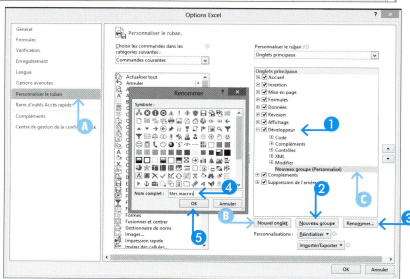

CHAPITRE 25
Découvrez les macros VBA

Ajoutez une macro au ruban

1. Déroulez la liste **Choisir les commandes dans les catégories suivantes** et sélectionnez **Macros**.

2. Cliquez la macro à ajouter au ruban.

3. Cliquez **Ajouter**.

D. Excel ajoute la macro à l'onglet sélectionné.

4. Cliquez **OK**.

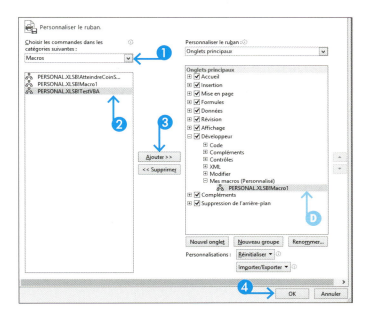

E. Excel ajoute au ruban le nouveau groupe avec son bouton de macro.

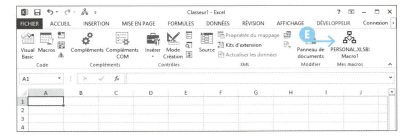

ASTUCES

Vous pouvez choisir des noms plus concis pour les boutons de macros dans le ruban. Cliquez le ruban du bouton droit et choisissez **Personnaliser le ruban** pour afficher le volet Personnaliser le ruban. Cliquez la macro dans la liste Personnaliser le ruban, à droite, et cliquez le bouton **Renommer**. Tapez un autre nom et cliquez **OK**.

Il est possible de supprimer un bouton de macro ajouté au ruban. Cliquez le ruban du bouton droit et choisissez **Personnaliser le ruban** pour ouvrir les options d'Excel sur le volet Personnaliser le ruban. Pour rétablir un onglet, sélectionnez-le dans la liste, cliquez **Réinitialiser** puis **Réinitialiser uniquement l'onglet du ruban sélectionné**. Pour éliminer du ruban tous les boutons personnalisés, cliquez **Réinitialiser** puis **Réinitialiser toutes les personnalisations**.

Index

A

accélérer les performances, 155
accepter les modifications, 496
accessibilité, 166
Access, importer une table, 448
actualiser
    données externes, 460
    page Web, 503
    synthèse, 367, 382
addition, 5
    fonction, 174, 178
    formule, 171
    somme
        automatique, 180
        conditionnelle, 338
    sous-total, 326
adresse, 24
affichage
    aperçu instantané, 11
    côte à côte, 280
    en-têtes, 231
    figer les volets, 60
    formules, 196
    grouper les données, 344
    modes, 16
    nouvelle fenêtre, 156
    plein écran, 17
    quadrillage, 115, 230
        couleur, 229
    réorganiser les fenêtres, 156
    tableau croisé dynamique, 388
    zoom, 146, 236
afficher
    boutons de filtrage, 336
    classeur PERSONAL, 557
    code des formules, 196
    colonne masquée, 59
    commentaire, 487
    en-têtes, 297
    feuille du classeur, 221
    ligne masquée, 59
    modifications, 494
    onglet Développeur, 163
    pieds de page, 297
    sauts de page, 17

ajouter une décimale, 101
ajuster, 113
    hauteur de ligne, 111
    largeur de colonne, 109
alerte, 152
alignement, texte, 90
analyse, 338
    ajouter des champs, 386
    barres de données, 358
    calcul de synthèse, 398
    compte conditionnel, 339
    définir la synthèse, 384
    de rentabilité, 347
    données externes, 378
    jeux d'icônes, 362
    mise en forme conditionnelle, 354
    moyenne, 357
    nuances de couleurs, 360
    rapide, 327
    scénarios, 341, 348
    somme conditionnelle, 338
    statistiques, 370
    tableau croisé dynamique, 374
    valeur cible, 346
    valeurs extrêmes, 356
annotation manuscrite, 506
annuler, 35, 55
antécédents, 214
aperçu
    avant impression, 297, 310
    instantané, désactiver, 11
    marges, 311
    sauts de page, 16
apposer signature numérique, 551
arguments, 174
    facultatifs, 177
    fonction, 175
    insérer, 177
    obligatoires, 178
arrière-plan
    feuille, 234
    photo, 431
    supprimer, 96
ASCII, code des caractères, 33
attacher le ruban, 141

Index

atteindre
- celluile surveillée, 199
- cellule voisine, 27, 148
- feuille, 221
- plage, 69, 74
- touches de navigation, 218

B

barre d'accès rapide, 8, 12
- macro, 566
- supprimer un bouton, 13

barre de données, 358

barre de formule, 4, 172
- hauteur, 191
- masquer, 128, 190
- modifier une formule, 173
- saisie, 26, 28

barre d'état, 5, 8
- masquer, 129
- personnaliser, 140
- somme des valeurs, 181

barres de défilement, masquer, 128
barré, texte, 87
base de données, tableau, 316
Bing, recherche d'images, 429
bloquer les fichiers à risque, 534
bordure, 114
bouton
- ajouter au ruban, 14
- barre d'accès rapide, 12
- contrôles de formulaire, 162
- filtrage, 317

C

calcul
- alerte, 152
- formule arithmétique, 171
- itératif, 206
- synthèse, 398
- tableau, 204
- valeur cible, 346

caractères spéciaux, 32
carré, tracer, 427
case à cocher, 162
cellules, 24
- activer, 27
- après validation, 148

alignement, 90
centrer, 90
commentaire, 486
décaler, 53, 57
dégradé, 97
déverrouillées, 518
faire pivoter le texte, 94
format de nombre, 120
fusionner, 62
fusionner et centrer, 93
insérer, 52
mise en forme, 102
- conditionnelle, 104
modifier le contenu, 34
plage, 40
- nom, 68
références absolues, 188
retrait, 91
sélectionner, 179
style personnalisé, 130
supprimer le contenu, 36, 211
surveiller dans fenêtre espion, 198
tableau, 317
valeurs autorisées, 158
variable, 348

centrer
- dans la page, 301
- objet inséré, 163
- texte dans cellule, 90
- titre, 63, 92

cercle, tracer, 427

certificat
- signer un classeur, 550
- signer une macro, 538

champ, 316
- ajouter à une requête, 476
- de filtrage, 377
- tableau croisé dynamique, 381

chiffrer le classeur, 544

classeur, 24
- accessibilité, 166
- atteindre une plage, 74
- binaire, 154
- chiffrer, 544
- comparer en côte à côte, 280
- compatibilité, 504

571

Index

compresser les images, 431
convertir en PDF, 274
couleurs, 134
créer, 244
    d'après un modèle, 246
deuxième fenêtre, 156
dupliquer, 278
effets, 290
endommagé, 273
en ligne, 508
enregistrer, 248
    en tant que page Web, 502
    modèle, 276
envoyer par e-mail, 500
fermer, 258
format binaire, 154
imprimer, 298, 312
informations personnelles, 542
lecture seule, 512
macros personnelles, 556
marquer comme final, 514
métadonnées, 542
mise en forme, 284
mot de passe, 544
nombre de feuilles par défaut, 270
nouveau, 244
    d'après fichier, 278
ouvrir, 249
    au démarrage d'Excel, 264
    en mode protégé, 532
partager, 492
PERSONAL, 557
pièce jointe, 500
polices, 288
    par défaut, 268
propriétés, 250
protéger, 490, 526
    par mot de passe, 544
recalcul, 205
récent, 249, 262
rechercher dans, 253
réparer, 273
sauvegarder, 279
signature numérique, 550
thème, 292
    personnalisé, 138

vérifier l'orthographe, 256
versions précédentes, 528
vierge, 244
clavier
    déplacement dans la feuille, 218
    sélectionner une plage, 41
clipart, 428
code ASCII, 33
collaboration, 484
    en ligne, 508
coller
    avec liaison, 451
    combiner deux plages, 202
    liste des noms de plages, 80, 183
    plage copiée, 49
    résultat de la formule, 194
    transposer, 65
colonne, 24
    extraire, 46
    figer, 61
    insérer, 51
        dans tableau, 323
    largeur, 108
        par défaut, 124
    masquer, 59
    sélectionner, 41
        dans tableau, 320
    supprimer, 57, 325
    tableau, 317
    transposer, 64
combinaison
    de couleurs, 134, 286
    de polices, 288
combiner deux plages, 202
commentaire, 486
comparaison, formule, 171
comparer en côte à côte, 281
compatibilité, 282
compresser les images, 431
compte conditionnel, 339
confidentialité, 542
consolider, 366
contraste, 97
contrôle parental, 546
contrôles de formulaire, 162
    plages de valeurs, 165

Index

convertir
  classeur en PDF, 274
  diviser colonne de texte, 462
  plage en tableau, 318
copier
  feuille, 224
  formule, 187
  mise en forme, 116
  poignée de recopie, 187
couleurs
  arrière-plan, 96
  bordure, 115
  classeur, 286
  combinaison, 134
  effets, 291
  nuances de, 360
  onglets des feuilles, 232
  personnalisée, 89, 97
  quadrillage, 228
  remplissage, 235
  signalement des erreurs, 213
  texte, 88
  thème, 286
critère
  mise en forme conditionnelle, 104
  requête, 467, 478
  validation, 158

D

date, 25
  en-tête, 295
  format, 98
    personnalisé, 122
  grouper, 391
  saisie, 30
décimale, 100
  fixe, 151
défilement synchrone, 281
définir un nom de plage, 70
dégradé, 97
  barres de données, 359
délimiteur de texte, 453
démarrer
  Excel, 6
  Microsoft Query, 472
dépendants, 214

déplacer
  champs du tableau, 388
  feuille, 222
  formule, 186
  graphique, 420
  graphisme, 436
  sélection après validation, 149
désactiver
  aperçu instantané, 11
  contenu externe, 548
  macros, 536
  mode protégé, 533
  protection, 525, 527
  suivi des modifications, 497
dessiner, 426
détourer une photo, 431
Développeur, onglet, 163, 555
déverrouiller cellules, 518
diagramme SmartArt, 434
disposition, graphique, 415
dissocier les feuilles, 161
diviser
  colonne de texte, 462
  fenêtre, 238
documents récents, 262
données
  actualiser, 451
  application propriétaire, 451
  barre de, 358
  confidentielles, 544
  consolider, 366
  créer un scénario, 348
  effacer, 54
  externes, 378, 444
    actualiser, 460
    requêtes, 466
  fichier texte, 452
  filtrer, 336
  formater, 47
  grouper, 344
  importer, 446
  modifier, 34
  série, 44
    dans graphique, 404
  source de, 379
  supprimer, 36

573

Index

    table de, 340
    trier, 334
    types, 25
    utilitaire d'analyse, 371
    XML, 458
dossier
    par défaut, 266
    réseau, emplacement approuvé, 541
    SkyDrive, 499
doublons, supprimer, 352
dupliquer
    classeur, 278
    feuille, 224

E

Éditeur VBA
    exécuter une macro, 562
    ouvrir, 556
effacer, 37
    mise en forme, 55
        conditionnelle, 105
    plage, 54
    règles, 357, 365
    saisie manuscrite, 507
effets, 290
    couleur, 291
    image, 441
emplacement
    approuvé, 540
    par défaut, 266
enregistrement automatique, 516
enregistrer
    classeur, 248
        en page Web, 502
    format binaire, 154
    macro, 554
    modèle, 247, 276
    mot de passe, 449
    requête, 483
    style de cellules, 131
    sur SkyDrive, 499
    thème actif, 138
en-tête
    de colonne, tableau, 317
    de ligne et de colonne, masquer, 129

    masquer, 231
    page, 294
envoyer
    en pièce jointe, 500
    en tant que PDF, 501
épingler Excel, 7, 20
erreur, formule, 209
espace de stockage en ligne, 498
espion, fenêtre, 198
étiquette, 25, 26
    graphique, 411
    noms de plages, 72
    police, 84
évaluer la formule, 208
Excel
    compatibilité des versions, 505
    contrôle parental, 546
    démarrer, 6
    épingler, 7, 20
    exécuter comme administrateur, 547
    fenêtre de programme, 8
    galerie, 10
    interface, 8
    métadonnées, 542
    mode d'affichage, 16
    nom d'utilisateur, 487
    options, 18
    personnaliser, 18
    quitter, 21
    ruban, 9
    sécurité, 530
    versions antérieures, 282
    Web App, 509
exporter
    format PDF, 274
    personnalisations de l'interface, 144
exposant, texte, 87

F

facteur de zoom, 237
fenêtre
    espion, 198
    réorganiser, 157
    supplémentaire, 156
fermer le classeur, 258

Index

feuille de calcul, 24
    ajouter, 220
    annoter, 506
    arrière-plan, 234
    atteindre une plage, 74
    clipart, 428
    consolider, 366
    construction, 4
    contrôles de formulaire, 162
    copier, 224
    couleurs des onglets, 232
    déplacer, 222
    dessiner une forme, 426
    diagramme SmartArt, 434
    dissocier, 161
    diviser, 238
    dupliquer, 224
    exporter en PDF, 275
    feuille de graphique, 407
    figer les titres, 60
    fond coloré, 235
    fractionner, 238
    grouper, 160
    illustrer, 424
    image, 428
    insérer ligne ou colonne, 50
    masquer, 240
    mode d'affichage, 16
    navigation, 218
    noms de plages, 68
    photo, 430
    protéger, 488
    renommer, 219
    saut de page, 17
    supprimer, 226
    transposer ligne en colonne, 64
fiche, 316
    filtrer, 478
    supprimer les doublons, 352
fichier
    binaire, 154
    bloquer, 534
    emplacement par défaut, 266
    enregistrer, 248
    réduire le poids, 431
    réparer, 273
    stockage en ligne, 498
    texte
        à largeur fixe, 453
        délimité, 453
    XML, 458
figer les volets, 60
filtrage des recherches, contrôle parental, 547
filtre
    automatique, 336
    élaboré, 337
    résultats de la requête, 478
    segment, 394
    supprimer, 337
    tableau croisé dynamique, 375, 392
finances, fonctions, 175
fonction, 4, 174
    arguments, 174, 177
    dans une formule, 176
    financière, 175
        unités, 177
    mathématique, 174
    moyenne, 180
    somme, 178
        automatique, 180
    statistique, 175
    structure, 174
format
    binaire, 154
    contrôle, 164
    date, 30
    de cellule, date et heure, 31
    décimales, 100
    de tableau, 107
    image, 430
    Monétaire, 98
    Nombre Comptabilité, 98
    papier, 304
    personnalisé, 120
forme, 426
    diagramme SmartArt, 435
    recadrer, 439
formulaire, 162

Index

formule, 4, 170
    afficher le code, 196
    analyser, 214
    analyse de scénarios, 341
    arithmétique, 171
    barre de formule, 172
    calcul itératif, 206
    chercher les erreurs, 212
    coller le résultat, 194
    comparaison, 171
    complexe, 176
    composer, 172
    copier, 187
    corriger, 208
    déplacer, 186
    évaluer, 208
    insérer une fonction, 176
    itération, 206
    macro fonction, 563
    masquer, 520
    matricielle, 200, 341
    modifier, 173
    noms de plages, 182
    récupérer, 273
    références, 172
        croisées, 207
    remplacer les coordonnées par des noms de plages, 183
    repérer
        antécédents et dépendants, 214
        erreur, 215
    table de données, 340
    valeur d'erreur, 210
    vérifier les erreurs, 215
fractionner la feuille, 238
fusionner des cellules, 62
fusionner et centrer, 93

G

galerie, 10
gestionnaire
    de noms, 76
    de scénarios, 349
graphique, 5, 404
    composants, 404
    créer, 406
    déplacer, 420
    emplacement, 407
    étiquettes, 411
    histogramme, 405
    intervertir catégories et séries, 419
    légende, 412
    modèle, 417
    modifier
        source des données, 418
        type, 416
    quadrillage, 413
    rapport croisé dynamique, 401
    redimensionner, 421
    secteurs, 405
    sparkline, 422
    supprimer, 421
    sur feuille à part, 421
    table de données, 414
    tendance, 422
    titres, 410
    types, 405
        recommandés, 408
graphisme
    déplacer, 436
    redimensionner, 437
gras, 86
grouper
    dans tableau croisé dynamique, 390
    données dans tableau, 344
    feuilles, 160

H

hauteur de ligne, 110
heure, 25
    format, 98
        personnalisé, 122
    saisie, 30
histogramme, 405
hypothèses, tester, 348

I

icône de macro, choisir l'image, 567
illustration, 428
image
    arrière-plan de la feuille, 234

Index

clipart, 428
effet, 441
pivoter, 437
remplacer, 441
style, 440
importer
    données, 446
    fichier
        texte, 452, 455
        XML, 458
    page Web, 456
    table Access, 448
    tableau Word, 451
impression
    aperçu, 310
    configurer, 313
    définir la zone, 306
    format du papier, 304
    marges, 300
    orientation des pages, 302
    rapide, 313
    répéter les titres, 308
    sauts de page, 303
imprimer, 312
indice, texte, 87
insérer
    cellule, 52
    colonne, 51
    contrôle de formulaire, 162
    feuille
        d'un modèle, 221
        vierge, 220
    fonction, 176
    ligne, 50
    options d'insertion, 51
    plage, 52
inspecter le document, 543
instructions VBA, 554
    détecter les fautes, 561
interface, 8
    barre d'accès rapide, 12
    configuration par défaut, 15
    exporter les personnalisations, 144
    galerie, 10
    masquer le ruban, 17
    Microsoft Query, 473
    onglets, 14
    personnaliser, 19
    ruban, 9, 14
intervertir lignes et colonnes, 419
italique, 86
itération, 206

J

jeux d'icônes, 362
joindre classeur à un message, 500
jointure, 475
justifier le texte, 91
juxtaposer les fenêtres, 156, 281

L

largeur des colonnes, 108
    par défaut, 124
lecture seule, 512
légende du graphique, 412
liaison entre classeurs, 548
ligne, 24
    figer, 60
    hauteur, 110
    insérer, 50
        dans un tableau, 322
    masquer, 58
    sélectionner, 41
        dans un tableau, 321
    supprimer, 57, 324
    transposer, 64
limiter les valeurs possibles, 158
lisibilité, 89
    contraste, 97
liste
    définir les valeurs, 165
    de remplissage, 45
    noms de plages, 80, 183
    personnalisées, 126

M

macro
    ajouter
        à un module, 560
        au ruban, 568
    barre d'accès rapide, 566
    enregistrer, 554

Index

exécuter
- depuis Excel, 562
- depuis l'Éditeur VBA, 562

fonction, 561, 563
mode protégé, 532
niveau de sécurité, 536, 563
nom, 555
raccourci clavier, 564
signer, 538

marges, 300, 311
marquer comme final, 514
masquer
- barre de formule, 128, 190
- barre d'état, 129
- barres de défilement, 128
- composants de la fenêtre, 129
- en-têtes, 231
- feuille, 240
- formule, 520
- quadrillage, 115, 230
- résultat d'une formule, 521
- ruban, 129
- saisie manuscrite, 507
- scénario, 521

mathématiques, fonctions, 174
matrice, formule, 200
message
- d'erreur, formule, 211
- de saisie, 159

métadonnées, 542
méthode, objet VBA, 558
Microsoft Query, 466
- ajouter une table, 474
- démarrer, 472
- interface, 473
- source de données, 468

milliers, séparateur, 99
mise en forme, 82
- automatique, 102
- conditionnelle, 104, 354, 364
- effacer, 55
- nombres, 98
- options d'insertion, 51
- raccourcis clavier, 87
- reproduire, 116
- style, 106

supprimer, 103
sur plusieurs feuilles, 160
tableau, 133, 329
WordArt, 433

mise en page
- marges, 300
- mode d'affichage, 16
- orientation, 302

mode
- protégé, 532
- révision, 494

modèle
- aperçu, 247
- classeur, 246
- d'objets, 558
- enregistrer, 247, 276
- formats, 277
- graphique, 417

modification
- accepter ou refuser, 496
- multi-utilisateur, 492, 494, 495

modifier
- commentaire, 487
- formule, 173
- règle, 365
- requête, 483

Monétaire, format, 98
mot de passe
- conserver, 449
- plage autorisée, 489
- protéger
  - classeur, 490, 526
  - feuille, 488
  - plage, 522
- sécurisé, 545

moyenne, 180

N

navigation dans la feuille, 218
NB.SI, 339
nom
- bouton de macro, 569
- d'utilisateur Excel, 487
- feuille, 219
- macro, 555

578

Index

plage, 68
- coller la liste, 80, 183
- formule, 182
- modifier, 76
- supprimer, 78

tableau, 331
nombres, 25
- décimales, 100, 150
- format, 98
  - personnalisé, 99, 120
- formule arithmétique, 171
- recopier, 29
- saisie, 28
- séparateur de milliers, 99

nouveau classeur, 7
nuances de couleurs, analyse, 360
numéro de page, 296

O

objet VBA, 558
ODBC, 444, 447, 466
Office Online
- images, 428
- modèles, 246

onglets
- Développeur, 163, 555
- feuilles, 24
  - couleur, 232
  - masquer, 129

opérande, 170
opérateur, 170
- arithmétique, 171
- comparaison, 171
- critère de requête, 467
- préséance, 171

Oracle, 447
ordonner, 480
ordre de préséance, 171
organigramme SmartArt, 434
orientation, 311
- page, 302
- texte dans cellule, 94

orthographe, 256
ouvrir
- classeur, 249
  - au démarrage, 264
  - depuis SkyDrive, 499
- en lecture seule, 512
- en mode protégé, 532
- et réparer, 272

P

page
- ajuster le contenu, 305
- aperçu avant impression, 297, 310
- centrer le contenu, 301
- en-tête, 294
- marges, 300
- numéro, 296
- orientation, 302
- pied de, 296
- saut de, 303
- Web, importer, 456

papier, format, 304, 311
partager
- classeur, 492
- en ligne, 508
- sur le Web, 502

paysage, orientation, 302
PDF
- conversion, 274
- envoyer classeur, 501

performances, accélérer, 155
personnaliser
- barre d'accès rapide, 12
- barre d'état, 140
- couleurs, 134, 287
- Excel, 18
- polices, 136, 289
- ruban, 14

photo, 430
- détourer, 431
- recadrer, 438
- supprimer l'arrière-plan, 431

pied de page, 296
plage, 24, 40
- arrière-plan, 96
- bordure, 114
- conversion depuis tableau, 328
- convertir en tableau, 318
- copier, 49
- couleur, 96
- définir un nom, 70

579

Index

déplacer, 48
données identiques, 42
filtrer, 336
formater, 98
liste des noms de, 80
mise en forme automatique, 102
modifier le nom, 76
nom, 68
    d'après étiquette, 72
protéger, 522
remplir, 43
saisie autorisée, 489
sélectionner, 40
série incrémentée, 44
style, 106
supprimer, 56
    nom, 78
trier, 334
plan, 344
plein écran, 17
poignée de recopie, 5, 42, 187
point de donnée, 404
police, 84
    attributs, 87
    combinaison personnalisée, 136
    par défaut, 268
    taille, 85
        par défaut, 268
    thème, 288
    titres, 85
portrait, orientation, 302
préséance des opérateurs, 171
propriétés, 250
    consulter, 251
    objet VBA, 558
    personnalisées, 251
protéger
    classeur, 490, 526
    feuille, 488, 524
    formule, 520
    plage, 522

Q

quadrillage
    couleur, 228
    masquer, 230
quitter Excel, 21

R

raccourci clavier
    conflit, 565
    macro, 564
Range, objet VBA, 559
rapport de synthèse, 382
    filtrer, 392
recadrer la photo, 438
récents, classeurs, 249
rechercher
    image, 429
    texte, 252
    valeur cible, 346
recopie incrémentée, 44
recopier un nombre, 29
récupérer
    formules, 273
    version antérieure, 528
redimensionner
    colonne, 108
    graphique, 421
    graphisme, 437
    ligne, 110
    tableau, 319, 330
réduire
    décimales, 100
    formule matricielle, 201
    poids du fichier, 431
    ruban, 141, 191
référence
    absolue, 188
    copier une cellule, 187
    croisée, 207
    mixte, 189
    plage d'une autre feuille, 184
    relative, 189
refuser les modifications, 496

Index

règles
    de mise en surbrillance, 104
    de vérification des erreurs, 213
réinitialiser le ruban, 15
remplacer
    coordonnées par nom de la plage, 183
    image, 441
    nom une plage, 76
    texte, 254
remplissage
    couleur, 96
    dégradé, 97
    instantané, 46
    listes personnalisées, 126
renommer
    feuille, 219
    tableau, 331
rentabilité, analyse de, 347
renvoyer les données, 482
repérer
    antécédents et descendants, 214
    erreur, 215
reproduire la mise en forme, 116
requête, 466
    ajouter une table, 474
    champs, 476
    enregistrer, 483
    filtrer les résultats, 478
    modifier, 483
    renvoyer vers Excel, 482
    supprimer un champ, 477
    trier les fiches, 480
    Web, 457
restaurer
    classeur non enregistré, 529
    configuration par défaut, 15
    onglet du ruban, 15
    plage groupée, 345
    version précédente, 529
retrait, 91
révision, mode, 494
rogner à la forme, 439
ruban, 8, 9, 14
    affichage, 191
    bouton de macro, 568
    configuration par défaut, 15
    exporter les personnalisations, 144
    masqué, 515
    onglet Développeur, 163
    réduire, 141

S

saisie, 4
    caractères spéciaux, 32
    dates et heures, 30
    formulaire, 162
    listes personnalisées, 126
    manuscrite, 506
    message d'instruction, 159
    nombres, 28
    recopie, 42
        incrémentée, 44
    remplissage instantané, 46
    répétitive, 29
    semi-automatique, 27
    simultanée sur plusieurs feuilles, 160
    symboles, 32
    texte, 26
    valeur numérique, 29
    validation, 158
saut de page, 17, 303
sauvegarder un classeur, 279
scénario, 341
    afficher, 351
    définir, 348
    masquer, 521
    modifier, 351
    supprimer, 351
secteurs, type de graphique, 405
sécurité, 524
    connexions externes, 548
    emplacement approuvé, 540
    macros, 536
segment, 394
sélectionner
    cellules non adjacentes, 179
    colonne, 41
    dans tableau, 320
    feuille entière, 41
    ligne, 41
    plusieurs feuilles, 161, 227

Index

SelfCert.exe, 539
séparateur de milliers, 29, 99
série
    compléter, 44
    personnalisée, 45
    poignée de recopie, 5
seuil d'alerte, 153
signature numérique, 538, 550
SkyDrive, 498
    classeur en ligne, 508
SmartArt, 434
somme, 5, 178
    automatique, 180
    conditionnelle, 338
souligner, 86
source de données, 446, 466
    créer, 379
    définir, 468
    supprimer, 471
souris, zoom, 147
sous-total, 342
    de colonne, 326
sparkline, 422
SQL Server, 447, 469
statistiques, 370
    fonction, 175
stockage en ligne, 498
style
    cellules, 106
    graphique, 415
    image, 440
    par défaut, 133
    personnalisé, 107, 130
    tableau, 329
        croisé dynamique, 396
        personnalisé, 132
    trait de bordure, 115
suivi des modifications, 494
superposer les fenêtres, 281
supprimer
    arrière-plan
        feuille, 235
        photo, 431
    bouton de macro, 569
    champ d'un tableau XML, 459
    combinaison de polices, 137
    commentaire, 487
    contenu, 36
    couleur d'arrière-plan, 96
    critère, 479
    doublons, 352
    espion, 199
    feuille, 226
    filtrage, 337, 393
    mise en forme, 37, 103
    nom de plage, 78
    plage, 56
    protection, 491
    règle, 359
    scénario, 351
    segment, 395
    signature numérique, 551
    source de données, 471
    style
        cellules, 131
        image, 441
        tableau, 133
    table d'une requête, 475
    thème personnalisé, 139
surligner, 507
surveiller une valeur, 198
symboles
    caractères spéciaux, 32
    code ASCII, 33
    jeux d'icônes, 362
    légende du graphique, 414
    objet graphique, 426
syntaxe
    format date et heure, 123
    format de nombres, 121
synthèse
    actualiser, 367, 382
    ajouter un champ, 384
    calculs, 398
    consolider des feuilles, 367
    tableau croisé dynamique, 374, 381

T

table
    de données, 340
        graphique, 414

Index

jointure, 475
requête, 474
tableau, 5, 316
    à partir d'une plage, 318
    bouton de filtre de colonne, 317
    cellule, 317
    convertir en plage, 328
    croisé dynamique, 374
    filtrer, 336
    grouper les données, 344
    insérer
        colonne, 323
        ligne, 322
    ligne, 317
    outils, 317
    plan, 344
    redéfinir, 319
    redimensionner, 330
    renommer, 331
    sélection, 320
    sous-total de colonne, 326
    style, 329
    supprimer un champ, 325
    trier, 334
    Word, 450
tableau croisé dynamique
    actualiser, 383
    changer l'affichage, 388
    créer, 376
    données externes, 378
    filtrer, 392
    graphique, 401
    grouper, 390
    liste de champs, 377
    modifier le rapport, 387
    personnaliser le volet des champs, 400
    segment, 394
    style, 396
taille de police, 85
texte, 25
    alignement, 90
    centrer, 90
        sur plusieurs colonnes, 92
    couleur, 88
    en-tête, 295
    forme géométrique, 427
    justifier, 91
    lisibilité, 89
    mise en forme, 86
    pied de page, 297
    rechercher, 252
    remplacer, 254
    renvoyer à la ligne, 112
    retrait, 91
    saisie, 26
    vérifier l'orthographe, 256
    vertical, 95
    WordArt, 432
thème, 292
    couleurs, 134
        police, 88
    personnalisé, 138
titres
    répéter sur chaque page, 308
tracer une forme, 426
transposer lignes et colonnes, 64
trier
    données, 334
    fiches, 480
    niveau de tri, 334
types de graphique, 405
    modifier, 416

U

utilitaire d'analyse, 370

V

valeurs
    cible, 346
    d'erreur, 211
    extrêmes, 361
    numériques, 29
validation, saisie, 158
variable, cellule, 349
VBA, 556
    objets, 558

Index

vérifier
    accessibilité, 166
    compatibilité, 282
    erreurs dans formules, 212, 215
    formule, 209
    orthographe, 256
versions précédentes du classeur, 528
virgule décimale, 150

W

WordArt, 432
Word, tableau, 450
Workbook, objet VBA, 558
Worksheet, objet VBA, 559

X

xlsb, classeur binaire, 155

Z

zone d'impression, 306
zoom, 236
    avec la souris, 146
    sur la sélection, 237